Aprendizado de Máquina Para leigos

Aprendizado de máquina é uma tecnologia incrível que hoje você usa com mais frequência do que pensa, e com o potencial de usar ainda mais no futuro. O interessante sobre ela é que R e Python tornam a tarefa mais fácil do que se percebe, pois ambos vêm com suporte interno e ampliado (por meio do uso de bibliotecas, conjuntos de dados e outros recursos). Com isso em mente, esta folha de cola o ajuda a tornar sua experiência com aprendizado de máquina rápida e fácil.

ESCOLHA O ALGORITMO CERTO

Aprendizado de máquina envolve o uso de muitos algoritmos diferentes. Esta tabela fornece um rápido resumo do poder e das deficiências de vários algoritmos.

Algoritmo	Melhor em	Prós	Contras
Random Forest	Apto a quase qualquer problema	Pode trabalhar em paralelo	Difícil de interpretar
		Sobreajuste raro	Fraco em regressão ao estimar valores nas extremidades da distribuição de valores de resposta
	Bioinformática	Manipula valores ausentes automaticamente	
			Tendencioso em problemas com várias classes para classes mais frequentes
		Não precisa transformar nenhuma variável	
		Não precisa ajustar parâmetros	
		Pode ser usado por quase qualquer um com excelentes resultados	
Gradient Boosting	Apto a quase qualquer problema	Aproxima a maioria das funções não lineares	Causa sobreajuste se houver iterações demais

Aprendizado de Máquina Para leigos

Algoritmo	Melhor em	Prós	Contras
	Mecanismos de busca (resolvendo o problema de aprendizagem a classificar)		
		Melhor preditor da classe	Sensível a dados ruidosos e valores discrepantes
		Manipula valores ausentes automaticamente	Não funciona bem sem ajuste de parâmetro
		Não precisa transformar nenhuma variável	
Regressão linear	Previsões de linha de base	Simples de entender e explicar	Fazê-lo ajustar funções não lineares é complexo
	Previsões econométricas	Raramente sobreajusta	Pode sofrer com valores discrepantes
	Modelagem de respostas de marketing	Uso de regularização L1 e L2 é eficaz na seleção de características	
		Rápido de treinar	
		Fácil de treinar em big data graças à versão estocástica	
Máquinas de Vetores de Suporte	Reconhecimento de caracteres	Criação de característica não linear automática	Difícil de interpretar ao aplicar núcleos não lineares
	Reconhecimento de imagens	Aproxima funções não lineares complexas	Sofre com exemplos demais, após 10 mil exemplos demora muito para treinar
	Classificação de texto		

Aprendizado de Máquina

^{Para}
leigos

Aprendizado de Máquina

para leigos

**por John Paul Mueller
e Luca Massaron**

ALTA BOOKS
E D I T O R A
Rio de Janeiro, 2019

Aprendizado de Máquina Para Leigos®

Copyright © 2019 da Starlin Alta Editora e Consultoria Eireli. ISBN: 978-85-508-0234-3

Translated from original Machine Learning For Dummies For Dummies®. Copyright © 2016 by John Wiley & Sons, Inc. ISBN 978-1-119-24551-3. This translation is published and sold by permission of John Wiley & Sons, Inc., the owner of all rights to publish and sell the same. PORTUGUESE language edition published by Starlin Alta Editora e Consultoria Eireli, Copyright © 2019 by Starlin Alta Editora e Consultoria Eireli.

Impresso no Brasil — 2019 — Edição revisada conforme o Acordo Ortográfico da Língua Portuguesa de 2009.

Publique seu livro com a Alta Books. Para mais informações envie um e-mail para autoria@altabooks.com.br

Obra disponível para venda corporativa e/ou personalizada. Para mais informações, fale com projetos@altabooks.com.br

Produção Editorial Editora Alta Books	**Produtor Editorial** Thiê Alves	**Marketing Editorial** marketing@altabooks.com.br	**Vendas Atacado e Varejo** Daniele Fonseca Viviane Paiva comercial@altabooks.com.br	**Ouvidoria** ouvidoria@altabooks.com.br
Gerência Editorial Anderson Vieira		**Editor de Aquisição** José Rugeri j.rugeri@altabooks.com.br		

Equipe Editorial	Adriano Barros Bianca Teodoro Ian Verçosa	Illysabelle Trajano Juliana de Oliveira Kelry Oliveira	Keyciane Botelho Maria de Lourdes Borges Paulo Gomes	Thales Silva Thauan Gomes

Tradução João Tortello	**Copidesque** Carolina Gaio	**Revisão Gramatical** Alessandro Thomé Wendy Campos	**Revisão Técnica** Ronaldo Roenick Especialista em Data Mining e ferramentas aplicadas em IA	**Diagramação** Daniel Vargas Lucia Quaresma

Erratas e arquivos de apoio: No site da editora relatamos, com a devida correção, qualquer erro encontrado em nossos livros, bem como disponibilizamos arquivos de apoio se aplicáveis à obra em questão.

Acesse o site www.altabooks.com.br e procure pelo título do livro desejado para ter acesso às erratas, aos arquivos de apoio e/ou a outros conteúdos aplicáveis à obra.

Suporte Técnico: A obra é comercializada na forma em que está, sem direito a suporte técnico ou orientação pessoal/exclusiva ao leitor.

A editora não se responsabiliza pela manutenção, atualização e idioma dos sites referidos pelos autores nesta obra.

Dados Internacionais de Catalogação na Publicação (CIP) de acordo com ISBD

M946a   Mueller, John Paul

     Aprendizado de Máquina Para Leigos / John Paul Mueller, Luca Massaron ; traduzido por João Tortello. - Rio de Janeiro : Alta Books, 2019.
     432 p. : il. ; 17cm x 24cm.

     Tradução de: Machine Learning For Dummies
     Inclui índice
     ISBN: 978-85-508-0234-3

     1. Ciência da computação. I. Massaron, Luca. II. Tortello, João. III. Título.

	CDD 004
2019-593	CDU 004

Elaborado por Vagner Rodolfo da Silva - CRB-8/9410

Rua Viúva Cláudio, 291 — Bairro Industrial do Jacaré
CEP: 20.970-031 — Rio de Janeiro (RJ)
Tels.: (21) 3278-8069 / 3278-8419
www.altabooks.com.br — altabooks@altabooks.com.br
www.facebook.com/altabooks — www.instagram.com/altabooks

ASSOCIADO

Sobre os Autores

John Mueller é autor e editor técnico freelancer. A arte de escrever está em seu sangue, tendo produzido 100 livros e mais de 600 artigos. Os assuntos variam de redes de contatos e inteligência artificial até gerenciamento de bancos de dados e programação intensiva. Alguns de seus livros atuais incluem um sobre Python para iniciantes, Python para ciência de dados e um sobre MATLAB. Também escreveu um kit de e-learning sobre Java, um livro sobre desenvolvimento de HTML5 com JavaScript e outro sobre CSS3. Suas habilidades de edição técnica ajudaram mais de 63 autores a refinar o conteúdo de seus manuscritos. John forneceu serviços de edição técnica para as revistas *Data Based Advisor* e *Coast Compute*. Foi no período em que trabalhou com a *Data Based Advisor* que John teve sua primeira exposição ao MATLAB e, desde então, continuou a progredir no desenvolvimento com esse software. No período em que trabalhou na Cubic Corporation, John foi exposto à engenharia de confiabilidade e continuou a se interessar por probabilidade. Leia seu blog em `http://blog.johnmuellerbooks.com/`.

Quando John não está trabalhando no computador, você pode encontrá-lo no jardim aparando árvores ou usufruindo da natureza. Ele também gosta de fabricar vinho, assar biscoitos e fazer tricô. Quando não está ocupado com mais nada, produz sabão e velas de glicerina, muito úteis para cestas de presentes. John pode ser encontrado na internet no endereço `John@JohnMuellerBooks.com`. E também em seu site, em `http://www.johnmuellerbooks.com/` [conteúdo em inglês]. Fique à vontade para dar uma olhada e sugerir como ele pode melhorá-lo.

Luca Massaron é cientista de dados e diretor de pesquisa de mercado especializado em análise estatística multivariável, aprendizado de máquina e percepção do consumidor, com mais de dez anos de experiência em solução de problemas reais e geração de valor para interessados, aplicando raciocínio, estatística, mineração de dados e algoritmos. Desde que foi pioneiro na análise de público na web, na Itália, até ser classificado entre os dez mais Kaggler no site kaggle.com, sempre foi apaixonado por tudo que se relaciona a dados e análise e sobre como demonstrar a potencialidade da descoberta de conhecimento voltada a dados, tanto para especialistas quanto para leigos. Favorecendo simplicidade em detrimento de sofisticação desnecessária, acredita que muito pode ser obtido na ciência de dados e no aprendizado de máquina, basta compreender e praticar seus fundamentos.

Dedicatória de John

Este livro é dedicado a Kevin e Claudia Smith, duas pessoas muito importantes em apoiar meus esforços na escrita e na autossuficiência. Eles sempre estiveram presentes quando precisei.

Dedicatória de Luca

Dedico este livro à minha filha, Amelia, que faz parte de uma geração que testemunhará o surgimento da inteligência artificial no mundo. Crescendo, espero que você consiga inventar sua vida e felicidade sob estes céus surpreendentemente mutáveis. Contudo, nunca se esqueça de que é você quem decide, seja dona de seu próprio futuro e jamais desista de voar mais alto.

Agradecimentos de John

Agradeço à minha esposa, Rebecca. Mesmo já tendo partido, seu espírito está em todo livro e palavra que escrevo. Ela acreditava em mim quando mais ninguém o fazia.

Russ Mullen merece agradecimentos pela edição técnica deste livro. Ele acrescentou muito à precisão e à profundidade do material que você vê aqui. Russ trabalhou de forma excepcionalmente árdua na pesquisa para este livro, localizando URLs difíceis de encontrar e oferecendo muitas sugestões.

Matt Wagner, meu agente, merece crédito por me ajudar a fechar o contrato e cuidar de todos os detalhes que a maioria dos autores não considera. Sempre estimo seu auxílio. É bom saber que alguém quer ajudar.

Várias pessoas leram todo este livro ou parte dele para me ajudar a refinar a abordagem, os scripts de teste e contribuir de modo geral para que todos os leitores tivessem o que desejam. Esses voluntários ajudaram de inúmeras maneiras e é impossível mencioná-las aqui. Estimo especialmente os esforços de Eva Beattie, Glenn A. Russell, Alberto Boschetti, Cristian Mastrofrancesco e David Wind, que colaboraram de forma geral, leram o livro inteiro e se dedicaram a este projeto de forma abnegada.

Por fim, gostaria de agradecer a Katie Mohr, Susan Christophersen e ao restante da equipe editorial e de produção, por seu apoio inigualável a este trabalho.

Agradecimentos de Luca

Agradeço primeiramente à minha família, Yukiko e Amelia, por seu apoio e amorosa paciência durante os longos meses em que estive envolvido com o trabalho neste livro.

Também quero agradecer a todos os meus companheiros cientistas de dados por sua ajuda e ininterrupta troca de ideias e opiniões. Agradeço em particular a Alberto Boschetti, Giuliano Janson, Bastiaan Sjardin, Zacharias Voulgaris, Cristian Mastrofrancesco, Dario Solari, Michele Usuelli, David Kofoed Wind, Kai Londenberg e Abhishek Thakur.

Por fim, agradeço a todo o pessoal do editorial e da produção da Wiley, pelo profissionalismo e apoio em todas as fases da escrita deste livro.

Sumário Resumido

Introdução 1

Parte 1: Como as Máquinas Aprendem 7
CAPÍTULO 1: A Verdadeira História da IA 9
CAPÍTULO 2: Aprendizado na Era do Big Data. 23
CAPÍTULO 3: Um Vislumbre do Futuro 35

Parte 2: Preparação das Ferramentas de Aprendizado . . . 47
CAPÍTULO 4: Instalação de uma Distribuição de R 49
CAPÍTULO 5: Codificação em R Usando RStudio. 65
CAPÍTULO 6: Instalação de uma Distribuição de Python 91
CAPÍTULO 7: Codificação em Python Usando Anaconda 111
CAPÍTULO 8: Outras Ferramentas de Aprendizado de Máquina 137

Parte 3: Fundamentos da Matemática 145
CAPÍTULO 9: Desmistifique a Matemática do Aprendizado de Máquina 147
CAPÍTULO 10: Descendo a Curva Certa 167
CAPÍTULO 11: Validação do Aprendizado de Máquina 181
CAPÍTULO 12: Aprendizes Simples 201

Parte 4: Aprendizado com Dados Inteligentes e Volumosos (Big Data) 219
CAPÍTULO 13: Pré-processamento de Dados. 221
CAPÍTULO 14: Uso de Semelhança. 241
CAPÍTULO 15: Modo Fácil de Trabalhar com Modelos Lineares. 261
CAPÍTULO 16: Complexidade Obtida com Redes Neurais. 283
CAPÍTULO 17: Um Passo Além com Máquinas de Vetores de Suporte 299
CAPÍTULO 18: Recorra a Ensembles de Aprendizes 317

Parte 5: Aplicação de Aprendizado em Problemas Reais 333
CAPÍTULO 19: Classificação de Imagens 335
CAPÍTULO 20: Pontuação para Opiniões e Sentimentos 351
CAPÍTULO 21: Recomendação de Produtos e Filmes 371

Parte 6: A Parte dos Dez 385
CAPÍTULO 22: Dez Pacotes para Dominar. 387
CAPÍTULO 23: Dez Modos de Melhorar Seus Modelos 393

Índice 403

Sumário

INTRODUÇÃO 1

Sobre Este Livro. 1

Penso que... 2

Ícones Usados Neste Livro 3

Além Deste Livro 4

De Lá para Cá, Daqui para Lá 5

PARTE 1: COMO AS MÁQUINAS APRENDEM 7

CAPÍTULO 1: **A Verdadeira História da IA** 9

Além do Alarde. 10

Sonho com Ovelhas Elétricas 11

Entenda a história da IA e do aprendizado de máquina 12

O que o aprendizado de máquina pode fazer para a IA 13

Os objetivos do aprendizado de máquina 14

Definição dos limites do aprendizado de máquina com base
no hardware 14

Supere as Fantasias da IA 15

Os usos da moda da IA e do aprendizado de máquina. 16

Os usos reais da IA e do aprendizado de máquina 16

Ser útil; ser trivial. 18

A Relação entre IA e Aprendizado de Máquina 19

As Especificações da IA e do Aprendizado de Máquina. 20

A Cisão entre Arte e Engenharia. 21

CAPÍTULO 2: **Aprendizado na Era do Big Data** 23

Definição de Big Data 24

As Fontes de Big Data. 25

Construção de uma nova fonte de dados 26

Uso de fontes de dados existentes 28

Localize fontes de dados de teste 28

A Função da Estatística no Aprendizado de Máquina. 29

A Função dos Algoritmos 30

O que os algoritmos fazem 30

As cinco técnicas principais. 30

O que Significa Treinamento 33

CAPÍTULO 3: Um Vislumbre do Futuro 35

Criação de Tecnologias Úteis para o Futuro. 36

O papel do aprendizado de máquina em robôs. 37

Uso do aprendizado de máquina em assistência médica. 37

Criação de sistemas inteligentes para várias necessidades 38

Uso de aprendizado de máquina em ambientes industriais . . . 38

O papel dos processadores e outros hardwares 40

As Novas Oportunidades de Trabalho com
Aprendizado de máquina 40

Trabalho para uma máquina 41

Trabalho com máquinas 41

Reparo de máquinas 42

Criação de novas tarefas de aprendizado de máquina 43

Novos ambientes de aprendizado de máquina 43

Como Evitar as Possíveis Armadilhas das Futuras Tecnologias 44

**PARTE 2: PREPARAÇÃO DAS FERRAMENTAS DE
APRENDIZADO** 47

CAPÍTULO 4: Instalação de uma Distribuição de R 49

Escolha de uma Distribuição de R com Aprendizado de
Máquina em Mente 50

Instalação de R no Windows 51

Instalação de R no Linux 57

Instalação de R no Mac OS X. 59

Baixe os Conjuntos de Dados e o Exemplo de Código. 61

Entenda os conjuntos de dados usados neste livro. 61

O repositório de código. 62

CAPÍTULO 5: Codificação em R Usando RStudio 65

Conheça os Tipos de Dados Básicos 66

Trabalho com Vetores 68

Organização de Dados Usando Listas. 68

Trabalhando com Matrizes 69

Criação de uma matriz básica. 70

Como mudar a organização do vetor 71

Acessando elementos individuais 71

Nomes para as linhas e colunas. 72

Interação com Várias Dimensões Usando Arrays 73

Criação de um array básico. 73

Nomes para as linhas e colunas. 74

Criação de um Data Frame 76
    O que são fatores 76
    Criação de um data frame básico 78
    Interação com data frames 79
    Expansão de um data frame 80
Execução de Tarefas Básicas de Estatística 82
    Tomada de decisão 82
    Como trabalhar com loops 84
    Tarefas que exigem loop sem loops 86
    Como trabalhar com funções 86
    Encontre a média e a mediana 87
    Representação de dados em gráficos 88

CAPÍTULO 6: Instalação de uma Distribuição de Python 91
Escolha de uma Distribuição de Python com Aprendizado de
    Máquina em Mente 93
    Obtenha o Continuum Analytics Anaconda 93
    Obtenha o Enthought Canopy Express 94
    Obtenha o pythonxy 95
    Obtenha o WinPython 95
Instalação de Python no Linux 96
Instalação de Python no Mac OS X 97
Instalação de Python no Windows 98
Baixe os Conjuntos de Dados e o Exemplo de Código 102
    Como Usar Jupyter Notebook 102
    O repositório de código 104
    Entenda os conjuntos de dados usados neste livro 109

CAPÍTULO 7: Codificação em Python Usando Anaconda 111
Trabalho com Números e Lógica 112
    Atribuições de variável 113
    Operações aritméticas 115
    Comparação de dados usando expressões booleanas 116
Criação e Uso de Strings 118
Interação com Datas 120
Criação e Uso de Funções 120
    Criação de funções reutilizáveis 121
    Chamada de funções 122
    Trabalho com variáveis globais e locais 124
Instruções Condicionais e de Loop 125
    Tomada de decisão com a instrução if 125
    Escolha entre várias opções usando decisões aninhadas 126

Tarefas repetitivas usando for 127

Uso da instrução while. 128

Armazenamento de Dados Usando Conjuntos, Listas e Tuplas. . . 129

Criação de conjuntos 129

Operações em conjuntos 129

Criação de listas 130

Criação e uso de tuplas 132

Definição de Iteradores Úteis 133

Indexação de Dados Usando Dicionários. 134

Armazenamento de Código em Módulos 135

CAPÍTULO 8: Outras Ferramentas de Aprendizado de Máquina 137

As Precursoras SAS, Stata e SPSS. 138

Aprendizado no Meio Acadêmico com Weka. 141

Acesso Fácil a Algoritmos Complexos Usando LIBSVM 141

Execução Rápida Como a Luz com Vowpal Wabbit. 142

Visualização com Knime e RapidMiner 143

Uso de Spark Para Dados Volumosos. 144

PARTE 3: FUNDAMENTOS DA MATEMÁTICA 145

CAPÍTULO 9: Desmistifique a Matemática do Aprendizado de Máquina 147

Trabalhe com Dados. 148

Criação de uma matriz. 150

Entenda as operações básicas 152

Multiplicação de matrizes 152

Operações avançadas com matrizes. 155

Uso eficiente de vetorização. 155

Explore o Mundo das Probabilidades 158

Operações em probabilidades. 159

Chance condicional pelo teorema de Bayes 160

Descrição do Uso da Estatística 163

CAPÍTULO 10: Descendo a Curva Certa 167

O Aprendizado Como Otimização 168

Aprendizado supervisionado 168

Aprendizado não supervisionado 169

Aprendizado por reforço. 169

O processo de aprendizado 170

Explore as Funções de Custo 173

Desça a Curva do Erro 174

Atualização por Minilote e Online............................ 177

CAPÍTULO 11: Validação do Aprendizado de Máquina..........181

Verificação de Erros Fora da Amostra........................ 182

Busca da generalização 183

Conheça os Limites da Tendenciosidade 185

Lembre-se da Complexidade do Modelo 187

Mantenha Soluções Equilibradas............................ 188

Representação de curvas de aprendizagem 189

Treinamento, Validação e Teste 191

Recorra à Validação Cruzada............................... 192

Procure Alternativas na Validação 194

Otimização de Escolhas de Validação Cruzada 195

Explore o espaço dos hiperparâmetros.................... 196

Como Evitar Tendenciosidade de Amostra..................... 198

Cuidado com snooping 199

CAPÍTULO 12: Aprendizes Simples..............................201

Descubra o Incrível Perceptron 202

Não é por milagre..................................... 202

O limite da inseparabilidade............................ 204

Árvores de Classificação de Crescimento Guloso 206

Previsão de resultados por divisão de dados 206

Corte de árvores que crescem demais.................... 210

Uma Volta Probabilística 211

Entenda o Naïve Bayes................................. 211

Estimativa da resposta com Naïve Bayes 215

**PARTE 4: APRENDIZADO COM DADOS INTELIGENTES
E VOLUMOSOS (BIG DATA)** 219

CAPÍTULO 13: Pré-processamento de Dados 221

Coleta e Limpeza de Dados................................ 222

Reparo de Dados Ausentes................................. 223

Identificação de dados ausentes 223

Escolha a estratégia de substituição correta 224

Transformação de Distribuições............................ 228

Crie Suas Próprias Características 230

A necessidade de criar características 230

Criação automática de características.....................231

Compactação de Dados................................232

Delimitação de Dados Anômalos.......................235

CAPÍTULO 14: Uso de Semelhança 241

Medida da Semelhança entre Vetores 242

Entenda a semelhança..............................242

Cálculo de distâncias para aprendizado..............243

Uso de Distâncias para Localizar Agrupamentos 244

Verificação de suposições e expectativas..............245

O funcionamento do algoritmo 247

Ajuste do Algoritmo K-médias........................248

Experimente a confiabilidade do K-médias 249

Experimente a convergência dos centroides...........252

Classificação por K-Vizinhos Mais Próximos.............255

Uso do Parâmetro K Correto..........................256

Entenda o parâmetro k 256

Experimente um algoritmo flexível 257

CAPÍTULO 15: Modo Fácil de Trabalhar com Modelos Lineares...261

Comece a Combinar Variáveis 262

Mistura de Variáveis de Diferentes Tipos 268

Mude para Probabilidades 271

Especifique uma resposta binária 271

Trate de várias classes 274

Estime as Características Corretas......................275

Defina o resultado de características que não
trabalham juntas..................................275

Resolva sobreajuste usando seleção..................276

Aprendendo um Exemplo Por Vez......................278

Uso de gradiente descendente 278

Entenda como o SGD é diferente 279

CAPÍTULO 16: Complexidade Obtida com Redes Neurais 283

Aprendizado e Imitação da Natureza 284

Vá em frente com feed-forward.......................285

Vá mais fundo na toca do coelho......................287

Retroceda com backpropagation.....................290

Luta Contra o Sobreajuste............................293

Entenda o problema................................293

Abra a caixa-preta..................................294

Introdução à Aprendizado Profundo...................296

CAPÍTULO 17: Um Passo Além com Máquinas de Vetores de Suporte 299

Revisão do Problema da Separação: Uma Nova Abordagem 300
Explicação do Algoritmo. 301
Conheça a matemática de uma SVM. 303
Evite as armadilhas da inseparabilidade. 304
Aplicação de Não Linearidade. 305
Demonstração do truque de núcleo por meio de exemplo ...307
Conheça os diferentes núcleos 308
Ilustração de Hiperparâmetros. 310
Classificação e estimativa com SVM. 311

CAPÍTULO 18: Recorra a Ensembles de Aprendizes 317

Alavancagem de Árvores de Decisão. 318
Crescimento de uma floresta de árvores 319
Entenda as medidas de importância. 323
Trabalho com Suposições Quase Aleatórias 326
Preditores de bagging com Adaboost. 327
Impulso para Preditores Inteligentes. 329
Reencontro com o gradiente descendente 330
Média de Diferentes Preditores 332

PARTE 5: APLICAÇÃO DE APRENDIZADO EM PROBLEMAS REAIS 333

CAPÍTULO 19: Classificação de Imagens 335

Trabalhe com um Conjunto de Imagens. 336
Extração de Características Visuais 340
Reconhecimento Facial Com Eigenfaces. 342
Classificação de Imagens 345

CAPÍTULO 20: Pontuação para Opiniões e Sentimentos 351

Introdução ao Processamento de Linguagem Natural. 352
Entenda Como as Máquinas Leem 353
Processamento e melhoramento de texto 354
Considere as tarefas básicas de processamento 355
Stemming e remoção de stop words 357
Scrapping de conjuntos de dados textuais da web 359
Trate de problemas com texto bruto 362
Uso de Pontuação e Classificação 364
Execução de tarefas de classificação. 364
Análise de resenhas de e-commerce 367

CAPÍTULO 21: Recomendação de Produtos e Filmes 371

Entenda a Revolução 372

Baixe Dados de Avaliação 373

O conjunto de dados MovieLens 373

Navegação por dados anônimos na web 375

Os limites dos dados de avaliação 376

Alavancagem de SVD 378

As origens da SVD 378

Entenda a conexão da SVD 379

Veja a SVD em ação 380

PARTE 6: A PARTE DOS DEZ 385

CAPÍTULO 22: Dez Pacotes para Dominar 387

Cloudera Oryx 388

CUDA-Convnet 388

ConvNetJS 389

e1071 389

gbm 390

Gensim 390

glmnet 390

randomForest 391

SciPy 391

XGBoost 392

CAPÍTULO 23: Dez Modos de Melhorar Seus Modelos 393

Estudo de Curvas de Aprendizagem 394

Uso Correto de Validação Cruzada 395

Escolha da Métrica de Erro ou Escore Correta 396

Busca dos Melhores Hiperparâmetros 397

Teste de Vários Modelos 397

Tire a Média dos Modelos 398

Empilhamento de Modelos 398

Aplicação de Engenharia de Características 399

Seleção de Características e Exemplos 399

Busca por Mais Dados 400

ÍNDICE 403

Introdução

O termo *aprendizado de máquina* tem inúmeros significados relaciona-dos atualmente, em particular depois que os estúdios de cinema de Hollywood (e outros) abordaram o assunto. Filmes como *Ex Machina* seduziram a imaginação do público mundial e transformaram o aprendizado de máquina em tudo o que ele não é. Evidentemente, a maioria de nós vive no mundo real, em que o aprendizado de máquina executa um conjunto de tare-fas incrível que nada têm a ver com androides que passam no teste de Turing (fazendo seus criadores acreditar que são humanos). Este livro lhe oferece uma visão do aprendizado de máquina no mundo real e o expõe aos feitos incríveis que podem ser realizados com essa tecnologia. Mesmo que as tarefas executa-das usando aprendizado de máquina pareçam um pouco triviais quando com-paradas com as versões dos filmes, ao terminar este livro você perceberá que essas tarefas banais têm o poder de impactar a vida de todo mundo, em quase todos os aspectos do cotidiano. Em resumo, o aprendizado de máquina é uma tecnologia incrível — apenas não da maneira como alguns imaginaram.

Sobre Este Livro

O principal objetivo deste livro é ajudá-lo a saber o que o aprendizado de máquina pode e não pode fazer para você hoje e o que poderá fazer no futuro. Você não precisa ser cientista da computação para usar este livro, mesmo con-tendo muitos exemplos de código. Na verdade, você pode vir de qualquer área que enfatize bastante a matemática, pois é assim que o livro enfoca o aprendi-zado de máquina. Em vez de lidar com abstrações, você vê os resultados con-cretos do uso de algoritmos específicos para interagir com big data de maneiras particulares para obter determinado resultado útil. A ênfase está na palavra *útil*, pois o aprendizado de máquina tem o poder de executar uma grande variedade de tarefas de uma forma jamais vista.

Parte do enfoque desta obra é o uso das ferramentas corretas. O livro usa Python e R para executar várias tarefas. Essas duas linguagens têm recursos espe-ciais que as tornam particularmente úteis em um ambiente de aprendizado de máquina. Por exemplo, o Python dá acesso a um conjunto enorme de bibliotecas que permitem fazer praticamente tudo que você possa imaginar e várias coisas que nem pode. Do mesmo modo, o R oferece a facilidade de uso que poucas linguagens conseguem igualar. Este livro o ajuda a entender que as duas lingua-gens têm seu papel a cumprir e dá exemplos de quando uma funciona um pouco melhor que a outra para atingir os objetivos que você tem em mente.

Neste livro você descobre também algumas técnicas interessantes. O mais importante é que não apenas verá os algoritmos usados para executar tarefas, mas também a explicação de seu funcionamento. Ao contrário de muitos outros livros, este permite que você saiba exatamente o que está fazendo, mas sem exigir que seja doutor em matemática. Depois de lê-lo, você finalmente terá uma base para desenvolver seu conhecimento e ir ainda mais longe, usando aprendizado de máquina para executar tarefas em seu campo específico.

Evidentemente, você ainda pode estar preocupado com a questão do ambiente de programação, mas esta obra também não o deixa no escuro a esse respeito. No início você encontra instruções de instalação completas tanto para RStudio como para Anaconda, que são os IDEs (ambientes de desenvolvimento integrado) utilizados neste livro. Além disso, manuais rápidos (com referências) o ajudam a entender os fundamentos de programação que precisa realizar com R e Python. A ênfase é fazer com que você esteja pronto o mais rápido possível e tornar os exemplos simples e diretos para que o código não se torne um obstáculo.

Para ajudá-lo a absorver os conceitos, este livro usa as seguintes convenções:

» O texto que deve digitar exatamente como aparece no livro está em negrito. A exceção é quando você trabalha com uma lista de passos: como cada passo aparece em negrito, o texto a ser digitado não é negritado.

» As palavras que deve digitar e que também estão em *itálico* são usadas como espaços reservados, significando que é preciso substituí-las por algo que funcione no seu caso. Por exemplo, se vir "Digite ***Seu Nome*** e pressione Enter", precisará substituir *Seu Nome* pelo seu nome real.

» Também usamos *itálico* para os termos que definimos. Isso significa que você não precisa recorrer a outras fontes para ver as definições necessárias.

» Endereços da web e códigos de programação aparecem em `monofont`.

» Quando for necessário clicar em sequências de comandos, você as verá separadas por uma seta especial, como esta: Arquivo ⇨ Novo Arquivo, que informa para clicar em Arquivo e depois em Novo Arquivo.

Penso que...

Talvez você ache difícil acreditar que não presumimos nada a seu respeito — afinal, não o conhecemos ainda! Embora a maioria das suposições seja simples, algumas foram feitas para estabelecer um ponto de partida para o livro.

A primeira suposição é a de que você conhece a plataforma que deseja usar, pois o livro não oferece nenhuma orientação nesse aspecto. (Contudo, o Capítulo 4 fornece instruções de instalação do RStudio, e o Capítulo 6 informa como instalar o Anaconda.) Para oferecer o máximo de informações sobre R e Python com relação ao aprendizado de máquina, este livro não discute quaisquer problemas específicos da plataforma. Antes de começar a usar este livro, você precisa saber como instalar e usar aplicativos e como trabalhar com a plataforma escolhida.

Esta obra não é um manual de matemática. Sim, você vê muitos exemplos de matemática complexa, mas a ênfase é em ajudá-lo a usar R, Python e aprendizado de máquina para executar tarefas de análise, não aprender teoria matemática. Contudo, você terá explicações sobre muitos dos algoritmos usados no livro para que possa saber como funcionam. Os Capítulos 1 e 2 o orientam precisamente sobre o que precisa saber para utilizar este livro com sucesso.

O livro também presume que você pode acessar itens na internet. Por toda parte estão espalhadas inúmeras referências para material online que melhorarão sua experiência de aprendizado. No entanto, essas fontes adicionais só serão úteis se você as encontrar e usar.

Ícones Usados Neste Livro

Ao ler este livro você encontrará nas margens ícones que indicam material de interesse (ou não, conforme o caso). Veja o que os ícones significam:

Dicas são ótimas, pois o ajudam a economizar tempo ou a executar alguma tarefa sem muito trabalho extra. As dicas deste livro são técnicas para poupar tempo ou indicações para recursos que você deve experimentar a fim de tirar o máximo proveito de R ou Python ou ao executar tarefas relacionadas ao aprendizado de máquina.

Não queremos parecer pais zangados nem algum tipo de maníaco, mas você não deve fazer algo marcado com um ícone Cuidado. Caso contrário, sua aplicação poderá não funcionar conforme o esperado, você poderá obter respostas incorretas de equações aparentemente infalíveis ou (no pior caso) perder dados.

Quando vir este ícone, pense em uma dica ou técnica avançada. Você poderá considerar essas informações úteis apenas palavras chatas demais, ou elas poderão conter a solução necessária para um programa funcionar. Pule essas informações quando quiser.

Se não extrair nada de um capítulo ou de uma seção em particular, lembre-se do material marcado por este ícone. Esse texto normalmente contém um processo fundamental ou uma informação que você precisa saber para trabalhar com R ou Python ou para executar tarefas de aprendizado de máquina.

NA INTERNET

RStudio e Anaconda vêm equipados para executar uma ampla variedade de tarefas gerais. Contudo, o aprendizado de máquina também exige que você execute algumas tarefas específicas, o que significa baixar apoio adicional da web. Este ícone indica que o texto a seguir contém uma referência para uma fonte online que você precisa conhecer e em que precisa prestar atenção para instalar tudo que é necessário para os exemplos funcionarem.

Além Deste Livro

Este livro não é o fim de sua experiência com R, Python ou aprendizado de máquina — na verdade, é apenas o início. Fornecemos conteúdo online para tornar esta obra mais flexível e capaz de atender a suas necessidades.

» **Folha de Cola:** Você se lembra de ter colado na escola para tirar uma nota melhor em uma prova, não é? Lembra? Bem, a Folha de Cola é isso. Ela fornece algumas anotações especiais sobre tarefas que você pode executar com R, Python, RStudio, Anaconda e aprendizado de máquina, as quais nem todo mundo conhece. Você pode acessar a Folha de Cola Online no site da editora Alta Books (www.altabooks.com.br). Procure pelo título do livro. Faça o download da Folha de Cola completa, bem como de erratas e possíveis arquivos de apoio. Ela contém informações úteis, como o modo de encontrar os algoritmos necessários para o aprendizado de máquina.

» **Atualizações:** Às vezes mudanças acontecem. Por exemplo, talvez não tenhamos previsto uma alteração futura quando olhamos em nossa bola de cristal ao escrever este livro. No passado, essa possibilidade significava simplesmente que o livro se tornaria obsoleto e dispensável, mas agora você pode encontrar atualizações para o livro em http://www.dummies.com/extras/machinelearning (conteúdo em inglês).

» Além dessas atualizações, confira as postagens com respostas para perguntas dos leitores e demonstrações de técnicas úteis relacionadas ao livro em http://blog.johnmuellerbooks.com/ (conteúdo em inglês).

» **Arquivos acompanhantes:** Ei! Quem quer digitar todo o código do livro e reconstruir todos esses diagramas manualmente? Em vez de digitar, a maioria dos leitores prefere passar o tempo trabalhando com R, Python, executando tarefas de aprendizado de máquina e vendo as coisas interessantes que podem ser feitas. Felizmente, os exemplos usados no livro estão disponíveis para download, portanto, tudo que você precisa fazer é ler o livro para aprender técnicas de uso do aprendizado de máquina. Esses arquivos podem ser encontrados em http://www.altabooks.com.br [Procure pelo nome/ISBN do livro].

De Lá para Cá, Daqui para Lá

É hora de começar sua aventura no aprendizado de máquina. Se você é completamente iniciante na área, deve começar no Capítulo 1 e avançar pelo livro em um ritmo que permita absorver o máximo possível da matéria. Certifique-se de ler sobre R e Python, pois o livro utiliza as duas linguagens nos exemplos, conforme necessário.

Se você é iniciante e quer aprender a usar aprendizado de máquina o mais rápido possível, pule para o Capítulo 4, sabendo que poderá achar alguns assuntos um pouco confusos adiante. Se já tem o RStudio instalado, pode ler o Capítulo 4 superficialmente. Do mesmo modo, se já tem o Anaconda instalado, pode ler o Capítulo 6 superficialmente. Para usar este livro, você deve instalar R versão 3.2.3. A versão do Python que usamos é a 2.7.11. Os exemplos não funcionarão com a versão 3.x do Python, pois não suporta algumas bibliotecas usadas.

Os leitores que já têm alguma exposição a R e Python e têm as versões apropriadas das linguagens instaladas podem economizar tempo de leitura indo diretamente ao Capítulo 8. Sempre é possível voltar para capítulos anteriores, conforme necessário, quando tiver dúvidas. Contudo, você precisa saber como cada técnica funciona antes de passar para a seguinte. Toda técnica, exemplo de codificação e procedimento tem lições importantes, e você poderá perder um conteúdo vital se pular muitas informações.

1

Como as Máquinas Aprendem

NESTE CAPÍTULO

» Além do alarde sobre a inteligência artificial (IA)

» O sonho da IA

» O mundo real e a fantasia

» IA comparada com o aprendizado de máquina

» Entenda o papel da engenharia em IA e aprendizado de máquina

» Onde a engenharia termina e a arte começa

Capítulo **1**

A Verdadeira História da IA

nteligência Artificial (IA) é um tópico imenso atualmente, e sempre fica maior, graças ao sucesso de tecnologias como a Siri (`http://www.apple.com/ios/siri/`). Falar com seu smartphone é divertido e útil para descobrir coisas, como a localização do melhor restaurante de sushi da cidade ou como chegar à casa de shows. Quando você fala com seu smartphone, ele aprende mais sobre seu modo de falar e comete alguns erros ao entender seus pedidos. A capacidade de seu smartphone de aprender e interpretar seu modo particular de falar é um exemplo de IA, e parte da tecnologia usada para fazer isso acontecer é o aprendizado de máquina. Sem perceber, você provavelmente faz uso limitado do aprendizado de máquina e IA por todo lugar. Por exemplo, a capacidade de falar com dispositivos e fazer com que executem o que você pretende é um exemplo de aprendizado de máquina em funcionamento. Do mesmo modo, os sistemas de recomendação, como aqueles encontrados na Amazon, o ajudam a fazer compras com base em critérios, como compras anteriores ou produtos que complementam a escolha atual. O uso de IA e de aprendizado de máquina só aumentará com o tempo.

Neste capítulo você investiga a IA e descobre o que ela significa a partir de várias perspectivas, incluindo como o afeta como consumidor e como cientista ou engenheiro. Você também descobre que IA não é igual ao aprendizado de máquina, mesmo que a mídia frequentemente as confunda. Apesar de estarem relacionadas, aprendizado de máquina é definitivamente diferente de IA.

Além do Alarde

À medida que qualquer tecnologia se desenvolve, os boatos a acompanham, e a IA certamente tem muito alarde envolvido. Por exemplo, algumas pessoas decidiram se ocupar em espalhar medo, em vez de ciência. Robôs assassinos, como aqueles encontrados no filme *O Exterminador do Futuro*, não serão uma tendência futura. Sua primeira experiência real com uma IA androide provavelmente será na forma de assistência médica (`http://magazine.good.is/articles/robots-elder-care-pepper-exoskeletons-japan`) ou possivelmente como um colega de trabalho (`http://www.computerworld.com/article/2990849/robotics/meet-the-virtual-woman-who-may-take-your-job.html`). A realidade é que você já interage com IA e aprendizado de máquina de maneiras muito mais triviais. Parte do motivo de ser necessário ler este capítulo é ir além do alarde e descobrir o que a IA pode fazer por você hoje.

LEMBRE-SE

Talvez você tenha ouvido falar de aprendizado de máquina e IA indistintamente. IA inclui aprendizado de máquina, mas aprendizado de máquina não define IA totalmente. Este capítulo o ajuda a compreender a relação entre aprendizado de máquina e IA para que entenda melhor como este livro lhe apresenta uma tecnologia que normalmente só aparecia na ficção científica.

Tanto o aprendizado de máquina como a IA têm fortes componentes de engenharia. Isto é, você pode quantificar as duas tecnologias precisamente com base na *teoria* (explicações fundamentadas e testadas), em vez de simplesmente na *hipótese* (uma explicação sugerida para um fenômeno). Além disso, ambas têm fortes componentes científicos, por meio dos quais as pessoas testam conceitos e criam novas ideias sobre como é possível expressar o processo do pensamento. Por fim, o aprendizado de máquina também tem um componente artístico, e é nisso que um cientista talentoso se sobressai. Em alguns casos, a IA e o aprendizado de máquina aparentemente desafiam a lógica, e somente o verdadeiro artista pode fazê-los funcionar conforme o esperado.

Sonho com Ovelhas Elétricas

Androides (um tipo de robô especializado que se parece e age como um ser humano, como o Data, de *Jornada nas Estrelas*) e alguns tipos de *robôs humanoides* (com características humanas, mas facilmente diferenciado de um ser humano, como o C-3PO, de *Guerra nas Estrelas*) se tornaram o exemplo típico da IA. Eles exemplificam computadores que as pessoas podem antropomorfizar. Na verdade, é totalmente possível que um dia você não consiga distinguir com facilidade um ser humano de uma vida artificial. Há tempos os autores de ficção científica, como Philip K. Dick, previram isso, e parece totalmente possível hoje. A história "Androides Sonham com Ovelhas Elétricas?" discute o conceito do mais real que o real. A ideia aparece como parte da trama no filme *Blade Runner* (`http://www.warnerbros.com/blade-runner`). As seções a seguir lhe mostram o quanto a tecnologia atual está próxima do imaginário dos autores de ficção científica e dos filmes.

SIM, ARMAS TOTALMENTE AUTÔNOMAS EXISTEM

Antes que as pessoas nos enviem suas dissertações mais recentes sobre armas totalmente autônomas, sim, algumas almas ignorantes trabalham em tais tecnologias. Você encontrará neste livro algumas discussões sobre a ética da IA, mas o enfoque geral é seu uso positivo e prático para ajudar os seres humanos, em vez de matá-los, pois a maior parte da pesquisa em IA reflete esses usos. É possível encontrar artigos [em inglês] sobre os prós e contras da IA online, como o artigo do *The Guardian*, em `http://www.theguardian.com/technology/2015/jul/27/musk-wozniak-hawking-ban-ai-autonomous-weapons`. Contudo, lembre-se de que essas pessoas estão supondo — elas não sabem, de fato, qual será o futuro da IA.

Se quiser realmente se assustar, você pode encontrar todos os tipos de sites, como `http://www.reachingcriticalwill.org/resources/fact-sheets/critical-issues/7972-fully-autonomous-weapons`, que discute a questão das armas totalmente autônomas com certa profundidade. Sites como Campaign to Stop Killer Robots (`http://www.stopkillerrobots.org/`) também fornecem detalhes. Nós o incentivamos a assinar a carta que proíbe as armas autônomas, em `http://futureoflife.org/open-letter-autonomous-weapons/` — não há nenhuma necessidade delas.

No entanto, é importante lembrar que existem proibições contra armas espaciais, químicas e algumas a laser. Os países reconhecem que elas não resolvem nada. Provavelmente vão proibi-las, simplesmente porque os cidadãos não apoiariam robôs assassinos. O ponto principal é que o enfoque deste livro é ajudá-lo a entender o aprendizado de máquina a partir de uma perspectiva positiva.

O nível tecnológico atual faz parecer ser real, mas é muito fácil identificar um androide. Assistir a vídeos online pode ajudá-lo a entender que androides indistinguíveis de seres humanos não estão nem perto de qualquer tipo de realidade atualmente. Veja os robôs japoneses em `https://www.youtube.com/watch?v=MaTfzYDZG8c` e `https://oglobo.globo.com/sociedade/tecnologia/robo-humanoide-comeca-trabalhar-em-loja-de-departamento-no-japao-8742711`. Um dos exemplos que mais aparentam ter vida é Amelia (`https://vimeo.com/141610747`). Sua história aparece na ComputerWorld, em `http://www.computerworld.com/article/2990849/robotics/meet-the-virtual-woman-who-may-take-your-job.html`. A questão é que a tecnologia está apenas começando a atingir o ponto em que as pessoas podem finalmente criar robôs e androides que aparentam ter vida, mas eles ainda não existem.

Entenda a história da IA e do aprendizado de máquina

Além da antropomorfização, há um motivo para os seres humanos verem a última palavra em IA relacionada a algum tipo de androide. Desde os gregos antigos se discute a possibilidade de colocar um cérebro dentro de um corpo mecânico. Um desses mitos é um homem mecânico chamado Talos (`http://www.ancient-wisdom.com/greekautomata.htm` [conteúdo em inglês]). O fato de os gregos antigos terem dispositivos mecânicos complexos, somente um dos quais ainda existe (leia sobre o mecanismo Antikythera em `http://www.ancient-wisdom.com/antikythera.htm` [conteúdo em inglês]), torna bastante provável que seus sonhos fossem construir mais do que apenas fantasia. Através dos séculos, as pessoas têm discutido seres mecânicos capazes de pensar (como o Golem do rabi Judah Loew, `http://www.nytimes.com/2009/05/11/world/europe/11golem.html` [conteúdo em inglês]).

A IA se baseia na hipótese de que o pensamento mecanizado é possível. Durante o primeiro milênio, filósofos gregos, indianos e chineses trabalharam em maneiras de executar essa tarefa. Já no século XVII, Gottfried Leibniz, Thomas Hobbes e René Descartes discutiram a possibilidade de interpretar todo pensamento simplesmente como símbolos matemáticos. Evidentemente, a complexidade do problema os iludiu (e ainda nos ilude hoje, apesar dos avanços sobre os quais você lê na Parte 3 do livro). A questão é que a visão da IA existe há muito tempo, mas sua implementação é relativamente nova.

O verdadeiro nascimento da IA, conforme a conhecemos hoje, começou com a publicação de "Computing Machinery and Intelligence" (Computadores e Inteligência), de Alan Turing, em 1950. Nesse artigo, Turing explorou a ideia de como determinar se máquinas podem pensar. Evidentemente, esse artigo levou ao Jogo da Imitação, envolvendo três jogadores. O jogador A é um computador, e o jogador B, um ser humano. Cada um deve convencer o jogador C (um ser humano que não pode ver nem o jogador A nem o B) de que é humano. Se o jogador C não puder determinar de forma coerente quem é humano e quem não é, o computador vence.

Um problema contínuo da IA é o otimismo excessivo. O obstáculo que os cientistas tentam superar com ela é incrivelmente intricado. Contudo, o otimismo inicial dos anos 1950 e 1960 levou os cientistas a acreditar que o mundo produziria máquinas inteligentes em apenas 20 anos. Afinal, as máquinas estavam fazendo todos os tipos de coisas espantosas, como participar em jogos complexos. Atualmente a IA tem seu maior sucesso em áreas como logística, mineração de dados e diagnóstico médico.

O que o aprendizado de máquina pode fazer para a IA

O aprendizado de máquina conta com algoritmos para analisar gigantescos conjuntos de dados. Atualmente ela não fornece o tipo de IA apresentada nos filmes. Mesmo os melhores algoritmos não conseguem pensar, sentir, apresentar qualquer forma de autoconhecimento ou exercitar o livre-arbítrio. O que o aprendizado de máquina pode fazer é realizar análise preditiva bem mais rápido que qualquer ser humano. Como resultado, ela ajuda as pessoas a trabalhar de forma mais eficiente. Então o estado atual da IA é fazer análise, mas os seres humanos ainda precisam considerar as implicações dessa análise — tomando as decisões éticas e morais necessárias. A seção "A Relação entre IA e Aprendizado de Máquina" deste capítulo vai mais a fundo sobre precisamente como o aprendizado de máquina contribui para a IA como um todo. A essência da questão é que o aprendizado de máquina fornece apenas uma parte do aprendizado da IA que ainda não está nem perto de ser como se vê nos filmes.

A principal confusão entre aprendizado e inteligência é que as pessoas supõem que simplesmente porque uma máquina é melhor em seu trabalho (aprendizado) também tem consciência (inteligência). Nada apoia essa visão do aprendizado de máquina. O mesmo fenômeno ocorre quando as pessoas presumem que um computador causa problemas de propósito. O computador não atribui emoções e, portanto, age apenas de acordo com a entrada fornecida e a instrução contida dentro de um aplicativo para processá-la. Uma verdadeira IA ocorrerá quando os computadores puderem finalmente imitar a combinação inteligente usada pela natureza:

» **Genética:** Aprendizado lento de uma geração para a seguinte

» **Ensino:** Aprendizado rápido a partir de fontes organizadas

» **Exploração:** Aprendizado espontâneo por meio de mídia e interações

Os objetivos do aprendizado de máquina

Atualmente a IA é baseada no aprendizado de máquina, e esta é fundamentalmente diferente da estatística. Sim, o aprendizado de máquina tem base estatística, mas faz algumas suposições diferentes, porque os objetivos são diferentes. A Tabela 1-1 lista algumas características a considerar ao se comparar IA e aprendizado de máquina com estatística.

TABELA 1-1   Comparação do Aprendizado de Máquina com a Estatística

Técnica	Aprendizado de Máquina	Estatística
Manipulação de dados	Trabalha com big data na forma de redes e gráficos; dados brutos de sensores ou texto da web são divididos em dados de treinamento e teste.	Modelos são usados para criar poder preditivo em pequenas amostras.
Entrada de dados	Os dados são amostrados, randomizados e transformados para maximizar a pontuação da precisão na predição de exemplos fora da amostra (ou completamente novos).	Parâmetros interpretam fenômenos do mundo real e fornecem uma ênfase em relação à magnitude.
Resultado	A probabilidade é levada em conta para comparar qual poderia ser a melhor conjectura ou decisão.	A saída captura a variabilidade e a incerteza dos parâmetros.
Suposições	O cientista aprende a partir dos dados.	O cientista presume certa saída e tenta prová-la.
Distribuição	A distribuição é desconhecida ou ignorada antes de aprender dos dados.	O cientista presume uma distribuição bem definida.
Ajuste	O cientista cria o modelo mais adequado, mas generalizável.	O resultado é adequado à distribuição de dados presente.

Definição dos limites do aprendizado de máquina com base no hardware

Vastos conjuntos de dados exigem quantidades gigantes de memória. Infelizmente, os requisitos não param aí. Quando você tem volumes de dados e memória enormes, também deve ter processadores com vários núcleos e altas velocidades. Um dos problemas que os cientistas se dedicam a resolver é como usar o hardware existente de forma mais eficaz. Em alguns casos, simplesmente não é possível esperar dias para obter uma solução de aprendizado de máquina. Os cientistas que querem uma resposta precisam dela rapidamente, mesmo que o resultado não seja muito preciso. Com isso em mente, os investimentos em hardware superior também exigem investimentos em ciência melhor. Este livro considera algumas das seguintes questões para melhorar sua experiência com aprendizado de máquina:

» **Obter um resultado útil:** À medida que ler o livro, você descobrirá que primeiro precisa de um resultado útil, antes de refiná-lo. Além disso, às vezes o ajuste de um algoritmo vai longe demais, e o resultado se torna muito frágil (e possivelmente inútil fora de um conjunto de dados específico).

» **Fazer a pergunta correta:** Muitas pessoas ficam frustradas ao tentar obter uma resposta do aprendizado de máquina, porque continuam a ajustar seus algoritmos sem fazer uma pergunta diferente. Para usar o hardware de forma eficiente, às vezes você precisa recuar e rever a pergunta que está fazendo. A pergunta pode estar errada, o que significa que mesmo o melhor hardware nunca encontrará a resposta.

» **Contar expressivamente com a intuição:** Todas as perguntas do aprendizado de máquina começam como uma hipótese. Um cientista usa a intuição para criar um ponto de partida para descobrir a resposta de uma pergunta. A falha é mais comum do que o sucesso durante o processo. Sua intuição acrescenta arte à experiência com o aprendizado de máquina, mas às vezes ela está errada, e é preciso rever suas suposições.

PAPO DE ESPECIALISTA

Quando você começa a perceber a importância do ambiente no aprendizado de máquina, também entende a necessidade do hardware e do equilíbrio corretos para obter um resultado desejado. Os sistemas modernos contam com Unidades de Processamento Gráfico (GPUs) para executar tarefas de aprendizado de máquina. Contar com GPUs acelera consideravelmente o processo. Uma discussão completa sobre o uso de GPUs está fora dos objetivos deste livro, mas você pode ler mais sobre o assunto em `http://devblogs.nvidia.com/parallelforall/bidmach -machine-learning-limit-gpus/` [conteúdo em inglês].

Supere as Fantasias da IA

Assim como muitas outras tecnologias, a IA e o aprendizado de máquina têm suas fantasias ou modas. Por exemplo, algumas pessoas usam aprendizado de máquina para criar arte estilo Picasso a partir de fotos. Você pode ler a respeito em `https:// www.washingtonpost.com/news/innovations/wp/2015/08/31/this- algorithm-can-create-a-new-van-gogh-or-picasso-in-just-an -hour/` [conteúdo em inglês]. Evidentemente, os problemas com esse uso são muitos. É questionável se alguém realmente desejaria um Picasso criado dessa maneira, a não ser como um item da moda (porque ninguém tinha feito antes). O diferencial artístico não está na criação de uma interpretação interessante de uma representação do mundo real em particular, mas em ver como o artista o fez. O final do artigo salienta que neste estágio o computador só copia um estilo já existente — não cria um estilo próprio totalmente novo. As seções a seguir discutem as fantasias de vários tipos da IA e do aprendizado de máquina.

Os usos da moda da IA e do aprendizado de máquina

A IA está entrando em uma era de inovação sobre a qual você costumava ler apenas na ficção científica. Pode ser difícil saber se um uso dela em particular é real ou simplesmente o sonho de criança de determinado cientista. Por exemplo, *O Homem de Seis Milhões de Dólares* (`https://pt.wikipedia. org/wiki/The_Six_Million_Dollar_Man`) era uma série da televisão que parecia fantasiosa no passado. Quando foi apresentada, ninguém imaginava que em algum momento teríamos biônica no mundo real. No entanto, Hugh Herr tem outras ideias — pernas biônicas são realmente possíveis agora (`http://www.smithsonianmag.com/innovation/future-robotic-legs-180953040/`). É claro que ainda não estão disponíveis para todos; somente agora a tecnologia está se tornando funcional. Emaranhando as coisas, há outra série, *O Homem de Seis Bilhões de Dólares* (`http://www. cinemablend.com/new/Mark-Wahlberg-Six-Billion-Dollar-Man-Just-Made-Big-Change-91947.html` [conteúdo em inglês]). O fato é que a IA e o aprendizado de máquina apresentarão oportunidades para criar algumas tecnologias espantosas em cujo estágio de criação já estamos, mas você ainda precisa ter uma atitude bastante cética quanto ao que ouve.

LEMBRE-SE

Para fazer com que os usos futuros da IA e do aprendizado de máquina correspondam aos conceitos que a ficção científica tem apresentado ao longo dos anos, programadores, cientistas de dados e outros interessados do mundo real precisam criar ferramentas. O Capítulo 8 explora algumas das que você poderia usar ao trabalhar com IA e aprendizado de máquina, mas elas ainda são rudimentares. Nada acontece por mágica, mesmo que pareça, quando você não conhece os bastidores. Para que os usos da moda de IA e aprendizado de máquina se tornem usos do mundo real, desenvolvedores, cientistas de dados e outros profissionais precisam continuar a construir ferramentas reais que podem ser difíceis de imaginar neste momento.

Os usos reais da IA e do aprendizado de máquina

Você encontra IA e aprendizado de máquina em muitas aplicações hoje. O único problema é que a tecnologia funciona tão bem que você nem mesmo sabe que ela existe. Na verdade, você ficaria surpreso em descobrir que muitos dispositivos que estão em sua casa já utilizam as duas tecnologias. Ambas definitivamente aparecem em seu carro e, mais especialmente, em seu local de trabalho.

De fato, são milhões os usos de IA e aprendizado de máquina — todos em segurança, fora do alcance da visão, mesmo quando sua natureza é excepcional. Aqui estão apenas alguns usos de IA:

» **Detecção de fraude:** Você recebe uma ligação de sua operadora de cartão de crédito perguntando se fez uma compra em particular. A operadora não está sendo intrometida; ela está simplesmente o alertando para o fato de que alguém poderia ter feito compras com seu cartão. A IA incorporada ao código da operadora de cartão de crédito detectou um padrão de gasto estranho e alertou alguém sobre isso.

» **Agendamento de recursos:** Muitas organizações precisam agendar o uso de recursos eficientemente. Por exemplo, talvez um hospital precise saber onde colocar um paciente com base nas necessidades dele, na disponibilidade de especialistas habilitados e no tempo que o médico espera que o paciente fique no hospital.

» **Análise complexa:** Frequentemente as pessoas precisam de ajuda em análises complexas, pois há literalmente fatores demais a considerar. Por exemplo, o mesmo conjunto de sintomas poderia indicar mais de um problema. Talvez um médico ou outro especialista precise fazer um diagnóstico em tempo hábil para salvar a vida de um paciente.

» **Automação:** Qualquer forma de automação pode ser beneficiada com a adição de IA para lidar com mudanças ou eventos inesperados. Um problema com alguns tipos de automação hoje é que um evento inesperado, como um objeto no lugar errado, pode fazer com que a automação pare. A adição de IA à automação permite que ela trate de eventos inesperados e continue como se nada tivesse acontecido.

» **Atendimento ao cliente:** O serviço de atendimento ao cliente para o qual você liga hoje pode não ter um ser humano por trás. A automação é boa o suficiente para seguir roteiros e usar vários recursos para resolver a ampla maioria de suas dúvidas. Com uma boa inflexão de voz (também fornecida pela IA), você pode nem mesmo saber que está falando com um computador.

» **Sistemas de segurança:** Muitos dos sistemas de segurança encontrados em máquinas de vários tipos contam com IA para assumir o controle do veículo em um momento de crise. Por exemplo, muitos sistemas de frenagem automáticos contam com IA para parar o carro de acordo com todas as entradas que um veículo pode fornecer, como a direção de uma derrapagem.

» **Eficiência de máquinas:** A IA pode ajudar a controlar uma máquina de maneira a obter o máximo de eficiência. A IA controla o uso de recursos de modo que o sistema não ultrapasse a velocidade ou outras metas. Cada gota de energia é usada precisamente conforme o necessário para fornecer os serviços desejados.

Essa lista ainda é bastante superficial. Você pode encontrar IA usada de muitas outras maneiras. Contudo, também é interessante ver usos de aprendizado de máquina fora do âmbito que muitos consideram ser o domínio da IA. Aqui estão alguns usos do aprendizado de máquina que você talvez não associe à IA:

» **Controle de acesso:** Em muitos casos, o controle de acesso é uma proposição sim ou não. O cartão inteligente de um funcionário garante acesso a um recurso de forma semelhante a como as pessoa usaram as chaves por séculos. Alguns cadeados oferecem a capacidade de definir datas e horas em que o acesso é permitido, mas o controle geral não responde a cada necessidade. Usando aprendizado de máquina, é possível determinar se um funcionário deve ter acesso a um recurso com base na função e na necessidade. Por exemplo, um funcionário pode ter acesso a uma sala de treinamento quando ela se relacionar à função que exerce.

» **Proteção animal:** O oceano pode parecer grande o bastante para permitir que animais e navios coabitem sem problemas. Infelizmente, muitos animais são atingidos por navios a cada ano. Um algoritmo de aprendizado de máquina permitiria que os navios evitassem os animais, aprendendo os sons e as características tanto de um como de outro.

» **Previsão de tempos de espera:** A maioria das pessoas não gosta de esperar quando não tem a mínima ideia de por quanto tempo. O aprendizado de máquina permite que um aplicativo determine tempos de espera com base nos níveis e na carga de contingente de pessoal, na complexidade dos problemas que se tenta resolver, na disponibilidade de recursos, e assim por diante.

Ser útil; ser trivial

Mesmo que os filmes deixem transparecer que a IA fará um estardalhaço e que às vezes você veja alguns usos incríveis na vida real, o fato é que a maioria de seus usos é trivial, até maçante. Por exemplo, um artigo recente detalha como a Verizon usa a linguagem R (veja os Capítulos 4 e 5 para detalhes sobre o R) para analisar dados de violação de segurança (`http://www.computerworld.com/article/3001832/data-analytics/how-verizon-analyzes-security-breach-data-with-r.html` [conteúdo em inglês]). A Parte 5 deste livro fornece exemplos reais desse mesmo tipo de análise. Isso é banal quando comparado a outros tipos de atividades da IA, mas as vantagens são que a Verizon economiza dinheiro fazendo a análise com R e os resultados também são melhores.

Além disso, os desenvolvedores de Python (veja os Capítulos 6 e 7 para detalhes sobre ele) têm uma diversidade enorme de bibliotecas disponíveis para facilitar o aprendizado de máquina. Na verdade, a Kaggle (`https://www.kaggle.com/competitions` [conteúdo em inglês]) realiza competições para permitir que desenvolvedores de Python e profissionais de R aperfeiçoem suas habilidades em aprendizado de máquina na criação de aplicativos práticos. Os resultados dessas competições frequentemente aparecem depois, como parte de produtos que as pessoas realmente usam. Embora o R ainda conte com forte suporte da comunidade estatística na pesquisa acadêmica, a comunidade de desenvolvimento com Python ocupa-se particularmente da criação de novas bibliotecas para facilitar o desenvolvimento de complexas aplicações de ciência de dados e aprendizado de máquina (veja em `http://www.kdnuggets.com/2015/06/top20-python-machinelearning-open-source-projects.html` [conteúdo em inglês] as 20 principais bibliotecas de Python em uso atualmente).

A Relação entre IA e Aprendizado de Máquina

O aprendizado de máquina é apenas parte do que um sistema exige para se tornar IA. Ela permite que a IA execute estas tarefas:

» Adaptar-se a novas circunstâncias não previstas pelo desenvolvedor original

» Detectar padrões em todos os tipos de fontes de dados

» Criar novos comportamentos com base em padrões reconhecidos

» Tomar decisões com base no sucesso ou na falha desses comportamentos

O uso de algoritmos para manipular dados é o ponto central do aprendizado de máquina. Para ser bem-sucedida, uma sessão de aprendizado de máquina deve usar um algoritmo apropriado para obter o resultado pretendido. Além disso, os dados devem servir para análise usando o algoritmo desejado, ou será necessária uma preparação cuidadosa dos cientistas.

A IA abrange muitas outras disciplinas para simular o processo do pensamento com sucesso. Além do aprendizado de máquina, a IA normalmente inclui:

» **Processamento de linguagem natural:** O ato de permitir entrada na linguagem e colocá-la em uma forma que um computador possa usar.

» **Entendimento de linguagem natural:** O ato de decifrar a linguagem para agir de acordo com o significado que fornece.

» **Representação do conhecimento:** A capacidade de armazenar informações em uma forma que torne o rápido acesso possível.

» **Planejamento (na forma de busca de objetivo):** A capacidade de usar informações armazenadas para tirar conclusões em *tempo quase real* (quase no momento em que acontece, mas com um ligeiro atraso, às vezes tão curto que um ser humano não notaria, mas o computador sim).

» **Robótica:** A capacidade de agir de acordo com os pedidos de um usuário em alguma forma física.

Na verdade, você poderá ficar surpreso em saber que o número de disciplinas exigidas para criar IA é enorme. Consequentemente, este livro o expõe a apenas uma parte do que a IA contém. Contudo, mesmo a parte do aprendizado de máquina pode se tornar complexa, pois entender o mundo por meio da entrada de dados que um computador recebe é complexo. Basta pensar em todas as decisões que você toma constantemente sem pensar. Por exemplo, a simples ideia de ver algo e saber se você pode ter êxito em uma interação pode se tornar uma tarefa trabalhosa.

As Especificações da IA e do Aprendizado de Máquina

À medida que os cientistas continuam a trabalhar com uma tecnologia e a transformar hipóteses em teorias, ela se torna mais relacionada à *engenharia* (onde as teorias são implementadas) do que à *ciência* (onde são criadas). À medida que as regras que governam uma tecnologia se tornam mais claras, grupos de especialistas trabalham em conjunto para defini-las por escrito. O resultado são as *especificações* (um grupo de regras com que todos concordam).

Finalmente, as implementações das especificações se tornam *padrões* que um organização regulatória, como o IEEE (Institute of Electrical and Electronics Engineers) ou uma combinação do ISO/IEC (International Organization for Standardization/International Electrotechnical Commission), gerencia. A IA e o aprendizado de máquina existem há tempo suficiente para criar especificações, mas atualmente você não encontrará quaisquer padrões para nenhuma delas.

A base do aprendizado de máquina é a matemática. Algoritmos determinam como interpretar big data de maneiras específicas. A base matemática do aprendizado de máquina aparece na Parte 3 do livro. Você descobre que algoritmos processam dados de entrada de maneiras específicas e criam saídas previsíveis, baseadas em padrões de dados. O que não se pode prever são os dados em si. A razão de a IA e o aprendizado de máquina serem necessárias é decifrar os dados de modo a ser possível ver os padrões que contêm e compreendê-los.

Você verá as especificações detalhadas na Parte 4, na forma de algoritmos usados para executar tarefas específicas. Quando chegar à Parte 5, saberá por que todo mundo concorda com conjuntos de regras específicos que governam o uso de algoritmos para executar tarefas. A questão é usar um algoritmo mais adequado aos dados que você tem em mãos, para atingir os objetivos específicos que criou. Os profissionais implementam algoritmos usando linguagens que funcionam melhor para a tarefa. O aprendizado de máquina conta com Python e R, e, até certo ponto, com Matlab, Java, Julia e C++. (Para detalhes, veja a discussão em `https://www.quora.com/What-is-the-best-language-to-usewhile-learning-machine-learning-for-the-first-time` [conteúdo em inglês])

A Cisão entre Arte e Engenharia

A razão pela qual IA e aprendizado de máquina são disciplinas de ciência e não de engenharia é que ambas exigem certo grau de arte para alcançar bons resultados. O elemento artístico do aprendizado de máquina assume muitas formas. Por exemplo, você precisa considerar como os dados são usados. Alguns atuam como uma linha de base que ensina um algoritmo a atingir resultados específicos. Os dados restantes fornecem a saída usada para entender os padrões subjacentes. Não existe nenhuma regra específica governando o equilíbrio dos dados; os cientistas que trabalham com dados devem descobrir se um equilíbrio específico produz a saída mais adequada.

LEMBRE-SE

A limpeza dos dados também proporciona certo grau de qualidade artística ao resultado. A maneira pela qual um cientista prepara os dados para uso é importante. Algumas tarefas, como a remoção de registros duplicados, ocorrem regularmente. Contudo, um cientista também pode filtrar os dados de algumas maneiras ou examinar apenas um subconjunto deles. Como resultado, o conjunto limpo utilizado por um cientista para tarefas de aprendizado de máquina pode não corresponder precisamente ao conjunto usado por outro.

Também é possível ajustar os algoritmos de certas maneiras ou refinar seu funcionamento. Novamente, a ideia é gerar saída que exponha verdadeiramente os padrões desejados para compreender os dados. Por exemplo, ao ver uma figura, talvez um robô precise determinar com quais elementos dela pode interagir e com quais não pode. A resposta a essa questão é importante se o robô precisa evitar alguns elementos para manter o rumo ou atingir objetivos específicos.

Ao trabalhar em um ambiente de aprendizado de máquina, talvez você também tenha que considerar o problema dos dados de entrada. Por exemplo, o microfone encontrado em um smartphone não produzirá exatamente os mesmos dados de entrada do de outro smartphone. As características dos microfones diferem, embora o resultado da interpretação dos comandos vocais fornecidos pelo usuário deva ser o mesmo. Do mesmo modo, o ruído do ambiente altera a qualidade da entrada do comando vocal, e o smartphone pode experimentar certas formas de interferência eletromagnética. Claramente, as variáveis que um projetista enfrenta ao criar um ambiente de aprendizado de máquina são grandes e complexas.

A arte por trás da engenharia é uma parte fundamental do aprendizado de máquina. A experiência que um cientista ganha ao trabalhar em problemas com dados é essencial, pois fornece o meio para que acrescente valores que fazem o algoritmo funcionar melhor. Um algoritmo bem ajustado faz a diferença entre um robô ter sucesso em abrir caminho através de obstáculos ou colidir com eles.

NESTE CAPÍTULO

» Entenda os fundamentos do big data

» Localize fontes de big data

» Como estatística e big data trabalham juntos no aprendizado de máquina

» A função dos algoritmos no aprendizado de máquina

» Como o treinamento trabalha com algoritmos no aprendizado de máquina

Capítulo **2**

Aprendizado na Era do Big Data

O s computadores gerenciam dados por meio de aplicativos, os quais executam tarefas usando vários tipos de algoritmos. Uma definição simples para *algoritmo* é: um conjunto sistemático de operações para executar em determinado conjunto de dados — basicamente um procedimento. As quatro operações básicas sobre dados são Create (Criar), Read (Ler), Update (Atualizar) e Delete (Excluir) (CRUD). Pode parecer que esse conjunto de operações não é complexo, mas executar essas tarefas essenciais é a base de tudo que você faz com um computador. À medida que o conjunto de dados se torna maior, o computador usa os algoritmos encontrados em um aplicativo para executar mais trabalho. O uso de conjuntos de dados imensos, conhecidos como *big data*, permite que um computador execute trabalho com base no reconhecimento de padrões de maneira não determinística. Em resumo, para criar uma estrutura de computação que possa aprender, você precisa de um conjunto de dados grande o suficiente para os algoritmos gerenciarem de um modo que permita o reconhecimento de padrões, e esse reconhecimento precisa usar um subconjunto simples para fazer previsões (análise estatística) do conjunto de dados como um todo.

Big data existe em muitos lugares hoje. Fontes óbvias são os bancos de dados online, como aqueles criados pelos fornecedores para rastrear compras de clientes. No entanto, você também encontra muitas fontes de dados não evidentes, que frequentemente fornecem excelentes recursos para se fazer algo interessante. A localização de fontes de big data apropriadas permite que você crie cenários de aprendizado de máquina nos quais uma máquina pode aprender de uma maneira especificada e produzir um resultado desejado.

Estatística, um dos métodos de aprendizado de máquina considerados neste livro, é um modo de descrever problemas usando matemática. Combinando-a com big data, você cria um ambiente de aprendizado de máquina no qual a máquina considera a probabilidade de qualquer evento dado. Contudo, é incorreto dizer que a estatística é o único método de aprendizado de máquina. Este capítulo também apresenta outras formas atualmente em vigor.

Os algoritmos determinam como uma máquina interpreta big data. Eles afetam o resultado do processo de aprendizado de máquina e, portanto, os resultados obtidos. Este capítulo o ajuda a entender as cinco principais técnicas de uso de algoritmos.

Antes que um algoritmo possa ser usado no aprendizado de máquina, você precisa treiná-lo. O processo de treinamento modifica o modo como o algoritmo vê big data. A última seção deste capítulo o ajuda a entender que *treinamento* significa usar um subconjunto dos dados como um método para criar os padrões que o algoritmo precisa para reconhecer casos específicos a partir de casos mais gerais, fornecidos como parte do treinamento.

Definição de Big Data

Big data é significativamente diferente de um grande banco de dados. Sim, big data engloba muitos dados, mas também contém a noção de complexidade e profundidade. Uma fonte de big data descreve algo com detalhes suficientes para que você comece a trabalhar com esses dados para resolver problemas para os quais a programação geral se mostra inadequada. Por exemplo, pense nos carros de "autocondução" da Google. O carro precisa considerar não somente a mecânica de seus equipamentos e a posição em relação ao espaço, mas também os efeitos de decisões humanas, as condições da estrada e ambientais, e outros veículos. A fonte de dados contém muitas variáveis — que afetam o veículo de alguma forma. A programação tradicional considera todos os números, mas não em tempo real. Você não quer que o carro colida com uma parede e ter o computador finalmente decidindo, cinco minutos depois, que o carro vai colidir. O processamento deve agir a tempo de o carro evitar a parede.

QUANTO É REALMENTE BIG?

Big data pode se tornar de fato muito grande. Suponha que o carro de "autocondução" do Google tenha algumas câmeras em HD e algumas centenas de sensores que fornecem informações a 100 vezes/seg. Você poderá acabar com um conjunto de dados bruto com uma entrada que ultrapassa 100 Mbps. Processar esse volume de dados é incrivelmente difícil.

O problema agora é determinar como controlar o big data. Atualmente, a tentativa é registrar tudo, o que produz um conjunto de dados pesado e detalhado. No entanto, esse conjunto não é bem formatado, novamente tornando o uso muito difícil. À medida que este livro avançar, você descobrirá técnicas para controlar o tamanho e a organização de big data que tornam os dados úteis para fazer previsões.

A aquisição de big data pode se mostrar assustadora. O simples volume do conjunto de dados não é o único problema a considerar — também é fundamental pesar como o conjunto de dados é armazenado e transferido para que o sistema possa processá-lo. Na maioria dos casos, os desenvolvedores armazenam o conjunto de dados na memória para permitir um processamento rápido. Usar um disco rígido para armazenar os dados também se revelaria muito dispendioso no tocante ao tempo.

LEMBRE-SE

Ao pensar em big data, você também considera o anonimato. Big data apresenta preocupações com a privacidade. De qualquer forma, contudo, por causa do modo como o aprendizado de máquina funciona, saber detalhes específicos sobre indivíduos não é particularmente útil. O aprendizado de máquina se resume à determinação de padrões — analisar dados de treinamento de tal maneira que o algoritmo treinado possa executar tarefas que o desenvolvedor não programou originalmente. Dados pessoais não têm lugar em tal ambiente.

Por último, big data é tão grande que os seres humanos não conseguem visualizá-lo razoavelmente sem ajuda. Parte do que definiu big data como grande é o fato de que um ser humano pode aprender algo dele, mas a magnitude do conjunto de dados torna o reconhecimento dos padrões impossível (ou levaria um tempo realmente longo para realizá-lo). O aprendizado de máquina ajuda as pessoas a compreender e usar big data.

As Fontes de Big Data

Antes que possa usar big data para uma aplicação de aprendizado de máquina, você precisa de uma fonte de big data. Evidentemente, a primeira coisa em que a maioria dos desenvolvedores pensa é no enorme banco de dados corporativos, o qual poderia conter informações interessantes, mas essa é apenas uma fonte. A verdade é que seus bancos de dados corporativos podem nem mesmo conter dados particularmente úteis para uma necessidade específica. As seções a seguir descrevem locais que podem ser usados para se obter mais big data.

Construção de uma nova fonte de dados

Para criar fontes de big data viáveis para necessidades específicas, talvez você descubra que precisa criar uma nova fonte de dados. Em muitos casos, desenvolvedores construíram fontes de dados em torno das necessidades da arquitetura cliente-servidor, e elas podem não funcionar bem para cenários de aprendizado de máquina, devido à falta da profundidade exigida (otimizar para economizar espaço nos discos rígidos tem desvantagens). Além disso, à medida que você se torna mais versado no uso do aprendizado de máquina, descobre que faz perguntas que os bancos de dados corporativos padrão não conseguem responder. Com isso em mente, as seções a seguir descrevem algumas novas fontes de big data interessantes.

Obtenção de dados de fontes públicas

Governos, universidades, organizações sem fins lucrativos e outras entidades frequentemente mantêm bancos de dados disponíveis publicamente que você pode usar sozinhos ou combinados com outros bancos de dados para criar big data para aprendizado de máquina. Por exemplo, você pode combinar vários Sistemas de Informação Geográfica (GIS) para ajudar a criar o big data exigido para tomar decisões, como onde colocar novos armazéns ou fábricas. O algoritmo de aprendizado de máquina leva em conta todos os tipos de informação — tudo, desde o valor dos impostos que você precisa pagar até a elevação do solo (o que contribui para tornar seu armazém mais fácil de ver).

A melhor parte sobre o uso de dados públicos é que eles normalmente são gratuitos, mesmo para uso comercial (ou você paga um preço simbólico). Além disso, muitas das organizações que os criaram mantêm essas fontes em condições quase perfeitas, pois têm um mandato, usam os dados para atrair receita ou os utilizam internamente. Ao obter dados de fontes públicas, você precisa considerar várias questões para ter certeza de obter algo útil. Aqui estão alguns dos critérios sobre os quais você deve pensar ao tomar uma decisão:

» O custo, se houver, de usar a fonte de dados

» A formatação da fonte de dados

» O acesso à fonte de dados (o que significa ter a infraestrutura apropriada, como uma conexão com a internet, ao usar dados do Twitter)

» Permissão para usar a fonte de dados (algumas são protegidas por leis de copyright)

» Possíveis problemas na limpeza dos dados para torná-los úteis para aprendizado de máquina

Obtenção de dados de fontes privadas

Você pode obter dados de organizações privadas, como Amazon e Google; ambas mantêm bancos de dados imensos com todos os tipos de informações úteis. Nesse caso, você deve esperar pagar para acessar os dados, especialmente quando usados em um cenário comercial. Talvez você não possa baixar os dados em seus servidores pessoais, portanto, essa restrição afeta o modo de usá-los em um ambiente de aprendizado de máquina. Por exemplo, alguns algoritmos funcionam mais lentamente com dados que precisam ser acessados em pequenas quantidades.

A maior vantagem de usar dados de uma fonte privada é que você pode esperar melhor consistência. Provavelmente os dados são mais limpos do que os de uma fonte pública. Além disso, você normalmente tem acesso a um banco de dados maior, com uma variedade mais ampla de tipos de dados. É claro que tudo depende de onde você obtém os dados.

Criação de novos dados a partir dos já existentes

Os dados que você tem podem não funcionar bem para cenários de aprendizado de máquina, mas isso não o impede de criar uma nova fonte de dados usando os antigos como ponto de partida. Por exemplo, você pode descobrir que tem um banco de dados de clientes contendo todos os pedidos deles, mas os dados não são úteis para aprendizado de máquina porque não têm as tags exigidas para agrupá-los em tipos específicos. Um dos novos tipos de profissionais que serão necessários são pessoas que tornam dados mais convenientes para o aprendizado de máquina — incluindo a adição de tipos específicos de informação, como as tags.

LEMBRE-SE

O aprendizado de máquina terá um efeito significativo em seu negócio. O artigo que se encontra em `http://www.computerworld.com/article/3007053/big-data/how-machine-learning-will-affect-your-business.html` descreve algumas maneiras como o aprendizado de máquina afeta as negociações. Um dos pontos desse artigo é que o aprendizado de máquina normalmente trabalha com 80% dos dados. Em 20% dos casos, você ainda precisa que seres humanos assumam o comando de decidir exatamente como reagir aos dados e, então, agir de acordo. A questão é que o aprendizado de máquina economiza dinheiro, controlando tarefas repetitivas que os seres humanos não desejam fazer (tornando-as ineficientes). Contudo, o aprendizado de máquina não elimina completamente a demanda por seres humanos e cria necessidades de novos tipos de trabalho um pouco mais interessantes que aqueles realizados por ela. Também é importante considerar que no princípio são necessários mais seres humanos, até que as modificações que fazem treinem o algoritmo para entender quais tipos de mudanças deve fazer nos dados.

Uso de fontes de dados existentes

Sua organização tem dados ocultos em todos os lugares. O problema está em reconhecê-los como dados. Por exemplo, talvez você tenha sensores em uma linha de montagem que controlam a movimentação dos produtos no processo e garantem que permaneça eficiente. É possível fazer esses mesmos sensores alimentarem informações para um cenário de aprendizado de máquina, pois fornecem entradas sobre como o movimento do produto afeta a satisfação do cliente ou o preço pago com despesas postais. A ideia é descobrir como criar mashups que apresentem os dados existentes como um novo tipo que permita a você fazer mais para que sua organização funcione bem.

LEMBRE-SE

Big data pode vir de qualquer fonte, até de seu e-mail. Um artigo recente discute como o Google usa seu e-mail para criar uma lista de possíveis respostas para novos e-mails. (Veja o artigo em `http://www.semrush.com/blog/deep-learning-an-upcoming-gmail-feature-that-will-answer-your-emails-for-you/` [conteúdo em inglês].) Em vez de responder a cada e-mail individualmente, você pode simplesmente selecionar uma resposta pronta na parte inferior da página. Esse tipo de automação não é possível sem a fonte de dados de e-mail original. Procurar big data em locais específicos não o deixará vê-lo situado em lugares comuns, que a maioria das pessoas não considera como fonte de dados. Futuros aplicativos contarão com essas fontes alternativas, mas para criá-las você precisa começar a ver os dados ocultos hoje.

Alguns desses aplicativos já existem e você não percebe. O vídeo em `http://research.microsoft.com/apps/video/default.aspx?id=256288` [conteúdo em inglês] torna a presença desses tipos de aplicativos mais aparente. Ao terminar de ver o vídeo, você começará a entender que muitos usos do aprendizado de máquina já estão em vigor e os usuários já os admitem como naturais (ou não têm a mínima ideia de que o aplicativo está presente).

Localize fontes de dados de teste

Ao avançar no livro, você descobrirá a necessidade de ensinar o algoritmo que está usando (não se preocupe com algoritmos específicos; você verá vários deles mais adiante no livro) a reconhecer vários tipos de dados e, então, fazer alguma coisa interessante com eles. Esse processo de treinamento garante que o algoritmo reaja corretamente aos dados que recebe quando o treinamento termina. Evidentemente, também é preciso testar o algoritmo para saber se o treinamento foi bem-sucedido. Em muitos casos, o livro o ajuda a descobrir maneiras de dividir uma fonte de dados em componentes de treinamento e teste de dados para obter o resultado desejado. Então, após treinamento e teste, o algoritmo pode trabalhar com novos dados em tempo real para fazer as tarefas que você verificou que ele pode executar.

Em alguns casos, você pode não ter dados suficientes no início para treinamento (o teste inicial fundamental) e teste. Quando isso acontecer, talvez seja preciso criar uma estrutura de teste para gerar mais dados, contar com dados gerados em tempo real ou criar a fonte de dados de teste artificialmente. Também é possível usar dados semelhantes de fontes existentes, como um banco de dados público ou privado. A questão é que você precisa de dados de treinamento e teste que produzam um resultado conhecido, antes de por seu algoritmo em ação no mundo real para trabalhar com dados incertos.

A Função da Estatística no Aprendizado de Máquina

Alguns sites fazem você acreditar que estatística e aprendizado de máquina são duas tecnologias completamente diferentes. Por exemplo, quando você lê *Statistics vs. Machine Learning, fight!* (`http://brenocon.com/blog/2008/12/statistics-vs-machine-learning-fight/` [conteúdo em inglês]), fica com a impressão de que as duas tecnologias não apenas são diferentes, mas absolutamente inimigas uma da outra. O fato é que estatística e aprendizado de máquina têm muito em comum, e a estatística representa uma das cinco *tribos* (escolas de pensamento) que tornam o aprendizado de máquina viável. As cinco tribos são:

>> **Simbolistas:** A origem dessa tribo está na lógica e na filosofia. Esse grupo conta com a dedução reversa para resolver problemas.

>> **Conexionistas:** A origem dessa tribo está na neurociência. Esse grupo conta com backpropagation para resolver problemas.

>> **Evolucionários:** A origem dessa tribo está na biologia evolutiva. Esse grupo conta com programação genética para resolver problemas.

>> **Bayesianos:** A origem dessa tribo está na estatística. Esse grupo conta com inferência probabilística para resolver problemas.

>> **Analogistas:** A origem dessa tribo está na psicologia. Esse grupo conta com máquinas núcleo para resolver problemas.

O objetivo final do aprendizado de máquina é combinar as tecnologias e estratégias adotadas pelas cinco tribos para criar um único algoritmo (o *algoritmo mestre*) que aprende tudo. É claro que esse objetivo está longe de ser alcançado. Mesmo assim, cientistas como Pedro Domingos (`http://homes.cs.washington.edu/~pedrod/` [conteúdo em inglês]) estão trabalhando para atingi-lo.

De modo geral, este livro segue a estratégia da tribo bayesiana, no sentido de resolver a maioria dos problemas usando alguma forma de análise estatística. Você verá estratégias adotadas por outras tribos descritas, mas o principal motivo para começar com a estatística é que a tecnologia já está bem estabelecida e entendida. Na verdade, muitos elementos da estatística se qualificam melhor como *engenharia* (na qual as teorias são implementadas) do que como *ciência* (na qual são criadas). A próxima seção se aprofunda nas cinco tribos, examinando os tipos de algoritmos que cada uma utiliza. Entender a função dos algoritmos no aprendizado de máquina é fundamental para definir seu funcionamento.

A Função dos Algoritmos

Tudo no aprendizado de máquina gira em torno de algoritmos. Um *algoritmo* é um procedimento ou fórmula usada para resolver um problema. O domínio do problema afeta o tipo de algoritmo necessário, mas a premissa básica é sempre a mesma: resolver algum tipo de problema, como dirigir um carro ou jogar dominó. No primeiro caso, os problemas são complexos e variados, mas o problema definitivo é levar um passageiro de um lugar para outro sem colidir o carro. Do mesmo modo, o objetivo de jogar dominó é vencer. As seções a seguir discutem os algoritmos com mais detalhes.

O que os algoritmos fazem

Um algoritmo é uma espécie de contêiner. Ele fornece uma caixa para armazenar um método que resolve um tipo de problema em particular. Os algoritmos processam dados por meio de uma série de estados bem definidos. Os estados não precisam ser determinísticos, mas, de qualquer forma, são definidos. O objetivo é gerar uma saída que resolva um problema. Em alguns casos, o algoritmo recebe entradas que ajudam a definir a saída, mas o enfoque é sempre a saída.

Os algoritmos devem expressar as transições entre os estados usando uma linguagem bem definida e formal que o computador entende. No processamento dos dados e na solução do problema, o algoritmo define, refina e executa uma função. A função é sempre específica para o tipo de problema tratado pelo algoritmo.

As cinco técnicas principais

Conforme descrito na seção anterior, cada uma das cinco tribos tem uma técnica e uma estratégia diferentes para resolver problemas, o que resulta em algoritmos únicos. A combinação deles leva ao algoritmo mestre, que poderá resolver qualquer problema dado. As seções a seguir fornecem uma visão geral das cinco principais técnicas algorítmicas.

Raciocínio simbólico

O termo dedução reversa aparece comumente como indução. No raciocínio simbólico, a dedução amplia o âmbito do conhecimento humano, enquanto a indução aumenta o nível desse conhecimento. A indução comumente abre novos campos de exploração, enquanto a dedução os explora. Contudo, a consideração mais importante é que a indução é a parte da ciência desse tipo de raciocínio, enquanto a dedução é a engenharia. As duas estratégias trabalham em conjunto para resolver problemas, primeiro abrindo um campo de possível exploração para resolvê-los, e então explorando esse campo para determinar se ele os resolve de fato.

Como exemplo dessa estratégia, a dedução diria que, se uma árvore é verde e se árvores verdes estão vivas, a árvore deve estar viva. Ao pensar sobre indução você diria que a árvore é verde e que a árvore também está viva, portanto, árvores verdes estão vivas. A indução fornece a resposta para o que falta no conhecimento a partir de uma entrada e saída conhecidas.

Conexões modeladas nos neurônios do cérebro

Os conexionistas talvez sejam a mais famosa das cinco tribos. Essa tribo se esforça em reproduzir as funções do cérebro usando silício, em vez de neurônios. Basicamente, cada um dos neurônios (criados como um algoritmo que modela o equivalente real) resolve uma pequena parte do problema, e o uso de muitos neurônios em paralelo, o problema como um todo.

O uso de *backpropagation*, ou propagação regressiva de erros, procura determinar as condições sob as quais os erros são removidos de redes construídas para assemelhar-se aos neurônios humanos, alterando os *pesos* (o quanto uma entrada em particular afeta o resultado) e as *tendências* (as características selecionadas) da rede. O objetivo é continuar a alterar os pesos e as tendências até que a saída corresponda à desejada. Nesse ponto, o neurônio artificial é ativado e passa sua solução para o próximo. A solução criada por apenas um neurônio é apenas parte da solução inteira. Cada neurônio passa informações para o seguinte, até que o grupo de neurônios gere uma saída final.

Algoritmos evolucionários que testam variação

Os evolucionários contam com os princípios da evolução para resolver problemas. Em outras palavras, essa estratégia é baseada na sobrevivência do mais forte (removendo quaisquer soluções que não correspondam à saída desejada).

Uma função de capacidade determina a viabilidade de cada função na solução de um problema.

Usando uma estrutura em árvore, o método de solução procura a melhor solução com base na saída da função. A vencedora de cada nível da evolução forma as funções do próximo. A ideia é o nível seguinte ficar mais próximo de resolver o problema, mas pode não resolvê-lo completamente, o que significa que outro nível é necessário. Essa tribo em particular conta pesadamente com recursividade e com linguagens que tenham forte suporte para resolver problemas. Uma saída interessante dessa estratégia tem sido algoritmos que evoluem: uma geração de algoritmos forma a próxima.

Inferência bayesiana

Os bayesianos usam vários métodos estatísticos para resolver problemas. Dado que os métodos estatísticos podem gerar mais de uma solução aparentemente correta, a escolha de uma função é determinar qual delas tem a maior probabilidade de sucesso. Por exemplo, ao usar essas técnicas, você pode aceitar um conjunto de sintomas como entrada e decidir a probabilidade de que uma doença em particular resultará dos sintomas como saída. Dado que várias doenças têm os mesmos sintomas, a probabilidade é importante, pois um usuário verá algumas nas quais uma saída de probabilidade menor é realmente a correta para determinada circunstância.

Em última análise, essa tribo apoia a ideia de nunca confiar completamente em nenhuma hipótese (um resultado que alguém forneceu a você) sem ver a evidência usada para fazê-la (a entrada que outra pessoa usou para fazer a hipótese). Analisar a evidência comprova ou não a hipótese que apoia. Consequentemente, não é possível determinar qual doença alguém tem até testar todos os sintomas. Uma das saídas mais reconhecíveis dessa tribo é o filtro de spam.

Sistemas que aprendem por analogia

Os analogistas usam máquinas núcleo para reconhecer padrões nos dados. Reconhecendo o padrão de um conjunto de entradas e comparando-o com o padrão de uma saída conhecida, é possível criar uma solução para o problema. O objetivo é usar semelhança para determinar a melhor solução para um problema. Esse é o tipo de raciocínio que determina que usar uma solução em particular funcionou em determinada circunstância em algum momento anterior, portanto, usar essa solução para um conjunto de circunstâncias semelhantes também funciona. Uma das saídas mais reconhecíveis dessa tribo são os sistemas de recomendação. Por exemplo, quando você acessa a Amazon e compra um produto, o sistema de recomendação sugere outros relacionados que você talvez queira comprar também.

O que Significa Treinamento

Muitas pessoas estão um tanto acostumadas com a ideia de que os aplicativos começam com uma função, aceitam dados como entrada e, então, fornecem um resultado. Por exemplo, um programador poderia criar uma função chamada Soma() que aceitasse dois valores como entrada, como 1 e 2. O resultado de Soma() seria 3. A saída desse processo é um valor. No passado, escrever um programa significava conhecer a função usada para manipular dados a fim de gerar determinado resultado com certas entradas.

O aprendizado de máquina inverte esse processo. Nesse caso, você sabe que tem entradas, como 1 e 2. Sabe também que o resultado desejado é 3. No entanto, não sabe qual função aplicar para gerar o resultado. O treinamento fornece a um algoritmo aprendiz todos os tipos de exemplos das entradas desejadas e resultados esperados a partir delas. Então o aprendiz usa essa entrada para criar uma função. Em outras palavras, treinamento é o processo por meio do qual o algoritmo aprendiz mapeia uma função flexível nos dados. A saída normalmente é a probabilidade de certa classe ou um valor numérico.

LEMBRE-SE

Um algoritmo aprendiz pode aprender muitas coisas diferentes, mas nem todo algoritmo é adequado para certas tarefas. Alguns são gerais o suficiente para conseguir jogar xadrez, reconhecer rostos no Facebook e diagnosticar câncer em pacientes. Em cada caso, um algoritmo reduz as entradas de dados e os resultados esperados delas a uma função, mas a função é específica para o tipo de tarefa que você quer que o algoritmo execute.

O segredo do aprendizado de máquina é a generalização. O objetivo é generalizar a função de saída para que funcione em dados além do conjunto de treinamento. Por exemplo, considere um filtro de spam. Seu dicionário contém 100 mil palavras (um dicionário pequeno). Um conjunto de dados de treinamento limitado de 4 mil ou 5 mil combinações de palavras deve criar uma função generalizada que possa encontrar spam nas 2^100 mil combinações que a função verá ao trabalhar com dados reais.

Quando visto a partir dessa perspectiva, o treinamento pode parecer impossível, e o aprendizado ainda pior. Contudo, para criar essa função generalizada, o algoritmo aprendiz conta com apenas três componentes:

> » **Representação:** O algoritmo aprendiz cria um *modelo*, o qual é uma função que produzirá determinado resultado para entradas específicas. A representação é um conjunto de modelos que um algoritmo aprendiz pode aprender. Em outras palavras, ele deve criar um modelo que produza os resultados desejados a partir dos dados de entrada. Se o algoritmo aprendiz não puder executar essa tarefa, não poderá aprender dos dados, e eles estarão fora do espaço hipotético do algoritmo aprendiz. Parte da

representação é descobrir quais *características* (elementos de dados dentro da fonte) usar para o processo de aprendizado.

» **Avaliação:** O aprendiz pode criar mais de um modelo. Contudo, ele não sabe a diferença entre modelos bons e ruins. Uma função de avaliação determina qual dos modelos funciona melhor na geração de um resultado desejado a partir de um conjunto de entradas. A função de avaliação classifica os modelos porque mais de um forneceria os resultados desejados.

» **Otimização:** Em algum ponto, o processo de treinamento produz um conjunto de modelos que geram o resultado correto para determinado grupo de entradas. Nesse ponto, o processo de treinamento pesquisa esses modelos para determinar qual funciona melhor. Então o melhor modelo aparece na saída como resultado do processo de treinamento.

Grande parte deste livro se concentra na representação. Por exemplo, no Capítulo 14 você aprende a trabalhar com o algoritmo K-Vizinhos Mais Próximos (KNN). Contudo, o processo de treinamento é mais complicado do que apenas escolher uma representação. Todos os três passos entram em jogo na execução do processo de treinamento. Felizmente você pode começar focalizando a representação e deixar que as várias bibliotecas discutidas no livro façam o resto do trabalho.

Capítulo **3**

Um Vislumbre do Futuro

A tecnologia de aprendizado de máquina aparece em muito produtos hoje, mas ainda não está nem perto de uma utilização completa. Os algoritmos usados para aprendizado de máquina atualmente ainda são relativamente básicos quando comparados com o que os cientistas planejam para o futuro. Além disso, as fontes de dados para aprendizado de máquina hoje são menores que os conjuntos de dados planejados para uso futuro. Em resumo, o aprendizado de máquina está em sua infância. Contudo, ela já executa surpreendentemente bem um número considerável de tarefas. Este capítulo examina o que seria possível no futuro. Ele o ajuda a saber o rumo que o aprendizado de máquina está tomando e como esse rumo vai incorporá-la em cada aspecto da vida diária.

Uma das questões que surgem com uma nova tecnologia como o aprendizado de máquina é o receio de que ela impeça as pessoas de trabalhar. Ao contrário: o aprendizado de máquina abrirá novas ocupações mais interessantes do que trabalhar em uma linha de montagem ou preparar hambúrgueres em uma lanchonete. Um dos objetivos é oferecer trabalho criativo e interessante para as pessoas. Evidentemente, esses novos trabalhos exigirão mais e novos tipos de treinamento antes que as pessoas possam executá-los bem.

Porém, toda nova tecnologia tem suas armadilhas. É um clichê, mas a verdade é que é mais fácil destruir do que construir. As armadilhas em potencial do aprendizado de máquina precisam ser levadas a sério. Como essa tecnologia está em sua infância, este é o momento de considerar as possíveis armadilhas e fazer algo a respeito antes que se materializem. A última seção do capítulo não discute os problemas que *surgirão*. Em vez disso, discute os que *podem* acontecer e que as pessoas poderão certamente evitar, usando a tecnologia corretamente.

Criação de Tecnologias Úteis para o Futuro

Para sobreviver, uma tecnologia precisa se mostrar útil. Na verdade, deve se mostrar mais do que útil: precisa atender às necessidades percebidas de um modo que as tecnologias existentes não atendem e estabelecer uma base de partidários que motivem a continuação do investimento na tecnologia. Por exemplo, o Apple Lisa foi uma tecnologia interessante e útil que demonstrou a utilidade da interface gráfica para usuários empresariais que nunca tinham visto isso. Ele atendeu à necessidade de tornar os computadores amigáveis. No entanto, falhou, pois não estabeleceu uma base de partidários. O computador simplesmente não cumpriu as expectativas da propaganda em torno dele (veja os detalhes em `http://www.fastcompany.com/3041272/the-recommender/remember-apples-lisa-the-computer-that-cost-steve-jobs-a-gigkevin-costner-d` [conteúdo em inglês]). O sistema seguinte construído pela Apple, o Macintosh, cumpriu as expectativas da propaganda um pouco melhor — apesar de ser construído com a mesma tecnologia utilizada pelo Lisa. A diferença é que o Macintosh criou um grupo considerável de partidários fanáticos.

O aprendizado de máquina resolve um número considerável de problemas de um modo que outras tecnologias teriam dificuldade de imitar. Contudo, para se tornar a tecnologia imprescindível em que todo mundo quer investir, precisa estabelecer esse quadro de partidários fanáticos. O aprendizado de máquina já tem alguns partidários, e talvez você seja um deles, mas a tecnologia precisa ser uma tendência predominante na computação para ser algo necessário. As seções a seguir discutem algumas das maneiras como o aprendizado de máquina já o está afetando pessoalmente e como esse uso aumentará no futuro — tornando o aprendizado de máquina uma tecnologia imprescindível.

O papel do aprendizado de máquina em robôs

Um objetivo do aprendizado de máquina hoje é criar robôs domésticos úteis. Agora você pode estar pensando em algo no estilo Rosinha, a robô de *Os Jetsons* (veja uma breve descrição em http://thejetsons.wikia.com/wiki/Rosie [conteúdo em inglês]). Contudo, os robôs do mundo real precisam resolver problemas práticos e importantes para chamar a atenção. Para ser viável e atrair financiamento, uma tecnologia também precisa reunir um grupo de seguidores e, para isso, deve oferecer interação e posse.

Um exemplo de robô doméstico de sucesso é o Roomba, de iRobot (http://www.amazon.com/exec/obidos/ASIN/B005GK3IVW/datacservip0f -20/ [conteúdo em inglês]). É possível comprar um Roomba atualmente. Ele tem uma finalidade útil e tem chamado a atenção o suficiente para se tornar uma tecnologia viável. O Roomba também mostra o que é possível hoje a nível comercial, doméstico e autônomo. Sim, o Roomba é um aspirador de pó especial — com inteligência incorporada, baseada em algoritmos simples, mas muito eficientes. Ele pode andar por uma casa, o que é muito mais difícil do que você imagina. Também pode passar mais tempo em áreas mais sujas da casa. No entanto, você ainda precisa esvaziá-lo quando está cheio. A tecnologia de robôs atual só chega até aí.

LEMBRE-SE

É possível encontrar outros robôs reais que estão sendo usados para executar tarefas especializadas, mas não em sua casa. O artigo que aparece em http://mashable.com/2010/10/10/10-amazing-real-life-robots/ [conteúdo em inglês] fala sobre dez desses robôs. Em cada caso, o robô tem uma finalidade especializada e age de maneiras limitadas. Outros sites apresentam mais robôs, mas você não encontrará usos de propósito geral em nenhum deles. Antes que os robôs possam entrar em uma casa e trabalhar como ajudantes, o aprendizado de máquina precisa resolver muitos problemas, e os algoritmos precisam se tornar mais generalizados e ter pensamento mais profundo. A esta altura você deve ver que os robôs farão parte da vida diária, mas isso não acontecerá imediatamente (ou, talvez, nem mesmo no futuro próximo).

Uso do aprendizado de máquina em assistência médica

Uma questão que está recebendo muita atenção é a assistência a idosos. As pessoas estão vivendo mais, e as casas de repouso não parecem ser um bom modo de passar o crepúsculo da vida. Os robôs possibilitam que as pessoas permaneçam em casa de modo seguro. Alguns países também estão enfrentando forte escassez de profissionais da área da saúde — o Japão é um deles. Como resultado, o país está gastando recursos consideráveis para resolver os problemas apresentados pela robótica. (Leia os detalhes da história em http://magazine.good.is/articles/robots-elder-care-pepper-exoskeletons-japan [conteúdo em inglês])

O mais próximo que a tecnologia atual pode chegar da visão apresentada por um robô-enfermeira doméstico é o robô de telepresença. (Veja os detalhes em http://www.huffingtonpost.com/2013/11/17/robots-let-doctors--beam_n_4291632.html [conteúdo em inglês]) Nesse caso, o robô é uma extensão do médico humano, portanto, não está nem próximo do que os japoneses esperam criar no futuro próximo. Assim como o Roomba, esse robô pode andar por uma casa com êxito. Também permite que o médico veja e ouça o paciente. O robô resolve parcialmente o problema de haver pacientes demais em uma área geográfica muito grande e poucos médicos, mas ainda está longe de uma solução autônoma.

Criação de sistemas inteligentes para várias necessidades

Muitas das soluções que empregam aprendizado de máquina que você poderá ver são assistentes de seres humanos. Eles executam várias tarefas extremamente bem, mas elas são triviais e têm natureza repetitiva. Por exemplo, talvez você precise encontrar um restaurante para atender a uma visita. Você pode perder tempo procurando um restaurante sozinho ou acessar uma IA para fazer isso em bem menos tempo, com maior precisão e eficiência. O Capítulo 1 discute tais soluções na forma da Siri. Outra solução é a Nara (http://www.news.com.au/technology/innovation/meet-your-artificial-brain-the-algorithm-redefining-the-web/news-story/6a9eb73df016254a65d96426e7dd59b4 [conteúdo em inglês]), uma IA experimental que aprende o que você gosta e não gosta à medida que passa mais tempo com ela. Ao contrário da Siri, que pode responder perguntas básicas, Nara vai um passo além e faz recomendações. O Capítulo 21 dedica mais tempo à discussão dessa necessidade em particular.

Uso de aprendizado de máquina em ambientes industriais

O aprendizado de máquina já está desempenhando uma parte importante em ambientes industriais, onde o enfoque é a eficiência. Fazer as coisas mais rapidamente, com mais precisão e menos recursos impacta no resultado final e torna uma empresa mais flexível, com uma margem de lucro maior. Menos erros também ajudam os seres humanos a trabalhar em uma empresa, reduzindo o nível de frustração. Atualmente você vê aprendizado de máquina em:

» Diagnóstico médico

» Mineração de dados

- » Bioinformática
- » Reconhecimento de voz e escrita
- » Classificação de produtos
- » Unidade de Medida Inercial (IMU) (como a tecnologia de captura de movimento)
- » Recuperação de informações

Essa lista mostra apenas a superfície. O aprendizado de máquina é muito usado na indústria, e o número de usos continuará a crescer à medida que algoritmos avançados tornarem possíveis níveis de aprendizado mais altos. Atualmente o aprendizado de máquina executa tarefas em várias áreas, que incluem as seguintes:

- » **Análise:** Determinar o que o usuário quer e por que, e quais padrões (comportamentos, associações, respostas e assim por diante) exibe ao obter o que quer.
- » **Enriquecimento:** Adicionar anúncios, widgets e outros recursos a um ambiente para que o usuário e a organização possam obter mais benefícios, como maior produtividade ou mais vendas.
- » **Adaptação:** Modificar uma apresentação para que reflita os gostos e a opção de enriquecimento do usuário. Cada usuário acaba com uma experiência personalizada que reduz a frustração e aumenta a produtividade.
- » **Otimização:** Modificar o ambiente para que a apresentação consuma menos recursos sem prejudicar a experiência do usuário.
- » **Controle:** Direcionar o usuário para uma linha de ação em particular, com base nas entradas e na maior probabilidade de sucesso.

Uma visão teórica do que o aprendizado de máquina faz na indústria é ótima, mas é importante ver como parte disso funciona no mundo real. Você pode ver aprendizado de máquina sendo usado de maneiras relativamente triviais, mas importantes. Por exemplo, ele tem uma função na automação do acesso de funcionários, na proteção de animais, na previsão de tempos de espera em salas de emergência, na identificação de insuficiência cardíaca, na previsão de derrames e ataques cardíacos e na previsão de readmissões em hospitais. (A história que aparece em `http://www.forbes.com/sites/85broads/2014/01/06/six-novel-machine-learning-applications/` [conteúdo em inglês] fornece detalhes sobre cada um desses usos.)

O papel dos processadores e outros hardwares

A seção "A Função da Estatística no Aprendizado de Máquina" do Capítulo 2 fala sobre as cinco escolas de pensamento (tribos) relacionadas ao aprendizado de máquina. Cada escola informa que o hardware de computador atual não está à altura da tarefa de fazer com que o aprendizado de máquina funcione corretamente. Por exemplo, você poderia falar com uma tribo cujos membros discursam sobre a necessidade de volumes maiores de memória de sistema e o uso de GPUs para proporcionar cálculos mais rápidos. Outra poderia defender a criação de novos tipos de processadores. Processadores de aprendizado, aqueles que imitam o cérebro humano, são a última moda para os conexionistas. Você pode ler sobre esses processadores em `http://www.pddnet.com/news/2015/09/neuromemristive-processor-breaks-boundaries-machine-learning` [conteúdo em inglês]. A questão é que todos concordam que algum tipo de hardware novo tornará o aprendizado de máquina mais fácil, mas a forma exata desse hardware ainda não está definida.

As Novas Oportunidades de Trabalho com Aprendizado de máquina

É possível encontrar vários artigos que discutem a perda de emprego que o aprendizado de máquina e suas tecnologias associadas causarão. Robôs já executam várias tarefas que empregavam seres humanos, e essa utilização aumentará com o tempo. A seção anterior deste capítulo mostrou alguns dos usos práticos e reais do aprendizado de máquina hoje e onde se expandirão no futuro. Ao ler essa seção, você também deve ter considerado como esses novos usos podem custar seu trabalho ou o de alguém de quem gosta. Alguns autores chegam a dizer que o futuro pode apresentar um cenário no qual aprender novas habilidades pode não garantir um emprego (veja os detalhes em `http://www.computerworld.com/article/3007396/it-careers/imagining-a-future-where-new-skills-are-no-help.html` [conteúdo em inglês]).

A verdade é que é difícil saber exatamente como o aprendizado de máquina afetará o ambiente de trabalho, assim como foi difícil para as pessoas verem aonde a revolução industrial nos levaria com a produção em massa de bens para o consumidor (veja os detalhes em `http://www.history.com/topics/industrial-revolution` [conteúdo em inglês]). Assim como aqueles trabalhadores precisaram encontrar novas ocupações, as pessoas que hoje enfrentam perda de emprego devido ao aprendizado de máquina precisarão encontrar outros.

Trabalho para uma máquina

É inteiramente possível que você se encontre trabalhando para uma máquina no futuro. Na verdade, você já pode estar trabalhando e não sabe. Algumas empresas já usam aprendizado de máquina para analisar processos comerciais e torná-los mais eficientes. Por exemplo, a Hitachi usa tal estrutura na gerência de nível médio (veja o artigo em `http://www.hitachi.com/New/cnews/month/2015/09/150904.html` [conteúdo em inglês]). Nesse caso, a IA realmente emite as ordens de serviço com base em sua análise do fluxo de trabalho — exatamente como um gerente de nível médio humano faria. A diferença é que a IA é 8% mais eficiente que os seres humanos que substitui. Em outro caso, a Amazon realiza uma competição entre especialistas em aprendizado de máquina para saber se a empresa poderia melhorar os processos de autorização de funcionários automaticamente usando aprendizado de máquina (`http://kaggle.com/c/amazon-employee-access-challenge` [conteúdo em inglês]). Novamente, o objetivo é descobrir como substituir a gerência de nível médio e diminuir um pouco a burocracia.

Contudo, uma oportunidade de trabalho também se apresenta. Os funcionários comandados por IA executam as tarefas que ela lhes diz para fazer, mas podem usar suas próprias experiência e criatividade para determinar como executá-las. A IA analisa os processos utilizados pelos empregados humanos e mede os resultados obtidos. Os processos bem-sucedidos são adicionados ao banco de dados de técnicas que os trabalhadores aplicam para executar tarefas. Em outras palavras, os seres humanos estão ensinando a IA novas técnicas para tornar o ambiente de trabalho ainda mais eficiente.

Esse é um exemplo de como o aprendizado de máquina pode liberar os seres humanos da monotonia do ambiente de trabalho. Quando são usados gerentes de nível médio humanos, processos novos frequentemente são enterrados na burocracia de regras tácitas e ego. O gerente de nível médio IA é projetado para aprender novas técnicas sem tendências, de modo que os seres humanos são estimulados a exercitar sua criatividade, e todo mundo se beneficia. Em resumo, a IA, que não tem ego a ser magoado, é o gerente acessível que muitos empregados têm desejado.

Trabalho com máquinas

As pessoas já trabalham com máquinas regularmente — talvez apenas não percebam. Por exemplo, quando fala em seu smartphone e ele reconhece o que é dito, você está trabalhando com uma máquina para atingir um objetivo. A maioria das pessoas reconhece que a interação de voz fornecida por um smartphone melhora com o tempo — quanto mais você o utiliza, melhor ele fica em reconhecer sua voz. À medida que o algoritmo aprendiz se torna mais bem ajustado, fica mais eficiente no reconhecimento de sua voz e na obtenção do resultado desejado. Essa tendência continuará.

Contudo, o aprendizado de máquina é usado de maneiras que podem não ocorrer a você. Quando você aponta uma câmera para uma pessoa e ela coloca uma caixa em torno do rosto (para ajudar a direcionar a foto), isso é resultado de aprendizado de máquina. A câmera o ajuda a executar o trabalho de fazer uma foto com muito mais eficiência. Além disso, ela remove automaticamente pelo menos alguns dos efeitos de tremido e má iluminação. As câmeras se tornaram muito boas em ajudar os seres humanos a executar tarefas com autoconfiança.

O uso de linguagens declarativas, como SQL (Structured Query Language), também se tornará mais pronunciado, porque o aprendizado de máquina possibilitará avanços. Sob certos aspectos, uma linguagem declarativa simplesmente permite descrever o que você quer e não como obter isso. Contudo, para ser usada, a SQL ainda exige um cientista da computação, um cientista de dados, um administrador de banco de dados ou algum outro profissional. As linguagens futuras não terão essa limitação. Finalmente, alguém treinado em executar bem uma tarefa específica simplesmente dirá ao robô-assistente o que fazer e ele descobrirá o meios de fazê-lo. As pessoas usarão a criatividade para descobrir *o que* fazer; os detalhes (*como fazer*) se tornarão o domínio das máquinas.

Reparo de máquinas

A maior parte deste capítulo discute a tecnologia atual, para onde ela irá no futuro e por que as coisas funcionam como funcionam. Entretanto, observe que a discussão sempre enfoca a tecnologia fazendo algo. Está certo — antes que a tecnologia possa fazer qualquer outra coisa, deve executar uma tarefa prática que chame a atenção e beneficie os seres humanos de uma maneira que faça com que as pessoas queiram possuí-la. Porém, não importa qual seja a tecnologia, finalmente ela estragará. Fazer a tecnologia produzir algo útil é a principal consideração agora, e o auge de qualquer sonho sobre o que ela finalmente fará se estende por anos no futuro. Assim, coisas triviais, como reparar a tecnologia, ainda recaem nos ombros dos seres humanos. Mesmo que o ser humano não esteja diretamente envolvido no reparo físico, a inteligência humana orientará a operação de reparo.

Alguns artigos que você lê online podem fazê-lo acreditar que os robôs que se consertam sozinhos já são uma realidade. Por exemplo, os robôs da Estação Espacial Internacional, Dextre e Canadarm, consertaram uma câmera defeituosa (veja a história em `http://space.io9.com/a-self-repairing-space-robot-on-the-international-space-1580869685` [conteúdo em inglês]). O que as histórias não dizem é que um ser humano decidiu como executar a tarefa e dirigiu os robôs no trabalho físico. Reparo autônomo não é possível com os algoritmos disponíveis hoje. Os reparos frequentemente atormentam os especialistas humanos, e até que robôs reproduzam o conhecimento e as habilidades desses especialistas, os mesmos reparos permanecerão impossíveis para eles.

Criação de novas tarefas de aprendizado de máquina

Os algoritmos de aprendizado de máquinas não são criativos, o que significa que seres humanos devem fornecer a criatividade que melhora o aprendizado de máquina. Mesmo algoritmos que constroem outros só melhoram a eficiência e a precisão dos resultados que o algoritmo obtém — eles não podem criar algoritmos que executam novos tipos de tarefas. Os seres humanos precisam fornecer a entrada necessária para definir essas tarefas e os processos exigidos para começar a resolvê-las.

DICA

Você pode pensar que somente especialistas em aprendizado de máquina criarão novas tarefas na área. Contudo, a história sobre o gerente de nível médio da Hitachi, discutida na seção "Trabalho para uma máquina", anteriormente neste capítulo, mostra que as coisas funcionam de forma diferente. Sim, especialistas definirão como resolver a tarefa, mas a criação real de tarefas será realizada por pessoas que conhecem melhor uma área em particular. A história da Hitachi serve como base para entender que o futuro verá pessoas de todos os estilos de vida contribuindo para os cenários de aprendizado de máquina e que uma educação específica poderá nem mesmo ajudar na definição de novas tarefas.

Novos ambientes de aprendizado de máquina

No momento, a descoberta de novos ambientes de aprendizado de máquina está ligada às empresas de pesquisa e desenvolvimento. Um grupo de especialistas altamente treinados deve criar os parâmetros para um novo ambiente. Por exemplo, a NASA precisa de robôs para explorar Marte. Nesse caso, ela conta com as habilidades de pessoas do MIT e da Northeastern (veja a história em `http://www.computerworld.com/article/3007393/robotics/nasa-needs-robotic-upgrades-for-work-on-mars.html` [conteúdo em inglês]). Como o robô precisará executar tarefas de forma autônoma, os algoritmos de aprendizado de máquina se tornarão muito complexos e incluirão vários níveis de solução de problemas.

Finalmente, alguém poderá descrever um problema com detalhes suficientes para que um programa especializado crie o algoritmo necessário, usando uma linguagem apropriada. Em outras palavras, pessoas comuns finalmente começarão a criar novos ambientes de aprendizado de máquina baseados nas ideias que têm e querem experimentar. Assim como na criação de tarefas de aprendizado de máquina, as pessoas que criarão futuros ambientes serão especialistas em sua área específica, não cientistas da computação nem de dados. Solucionar a ciência do aprendizado de máquina finalmente se transformará um exercício de engenharia, que fornecerá o acesso exigido a qualquer um que tenha uma boa ideia.

Como Evitar as Possíveis Armadilhas das Futuras Tecnologias

Toda tecnologia nova tem armadilhas em potencial. Quanto mais altas as expectativas para essa tecnologia, mais sérias as armadilhas se tornam. Expectativas irreais causam todos os tipos de problemas para o aprendizado de máquina, pois as pessoas pensam que o que veem nos filmes é o que ocorrerá no mundo real. É essencial se lembrar dos conceitos básicos apresentados no Capítulo 1 — que atualmente os algoritmos de aprendizado de máquina não podem sentir, pensar de forma autônoma nem criar nada. Ao contrário das IAs dos filmes, um algoritmo de aprendizado de máquina faz precisamente o que se espera que faça — nada além. É claro que alguns dos resultados são espantosos, mas é importante manter as expectativas de acordo com o que a tecnologia pode fazer. Caso contrário, você prometerá algo que a tecnologia nunca poderá entregar, e aqueles partidários que estava esperando procurarão a próxima grande moda.

Na verdade, os usos do aprendizado de máquina hoje são muito reduzidos. Conforme descrito no artigo que se encontra em `https://www.linkedin.com/pulse/machine-learning-its-hard-problems-valuable-toby-coppel` [conteúdo em inglês], a *IA estreita,* como seu uso comercial para obter insights em conjuntos de dados enormes, conta com técnicas bem compreendidas que empresas começaram a empregar recentemente. A máquina não pode inferir nada, o que limita seu uso na tarefa para a qual o desenvolvedor ou cientista de dados a projetou. Na verdade, uma boa analogia para os algoritmos atuais é que eles gostam de uma camisa feita sob medida (para mais detalhes, veja o artigo que se encontra em `http://www.computerworld.com/article/3006525/cloud-computing/why-microsofts-data-chief-thinks-machine-learning-tools-are-like-tailored-shirts.html` [conteúdo em inglês]). Você precisa de habilidades especializadas para criar um algoritmo feito sob medida para atender a necessidades específicas hoje, mas o futuro poderá ver algoritmos que enfrentam praticamente qualquer tarefa. As empresas que contam com IA estreita precisam ter cuidado no modo como desenvolvem produtos ou serviços. Uma mudança na oferta de produto ou serviço retira os dados usados para o ambiente de aprendizado de máquina do domínio do algoritmo aprendiz, reduzindo a saída do algoritmo de aprendizado de máquina a uma linguagem ininteligível (ou pelo menos tornando-a não confiável).

NA INTERNET

Aprendizado profundo, uma técnica que permite à máquina escolher entradas usando várias camadas de processamento para analisar estruturas complexas, é o próximo grande passo no processo de empregar IA de maneira prática, mas algumas empresas já a empregam, e ela exige um enorme poder de computação para executar tarefas práticas. O site Deep Learning (`http://deeplearning.net/` [conteúdo em inglês]) fornece os recursos para trabalhar com aprendizado profundo, caso você queira fazer isso. Esse site oferece artigos, tutoriais, exemplo de código e outras informações necessárias para se entender melhor o aprendizado profundo. Embora você possa pensar que todo mundo a usa hoje, na verdade é uma tecnologia futura que algumas empresas adotam, mesmo ainda não estando aperfeiçoada (ou quase nada aperfeiçoada).

Usar aprendizado de máquina em uma organização também exige que você contrate pessoal com o conjunto de habilidades correto e crie uma equipe. O aprendizado de máquina no ambiente corporativo, em que resultados significam mais lucros, é relativamente nova. As empresas enfrentam desafios para compor a equipe correta, desenvolver um conjunto de metas razoáveis e, então, realmente cumpri-las. Para atrair uma equipe de classe mundial, sua empresa precisa oferecer um problema que seja interessante o suficiente para motivar as pessoas necessárias de outras organizações. Essa tarefa não é fácil, e você precisa pensar nela como parte da definição dos objetivos de criar um ambiente de aprendizado de máquina.

COMEÇOS E INTERRUPÇÕES NO USO DE IA

A IA teve muitas interrupções e começos. Durante seus períodos menos intensos, principalmente de 1974 a 1980, e novamente de 1987 a 1993 (além de vários episódios menores), ela passou pelo que foi chamado de "inverno da IA", quando investidores retiraram fundos de investimentos anteriores em IA e aprendizado de máquina por causa de decepções na aplicação prática da tecnologia. Parte do problema foi o alarde criado pela imprensa.

Por exemplo, em 1966, os investidores se decepcionaram com a falha na tradução automática. Originalmente, todos esperavam que a tradução funcionasse bem dentro de poucos anos. Agora a tradução é uma realidade graças ao Google e à Microsoft, após cerca de 50 anos. A DARPA e empresas privadas reduziram os investimentos nos anos 1970 e 1980 porque os algoritmos da época não corresponderam às altas expectativas principalmente dos não especialistas.

Graças aos possíveis avanços propostos por importantes publicações de eminentes eruditos, como o professor Geoffrey Hinton, o inverno da IA acabou todas as vezes, criando uma abertura para uma nova primavera na pesquisa e no desenvolvimento de tecnologias de IA. No entanto, novos invernos podem estar diante de nós. Embora os ciclos de alarde sejam ótimos, porque proporcionam os fundos necessários, a avaliação prática e baseada em fatos deve conduzir as expectativas das tecnologias novas e revolucionárias, como a IA e o aprendizado de máquina.

2

Preparação das Ferramentas de Aprendizado

Criação de um ambiente R.

Execução de tarefas básicas com R.

Criação de um ambiente Python.

Execução de tarefas básicas com Python.

Trabalho com outras ferramentas de aprendizado de máquina.

Capítulo **4**

Instalação de uma Distribuição de R

Este livro conta com duas linguagens para demonstrar o aprendizado de máquina. Evidentemente, muitas outras linguagens estão disponíveis para uso, mas estas duas, R e Python, oferecem os melhores recursos para estudar e trabalhar com exemplos de aprendizado de máquina. Além disso, a indústria também as utiliza muito. A primeira seção deste capítulo discute algumas distribuições de R que você pode usar para satisfazer necessidades específicas do aprendizado de máquina. O capítulo também explica por que o livro usa determinada distribuição de R.

Além disso, você aprende a instalar o R em seu sistema (supondo que use plataforma Windows, Linux ou Mac OS X).

LEMBRE-SE

Os Capítulos 6 e 7 o ensinam a instalar e ter uma visão geral do Python. Você precisa das duas linguagens para executar todos os exemplos do livro, pois eles dependem da linguagem mais adequada para a tarefa. Em outras palavras, seguindo os exemplos deste livro, você não apenas aprende a executar tarefas de aprendizado de máquina, mas também descobre qual linguagem funciona melhor para uma tarefa em particular.

Mesmo que prefira não instalar o R usando os procedimentos deste capítulo, você precisa seguir os procedimentos encontrados na última seção. Eles o ajudam a instalar o exemplo de código-fonte e conjuntos de dados usados no livro. Se não instalá-los, você achará muito mais difícil acompanhar o texto. Usar o código-fonte que pode ser baixado é uma ótima ideia, pois ele o ajuda a se concentrar em descobrir como o aprendizado de máquina funciona, em vez de perder tempo escrevendo código sem erros. Você sempre pode recriar os exemplos manualmente depois, para praticar suas habilidades recém-descobertas, mas usar o código-fonte encontrado em `http://www.altabooks.com.br` [Procure pelo `nome/ISBN do livro`] durante a primeira passagem aumentará muito a experiência de aprendizado.

Escolha de uma Distribuição de R com Aprendizado de Máquina em Mente

R é uma combinação de ambiente e linguagem. É uma forma da linguagem de programação S, a qual John Chambers criou originalmente no Bell Laboratories para facilitar o trabalho com estatística. Rick Becker e Allan Wilks complementaram a linguagem de programação S. O objetivo do R é transformar ideias em software rápida e facilmente. Em outras palavras, R é uma linguagem projetada para ajudar alguém que não tem muita experiência em programação a criar código sem uma enorme curva de aprendizado. Este livro usa R, em vez de S, porque o R é um produto de download gratuito que pode executar a maior parte do código S sem modificação. Em contraste, você precisa pagar pelo S. Para os exemplos usados no livro, o R é uma excelente escolha. Você pode ler mais sobre R em geral em `https://www.r-project.org/about.html` [conteúdo em inglês].

CUIDADO

Você não quer fazer generalizações sobre as linguagens usadas para aprendizado de máquina. Tanto o R como o Python são populares, por diferentes razões. Artigos como "In data science, the R language is swallowing Python" (`http://www.infoworld.com/article/2951779/application-development/in-data-science-the-r-language-is-swallowing-python.html` [conteúdo em inglês]) inicialmente parecem dizer que R está se tornando mais popular por algum motivo. Sabiamente, o autor se afasta dessa opinião, destacando que o R é melhor para finalidades estatísticas, e o Python, uma linguagem de propósito geral melhor. Os melhores desenvolvedores sempre têm uma coleção de ferramentas de programação para facilitar a execução de tarefas. As linguagens atendem às necessidades do desenvolvedor, portanto, você precisa usar a linguagem certa para o trabalho. Afinal, em última análise, todas as linguagens se tornam código de máquina que um processador entende — uma linguagem que hoje poucos desenvolvedores conhecem, pois as linguagens de programação de alto nível facilitam o desenvolvimento.

NA INTERNET

Você pode obter uma cópia básica do R no site Comprehensive R Archive Network (CRAN), no endereço `https://cran.r-project.org/` [conteúdo em inglês]. O site fornece versões em código-fonte e versões compiladas da distribuição de R para várias plataformas. A não ser que pretenda fazer as próprias alterações no suporte básico para R ou queira se aprofundar em seu funcionamento, sempre é melhor obter a versão compilada. Se você usa RStudio, como sugerido no próximo parágrafo, também deve baixar e instalar uma cópia de R.

Este livro usa a versão Desktop do RStudio (`https://www.rstudio.com/products/rstudio/#Desktop` [conteúdo em inglês]) para facilitar ainda mais a tarefa de trabalhar com R. Esse produto tem download gratuito, e você pode obtê-lo nas versões para Linux (Debian/Ubuntu, RedHat/CentOS e SUSE Linux), Mac e Windows. O livro não usa os recursos avançados encontrados na versão paga do produto, e você não precisará dos recursos do RStudio Server.

Você pode experimentar outras distribuições de R, se achar que não gosta do RStudio. As distribuições alternativas mais comuns são StatET (`http://www.walware.de/goto/statet`), Red-R (`http://decisionstats.com/2010/09/28/red-r-1-8-groovy-gui/` ou `http://www.red-r.org/`) e Rattle (`http://rattle.togaware.com/` [conteúdo dos sites em inglês]). Todas são bons produtos, mas o RStudio parece ter mais seguidores e é mais simples de usar. Você pode ler discussões sobre as várias opções em lugares como `https://www.quora.com/What-are-the-best-choices-for-an-R-IDE` [conteúdo em inglês]. Se usar uma distribuição alternativa, as capturas de tela do livro não corresponderão ao que verá em sua tela, e os arquivos de código-fonte do download podem ser carregados com erro (mas com pequenas correções ainda devem funcionar).

Instalação de R no Windows

O Windows não vem com R instalado. Antes de poder instalar o RStudio, você precisa instalar uma cópia de R em seu sistema. O RStudio vem com um aplicativo de instalação gráfico para Windows, assim, obter uma boa instalação significa usar um assistente, como você faria em qualquer outra instalação. É claro que antes de começar você precisa de uma cópia do arquivo de instalação. As informações exigidas para o download estão na seção "Escolha de uma Distribuição de R com Aprendizado de Máquina em Mente", anteriormente neste capítulo. O procedimento a seguir funciona bem em qualquer sistema Windows:

1. **Localize a cópia de R baixada em seu sistema.**

O nome desse arquivo varia, mas normalmente aparece como R-3.2.3-win.exe. O número da versão aparece como parte do nome do arquivo. Nesse caso, o nome do arquivo informa que você baixou a versão 3.2.3, usada neste livro. Usar uma versão diferente de R pode causar problemas no código-fonte do download.

2. Dê um clique duplo no arquivo de instalação.

Você vê a caixa de diálogo Select Setup Language, mostrada na Figura 4-1.

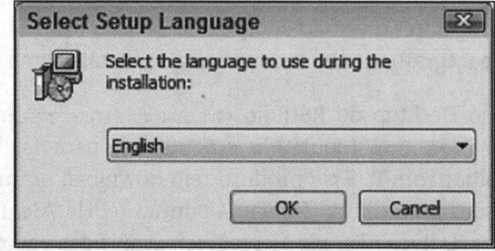

FIGURA 4-1:
Escolha uma
linguagem
para usar
no script
de instala-
ção do R.

3. Escolha uma linguagem na lista e clique em OK.

Você vê a caixa de diálogo Setup, mostrada na Figura 4-2. O conteúdo dessa caixa difere conforme a versão de R instalada. Contudo, a principal considera-ção é que você instala a versão 3.2.3, como mostrado na figura.

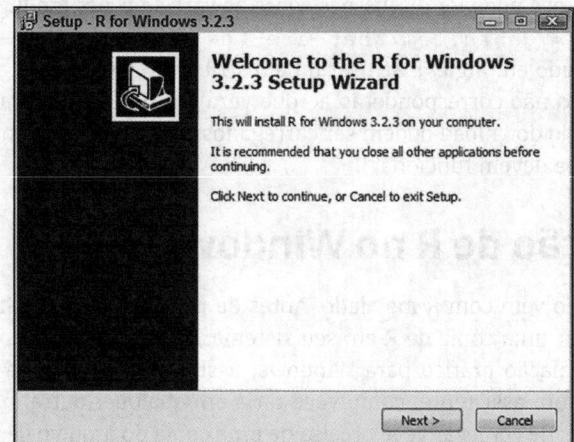

FIGURA 4-2:
Verifique se
você está
instalando
a versão de
R correta.

4. Clique em Next.

Você vê uma caixa de diálogo com informações de licenciamento.

5. Leia as informações de licenciamento e clique em Next.

O assistente pergunta se você quer instalar o R, como mostrado na Figura 4-3. O livro presume que você usa o local de instalação padrão. Se usar outro, talvez precise modificar procedimentos mais adiante no livro para trabalhar com sua configuração.

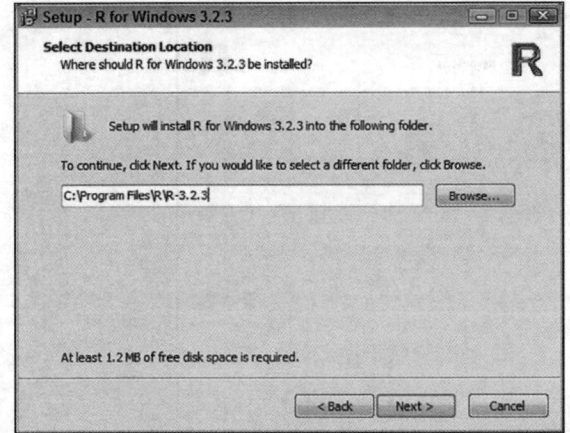

FIGURA 4-3:
Escolha um
local de
instalação
para o R.

6. **Escolha um local de instalação (se necessário) e clique em Next.**

O assistente pergunta quais componentes você quer instalar, como mostrado na Figura 4-4. Como os componentes não ocupam muito espaço, é melhor instalar tudo para garantir uma instalação completa.

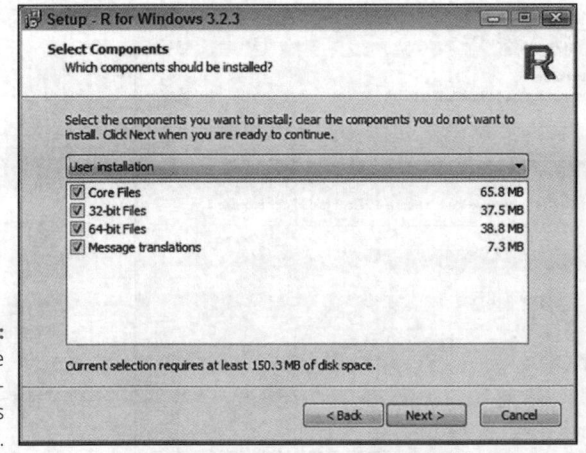

FIGURA 4-4:
Determine
quais compo-
nentes
vai instalar.

7. **Modifique a lista de componentes selecionados (se necessário), marcando ou desmarcando as caixas de seleção, e, então, clique em Next.**

O assistente pergunta se você quer personalizar as opções de inicialização, como mostrado na Figura 4-5. Modificar as opções de inicialização exige conhecimento avançado do funcionamento de R. As opções padrão funcionarão bem para este livro.

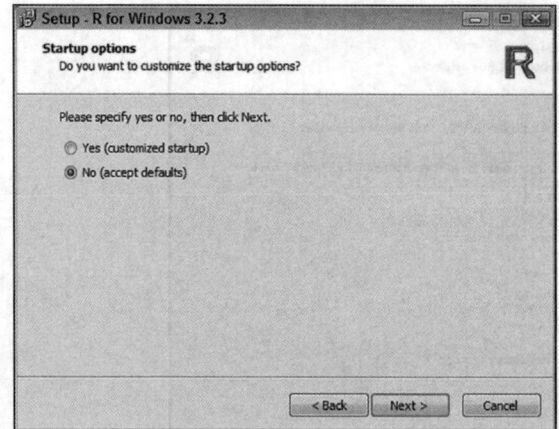

8. **Selecione a opção No e clique em Next.**

O assistente pergunta onde você quer colocar os ícones do R (os "atalhos de programa") no menu Iniciar, como mostrado na Figura 4-6. Este livro presume que você usa a configuração padrão do menu Iniciar. Se escolher algum outro local, talvez precise modificar procedimentos mais adiante no livro.

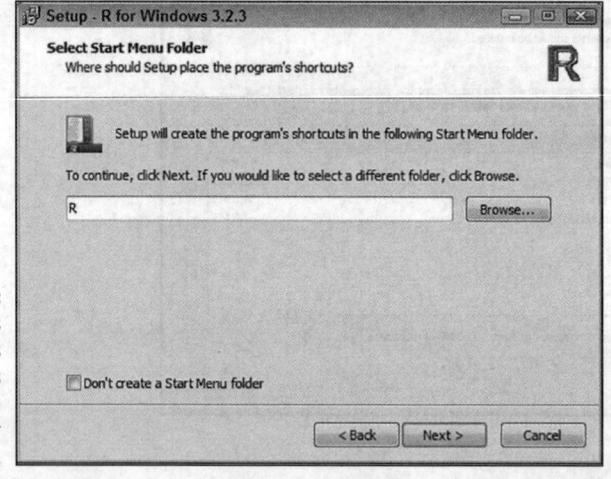

9. **Escolha Start Menu Configuration (se necessário) e clique em Next.**

O assistente pede para que defina as opções de configuração de script adicionais, como mostrado na Figura 4-7. Certifique-se de manter as opções de Registry Entries selecionadas, como mostrado na figura. Caso contrário, encontrará problemas ao configurar o RStudio para uso.

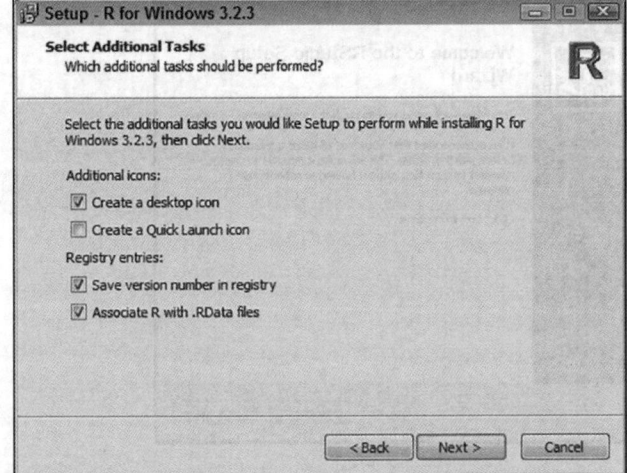

FIGURA 4-7:
Modifique
as tarefas
adicionais,
conforme o
necessário.

10. **Modifique as tarefas adicionais selecionadas, conforme o necessário, e clique em Next.**

Você vê uma caixa de diálogo Installing que o informa sobre o andamento da instalação. Depois que o processo terminar, verá uma caixa de conclusão aparecer em seu lugar.

11. **Clique em Finish.**

Agora você está pronto para instalar o RStudio e usar R com facilidade.

12. **Localize a cópia de RStudio baixada em seu sistema.**

O nome desse arquivo varia, mas normalmente aparece como RStudio-0.99.491.exe. O número de versão está incorporado ao nome do arquivo. Nesse caso, o nome se refere à versão 0.99.491, usada neste livro. Se usar alguma outra versão, você poderá ter problemas com o código-fonte e precisará fazer ajustes ao trabalhar com ele.

13. **Dê um clique duplo no arquivo de instalação.**

(Você poderá ver uma caixa de diálogo Open File — Security Warning perguntando se deseja executar esse arquivo. Clique em Run se vir essa pop--up.) Você vê uma caixa de diálogo RStudio Setup semelhante à mostrada na Figura 4-8. A caixa exata depende da versão do programa de instalação do RStudio baixada.

14. Clique em Next.

O assistente pergunta onde deve instalar o RStudio no disco, como mostrado na Figura 4-9. O livro presume que você usa o local padrão. Se escolher outro local, talvez precise modificar alguns procedimentos mais adiante no livro para trabalhar com sua configuração.

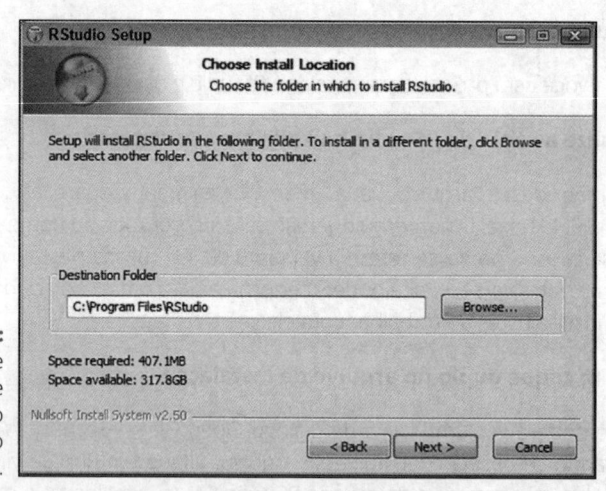

15. Escolha um local de instalação (se necessário) e clique em Next.

O assistente pergunta onde você quer colocar os ícones (atalhos) do RStudio no menu Iniciar, como mostrado na Figura 4-10. Este livro presume que você usa a configuração padrão do menu Iniciar. Se escolher algum outro local, talvez precise modificar procedimentos mais adiante no livro.

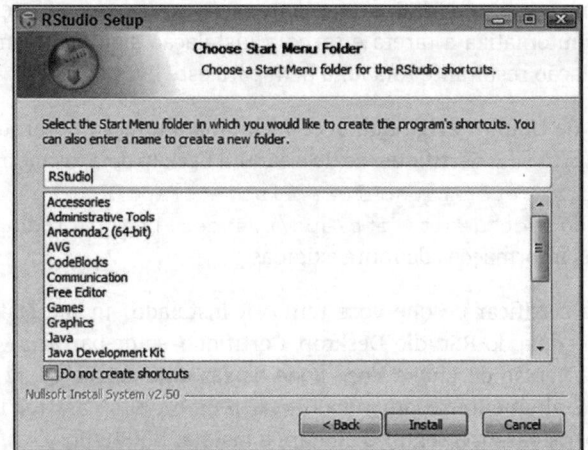

16. **Escolha Start Menu Configuration (se necessário) e clique em Install.**

Você vê uma caixa de diálogo Installing informando o andamento da instalação. Depois que o processo termina, vê uma caixa de conclusão em seu lugar.

17. **Clique em Finish.**

Você está pronto para usar o RStudio.

Instalação de R no Linux

Algumas versões de Linux, como a Debian, vêm com R instalado. Se esse é o caso
e você quer usar a versão que possui em seu sistema, não precisa instalar uma
cópia de R. A versão de R usada neste livro é a 3.2.3. Se tiver outra versão instalada, talvez não obtenha precisamente os mesmos resultados descritos no livro.
Para saber se tem R instalado, use a ferramenta de busca de sua plataforma,
como a Dash, para localizá-lo. Ao iniciar o R, você vê as informações da versão
na primeira linha do Terminal. Se não conseguir encontrar um ícone do R em
nenhum lugar no sistema, você precisa instalá-lo. As instruções variam significativamente com o tipo de instalação de Linux. Instruções para as várias instala-
ções de Linux podem ser encontradas nos seguintes locais [conteúdos em inglês]:

» **Debian:** https://cran.r-project.org/bin/linux/debian/

» **Red Hat:** https://cran.r-project.org/bin/linux/redhat/
   README

» **OpenSUSE:** https://cran.r-project.org/bin/linux/suse/

» **Ubuntu:** https://cran.r-project.org/bin/linux/ubuntu/

DICA

Ao se trabalhar com OpenSUSE, é altamente recomendado usar a opção 1-click--install. Ela automatiza a tarefa e torna a instalação significativamente mais fácil. A instalação resultante funciona bem para este livro.

A instalação de Ubuntu exige que você faça uma alteração no arquivo `/etc/apt/sources.list`. Certifique-se de criar um backup dele, usando primeiro o comando `sudo cp /etc/apt/sources.list /etc/apt/sources.list.old`. Use o comando `sudo gedit /etc/apt/sources.list` para editar o arquivo e adicionar as informações de fonte exigidas.

Depois de se certificar de que você tem o R instalado em seu sistema, pode instalar uma cópia do RStudio Desktop. Certifique-se de baixar a versão correta para sua versão de Linux. Você pode baixar uma versão de 32 ou 64 bits do RStudio. É altamente recomendado usar a de 64 bits para ter um melhor desempenho. Os passos a seguir o ajudam a instalar o RStudio:

1. **Localize a cópia de RStudio baixada em seu sistema.**

O nome desse arquivo varia, mas normalmente aparece como `rstudio-0.99.491-i386.deb` (32 bits) ou `rstudio-0.99.491-amd64.deb` (64 bits). O número da versão está incorporado ao nome de arquivo. Nesse caso, ele se refere à versão 0.99.491, utilizada neste livro. Se usar alguma outra versão, você poderá ter problemas com o código-fonte do download e precisará fazer ajustes ao trabalhar com ele.

2. **Abra o arquivo de instalação.**

Dependendo de sua versão de Linux, você vê um utilitário de instalação, como o Ubuntu Software Center ao usar Ubuntu. Essa janela contém opções para selecionar o idioma de instalação e pode conter outras opções.

3. **Clique em Install (ou em um botão semelhante, dependendo de sua versão de Linux).**

Você vê uma mensagem Installing ou similar. Uma barra de progresso mostra o andamento da instalação. Dependendo de sua versão de Linux, o instalador pode pedir para que se autentique, digitando sua senha e pressionando Enter. Em algum ponto, a mensagem mudará para Installed.

4. **Feche a janela do utilitário de instalação.**

Você está pronto para usar o RStudio.

PAPO DE ESPECIALISTA

Mesmo depois de uma instalação bem-sucedida, você pode descobrir que o RStudio se recusa a funcionar. O ícone está lá, mas nada acontece quando você clica nele. O problema provavelmente é não haver uma dependência obrigatória instalada. Na maioria dos casos, abrir uma cópia de Terminal, digitar **sudo rstudio** e pressionar Enter indicará o problema. O problema mais comum é a ausência da biblioteca libgstapp-0.10.so.0. Estes passos o ajudam a corrigi-lo:

1. **Digite sudo apt-get install libgstreamer0.10-0 no Terminal e pressione Enter.**

   O Terminal pode pedir para que se autentique. Depois disso, sudo instala a biblioteca exigida. Basta seguir os prompts conforme for necessário e responder sim quando perguntado se quer instalar a biblioteca e usar espaço no disco rígido para suportá-la. Você também precisa instalar os plug-ins para ela.

2. **Digite sudo apt-get install libgstreamer-plugins-base0.10-dev e pressione Enter.**

   Após alguns instantes, sudo instala os plug-ins exigidos. Basta seguir os prompts conforme for necessário e responder sim para a utilização de recurso.

3. **Digite sudo rstudio e pressione Enter.**

   Agora o RStudio deve iniciar normalmente.

LEMBRE-SE

Com certas versões de Linux talvez seja preciso continuar a usar sudo para iniciar o RStudio. O problema parece ser a obtenção dos privilégios adequados.

Instalação de R no Mac OS X

A instalação de R no Mac OS X tem duas partes. A primeira é a instalação do R. A implementação atual não suporta plataformas Mac mais antigas. Para usá-lo, você precisa ter a versão 10.9 e acima. Mesmo que as instruções de instalação em `https://cran.r-project.org/bin/macosx/` [conteúdo em inglês] discutam o uso de versões mais antigas de R com versões mais antigas do Mac, este livro não oferece suporte para essas versões. As versões de Mac OS X de 10.6 até 10.8 também contam com uma versão mais antiga de R, a 3.2.1, que provavelmente não funcionará com os exemplos deste livro.

CUIDADO

Observe o aviso dado no site CRAN. O CRAN não tem sistemas MAC OS X e não verifica a existência de vírus nas distribuições binárias. Isso significa que você deve tomar precauções, como verificar o arquivo antes de tentar instalá-lo. Mesmo que o download de um vírus do site CRAN seja um tanto improvável, ainda vale a pena tomar precauções para manter seu sistema seguro. Os passos a seguir o ajudam a instalar o R em um sistema Mac:

1. **Localize a cópia do pacote R baixado em seu sistema.**

   O nome desse arquivo pode variar, mas normalmente aparece como `R-3.2.3.pkg`. O nome de arquivo contém o número da versão. Este livro presume que você instala a versão 3.2.3. Se usar outra, você poderá ter problemas com o código-fonte do download e precisará fazer ajustes ao trabalhar com ele.

2. **Dê um clique duplo no arquivo de instalação.**

O instalador inicia. Você vê uma janela de instalador para escolher opções, como o idioma a ser usado.

3. **Clique em Install.**

O instalador exibe informações de status. Você poderá ver pedidos de informações adicionais e talvez precise fornecer informações de autenticação durante o processo de instalação. Finalmente, o instalador conclui o processo de instalação.

4. **Clique em Continue.**

Você está pronto para usar o R.

DICA

Alguns usuários de Mac preferem usar Homebrew (`http://brew.sh/`) para instalar o R em seus sistemas. Esse utilitário conta com instruções de linha de comando que algumas pessoas acham mais fáceis de usar. Você pode encontrar uma discussão sobre como usar Homebrew para instalar o R em um Mac em `https://davidsimpson.me/2013/02/26/installing-r-on-os-x/` [conteúdo em inglês]. Como essa instalação exige a digitação manual de comandos e instalar um utilitário de outro fornecedor, é uma boa ideia usar o instalador, quando possível.

Depois de instalar o R em seu Mac, você pode instalar o RStudio. Siga estes passos para fazer a instalação:

1. **Localize a cópia de RStudio baixada em seu sistema.**

O nome desse arquivo varia, mas normalmente aparece como RStudio-0.99.491.dmg. O número da versão está incorporado no nome de arquivo. Nesse caso, o nome se refere à versão 0.99.491, utilizada neste livro. Se usar outra, você poderá ter problemas com o código-fonte do download e precisará fazer ajustes ao trabalhar com ele.

2. **Arraste o arquivo de instalação para sua pasta Aplicativos.**

O instalador inicia. Você vê uma janela de instalador onde pode escolher opções, como o idioma a ser usado.

3. **Clique em Install.**

O instalador exibe informações de status. Você poderá ver pedidos de informações adicionais e talvez precise fornecer informações de autenticação durante o processo. Finalmente, o instalador conclui a instalação.

4. **Clique em Continue.**

Você está pronto para usar o RStudio.

Baixe os Conjuntos de Dados e o Exemplo de Código

Este livro é sobre o uso de R e Python para executar tarefas de aprendizado de máquina. Evidentemente, você pode passar todo seu tempo criando o exemplo de código a partir do zero, depurando-o e só então descobrir como ele se relaciona com o aprendizado de máquina. Ou pode tomar o caminho fácil e baixar o código já escrito para ir direto ao trabalho. Do mesmo modo, criar conjuntos de dados grandes o bastante para propósitos de aprendizado de máquina levaria muito tempo. Felizmente, você pode acessar muito facilmente conjuntos de dados padronizados já criados usando recursos fornecidos em algumas das bibliotecas de aprendizado de máquina. As seções a seguir o ajudam a baixar e usar o exemplo de código e os conjuntos de dados para que possa economizar tempo e ir direto ao trabalho com tarefas específicas do aprendizado de máquina.

Entenda os conjuntos de dados usados neste livro

A maioria dos conjuntos de dados neste livro vem diretamente do pacote de conjuntos de dados do R. Você encontra uma listagem desses conjuntos de dados em `https://stat.ethz.ch/R-manual/R-devel/library/data sets/html/00Index.html` [conteúdo em inglês]. Se quiser vê-los no RStudio, basta digitar **data()** em um arquivo vazio, e o IDE os mostrará. A Figura 4-11 mostra a saída típica de `data()`.

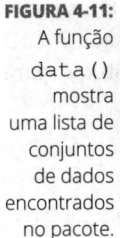 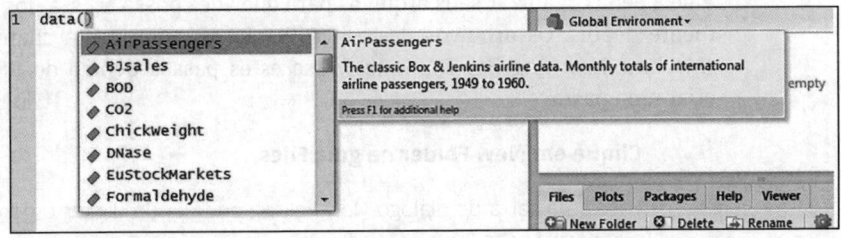

FIGURA 4-11: A função `data()` mostra uma lista de conjuntos de dados encontrados no pacote.

Além desses conjuntos de dados padrão, o livro usa conjuntos de dados suplementares. Em muitos casos, eles são os mesmos usados para exemplos de

Python e permitem comparar a saída de R com a de Python. São eles [conteúdos em inglês]:

- » **Boston:** https://stat.ethz.ch/R-manual/R-devel/library/MASS/html/Boston.html

- » **Air Quality (airquality):** https://stat.ethz.ch/R-manual/R-devel/library/datasets/html/airquality.html

- » **Titanic:** https://stat.ethz.ch/R-manual/R-devel/library/datasets/html/Titanic.html

- » **Iris:** https://stat.ethz.ch/R-manual/R-devel/library/datasets/html/iris.html

- » **SMS Spam Collection (sms_data):** http://www.dt.fee.unicamp.br/~tiago/smsspamcollection/

Na maioria dos casos, você baixa e usa um conjunto de dados especial usando uma permutação da função data() que inclui o nome do conjunto de dados e o pacote no qual ele reside. Por exemplo, para usar o conjunto de dados Boston, você usa a chamada de função data(Boston, package="MASS"). O livro explora o uso de conjuntos de dados conforme for necessário.

O repositório de código

O código que você cria e usa neste livro residirá em um repositório em seu disco rígido. Considere o *repositório* como um tipo de fichário em que você coloca seu código. O RStudio facilita o trabalho com um repositório. Basicamente, você usa a mesma estrutura que sempre utiliza para armazenar arquivos em seu sistema. As seções a seguir descrevem como configurar o RStudio para usar com este livro.

A pasta do livro

Vale a pena organizar seus arquivos para que você possa acessá-los mais facilmente depois. Os arquivos deste livro estão em uma pasta chamada ML4D (Machine Learning For Dummies). Use estes passos dentro do RStudio para criar uma pasta.

1. **Clique em New Folder na guia Files.**

Você vê a caixa de diálogo New Folder, onde pode digitar o nome da pasta que deseja usar.

2. **Digite ML4D e clique em OK.**

O RStudio cria uma nova pasta chamada ML4D e a coloca na lista de pastas.

3. **Clique na nova entrada ML4D na lista.**

O RStudio muda o local para a pasta ML4D, onde você executa as tarefas relacionadas aos exercícios deste livro, como mostrado no canto inferior direito da Figura 4-12.

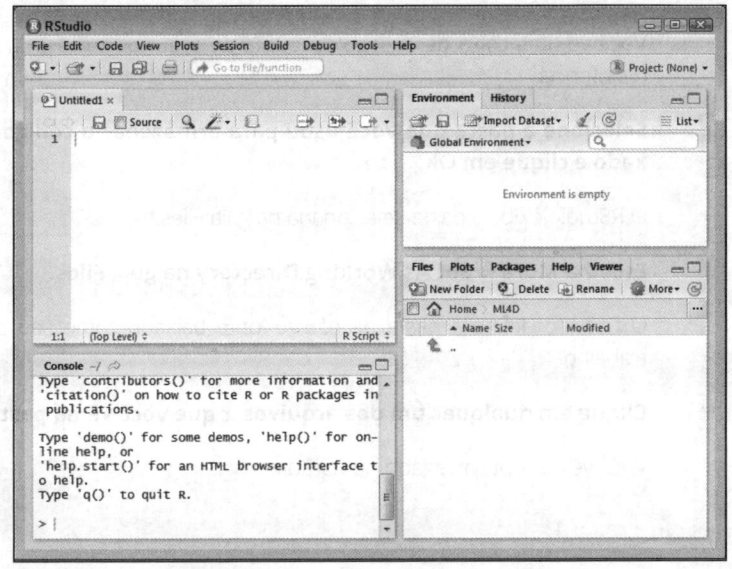

FIGURA 4-12:
Use a pasta
ML4D para
conter os
arquivos
criados
no livro.

Crie um novo arquivo

Este livro não faz nada muito especial com R. Na maioria dos casos, você cria novos arquivos para conter scripts. Para criar um novo arquivo de script, escolha File ⇨ New File ⇨ R Script ou pressione Ctrl+Shift+N. Quando for preciso criar outros tipos de arquivo, o livro dará instruções para isso, mas por enquanto tudo que você precisa saber é como criar arquivos de script.

Como salvar um arquivo

Depois de criar um código, você precisa salvá-lo no disco. Para executar essa tarefa, escolha File ⇨ Save ou pressione Ctrl+S. Os arquivos R normalmente têm a extensão .r.

Como remover um arquivo

Em alguns casos, talvez você queira remover um arquivo antigo. O arquivo pode conter erros ou simplesmente informação antiga. O modo mais fácil de remover um arquivo antigo é marcar a caixa de seleção ao lado de sua entrada na guia Files e clicar em Delete. Então o RStudio remove o arquivo de seu disco.

Como abrir um arquivo

Para usar o código-fonte deste livro você precisa abrir os arquivos baixados. Os passos a seguir fornecem um método rápido para mudar o local da pasta de trabalho e, então, abrir os arquivos no RStudio.

1. **Clique nas reticências (os três pontos) ao lado de Home na guia Files.**

Você vê uma caixa de diálogo de busca de arquivos correspondente à sua plataforma.

2. **Selecione a pasta que você usou para armazenar o código-fonte baixado e clique em OK.**

O RStudio exibe a pasta selecionada na guia Files.

3. **Escolha More ⇨ Set As Working Directory na guia Files.**

O RStudio define a pasta de código-fonte baixado como seu diretório de trabalho.

4. **Clique em qualquer um dos arquivos .r que você vê na pasta.**

Você vê o script carregado no RStudio.

Capítulo **5**

Codificação em R Usando RStudio

A ntes de trabalhar com eficiência com R você precisa saber algo sobre ele. As pessoas têm escrito livros inteiros, dedicado sites e criado cursos de treinamento sobre o trabalho com R, e a maioria provavelmente não esgotou o assunto ainda. Este capítulo serve como uma visão geral simples do R. A finalidade é fornecer informações suficientes para você entender os exemplos do restante do livro. O capítulo foi criado em torno das necessidades de alguém que já sabe fazer codificação básica e apenas precisa de algumas informações sobre o R para extrair mais do material que aparece nos capítulos a seguir.

Algo que este capítulo tem e que você não encontrará em outros livros, sites etc. é o olhar do aprendizado de máquina. Você não está apenas tendo uma visão geral, mas um panorama que o fará entender o R do ponto de vista do aprendizado de máquina. Por isso talvez queira ler o capítulo, mesmo que já saiba um pouco sobre R. Este capítulo não o transformará em um gênio do R, mas o preparará para usá-lo em um ambiente de aprendizado de máquina.

Conheça os Tipos de Dados Básicos

Em contraste com a maioria das linguagens de programação, o R não exige a declaração de uma variável de um tipo específico. Ele armazena dados em objetos R. Esses objetos automaticamente atribuem um tipo aos dados com base na maneira usada para armazená-los e em suas características. Os seguintes objetos R são usados para armazenar dados:

> » Vetores
> » Listas
> » Matrizes
> » Arrays
> » Fatores
> » Data frames

O R suporta outros tipos de objeto R, mas esses são os mais comuns. Este capítulo discute os tipos de objeto R mais usados no livro. O objeto R mais fácil de entender e usar é o vetor. Um vetor pode conter estes tipos de dados básicos:

> » **Lógico:** Contém um valor booleano, como TRUE ou FALSE, que indica um valor verdadeiro ou falso.
>
> » **Numérico:** Contém qualquer número, como 12,3 ou 45. Um valor numérico pode ser inteiro (um número sem ponto decimal) ou um número real (que contém um ponto decimal).
>
> » **Inteiro:** Contém um valor inteiro — um número sem ponto decimal, como 2L ou 34L. O número não deve conter um decimal, e você pode anexar a letra L a ele para indicar que deseja que ele apareça como um inteiro.
>
> » **Complexo:** Especifica um valor numérico que contém uma parte real e uma imaginária, como 3 + 2i.
>
> » **Caractere:** Define um único caractere ou uma string, como 'a', "Hello", "TRUE" ou '12.3'. Um tipo de dados caractere pode usar apóstrofos ou aspas como delimitadores.

PAPO DE ESPECIALISTA

Também é possível armazenar strings em formato bruto usando o tipo de dados Raw. Para criar um tipo de dados Raw, use a função charToRaw(). O objeto R resultante contém os valores numéricos de cada caractere da string original. Por exemplo, o código a seguir

```
MyVar <- charToRaw('Hello!')
print(MyVar)
```

produz a seguinte saída:

```
[1] 48 65 6c 6c 6f 21
```

É possível determinar o tipo de uma variável usando a função `class()`. Por exemplo, se usar a função `class()` com o código anterior, como em `print (class(MyVar))`, você obterá a seguinte saída:

```
[1] "raw"
```

OBTENHA MAIS INFORMAÇÕES SOBRE R

Quando começar a se aprofundar em R, talvez você perceba que não consegue prosseguir sem mais informações. Felizmente, a comunidade R está preparada para ajudá-lo de todas as maneiras. Talvez você queira visitar estes sites depois de ler este capítulo, caso aprenda melhor simplesmente lendo o material (cada um desses sites documenta o R de algum modo [conteúdos em inglês]):

- `https://www.r-project.org/other-docs.html`
- `https://cran.r-project.org/manuals.html`
- `http://www.rdocumentation.org/`

Algumas pessoas aprendem melhor com tutoriais. É possível encontrar muitos tutoriais, de vários tipos, online. Em muitos casos, você os utiliza para descobrir técnicas específicas, examinando exemplos práticos e, então, praticando a técnica. Estes sites oferecem muitos tipos de tutoriais que podem ajudá-lo em sua jornada para ter mais experiência com R:

- `http://www.tutorialspoint.com/r/`
- `http://www.r-tutor.com/`
- `https://www.rstudio.com/resources/training/online-learning/`

Outro modo de trabalhar com R é assistir a vídeos. Cada vez mais pessoas estão recorrendo aos vídeos como um modo de aprender novas técnicas, sem ler nada nem participar de um ambiente de tutorial. Ver outra pessoa fazer uma tarefa tem vantagens, pois você pode se concentrar na técnica, e não em como implementá-la. Aqui estão alguns lugares para encontrar vídeos (alguns deles têm várias partes — os links apontam para a parte 1) que o farão ganhar experiência com R:

- `https://www.youtube.com/watch?v=TGo9F0QyBuE`
- `https://www.youtube.com/watch?v=ZmtkqaRVTDc`
- `https://www.youtube.com/watch?v=HKjSKtVV6GU`

Trabalho com Vetores

Vetores armazenam valores simples, conforme descrito na seção "Conheça os Tipos de Dados Básicos" deste capítulo, ou um grupo de valores. Ao trabalhar com um grupo de valores, você usa a função `c()` para combiná-los. Todos os membros de um vetor são do mesmo tipo. Consequentemente, quando você cria um vetor usando um código como `MyNumbers <- c(1, 2, 3)`, obtém um vetor de números. A função `print(MyNumbers)` mostra três valores distintos:

```
[1] 1 2 3
```

Ao usar a função `class(MyNumbers)`, você vê a saída:

```
[1] "numeric"
```

Todos os valores de um vetor devem ser do mesmo tipo. Consequentemente, quando você mistura tipos em um vetor, como na chamada de `MyVector <- c(1, "Hello", TRUE)`, ainda obtém três valores distintos. Contudo, a função `print(MyVector)` mostra esta saída:

```
[1] "1" "Hello" "TRUE"
```

LEMBRE-SE

A chamada `class(MyVector)` indica que todas as entradas agora são do tipo caractere. Ao trabalhar com vetores, o R faz automaticamente as conversões de tipo de dados exigidas para manter a integridade do objeto R. Assim você pode encontrar alterações indesejadas ao usar o tipo de objeto R errado.

Organização de Dados Usando Listas

Ao contrário dos vetores, as listas podem conter vários tipos de dados. Na verdade, podem conter vetores, outras listas e funções (um tópico discutido na seção "Trabalho com funções", mais adiante no capítulo). Consequentemente, as listas podem ser mais versáteis que os vetores, armazenando dados precisamente como você pretende fazer.

Para criar uma lista, use a função `list()`. Caso contrário, o R presumirá que você quer criar um vetor. Por exemplo, `MyList <- list(1, "Hello", TRUE)`, cria uma lista com três entradas separadas do tipo esperado. Usar a função `print(MyList)` exibe a seguinte saída:

```
[[1]]
[1] 1
[[2]]
```

```
[1] "Hello"
[[3]]
[1] TRUE
```

Cada entrada é separada. Consequentemente, quando você chama `class` `(MyList)`, a saída é uma lista.

Cada entrada também é uma lista. Para testar se cada entrada é uma lista, você precisa saber indexação. Um índice acessa um membro em particular da lista. Por exemplo, chame `print(MyList[1])` e você verá o primeiro membro da lista `MyList`:

```
[[1]]
[1] 1
```

Contudo, o que você está vendo é uma lista contendo os dados reais que deseja acessar. Quando usa a função `class(MyList[1])`, você ainda vê uma lista na saída. Para acessar o membro de dados interno você precisa acessar o elemento dentro da lista. Use a função `print(MyList[[1]])` para ver o valor 1 e a função `class(MyList[[1]])` para ver um tipo de dado numérico.

Uma lista pode conter vetores. Para criar um vetor dentro de uma lista, use a função `c()`. Por exemplo, `MyVectorList <- list(c(1, 2, 3))` cria uma lista que contém um vetor. A função `print(MyVectorList)` mostra a seguinte saída:

```
[[1]]
[1] 1 2 3
```

Para acessar um membro em particular do vetor você novamente usa índices incorporados. Por exemplo, se quiser imprimir o segundo membro do vetor, use a função `print(MyVectorList[[1]][2])`. A saída é a seguinte:

```
[1] 2
```

Trabalhando com Matrizes

Vetores e listas são objetos R unidimensionais. No entanto, muitas vezes você precisa de duas dimensões para expressar dados precisamente. Uma matriz fornece um método bidimensional para expressá-los. É possível criar matrizes contendo qualquer tipo de dados, mas normalmente elas são usadas para conter dados numéricos. As seções a seguir fornecem um panorama do uso de matrizes.

Criação de uma matriz básica

A matriz representa uma mudança na complexidade do R. Assim como na lista, você usa uma função especial, `matrix()`, para criar uma matriz. Contudo, em contraste com a lista, uma chamada de função `matrix()` contém mais do que apenas dados. Na verdade, uma função `matrix()` inclui estes elementos: `matrix(data, nrow, ncol, byrow, dimnames)`. Cada um dos elementos é um *argumento* para a função que ajuda o R a criar precisamente a matriz desejada. Aqui está uma breve descrição de cada um desses argumentos:

» **data:** Define os dados usados para preencher os elementos de dados na matriz. Normalmente aparecem como parte de um vetor.

» **nrow:** Especifica o número de linhas a criar.

» **ncol:** Especifica o número de colunas a criar.

» **byrow:** Define a organização dos elementos do vetor dentro da matriz. Se configurado como `TRUE`, o R organiza os elementos do vetor por linha.

» **dimnames:** Determina os nomes atribuídos às linhas e colunas.

Ao criar uma matriz básica, você pode criar uma matriz vazia chamando `matrix()` sem quaisquer argumentos, mas essa matriz não é particularmente útil. Normalmente, no mínimo você fornece dados de entrada. Por exemplo, chamar `MyMatrix <- matrix(c(1:5))` cria uma matriz contendo os valores de 1 a 5, organizados em uma única coluna. Note que esse exemplo usa uma nova forma da função `c()` que especifica um intervalo de valores, 1 a 5, separando o início do fim do intervalo com dois pontos. A chamada de função `print(MyMatrix)` mostra que a saída dessa matriz é:

```
     [,1]
[1,]   1
[2,]   2
[3,]   3
[4,]   4
[5,]   5
```

Se quiser que sua matriz contenha mais de uma coluna, especifique no mínimo o número de linhas. Por exemplo, chamar `MyMatrix <- matrix(c(1:6), 3)` cria uma matriz com três linhas. A chamada de função `print(MyMatrix)` mostra a seguinte saída:

```
     [,1] [,2]
[1,]   1    4
[2,]   2    5
[3,]   3    6
```

Especificar o número de colunas também define quantas colunas você vê. Nesse caso, quando os dados de entrada não contêm informações suficientes para preencher a matriz, o R simplesmente os repete até que a matriz esteja completa. Por exemplo, chamar `MyMatrix <- matrix(c(1:6), 3, 4)` cria uma matriz com três linhas e quatro colunas. Contudo, não há dados suficientes para preenchê-la. Consequentemente, ao chamar a função `print(MyMatrix)`, você vê os dados duplicados, como mostrado aqui.

```
     [,1]  [,2]  [,3]  [,4]
[1,]   1     4     1     4
[2,]   2     5     2     5
[3,]   3     6     3     6
```

Como mudar a organização do vetor

Ao usar as técnicas básicas de construção de matriz você obtém uma matriz que preenche os elementos em ordem de coluna. Por exemplo, ao chamar `MyMatrix <- matrix(c(1:8), 2, 4)`, você obtém a saída:

```
     [,1]  [,2]  [,3]  [,4]
[1,]   1     3     5     7
[2,]   2     4     6     8
```

Infelizmente, nem sempre você quer preencher a matriz em ordem de coluna. É aí que o argumento `byrow` entra em ação. Quando esse argumento é definido como `TRUE`, a ordem usada para preencher a matriz muda para ordem de linha. Chamar `MyMatrix <- matrix(c(1:8), 2, 4, TRUE)` produz a saída:

```
     [,1]  [,2]  [,3]  [,4]
[1,]   1     2     3     4
[2,]   5     6     7     8
```

Acessando elementos individuais

Assim como nas listas, você usa indexação para acessar os elementos individuais de uma matriz. Contudo, agora você precisa lidar com duas dimensões. Consequentemente, para acessar um elemento individual, normalmente você especifica um índice de linha e um de coluna. Por exemplo, ao se usar a matriz criada pela chamada de função `MyMatrix <- matrix(c(1:8), 2, 4, TRUE)`, uma chamada `print(MyMatrix[2,2])` produz a saída `[1] 6`.

Você sempre especifica primeiro a linha e depois a coluna. Por exemplo, `print(MyMatrix[1, 2])` produz a saída `[1] 2`, mas `print(MyMatrix[2, 1])` produz a saída `[1] 5`. Especificar a linha e a coluna na ordem errada causa problemas em seus scripts.

Também é possível acessar vários elementos usando intervalos. Por exemplo, a chamada de função `print(MyMatrix[1:2, 2])` produz a saída:

```
[1] 2 6
```

Você também pode usar intervalos para a coluna. Por exemplo, a chamada de função `print(MyMatrix[1:2, 2:3])` produz a saída:

```
     [,1] [,2]
[1,]   2    3
[2,]   6    7
```

Nomes para as linhas e colunas

Em alguns casos, dar nomes para as linhas e colunas torna os dados mais significativos. Os seres humanos não se saem excepcionalmente bem com linhas e colunas de nomes numéricos, pois nos esquecemos do significado dos números. Para dar nome às linhas e colunas, você deve fornecer um vetor contendo os nomes. Os nomes de linha aparecem primeiro, seguidos dos de coluna. Aqui está um exemplo que mostra linhas e colunas nomeadas:

```
RN = c("Row1", "Row2")
CN = c("Col1", "Col2", "Col3", "Col4")
MyMatrix <- matrix(c(1:8), nrow=2, dimnames=list(RN, CN))
```

Você deve notar algo novo em relação à função `matrix()`. Até agora a função contava com *argumentos posicionais* — colocados em ordem e por posição. Ao usar argumentos posicionais você deve incluir cada argumento, e o argumento deve aparecer na posição correta. Esse exemplo usa *argumentos nomeados*, nos quais o nome do argumento aparece com um sinal de igualdade seguido pelo valor do argumento. Ao usar argumentos nomeados, você não precisa fornecer cada argumento e os argumentos não precisam aparecer em ordem. A saída desse exemplo é:

```
     Col1 Col2 Col3 Col4
Row1   1    3    5    7
Row2   2    4    6    8
```

O uso de linhas e colunas nomeadas torna o acesso ao elemento mais claro. Por exemplo, para ver o conteúdo de Row2, Col2, você usa a chamada de função `print(MyMatrix["Row2", "Col2"])`. A saída é `[1] 4`.

Agora que você tem nomes de linha e coluna, precisa saber como acessá-los fora da criação de uma nova matriz. A função `rownames()` trabalha com os nomes de linha, e a função `colnames()` trabalha com os de coluna. Por exemplo, para recuperar o conjunto atual de nomes de coluna, use a chamada de função `colnames(MyMatrix)`. Para configurar os nomes de coluna com um valor diferente, basta configurar o vetor usando a função `colnames()`. Usar a chamada de função `colnames(MyMatrix) <- c("Column1", "Column2", "Column3", "Column4")` muda o nome das colunas, de modo que a saída agora aparece como:

```
     Column1 Column2 Column3 Column4
Row1    1       3       5       7
Row2    2       4       6       8
```

Você também pode decidir que não quer mais as linhas ou as colunas nomeadas. O valor interno `NULL` significa "nada". É isso que você usa quando não quer que um elemento tenha qualquer valor. Usar o comando `rownames(MyMatrix) <- NULL` configura os nomes de linha como nada. Consequentemente, a saída muda para:

```
      Column1 Column2 Column3 Column4
[1,]     1       3       5       7
[2,]     2       4       6       8
```

Interação com Várias Dimensões Usando Arrays

Nem sempre os dados se encaixam perfeitamente em uma ou duas dimensões. Às vezes você precisa de três ou mais dimensões para expressar um conjunto de dados adequadamente. Nesse caso, você pode usar um array para conter as informações. Um array pode conter várias dimensões de dados para expressar relações complexas. Apesar de este capítulo trabalhar com arrays tridimensionais, os arrays podem conter qualquer número de dimensões.

Um array emprega muitas das funções utilizadas por uma matriz para executar tarefas. Na verdade, um array é uma estrutura de matrizes organizada de um modo que permite o uso de várias dimensões. As seções a seguir fornecem uma visão geral dos arrays e apresenta alguns modos simples de usá-los.

Criação de um array básico

Para criar arrays, use a função `array()`. A sintaxe de array `array(data, dim, dimnames)` propicia o meio de criar arrays razoavelmente complexos.

» **data:** Define os dados usados para preencher os elementos de dados na matriz. Normalmente, os dados aparecem como parte de um vetor.

>> **dim:** Especifica o número de linhas a criar.

>> **dimnames:** Determina os nomes atribuídos às linhas e colunas.

Assim com em uma matriz, é possível criar um array vazio e adicionar informações posteriormente. Na maioria dos casos, mesmo um array simples conterá dados. Por exemplo, `MyArray <- array(c(1:8))` cria um array unidimensional com valores de 1 a 8 muito parecido com um vetor.

Um array mais prático contém pelo menos duas dimensões. Você pode especificar as dimensões no momento da criação do array, assim como faz ao criar uma matriz, ou pode redimensioná-lo depois. Por exemplo, `dim(MyArray) <- c(4,2)` muda o array anterior de unidimensional para um array bidimensional parecido com uma matriz. Após a alteração, você vê a seguinte saída:

```
     [,1]  [,2]
[1,]   1    5
[2,]   2    6
[3,]   3    7
[4,]   4    8
```

É claro que é possível redimensionar o mesmo array em um array tridimensional, chamando `dim(MyArray) <- c(2,2,2)`. Agora a saída consiste em duas matrizes, como segue:

```
, , 1

     [,1]  [,2]
[1,]   1    3
[2,]   2    4

, , 2

     [,1]  [,2]
[1,]   5    7
[2,]   6    8
```

Nomes para as linhas e colunas

Assim como ao trabalhar com uma matriz, você pode dar nomes aos elementos de um array. Usar nomes facilita o trabalho com o array. Por exemplo, você pode usar a chamada de função `MyArray <- array(c(1:8), c(2,2,2), list(c ("Row1","Row2"),c("Col1","Col2"),c("Mat1","Mat2")))` para criar um array com elementos nomeados. Observe a ordem: nomes de linha, de coluna e de matriz. Também é possível definir os nomes individualmente, assim como ao se trabalhar com uma matriz. Exiba o array usando `print(MyArray)`. A saída desse exemplo é:

```
, , Mat1

    Col1 Col2
Row1   1    3
Row2   2    4

, , Mat2

    Col1 Col2
Row1   5    7
Row2   6    8
```

Para acessar um elemento específico do array, defina seu índice, como faz com uma matriz, mas você precisa fornecer informações para cada dimensão. Por exemplo, `print(MyArray["Row1", "Col2", "Mat2"])` exibe a saída `[1]` 7. Também é possível fornecer um índice parcial ou usar números no lugar dos nomes. Por exemplo, `print(MyArray[,,2])` exibe a seguinte saída:

```
    Col1 Col2
Row1   5    7
Row2   6    8
```

Note que, mesmo tendo nomeado os elementos, você ainda pode usar números para acessá-los. Os arrays aceitam mudança de nome com as mesmas técnicas de uma matriz. Contudo, não existe uma função `matnames()`. Você tem acesso a `rownames()` e `colnames()`, como antes, mas para renomear uma matriz é usada a função genérica `dimnames()`. A função `dimnames()` funciona com qualquer uma das dimensões, independente de quantas haja, de maneira indexada. Nesse caso, os nomes de matriz aparecem como o terceiro índice, portanto, você usa `dimnames(MyArray)[[3]] <- c("Matrix1", "Matrix2")` para renomear as matrizes. A saída dessa alteração é:

```
, , Matrix1

    Col1 Col2
Row1   1    3
Row2   2    4

, , Matrix2

    Col1 Col2
Row1   5    7
Row2   6    8
```

Criação de um Data Frame

Data frames são estruturas tabulares. Em outras palavras, são parecidos com uma matriz ou um array bidimensional, pois têm linhas e colunas. Contudo, os data frames funcionam como um banco de dados. Cada coluna representa uma variável, e cada linha, um registro. Por exemplo, ao descrever uma pessoa, você poderia incluir nome e altura. Os nomes e alturas representam duas colunas — duas variáveis usadas para caracterizar uma pessoa. A combinação de um nome e uma altura é uma linha — um registro dentro do data frame. As seções a seguir discutem os data frame com mais detalhes.

O que são fatores

Um fator é uma estrutura especial que permite classificar dados. Você pode criá-los usando números (com ou sem ponto decimal) ou strings. O que torna os fatores especiais é que você só vê valores únicos depois de criar um fator. Cada um desses valores é um *nível*. Para criar um fator, use a função `factor()`. Por exemplo, chamar `MyFactor <- factor(c("North", "South", "East", "West", "West"))` cria um fator contendo strings. A saída de `print(MyFactor)` é:

```
[1] North South East West West
Levels: East North South West
```

Mesmo havendo cinco entradas, o fator tem apenas quatro níveis, pois o valor `West` é uma repetição. O fator monitora as entradas de dados individuais, mas os níveis só contêm valores únicos. Para obter apenas os níveis, use a função `levels()`, como em `levels(MyFactor)`. Se quiser contar os níveis, use a função `nlevels()`, como em `nlevels(MyFactor)`, a qual produz a saída `[1] 4`.

Também é possível mudar a ordem dos níveis modificando a entrada `levels` com um vetor de novas entradas, como em `levels(MyFactor) <- c("North", "South", "East", "West")`. Contudo, altere as entradas com cautela, pois o R também renomeia os valores individuais. A nova saída de `print(MyFactor)` é:

```
[1] South East North West West
Levels: North South East West
```

Nesse caso, o R renomeia todos os valores `North` para `South`, porque agora aparece `South` onde originalmente aparecia `North`. Do mesmo modo, todas as entradas `East` agora aparecem como entradas `North`. Na verdade, a única entrada que não mudou foi `West`. A melhor maneira de alterar a ordem de nível do fator é colocar as entradas em uma nova variável. O código a seguir mostra um exemplo. Chamar `SecondFactor <- factor(MyFactor, levels=c ("North", "South", "East", "West"))` produz a saída:

```
[1] North South East West West
Levels: North South East West
```

As entradas ainda são as mesmas, mas a ordem dos níveis mudou. Ao fazer alterações em dados originais, certifique-se de testá-las para determinar se têm consequências imprevistas. Caso tenha dúvida se uma alteração funcionará corretamente, coloque os dados modificados em uma nova variável.

Entenda que o R fornece todos os tipos de manipulações de dados e que uma manipulação pode afetar fatores em particular. Digamos que você crie um fator numérico, como em `NumFactor <- factor(c(1, 2, 3, 4, 1, 2, 1, 3))`. Ao imprimir `NumFactor`, você obtém o resultado esperado:

```
[1] 1 2 3 4 1 2 1 3
Levels: 1 2 3 4
```

Inicialmente, os valores numéricos pareciam uma boa ideia, mas agora você descobre que rótulos de string funcionariam melhor. Use o argumento `labels` para fazer a alteração e coloque os valores em uma nova variável, como segue: `StrFactor <- factor(NumFactor, labels=c("North", "South", "East", "West"))`. O R converte os dados numéricos em dados de string e os coloca em `StrFactor`, de modo que o resultado aparece como segue:

```
[1] North South East West North South North East
Levels: North South East West
```

Até aqui você viu como contar e listar os níveis, mas às vezes precisa saber quantas vezes cada entrada aparece no fator. Nesse caso, você conta com a função `table()`. Por exemplo, usar `Appearances <- table(StrFactor)` conta o número de vezes que cada string aparece no fator `StrFactor`. A impressão da saída mostra o seguinte resultado:

```
StrFactor
North South East West
  3     2    2    1
```

Nesse caso, `North` aparece três vezes no fator, mas `West`, apenas uma. Talvez você queira saber quantas vezes apenas um dos valores aparece. Nesse caso, pode usar um índice, como em `Appearances["North"]`, que produz a saída:

```
North
  3
```

Criação de um data frame básico

Data frames de dados possibilitam misturar tipos de dados dentro de uma estrutura. Ao trabalhar com o R, você pode usar colunas dos tipos de dados numérico, caractere (strings) e fator. Cada uma das colunas contém o mesmo número de entradas e forma linhas, quando reunidas. Para ter uma ideia de como tudo isso funciona, você poderia criar algumas colunas com o código a seguir:

```
Names <- c("Jane", "Sam", "Jose", "Amy")
Ages <-(42, 33, 39, 25)
Locations <- factor(c("West", "West", "South", "South"))
```

Note que todas as colunas têm o mesmo comprimento e que cada uma contribuirá para os registros no data frame. Para criar o data frame, use a função `data.frame()`. Certifique-se de incluir o ponto entre *data* e *frame*.

Você pode atribuir um nome a cada coluna do data frame simplesmente incluindo-o como parte da chamada. Para criar o exemplo de data frame você chama `EmpData <- data.frame(Name=Names, Age=Ages, Location=Locations)`. Ao imprimir `EmpData`, você obtém esta saída:

```
  Name Age Location
1 Jane 42   West
2 Sam 33    West
3 Jose 39   South
4 Amy 25    South
```

Como você pode ver, agora as entradas de dados aparecem em formato tabular e é possível acessar as informações por linha ou coluna. A técnica de acesso é um pouco estranha. Você pode usar um índice como normalmente faz, mas o método de indexação é diferente dos outros objetos R. Para acessar a primeira coluna, você chama `EmpData[1]` para obter a seguinte saída:

```
  Name
1 Jane
2 Sam
3 Jose
4 Amy
```

Para acessar a primeira linha, você deve anexar uma vírgula ao número de índice. Isso significa que você chama `EmpData[1, ]` para ver a seguinte saída:

```
  Name Age Location
1 Jane 42   West
```

Ao se trabalhar com colunas, também é possível usar um índice de string. Por exemplo, `EmpData["Age"]` acessa as idades (ages) na coluna `Age`. Se quiser acessar uma linha e coluna em particular, use a mesma estratégia de indexação de valor de linha e então coluna, como normalmente faz. Por exemplo, `EmpData` `[1, 2]` fornece a saída `[1] 42`.

Um último método de acesso é interagir diretamente com os vetores que contêm valores de coluna. Esse método conta com o operador $. Por exemplo, para acessar o vetor `Age`, chame `EmpData$Age`, o que produz o seguinte:

```
[1] 42 33 39 25
```

Normalmente, o R converte todas as strings em fatores. Usar essa estratégia permite que você use seus dados de string como um método para classificar os dados. No entanto, talvez você não queira ver os dados de string como fatores. Nesse caso, configure o argumento `stringsAsFactors` como `FALSE`. Por exemplo, chamar `EmpData <- data.frame(Name=Names, Age=Ages, Location =Locations, stringsAsFactors=FALSE)` criaria a coluna `Name` como tipo caractere, em vez de um fator.

Interação com data frames

À medida que o livro avança, você vê todos os tipos de modos de interagir com data frame. Entretanto, precisa conhecer algumas interações básicas antes de entrar no material a seguir. As seções a seguir descrevem essas interações básicas usando o data frame `EmpData` criado na seção anterior do capítulo.

Como consultar a estrutura do data frame

Às vezes você precisa conhecer a estrutura de dados de um data frame. A função `str()` o ajuda a fazer isso. Por exemplo, `str(EmpData)` produz a seguinte saída (supondo que você configure `stringsAsFactors` como `FALSE`):

```
'data.frame':   4 obs. of 3 variables:
 $ Name    : chr "Jane" "Sam" "Jose" "Amy"
 $ Age     : num 42 33 39 25
 $ Location: Factor w/ 2 levels "South","West": 2 2 1 1.
```

Conhecendo a estrutura do data frame, você determina a melhor forma de trabalhar com os dados. Por exemplo, nesse caso você pode usar `Location` para ajudar a classificar e organizá-los.

Como resumir dados de data frame

Muitas vezes, obter um resumo estatístico dos dados de um data frame pode dar uma ideia de como você poderia realizar alguns tipos de análise ou se o data frame exige manipulação adicional antes de se tornar adequado ao aprendizado de máquina. A função `summary()` o ajuda a fazer isso. Por exemplo, se você chama `summary(EmpData)`, obtém a seguinte saída, que informa sobre cada coluna do data frame.

```
   Name                 Age              Location
 Length:4            Min.   :25.00      South:2
 Class :character    1st Qu.:31.00      West :2
 Mode  :character    Median :36.00
                     Mean   :34.75
                     3rd Qu.:39.75
                     Max.   :42.00
```

Como extrair os dados de um data frame

Um data frame pode conter mais informações do que você precisa para sua análise (ou talvez você queira dividir o data frame em partes de treinamento e teste). A técnica usada para extrair dados depende do resultado que se deseja obter. Por exemplo, talvez você não precise da coluna `Location` para sua análise. Você pode criar um subconjunto do data frame extraindo apenas as colunas `Name` e `Age`, chamando `SubFrame <- data.frame(Name=EmpData$Name,` `Age=EmpData$Age)`. O data frame resultante é como a seguir:

```
  Name Age
1 Jane 42
2 Sam  33
3 Jose 39
4 Amy  25
```

Como alternativa, talvez seja preciso especificar linhas. Nesse caso, você poderia usar indexação. Por exemplo, poderia criar um data frame contendo apenas as linhas 2 e 3, chamando `SubFrame <- EmpData[2:3,]`. Nesse caso, você veria a seguinte saída:

```
  Name Age Location
2 Sam  33   West
3 Jose 39   South
```

Expansão de um data frame

Em alguns casos é preciso expandir um data frame para incluir mais informações. Por exemplo, talvez seja necessário combinar fontes de dados para criar um conjunto de dados conveniente para análise, o que significa adicionar colunas. Também é possível obter informações adicionais de outra fonte, o que quer dizer adicionar linhas. As seções a seguir descrevem como executar essas duas tarefas.

Adição de uma coluna

Ao adicionar uma coluna você fornece entradas suficientes para acrescentar a nova variável em todos os registros existentes. Os dados aparecem como parte de um vetor. Por exemplo, talvez você precise adicionar uma data de contratação ao data frame `EmpData` usado nos exemplos anteriores. O código a seguir mostra como fazer isso:

```
HireDates <- as.Date(c("2001/10/15", "2012/05/30",
  "2010/06/28", "2014/04/02"))
EmpData$HireDate <- HireDates
```

Esse exemplo mostra como criar um vetor de datas. A função `as.Date()` permite dizer à linguagem R para que trate as strings como datas, em vez de strings. O exemplo usa o operador `$` para definir uma nova coluna, `HireDate`, e atribuir o vetor `HireDates` a ela. A nova versão de `EmpData` é como segue:

```
  Name Age Location  HireDate
1 Jane 42   West      2001-10-15
2 Sam  33   West      2012-05-30
3 Jose 39   South     2010-06-28
4 Amy  25   South     2014-04-02
```

DICA

Note que o código para criar `HireDates` aparece em duas linhas. Em R é possível usar várias linhas para tornar o código mais legível. Não é necessário recuar a segunda linha e as subsequentes, mas a maioria dos desenvolvedores faz isso por convenção, para facilitar o entendimento do código. O computador não precisa do recuo, mas os observadores humanos sim, para ver quais linhas devem ficar juntas em uma única declaração.

Adição de uma linha

Ao adicionar uma linha, você cria um novo registro contendo todas as colunas encontradas nas linhas existentes. Os dados aparecem como parte de um data frame, de modo que, para criá-lo, você emprega a mesma técnica usada em qualquer outro data frame. Para adicionar a nova linha no data frame existente use a função `rbind()`, como mostrado no exemplo a seguir:

```
NewEmp <- data.frame(
  Name = "Kerry",
  Age = 51,
  Location = "West",
  HireDate = as.Date("2016/06/28"),
  stringsAsFactors = FALSE)

EmpData <- rbind(EmpData, NewEmp)
```

O novo registro, `NewEmp`, contém todas as colunas encontradas em `EmpData` (supondo que você tenha feito as outras alterações listadas no capítulo). Ao usar a função `rbind()`, coloque os data frames de dados na ordem em que deseja vê-los no resultado. Com a adição dessa linha, agora `EmpData` é como segue:

```
  Name   Age  Location   HireDate
1 Jane   42   West       2001-10-15
2 Sam    33   West       2012-05-30
3 Jose   39   South      2010-06-28
4 Amy    25   South      2014-04-02
5 Kerry  51   West       2016-06-28
```

Execução de Tarefas Básicas de Estatística

Até aqui o capítulo demonstrou várias estruturas de dados e técnicas para trabalhar com eles. No entanto, em muitos casos, apenas criar uma estrutura de dados não é suficiente. As seções a seguir fornecem um panorama de algumas tarefas básicas que podem ser usadas para análise estatística. Essas seções o ajudam a entender alguns exemplos mais adiante no livro.

Tomada de decisão

Para realizar um trabalho útil, as linguagens de computador fornecem maneiras de tomar decisões. A linguagem R oferece três estruturas de tomada de decisão: `if`, `if...else` e `switch`. Use as formas `if` quando tomar decisões com um número limitado de resultados. A forma `switch` funciona melhor quando você toma uma decisão com vários resultados. As seções a seguir descrevem essas estruturas de tomada de decisão com mais detalhes.

Uso da instrução if

A instrução `if` permite tomar uma decisão simples. Quando algo é verdadeiro, o R executa o código do bloco de código associado. Aqui está um exemplo da instrução `if` em ação:

```
A <- 3
B <- 4
if (A < B)
{
  print("Less than!")
}
```

O código começa com `if`, conforme você poderia esperar. A parte dentro dos parênteses é uma *expressão* e deve ser avaliada como TRUE ou FALSE. As duas variáveis, A e B, aparecem entre o operador < (menor que). R suporta todos os operadores usuais, incluindo <, <=, ==, !=, >= e >. Uma lista completa dos operadores do R é encontrada em `https://stat.ethz.ch/R-manual/R-devel/library/base/html/Syntax.html`.

É considerada uma boa prática colocar todos os blocos de código dentro de chaves, como mostrado no exemplo. Esse exemplo em particular funcionaria sem as chaves, mas não usá-las leva a erros e torna o código mais difícil de ler. A saída desse exemplo é `[1] "Less than!"`.

Uso da instrução if...else

A instrução `if...else` funciona de modo semelhante à `if`, exceto que fornece uma resposta quando a expressão não é TRUE. Quando a expressão é avaliada como FALSE, a parte `else` da instrução `if...else` executa. Aqui está um exemplo da instrução `if...else` em ação.

```
MyStrings <- c("This", "is", "a", "string.")

if ("This" %in% MyStrings)
{
  print("Found!")
} else
{
  Print("Not Found.")
}
```

Esse exemplo usa um operador especial, `%in%`. Os operadores especiais fazem comparações incomuns, normalmente não encontradas em outras linguagens. Nesse caso, o operador `%in%` determina se `"This"` aparece em algum lugar dentro do vetor `MyStrings`. Capítulos posteriores mostram como usar outros operadores especiais. A saída desse exemplo é `[1] "Found!"`.

Uso da instrução switch

A instrução `switch` pode fornecer uma de várias saídas, dependendo do valor de entrada. Existem diversas formas dessa instrução, mas a mais comum reage à entrada numérica, como mostrado no exemplo a seguir:

```
Num <- as.integer(readline(
  "Enter a number between 1 and 5: "))

Result <- switch(
  Num,
  "One",
```

```
  "2",
  "It's Three!",
  "Almost There!",
  "Done!")

print(Result)
```

O código começa pedindo ao usuário um valor de entrada. Mesmo que você não use muito esse recurso no livro, é útil saber como obter entrada do teclado. O R fornece entrada como uma string, a não ser que você converta o valor para algum outro tipo, como na função `as.integer()` mostrada nesse exemplo.

A variável `Num` agora contém um número de 1 a 5. A função `switch()` cria uma variável para conter a avaliação e a saída de `Num`. Por exemplo, quando um usuário digita 1, `Result` gera "One" na saída.

Como trabalhar com loops

As instruções de loop o ajudam a executar tarefas mais de uma vez. O R suporta três tipos de instruções de loop: `repeat`, `while` e `for`. Cada instrução de loop tem certas propriedades. Por exemplo, o loop `for` sempre executa um número específico de vezes.

Uso do loop repeat

O loop `repeat` continua a executar até que você saia dele (com a instrução `break`). As outras duas instruções suportam a instrução `break` opcionalmente, mas ao trabalhar com o loop `repeat`, você deve sair dele com `break` verificando uma condição. O exemplo a seguir mostra o loop `repeat` em ação.

```
Count <- 1

repeat
{
  print(Count)
  if (Count > 5)
  {
    break
  }
  Count <- Count + 1
}
```

O exemplo começa criando uma variável contadora, `Count`. Ao usar `repeat`, você deve providenciar um modo de terminar o loop. Então o código imprime o valor atual de `Count`, determina se `Count` é maior que 5 e, então, atualiza `Count` com o próximo valor. Esse último passo é essencial, senão o loop nunca terminará. Aqui está a saída desse exemplo. O loop `repeat` sempre executa pelo menos uma vez.

```
[1] 1
[1] 2
[1] 3
[1] 4
[1] 5
[1] 6
```

Uso do loop while

O loop `while` verifica uma condição de término antes de iniciar, o que significa que pode não executar nem uma vez. Os princípios básicos são os mesmos do uso do loop `repeat`, pois você precisa fornecer um modo de terminar o loop, o que normalmente significa fazer atualizações em uma variável dentro do bloco de código do loop. Aqui está um exemplo do loop `while` em ação:

```
Count <- 1

while (Count <= 6)
{
  print(Count)
  Count <- Count + 1
}
```

Esse exemplo tem a mesma saída do loop `repeat`, mas usa menos código. Sob as condições corretas, um loop `while` pode executar tarefas mais eficientemente que um loop `repeat`. Contudo, você deve levar em conta o fato de que o loop talvez nunca as execute.

Uso do loop for

Um loop `for` executa códigos um número específico de vezes. Normalmente é usado para executar tarefas com dados estruturados. Por exemplo, talvez você precise processar os elementos de um vetor individualmente. Aqui está um exemplo do loop `for` em ação:

```
MyStrings <- c("This", "is", "a", "string.")

for (AString in MyStrings)
{
  print(AString)
}
```

Nesse caso, o loop `for` coloca os valores do vetor `MyStrings` na string `AString`, um por vez. Quando executa esse exemplo, você vê a seguinte saída:

```
[1] "This"
[1] "is"
[1] "a"
[1] "string."
```

Tarefas que exigem loop sem loops

Em alguns casos, você pode executar com o R tarefas que em outras linguagens normalmente exigiriam um loop, mas sem usar um loop. Por exemplo, digamos que você crie um vetor:

```
IntValues <- c(1, 4, 5, 9, 2)
```

O vetor contém os inteiros mostrados na lista. No entanto, agora você precisa transformá-los em um valor decimal, multiplicando cada valor por 0,1. Ao trabalhar com outras linguagens, você precisa criar um loop, recuperar cada valor individualmente, efetuar a multiplicação e armazenar o valor em uma nova variável. No R você pode simplificar a tarefa, como mostrado aqui:

```
DecValues <- IntValues * 0.1
```

Note que nenhum loop está envolvido. Você simplesmente multiplica o vetor por 0,1. Ao exibir os valores de `DecValues`, você vê a seguinte saída:

```
[1] 0.1 0.4 0.5 0.9 0.2
```

Como trabalhar com funções

As funções proporcionam um modo de empacotar códigos que você pretende usar mais de uma vez. Você pode empacotar e transformá-los em uma *caixa--preta*, basicamente uma entidade para a qual fornece entradas e espera certas saídas, contudo, você não precisa se preocupar com o funcionamento dela. Usar uma caixa-preta reduz a complexidade do programa. Para criar uma função, use `function()`, seguida de um bloco de código que você queira executar. Uma função pode receber entradas por meio de argumentos e fornecer um valor de retorno com base na tarefa que executa. O código a seguir mostra uma função básica que aceita argumentos e fornece um valor de retorno:

```
LessThan <- function(Value1, Value2)
  {
    if(Value1 < Value2)
    {
```

```
    result <- TRUE
  }
  else
  {
    result <- FALSE
  }
}
```

Nesse caso, `LessThan()` exige dois argumentos como entrada. A função compara o primeiro argumento com o segundo. Quando o primeiro argumento é menor que o segundo, a função retorna `TRUE`; caso contrário, retorna `FALSE`. Uma chamada como `print(LessThan(1, 2))` produz `[1] TRUE` na saída.

Talvez você pense que `LessThan()` só funciona com números. Contudo, é possível usá-la para comparar todos os tipos de dados. Por exemplo, ao chamar `print(LessThan("G", "H"))`, você obtém a saída `[1] TRUE`. No entanto, se inverter os dois argumentos, obterá a saída `[1] FALSE`. É possível comparar datas e todos os outros tipos de dados com essa função simples. É claro que as funções reais que você criará serão mais complexas, mas esse exemplo simples dá uma ideia do que é possível e como você pode ampliar a funcionalidade das funções que cria.

Encontre a média e a mediana

A linguagem R fornece funções internas para se encontrar a média e a mediana. A função `mean()` tem a seguinte sintaxe:

```
mean(x, trim=0, na.rm=FALSE)
```

onde

> **x:** Contém o vetor de entrada

> **trim:** Determina o número de observações a extrair das duas extremidades do vetor ordenado

> **na.rm:** Especifica se deve remover os valores ausentes do vetor de entrada

Se você criar um vetor de amostras, como `MySamples <- c(19, 4, 5, 7, 29, 19, 29, 13, 25, 19, 42)`, a saída de `mean(MySamples)` será `[1] 19.18182`.

Encontrar a mediana também é fácil. Nesse caso, você usa a função `median()`, que tem a seguinte sintaxe:

```
median(x, na.rm=FALSE)
```

Usar o mesmo vetor de amostras e chamar median(MySamples) produz a saída [1] 19.

PAPO DE ESPECIALISTA

A linguagem R não fornece uma função interna para encontrar a moda. Em vez disso, você precisa criar sua própria função ou usar um dos pacotes externos disponíveis no mercado. Os pacotes externos representam o menor trabalho. Para encontrar a moda, você precisa instalar e usar tal pacote externo. O código a seguir mostra como encontrar a moda usando o pacote modeest 2.1:

```
install.packages("modeest")
library(modeest)
MySamples &lt;- c(19, 4, 5, 7, 29, 19, 29, 13, 25, 19, 42)
mlv(MySamples, method = "mfv")
```

Ao chamar install.packages() você poderá ver uma mensagem de aviso dizendo que o R não pode gravar as informações do pacote no diretório padrão. Então a função install.packages() sugere a criação de uma biblioteca pessoal, que é a rota que você deve tomar. A função install.packages() pede então para que você escolha um site espelho para baixar o pacote. Escolha o mais próximo de seu local.

Simplesmente instalar o pacote não permite que o utilize. Você precisa usar a função library() para ler o pacote na memória.

A função mlv() fornece uma estimativa da moda. A biblioteca também fornece formas de mlv() para uso em plotagem e impressão. Para ver todas essas outras opções, use a chamada de função library(help = "modeest"). Nesse caso, mlv() usa o método do valor mais frequente (mfv) para calcular a moda. A saída desse exemplo é:

```
Mode (most likely value): 19
Bickel's modal modal skewness: 0
Call: mlv.default(x = MySamples, method = "mfv")
```

Representação de dados em gráficos

A linguagem R dá acesso a todos os gráficos e diagramas típicos: pizza, barras, caixa, histograma, linhas e dispersão. Bibliotecas complementares fornecem ainda mais opções. Muitos exemplos do livro mostram saída gráfica, de modo que esta seção é relativamente curta. Você começa criando um vetor com dados de amostra, MySamples <- c(19, 4, 5, 7, 29, 19, 29, 13, 25, 19, 42). Chamar barplot(MySamples) gera a saída mostrada na Figura 5-1.

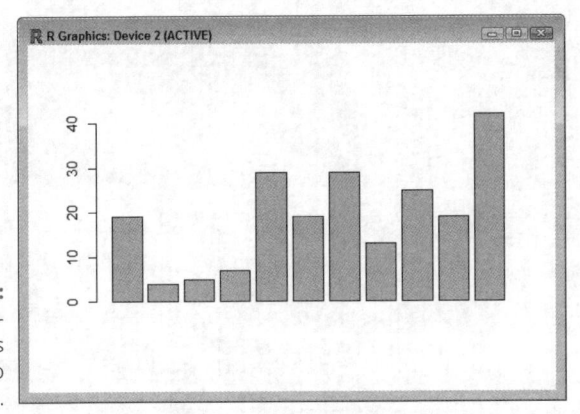

FIGURA 5-1:
Um exemplo simples de gráfico de barras.

Evidentemente, essa é a saída mais básica que você pode criar. O R fornece vários métodos para modificar a saída e fazer com que tenha a aparência desejada. A sintaxe básica da função `barplot()` é a seguinte:

```
barplot(H,xlab,ylab,main, names.arg,col)
```

onde

» **H:** Fornece um vetor ou uma matriz contendo os valores numéricos usados no gráfico de barras

» **xlab:** Define um rótulo para o eixo x

» **ylab:** Define um rótulo para o eixo y

» **main:** Especifica um título para o gráfico de barras

» **names.arg:** Fornece um vetor de nomes que aparecem sob cada barra

» **col:** Contém uma lista de cores a usar nas barras do gráfico

Capítulo **6**

Instalação de uma Distribuição de Python

A ntes de fazer algo com Python ou usá-lo para resolver problemas de aprendizado de máquina, você precisa de uma instalação utilizável. Precisa também de acesso ao código e aos conjuntos de dados utilizados neste livro. Baixar o exemplo de código (encontrado em www.altabooks. com.br [procure pelo nome/ISBN do livro]) e instalá-lo em seu sistema é a melhor maneira de ter uma boa experiência de aprendizagem com o livro. Este capítulo o ajuda a configurar seu sistema para que você possa acompanhar os exemplos facilmente no restante do livro.

LEMBRE-SE

Usar o código-fonte do download não o impede de digitar os exemplos por conta própria, acompanhá-los usando um depurador, expandi-los ou trabalhar com o código de várias maneiras. O código-fonte do download está lá para ajudá--lo a iniciar no aprendizado de máquina e na experiência de aprendizagem com

Python. Depois de ver como o código funciona, quando corretamente digitado e configurado, você mesmo pode tentar criar os exemplos. Se cometer um erro, pode comparar o que digitou com o código-fonte do download e descobrir precisamente onde está o erro. O código-fonte de download para este capítulo está nos arquivos `ML4D; 06; Sample.ipynb` e `ML4D; 06; Dataset Load.ipynb`. (A Introdução informa de onde baixar o código-fonte deste livro.)

USO DE PYTHON 2.7.X PARA ESTE LIVRO

Atualmente existem dois desenvolvimentos de Python em paralelo. A maioria dos livros conta com a versão mais recente de uma linguagem para seus exemplos. Na verdade, contudo, quando este livro estava sendo produzido, eram duas as versões mais recentes de Python: 2.7.11 e 3.5.1. Python é único no sentido de que alguns grupos usam uma versão, e outros, outra. Como os cientistas de dados e outros que executam tarefas de aprendizado de máquina usam principalmente a versão 2.7.x do Python, este livro se concentra nela. (Por fim, todas as tarefas de desenvolvimento irão para a versão 3.x.) Usar a versão 2.7.x significa que, quando terminar este livro, você poderá trabalhar melhor com outras pessoas que executam tarefas de aprendizado de máquina. Se, em vez disso, o livro usasse a versão 3.5.x, você poderia achar difícil entender os exemplos que vê em aplicações reais.

Você pode usar a versão 3.5.x neste livro, mas precisa saber que nem sempre os exemplos funcionarão conforme estão escritos. Por exemplo, ao usar a função print() do Python 2.7, você não precisa incluir parênteses. A versão Python 3.5 da mesma função lança um erro, a menos que você use os parênteses. Mesmo que pareça ser uma pequena diferença, é suficiente para causar confusão para algumas pessoas, e você precisa se lembrar disso ao trabalhar nos exemplos.

Felizmente, é possível encontrar vários sites online que documentam as diferenças entre as versões 2.7 e 3.5. Um dos sites mais fáceis de entender é o nbviewer, em `http://nbviewer.ipython.org/github/rasbt/python_reference/blob/master/tutorials/key_differences_between_python_2_and_3.ipynb`. Outro bom lugar para olhar é Spartan Ideas, em `http://spartanideas.msu.edu/2014/06/01/the-key-differences-between-python-2-7-x-and-python-3-x-with-examples/`. Esses sites o ajudarão, caso opte por usar a versão 3.5 com este livro. Contudo, o livro só dá suporte para a versão 2.7. Use a versão 3.5 por sua conta e risco. Fique de olho nas mudanças, à medida que o aprendizado de máquina evoluir, no blog do livro, em `http://blog.johnmuellerbooks.com/category/technical/machine-learning-for-dummies/`. O blog o ajudará a fazer quaisquer ajustes, caso necessário, para se manter atualizado. Os sites têm conteúdo em inglês.

Escolha de uma Distribuição de Python com Aprendizado de Máquina em Mente

É possível obter uma cópia genérica de Python e adicionar a ela todas as bibliotecas de aprendizado de máquina necessárias. O processo pode ser difícil, porque você precisa ter certeza de que tem todas as bibliotecas exigidas, nas versões corretas. Além disso, precisa fazer a configuração requerida para certificar-se de que as bibliotecas podem ser acessadas quando necessário. Felizmente não é preciso ter esse trabalho, graças a vários produtos de aprendizado de máquina com Python disponíveis para uso. Esses produtos fornecem tudo o que é necessário para iniciar projetos de aprendizado de máquina.

LEMBRE-SE

Você pode usar qualquer um dos pacotes mencionados nas seções a seguir para trabalhar nos exemplos deste livro. Contudo, o código-fonte do livro e o código-fonte do download contam com o Continuum Analytics Anaconda, pois esse pacote em particular funciona em todas as plataformas suportadas por este livro: Linux, Mac OS X e Windows. O livro não menciona um pacote específico nos capítulos a seguir, mas as capturas de tela refletem o uso do Anaconda no Windows. Talvez seja preciso ajustar o código para usar outro pacote, e as telas serão diferentes se você usar Anaconda em alguma outra plataforma.

CUIDADO

O Windows 10 apresenta alguns problemas sérios ao trabalhar com Python. Você pode ler sobre eles em meu blog, em `http://blog.johnmuellerbooks.com/2015/10/30/python-and-windows-10/` [conteúdo em inglês]. Como muitos leitores de meus outros livros sobre Python enviaram comentários dizendo que o Windows 10 não oferece um bom ambiente, é difícil recomendá-lo como plataforma Python para este livro. Se estiver trabalhando com Windows 10, saiba que seu caminho na instalação de Python será cheio de obstáculos.

Obtenha o Continuum Analytics Anaconda

O pacote Anaconda básico é um download gratuito obtido em `https://store.continuum.io/cshop/anaconda/` [conteúdo em inglês]. Basta clicar em Download Anaconda para ter acesso ao produto. É preciso fornecer um endereço de e-mail para obter uma cópia do Anaconda. Depois você vai para outra página, em que escolhe a plataforma e o instalador. Anaconda suporta as seguintes plataformas:

- » Windows de 32 e 64 bits (o instalador pode oferecer apenas a versão de 64 ou de 32 bits, dependendo da versão de Windows detectada)

- » Linux de 32 e de 64 bits

- » Mac OS X de 64 bits

A versão de download padrão instala o Python 2.7, que é a versão usada neste livro (veja os detalhes no quadro "Uso de Python 2.7.x para Este Livro"). Também é possível optar por instalar o Python 3.5 clicando em um dos links na parte Python 3.5 da página. Tanto Windows como Mac OS X fornecem instaladores gráficos. Ao usar Linux, você conta com o utilitário `bash`.

DICA

É possível obter Anaconda com versões mais antigas de Python. Se quiser usar uma versão de Python mais antiga, clique no link do repositório de arquivos do instalador, próximo à parte inferior da página. Você só deve usar uma versão mais antiga de Python quando houver verdadeira necessidade.

O instalador Miniconda pode economizar tempo, limitando o número de recursos instalados. Contudo, tentar descobrir precisamente de quais pacotes você precisa é um processo passível de erros e demorado. Em geral, você quer fazer uma instalação completa para garantir que tenha tudo que precisa para seus projetos. Na maioria dos sistemas, mesmo uma instalação completa não exige muito tempo nem trabalho para baixar e instalar.

O produto gratuito é tudo de que você precisa para este livro. No entanto, ao examinar o site, você vê que estão disponíveis muitos outros produtos complementares. Esses produtos podem ajudá-lo a criar aplicativos robustos. Por exemplo, ao adicionar Accelerate à mistura, você obtém a capacidade de executar operações de núcleo múltiplo e habilitadas para GPU. O uso desses produtos complementares está fora dos objetivos deste livro, mas o site do Anaconda fornece detalhes sobre seu uso.

Obtenha o Enthought Canopy Express

O Enthought Canopy Express é um produto gratuito para produção de aplicativos técnicos e científicos com Python. Você pode obtê-lo em `https://www.enthought.com/canopy-express/` [conteúdo em inglês]. Clique em Download Free na página principal, para ver uma listagem das versões que pode baixar. Somente o Canopy Express é gratuito; o produto Canopy completo tem um custo. Contudo, você pode usar o Canopy Express para trabalhar nos exemplos deste livro. O Canopy Express suporta as seguintes plataformas:

- » Windows de 32 e de 64 bits

- » Linux de 32 e de 64 bits

- » Mac OS X de 32 e de 64 bits

Escolha a plataforma e a versão que deseja baixar. Ao clicar em Download Canopy Express, você vê um formulário opcional para fornecer suas informações. O download começa automaticamente, mesmo que você não forneça informações pessoais para a empresa.

Uma das vantagens do Canopy Express é que a Enthought está fortemente envolvida em dar suporte para estudantes e professores. É possível assistir a aulas, inclusive online, que ensinam sobre o uso de Canopy Express de várias formas (veja https://training.enthought.com/courses [conteúdo em inglês]).

DICA

Também é oferecido treinamento ao vivo em sala de aula, destinado especificamente a cientistas de dados. Leia sobre isso em https://www.enthought.com/services/training/data-science [conteúdo em inglês]. Assistir às aulas de ciência de dados não dará os detalhes do trabalho com problemas de aprendizado de máquina, mas elas o ensinam a lidar com big data, que é uma parte do trabalho com problemas de aprendizado de máquina. Em resumo, saber ciência de dados o ajuda no uso de Python para aprendizado de máquina, mas não elimina completamente a curva de aprendizagem.

Obtenha o pythonxy

O IDE (Ambiente de Desenvolvimento Integrado) pythonxy é um projeto comunitário hospedado no Google em http://python-xy.github.io/. Trata-se de um produto exclusivo para Windows, portanto, não é possível usá-lo facilmente para necessidades independentes de plataforma. (Na verdade, ele só suporta Windows Vista, Windows 7 e Windows 8.) Contudo, vem com um conjunto completo de bibliotecas, e, se quiser, você pode usá-lo facilmente neste livro.

Como pythonxy usa a GNU GPL (General Public License) v3 (veja http://www.gnu.org/licenses/gpl.html), você não precisa se preocupar com complementos, treinamento ou outros recursos pagos. Ninguém baterá em sua porta querendo vender alguma coisa. Além disso, você tem acesso a todo o código-fonte do pythonxy, de modo que pode fazer modificações se quiser. [Os sites têm conteúdo em inglês.]

Obtenha o WinPython

O nome indica que WinPython é um produto exclusivo para Windows. Ele pode ser encontrado em http://winpython.sourceforge.net/. Esse produto é um desdobramento do pythonxy e não se destina a substituí-lo. Muito pelo contrário: o WinPython é apenas um modo mais flexível de trabalhar com o pythonxy. Você pode ler sobre o motivo da criação do WinPython em http://sourceforge.net/p/winpython/wiki/Roadmap/. [Os sites têm conteúdo em inglês.]

O ponto principal desse produto é que você ganha flexibilidade ao custo da amigabilidade e de uma integração de plataforma pequena. No entanto, para desenvolvedores que precisam manter várias versões de um IDE, o WinPython faz uma diferença significativa. Ao usar WinPython neste livro, preste bastante atenção aos problemas de configuração, senão você verá que mesmo o código do download tem poucas chances de funcionar.

Instalação de Python no Linux

Você usa a linha de comando para instalar Anaconda no Linux — não existe opção de instalação gráfica. Antes de fazer a instalação, você precisa baixar uma cópia do software Linux do site Continuum Analytics. As informações de download podem ser encontradas na seção "Obtenha o Continuum Analytics Anaconda", anteriormente neste capítulo. O procedimento a seguir deve funcionar bem em qualquer sistema Linux, seja para a versão de 32 ou de 64 bits do Anaconda:

1. **Abra uma cópia do Terminal.**

A janela do Terminal aparece.

2. **Mude o diretório para a cópia do Anaconda baixada em seu sistema.**

O nome desse arquivo varia, mas normalmente aparece como Anaconda 2-2.4.1-Linux-x86.sh para sistemas de 32 bits e Anaconda2-2.4. 1-Linux-x86_64.sh para sistemas de 64 bits. O número da versão está incorporado no nome de arquivo. Nesse caso, o nome de arquivo se refere à versão 2.4.1, que é usada neste livro. Se você usa outra versão, pode ter problemas com o código-fonte e talvez precise fazer ajustes ao trabalhar com ele.

3. **Digite bash** Anaconda2-2.4.1-Linux-x86.sh **(para a versão de 32 bits) ou** Anaconda2-2.4.1-Linux-x86_64.sh **(para a versão de 64 bits) e pressione Enter.**

Um assistente de instalação pede para que você aceite os termos de licenciamento para usar o Anaconda.

4. **Leia o contrato de licença e aceite os termos usando o método exigido para sua versão de Linux.**

O assistente solicita um local de instalação para o Anaconda. O livro presume que você usa o local padrão ~/anaconda. Se escolher outro, talvez precise modificar alguns procedimentos mais adiante no livro para trabalhar com sua configuração.

5. **Forneça um local de instalação (se necessário) e pressione Enter (ou clique em Next).**

O processo de extração de aplicativos começa. Depois de terminada a extração, você vê uma mensagem de conclusão.

6. **Adicione o caminho de instalação à instrução** PATH **usando o método exigido para sua versão de Linux.**

Você está pronto para começar a usar o Anaconda.

Instalação de Python no Mac OS X

A instalação no Mac OS X tem apenas uma forma: 64 bits. Antes de fazer a instalação, você precisa baixar uma cópia do software Mac do site Continuum Analytics. As informações de download são obtidas na seção "Obtenha o Continuum Analytics Anaconda", anteriormente neste capítulo. Os passos a seguir o ajudam a instalar o Anaconda de 64 bits em um sistema Mac:

1. **Localize a cópia de Anaconda baixada em seu sistema.**

O nome desse arquivo varia, mas normalmente aparece como Anaconda 2-2.4.1-MacOSX-x86_64.pkg. O número da versão está incorporado ao nome de arquivo. Nesse caso, o nome se refere à 2.4.1, que é a versão usada neste livro. Se você usa outra, pode ter problemas com o código-fonte e talvez precise fazer ajustes ao trabalhar com ele.

2. **Dê um clique duplo no arquivo de instalação.**

Aparece uma caixa de diálogo introdutória.

3. **Clique em Continue.**

O assistente pergunta se você quer examinar o material de Read Me. Você pode ler isso depois. Por enquanto, pode pular a informação com segurança.

4. **Clique em Continue.**

O assistente exibe um contrato de licença. Leia-o para conhecer os termos de uso.

5. **Clique em I Agree, caso concorde com o contrato de licença.**

O assistente pede para que você forneça um destino para a instalação. O destino controla se a instalação é para um usuário individual ou para um grupo.

CUIDADO

Você poderá ver uma mensagem de erro dizendo que não é possível instalar o Anaconda no sistema. A mensagem de erro ocorre por causa de um bug no instalador e não tem nada a ver com seu sistema. Para se livrar da mensagem de erro, escolha a opção Install Only for Me. Em um sistema Mac não é possível instalar o Anaconda para um grupo de usuários.

6. **Clique em Continue.**

O instalador exibe uma caixa de diálogo contendo opções para mudar o tipo de instalação. Clique em Change Install Location, caso queira mudar o local onde o Anaconda será instalado em seu sistema. (O livro presume que você usa o caminho padrão ~/anaconda.) Clique em Customize se quiser modificar o funcionamento do instalador. Por exemplo, você pode optar por não adicionar o Anaconda em sua instrução PATH. Contudo, o livro presume que você escolheu as opções de instalação padrão, e não há um bom motivo para alterá-las, a não ser que tenha outra cópia de Python 2.7 instalada em outro lugar.

7. **Clique em Install.**

A instalação começa. Uma barra de andamento informa como o processo de instalação está progredindo. Quando a instalação terminar, você verá uma caixa de diálogo de conclusão.

8. **Clique em Continue.**

Você está pronto para começar a usar o Anaconda.

DICA

O Continuum também fornece uma versão de linha de comando da instalação para Mac OS X. O nome desse arquivo é `Anaconda2-2.4.1-MacOSX-x86_64.sh`, e você usa o utilitário `bash` para instalá-lo, do mesmo modo como faz em qualquer sistema Linux. Contudo, instalar o Anaconda a partir da linha de comando não traz nenhuma vantagem, a não ser que precise fazer isso como parte de uma configuração automatizada. É muito mais fácil usar a versão do GUI, conforme descrito nesta seção.

Instalação de Python no Windows

O Anaconda vem com um aplicativo de instalação gráfica para Windows, assim, ter uma boa instalação significa usar um assistente, como se faria em qualquer outra instalação. É claro que, antes de começar, você precisa de uma cópia do arquivo de instalação. As informações de download estão na seção "Obtenha o Continuum Analytics Anaconda", anteriormente neste capítulo. O procedimento a seguir funciona bem em qualquer sistema Windows, seja na versão de 32 ou de 64 bits do Anaconda:

1. Localize a cópia do Anaconda baixada em seu sistema.

O nome desse arquivo varia, mas normalmente aparece como `Anaconda 2-2.4.1-Windows-x86.exe` para sistemas de 32 bits e `Anaconda -2.4.1-Windows-x86_64.exe` para sistemas de 64 bits. O número da versão está incorporado ao nome do arquivo. Nesse caso, o nome se refere à versão 2.4.1, que é usada neste livro. Se você usa outra versão, pode ter problemas com o código-fonte e talvez precise fazer ajustes ao trabalhar com ele.

2. Dê um clique duplo no arquivo de instalação.

(Você poderá ver a caixa de diálogo Open File — Security Warning perguntando se deseja executar o arquivo. Clique em Run, caso veja essa caixa de diálogo pop-up.) Você vê uma caixa de diálogo Anaconda 2.4.1 Setup semelhante à que aparece na Figura 6-1. A caixa de diálogo exata depende da versão do programa de instalação do Anaconda baixada. Se você tem um sistema operacional de 64 bits, é sempre melhor usar a versão de 64 bits do Anaconda, para que possa obter o melhor desempenho possível. Essa primeira caixa de diálogo indica se você tem a versão de 64 bits do produto.

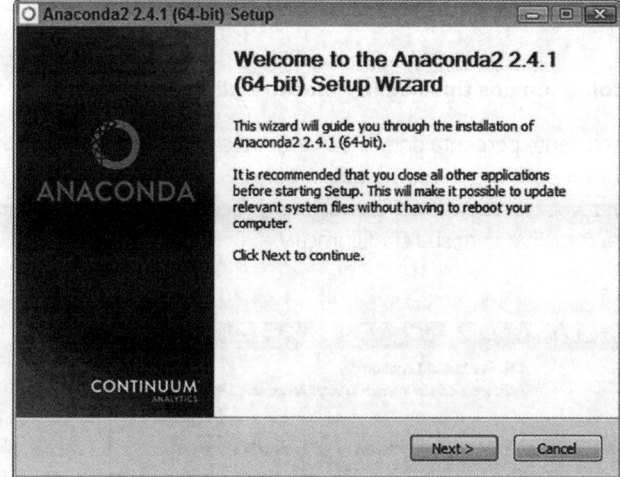

FIGURA 6-1: O processo de configuração começa dizendo se você tem a versão de 64 bits.

3. Clique em Next.

O assistente exibe um contrato de licença. Leia-o para conhecer os termos de uso.

4. Clique em I Agree, caso concorde com o contrato de licença.

É perguntado o tipo de instalação a ser feito, como mostrado na Figura 6-2. Na maioria dos casos, você instala o produto apenas para si próprio. A exceção é se várias pessoas usam seu sistema e todas precisam acessar o Anaconda.

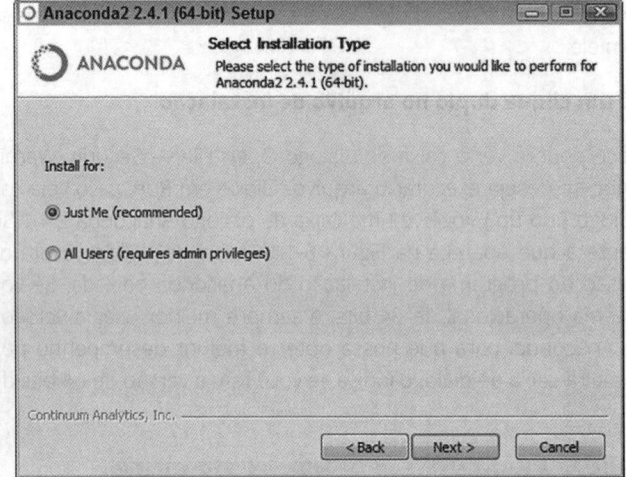

FIGURA 6-2: Diga ao assistente como instalar o Anaconda em seu sistema.

5. Escolha um dos tipos de instalação e clique em Next.

O assistente pergunta onde instalar o Anaconda no disco, como mostrado na Figura 6-3. O livro presume que você usa o local padrão. Se escolher outro, talvez você precise modificar alguns procedimentos mais adiante no livro para trabalhar com sua configuração.

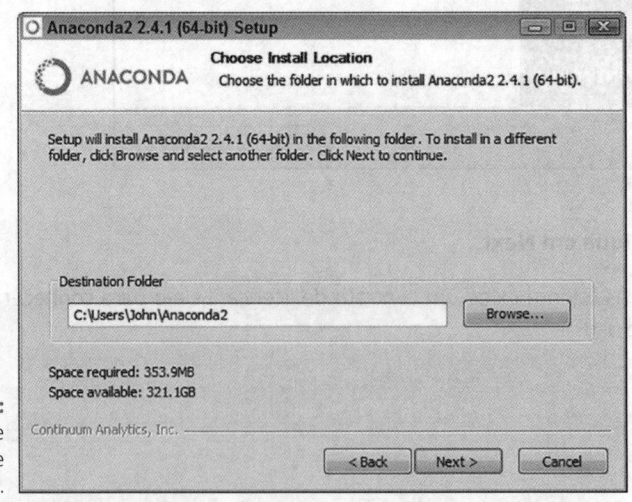

FIGURA 6-3: Especifique um local de instalação.

6. Escolha um local de instalação (se necessário) e clique em Next.

Você vê a caixa de diálogo Advanced Instalação Options, mostrada na Figura 6-4. Essas opções são selecionadas por padrão, e na maioria dos casos não há um bom motivo para alterá-las. Talvez seja preciso alterá-las caso o Anaconda não forneça sua configuração de Python 2.7 (ou Python 3.5) padrão. Contudo, o livro presume que você configurou o Anaconda usando as opções padrão.

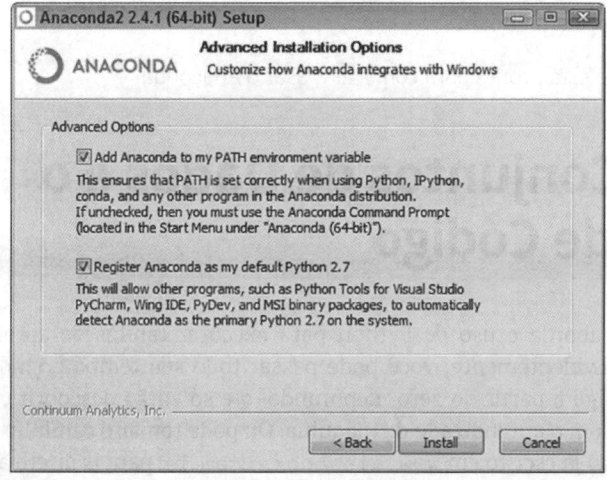

FIGURA 6-4:
Configure as opções de instalação avançadas.

AS CAPTURAS DE TELA

Ao trabalhar no livro você usará o IDE de sua escolha para abrir os arquivos Python e Python Notebook que contêm o código-fonte. Toda captura de tela que contém informações específicas do IDE conta com Anaconda, pois ele funciona em todas as três plataformas suportadas pelo livro. Usar o Anaconda não significa que ele é o melhor IDE nem que o autor está fazendo qualquer tipo de recomendação — o Anaconda simplesmente funciona bem como produto de demonstração.

Quando se trabalha com o Anaconda, o nome do ambiente gráfico (GUI), Jupyter Notebook, é precisamente o mesmo em todas as três plataformas, e você não verá nenhuma diferença significativa na apresentação. (Jupyter Notebook é uma evolução recente de IPython, portanto, talvez você veja materiais online fazendo referência a IPython Notebook.) As diferenças vistas são pequenas, e você deve ignorá-las ao trabalhar no livro. Com isso em mente, o livro conta fortemente com capturas de tela no Windows 7. Ao trabalhar em uma plataforma Linux, Mac OS X ou outra versão de Windows, você verá algumas diferenças na apresentação, mas elas não reduzem sua capacidade de trabalhar nos exemplos.

7. **Altere as opções de instalação avançadas (se necessário) e clique em Install.**

   Você vê uma caixa de diálogo Installing com uma barra de andamento. O processo de instalação pode levar alguns minutos, portanto, aguarde. Quando o processo de instalação terminar, você verá um botão Next habilitado.

8. **Clique em Next.**

   O assistente o informa que a instalação está concluída.

9. **Clique em Finish.**

   Você está pronto para começar a usar o Anaconda.

Baixe os Conjuntos de Dados e o Exemplo de Código

Este livro aborda o uso de Python para executar tarefas de aprendizado de máquina. Evidentemente, você pode passar todo seu tempo criando o exemplo de código a partir do zero, depurando-o e só então descobrir como ele se relaciona com o aprendizado de máquina. Ou pode tomar o caminho fácil e baixar o código já escrito em www.altabooks.com.br para ir direto ao trabalho. Do mesmo modo, criar conjuntos de dados grandes o bastante para propósitos de aprendizado de máquina levaria muito tempo. Felizmente, você pode acessar conjuntos de dados padronizados já criados muito facilmente, usando recursos fornecidos em algumas das bibliotecas de ciência de dados (as quais também funcionam bem para aprendizado de máquina). As seções a seguir o ajudam a baixar e usar o exemplo de código e os conjuntos de dados para que possa economizar tempo e ir direto ao trabalho com tarefas específicas da ciência de dados.

Como Usar Jupyter Notebook

Para facilitar o trabalho com o código relativamente complexo deste livro, você usa o Jupyter Notebook. Essa interface permite criar facilmente arquivos de notebook em Python que podem conter qualquer número de exemplos, cada um dos quais podendo ser executado individualmente. O programa executa em seu navegador, portanto, não importa a plataforma usada para desenvolvimento, desde que tenha um navegador, tudo bem.

Inicie o Jupyter Notebook

A maioria das plataformas fornece um ícone para acessar Jupyter Notebook. Basta abrir esse ícone para acessar o Jupyter Notebook. Por exemplo, em um sistema Windows, escolha Iniciar ⇨ Todos os Programas ⇨ Anaconda ⇨ Jupyter Notebook. A Figura 6-5 mostra como é a interface quando vista em um navegador Firefox. A aparência precisa em seu sistema depende do navegador usado e do tipo de plataforma instalada.

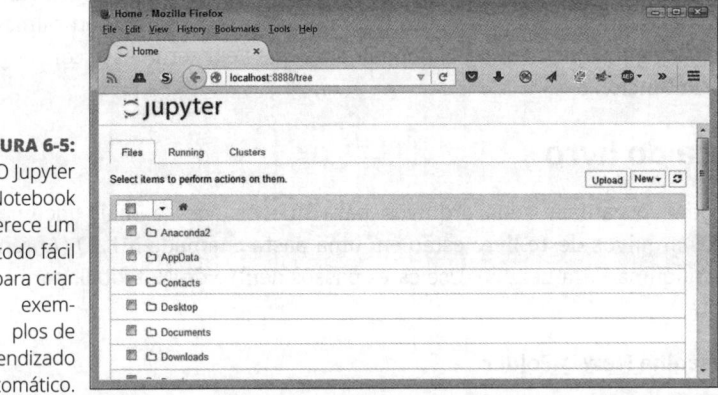

FIGURA 6-5: O Jupyter Notebook oferece um método fácil para criar exemplos de aprendizado automático.

Caso tenha uma plataforma que não oferece acesso fácil por meio de um ícone, pode usar estes passos para acessar o Jupyter Notebook:

1. **Abra um Prompt de Comando ou uma Janela de Terminal em seu sistema.**

A janela se abre para que você possa digitar comandos.

2. **Mude para o diretório** `\Anaconda2\Scripts` **em sua máquina.**

A maioria dos sistemas permite usar o comando CD para essa tarefa.

3. **Digite** ..\python ipython2-script.py notebook **e pressione Enter.**

A página Jupyter Notebook se abre em seu navegador.

Pare o servidor Jupyter Notebook

Independente de como você inicia o Jupyter Notebook (ou apenas Notebook, conforme aparece no restante do livro), o sistema geralmente abre um prompt de comando ou uma janela de terminal para conter o Notebook. Essa janela contém um servidor que faz o aplicativo funcionar. Depois de fechá-la, quando uma sessão terminar, selecione a janela do servidor e pressione Ctrl+C ou Ctrl+ Break para parar o servidor.

O repositório de código

O código que você cria e usa neste livro residirá em um repositório em seu disco rígido. Considere o *repositório* como um tipo de fichário onde você coloca seu código. O Notebook abre uma gaveta, retira a pasta e mostra o código para você. Você pode modificá-lo, executar exemplos individuais dentro da pasta, adicionar novos exemplos e simplesmente interagir com seu código naturalmente. As seções a seguir o iniciam no Notebook para que veja como esse conceito de repositório funciona.

A pasta do livro

Vale a pena organizar seus arquivos para que os acesse mais facilmente depois. Os arquivos deste livro estão em uma pasta chamada ML4D (Aprendizado de Máquina Para Leigos). Use estes passos dentro do Notebook para criar uma pasta.

1. **Escolha New ⇨ Folder.**

O Notebook cria uma pasta chamada Untitled Folder, como mostrado na Figura 6-6. O arquivo aparecerá em ordem alfanumérica, portanto, talvez você não o veja inicialmente. É preciso rolar até o local correto.

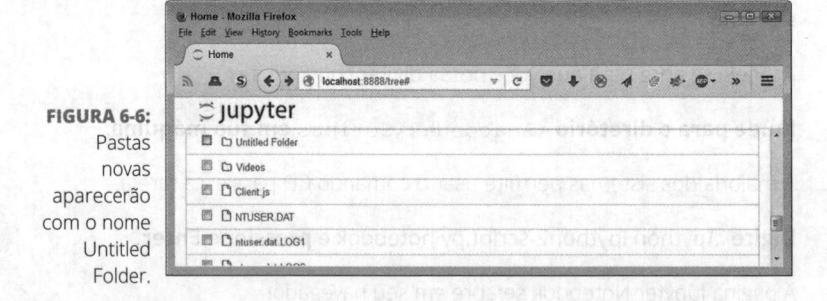

2. **Marque a caixa ao lado da entrada Untitled Folder.**

3. **Clique em Rename na parte superior da página.**

Você vê uma caixa de diálogo Rename Directory, como a que aparece na Figura 6-7.

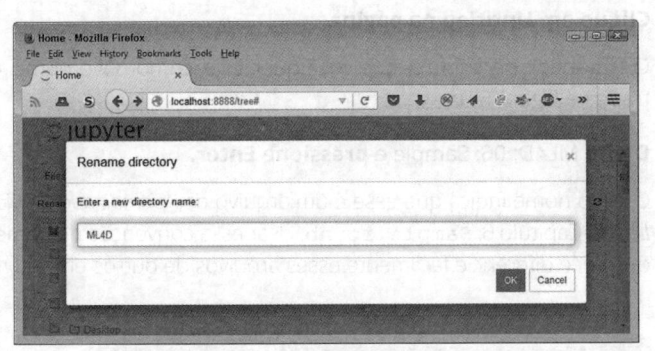

FIGURA 6-7:
Mude o
nome da
pasta para
lembrar dos
tipos de en-
tradas que
contém.

4. **Digite** ML4D **e clique em OK.**

O Notebook muda o nome da pasta para você.

5. **Clique na nova entrada ML4D da lista.**

O Notebook muda o local para a pasta ML4D onde você executa tarefas relacionadas aos exercícios deste livro.

Criando um notebook

Todo novo notebook é como uma pasta de arquivos. Você pode colocar exemplos
individuais dentro da pasta, exatamente como colocaria folhas de papel em uma
pasta física. Cada exemplo aparece em uma célula. Também é possível colocar
outras coisas na pasta de arquivo, mas você verá como essas coisas funcionam à
medida que o livro avançar. Use estes passos para criar um notebook:

1. **Clique em New ⇨ Python 2.**

Uma nova guia se abre no navegador, com o novo notebook, como mostrado
na Figura 6-8. Note que o notebook contém uma célula e que o Notebook a
realçou para que digite código nela. No momento, o título do notebook é Untitled. Esse título não é particularmente útil, portanto, você precisa alterá-lo.

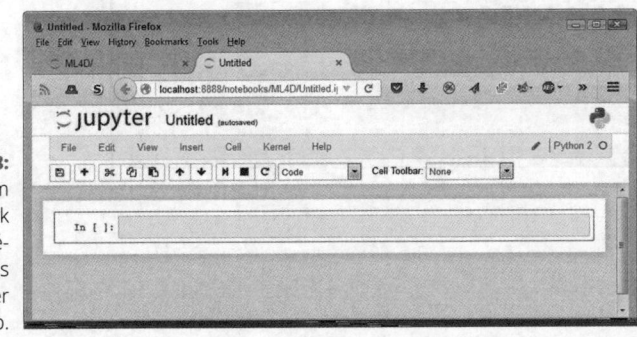

FIGURA 6-8:
Um
notebook
contém cé-
lulas usadas
para conter
código.

2. Clique em Untitled na página.

O Notebook pergunta o que você quer usar como novo nome, como mostrado na Figura 6-9.

3. Digite ML4D; 06; Sample e pressione Enter.

O novo nome indica que esse é um arquivo de *Aprendizado de Máquina Para Leigos*, Capítulo 6, `Sample.ipynb`. Usar essa convenção de nomes permitirá que você diferencie facilmente esses arquivos de outros em seu repositório.

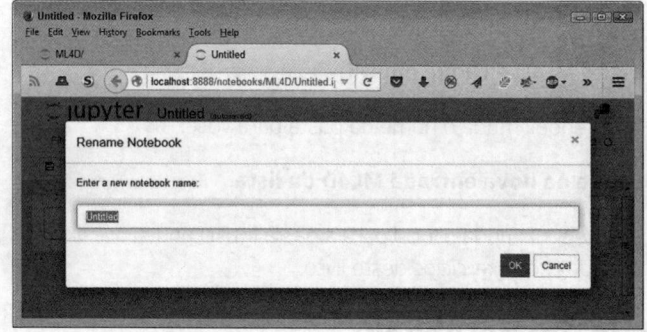

FIGURA 6-9:
Forneça um novo nome para seu notebook.

É claro que o notebook Sample ainda não contém nada. Coloque o cursor na célula, digite **print 'Python is really cool!'** e clique no botão Run (o botão com a seta apontando para a direita na barra de ferramentas). Você vê a saída mostrada na Figura 6-10. A saída faz parte da mesma célula que o código. No entanto, o Notebook separa visualmente a saída do código para que seja possível diferenciá-los. O Notebook cria uma célula automaticamente para você.

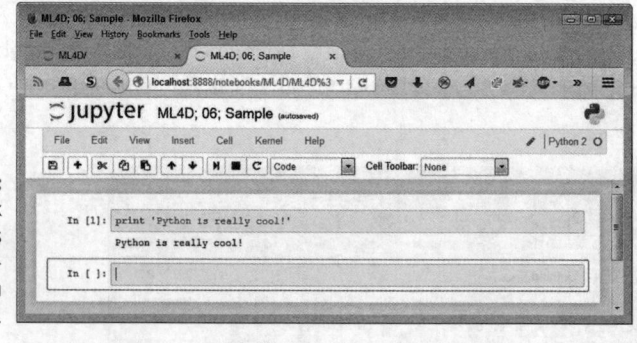

FIGURA 6-10:
O Notebook usa células para armazenar seu código.

Ao terminar de trabalhar com um notebook, é importante fechá-lo. Para fechar um notebook, escolha File ➪ Close and Halt. Você volta à página Home, onde pode ver o notebook que acabou de criar adicionado à lista, como mostrado na Figura 6-11.

FIGURA 6-11:
Os no-
tebooks
que cria
aparecem
na lista do
repositório.

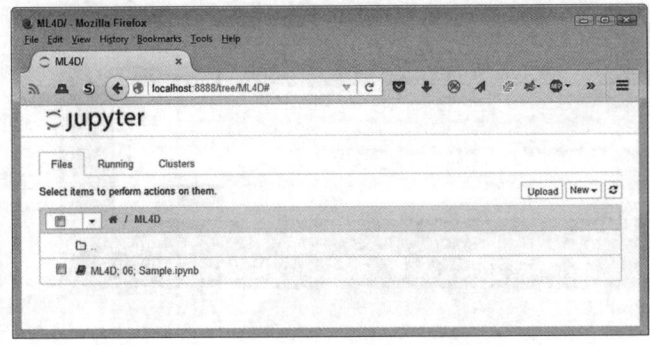

Exportação de um notebook

Criar notebooks e guardar todos eles para si mesmo não é muito divertido. Em algum momento você irá querer compartilhá-los com outras pessoas. Para fazer isso, você precisa exportar seu notebook do repositório para um arquivo. Então poderá enviar o arquivo para alguém, que o importará para o repositório dele.

A seção anterior mostrou como criar um notebook chamado ML4D; 06; Sample. Você pode abrir esse notebook clicando em sua entrada na lista do repositório. O arquivo é reaberto para que veja seu código novamente. Para exportar esse código, escolha File ➪ Download As ➪ IPython Notebook. O que se vê em seguida depende de seu navegador, mas geralmente você vê algum tipo de caixa de diálogo para salvar o notebook como arquivo. Use o mesmo método para salvar o arquivo IPython Notebook, assim como faz com qualquer outro arquivo que salva usando seu navegador.

Remoção de um notebook

Às vezes os notebooks ficam desatualizados ou você simplesmente não precisa mais trabalhar com eles. Em vez de permitir que seu repositório fique cheio de arquivos desnecessários, você pode remover os notebooks indesejados da lista. Use estes passos para remover o arquivo:

1. Selecione a caixa ao lado da entrada ML4D; 06; Sample.ipynb.

2. Clique no ícone de lata de lixo (Delete) na parte superior da página.

Você vê uma mensagem de aviso Delete notebook, como a mostrada na Figura 6-12.

3. Clique em Delete.

O arquivo é removido da lista.

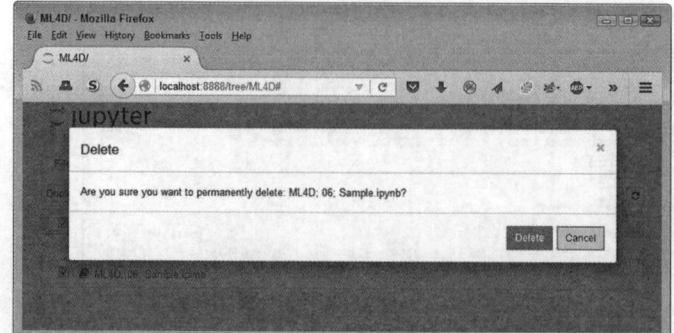

Importação de um notebook

Para usar o código-fonte deste livro, você precisa importar para seu repositório os arquivos baixados. O código-fonte vem em um arquivo compactado que você extrai para um local em seu disco rígido. O arquivo compactado contém uma lista de arquivos .ipynb (IPython Notebook) com o código-fonte para este livro (veja na Introdução os detalhes sobre o download do código-fonte). Os passos a seguir informam como importar esses arquivos para seu repositório:

1. Clique em Upload na parte superior da página.

O que você vê depende de seu navegador. Na maioria dos casos, você vê algum tipo de caixa de diálogo File Upload que dá acesso aos arquivos de seu disco rígido.

2. Acesse o diretório que contém os arquivos que deseja importar para o Notebook.

3. Realce um ou mais arquivos para importar e clique no botão Open (ou outro similar) para iniciar o processo de upload.

Você vê o arquivo adicionado a uma lista de upload, como mostrado na Figura 6-13. O arquivo ainda não faz parte do repositório — você simplesmente o selecionou para upload.

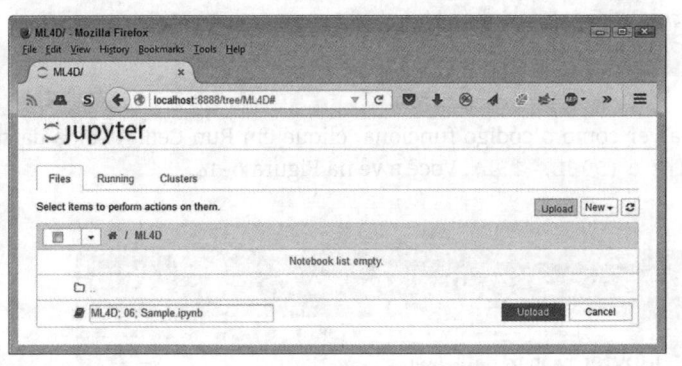

4. **Clique em Upload.**

O Notebook coloca o arquivo no repositório para que você comece a usá-lo.

Entenda os conjuntos de dados usados neste livro

Este livro utiliza vários conjuntos de dados, todos os quais aparecem na biblioteca Scikit-learn. Esses conjuntos de dados demonstram várias maneiras pelas quais é possível interagir com dados, e você os utiliza nos exemplos para executar diversas tarefas. A lista a seguir fornece um panorama rápido da função usada para importar cada um dos conjuntos de dados para seu código Python:

» `load_boston()`: Análise de regressão com o conjunto de dados Boston house-prices

» `load_iris()`: Classificação com o conjunto de dados iris

» `load_diabetes()`: Regressão com o conjunto de dados diabetes

» `load_digits([n_class])`: Classificação com o conjunto de dados digits

» `fetch_20newsgroups(subset='train')`: Dados de 20 grupos de discussão

» `fetch_olivetti_faces()`: Conjunto de dados olivetti faces da AT&T

A técnica para carregar cada um desses conjuntos de dados é a mesma em todos os exemplos. O exemplo a seguir mostra como carregar o conjunto de dados Boston house-prices. Você pode encontrar o código no notebook `ML4D; 06; Dataset Load.ipynb`.

```
from sklearn.datasets import load_boston
Boston = load_boston()
print Boston.data.shape
```

Para ver como o código funciona, clique em Run Cell. A saída da chamada de print é (506L, 13L). Você a vê na Figura 6-14.

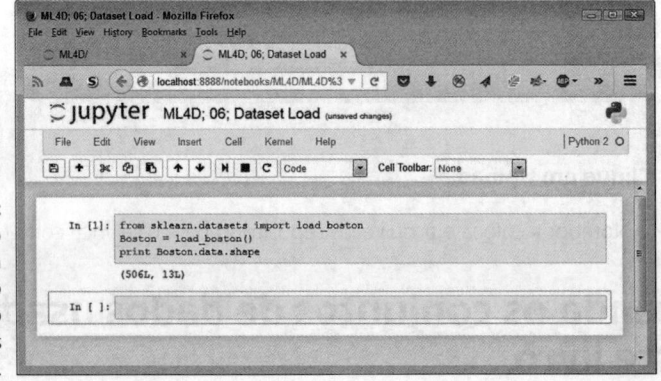

FIGURA 6-14: O objeto Boston contém o conjunto de dados carregado.

NESTE CAPÍTULO

» **Execute tarefas com números e lógica**

» **Interaja com strings**

» **Empacote tarefas usando funções**

» **Tome decisões e repita tarefas**

» **Acesse itens individuais com iteradores**

» **Torne os dados mais fáceis de acessar usando armazenamento indexado**

» **Empacote elementos do código com módulos e mais**

Capítulo **7**

Codificação em Python Usando Anaconda

O Capítulo 6 o ajuda a criar uma instalação de Python que pode ser usada para diversas finalidades, incluindo aprendizado de máquina e ciência de dados. O enfoque deste capítulo é dar uma visão geral do Python como linguagem para resolver problemas de aprendizado de máquina. Se já conhece Python, pule este capítulo e passe para o próximo. Contudo, talvez seja melhor dar pelo menos uma olhada neste capítulo e testar alguns dos exemplos, apenas para garantir que terá uma boa instalação.

Este capítulo presume que você já trabalhou com outras linguagens de programação e tem pelo menos uma noção de como Python funciona. Fora essa limitação, você pode usar este capítulo como uma reciclagem sobre como as coisas funcionam em Python, o que é tudo de que muitas pessoas precisam. Você encontrará os fundamentos do trabalho com tipos de dados, estruturas de codificação e estratégias de manipulação de dados do Python.

Este livro usa Python 2.7.x. A versão de Python mais recente quando este livro estava sendo produzido era a 2.7.11. Se tentar usar este livro com Python 3.5.1 (ou acima), talvez precise alterar os exemplos para compensar as diferenças de versão. O box "Uso de Python 2.7.x para Este Livro" do Capítulo 6 fornece detalhes sobre as diferenças de versão de Python. Examinar os exemplos deste capítulo o ajudará a saber o que esperar dos outros exemplos do livro, caso use a versão 3.5.1 ao resolver problemas de aprendizado de máquina.

Trabalho com Números e Lógica

O aprendizado de máquina envolve trabalhar com dados de vários tipos, mas grande parte do trabalho envolve números. Além disso, você usa valores lógicos para tomar decisões sobre os dados. Por exemplo, talvez seja preciso saber se dois valores são iguais ou se um é maior que outro. O Python suporta os seguintes tipos de valores numéricos e lógicos:

» **Qualquer número inteiro é um *inteiro*.** Por exemplo, o valor 1 é um número inteiro, portanto, é um inteiro. Por outro lado, 1,0 não é um número inteiro; como tem uma parte decimal, não é um inteiro. Os inteiros são representados pelo tipo de dados `int`. Na maioria das plataformas é possível armazenar números entre –9.223.372.036.854.775.808 e 9.223.372.036.854.775.807 dentro de um `int` (que é o valor máximo que cabe em uma variável de 64 bits).

» **Qualquer número que inclua uma parte decimal é um *valor de ponto flutuante*.** Por exemplo, 1,0 tem uma parte decimal, portanto, é um valor de ponto flutuante. Muitos confundem números inteiros e números de ponto flutuante, mas é fácil lembrar a diferença. Se você usa um decimal no número, ele é um valor de ponto flutuante. O Python armazena valores de ponto flutuante no tipo de dados `float`. Na maioria das plataformas, o máximo valor que uma variável de ponto flutuante pode conter é $\pm 1,7976931348623157 \times 10^{308}$ e o mínimo, $\pm 2,2250738585072014 \times 10^{-308}$.

» **Um *número complexo* consiste em um número real e um número imaginário unidos.** Apenas para o caso de você ter se esquecido totalmente dos números complexos, pode ler sobre eles em `http://www.mathsisfun.com/numbers/complex-numbers.html`. A parte imaginária de um número complexo sempre aparece com um j depois dela. Assim, se quiser criar um número complexo tendo 3 como a parte real e 4 como a parte imaginária, você faz uma atribuição como esta: `myComplex = 3 + 4j`.

> » **Argumentos lógicos exigem valores booleanos, cujos nomes homenageiam George Boole.** Ao usar um valor booleano em Python, você conta com o tipo `bool`. Uma variável desse tipo só contém dois valores: `True` ou `False`. Um valor pode ser atribuído com as palavras-chave `True` ou `False`, ou você pode criar uma noção lógica equivalente a verdadeiro ou falso (true ou false). Por exemplo, você poderia escrever `myBool = 1 > 2`, que equivaleria a falso, pois claramente 1 não é maior que 2.

Agora que você tem os fundamentos, pode ver os tipos de dados em ação. As seções a seguir fornecem um rápido panorama sobre como você pode trabalhar com dados numéricos e lógicos em Python.

Atribuições de variável

Ao trabalhar com aplicativos, você armazena informações em *variáveis*. Uma variável é uma espécie de caixa de armazenamento. Sempre que quer trabalhar com as informações, as acessa usando a variável. Se tem novas informações que deseja armazenar, as coloca em uma variável. Alterar informações significa primeiro acessá-la e depois armazenar o novo valor nela. Assim como você armazena coisas em caixas no mundo real, faz o mesmo em variáveis (uma espécie de caixa de armazenamento) ao trabalhar com aplicativos. Para armazenar dados em uma variável, você os *atribui* a ela usando um dos *operadores de atribuição* (símbolos especiais que dizem como armazenar os dados). A Tabela 7-1 mostra os operadores de atribuição suportados pelo Python. (A coluna Exemplo presume que `MyVar` começa com o valor 5 quando esse valor é necessário.)

TABELA 7-1   Operadores de Atribuição do Python

Operador	Descrição	Exemplo
=	Atribui o valor encontrado no operando da direita ao operando da esquerda	MyVar = 2 resulta em MyVar contendo 2
+=	Soma o valor encontrado no operando da direita ao encontrado no operando da esquerda e coloca o resultado no operando da esquerda	MyVar += 2 resulta em MyVar contendo 7
-=	Subtrai o valor encontrado no operando da direita do encontrado no operando da esquerda e coloca o resultado no operando da esquerda	MyVar -= 2 resulta em MyVar contendo 3
*=	Multiplica o valor encontrado no operando da direita pelo encontrado no operando da esquerda e coloca o resultado no operando da esquerda	MyVar *= 2 resulta em MyVar contendo 10
/=	Divide o valor encontrado no operando da esquerda pelo encontrado no operando da direita e coloca o resultado no operando da esquerda	MyVar /= 2 resulta em MyVar contendo 2,5

(continua)

(continuação)

Operador	Descrição	Exemplo
%=	Divide o valor encontrado no operando da esquerda pelo encontrado no operando da direita e coloca o resto no operando da esquerda	MyVar %= 2 resulta em MyVar contendo 1
**=	Determina o valor exponencial encontrado no operando da esquerda quando elevado à potência do valor encontrado no operando da direita e coloca o resultado no operando da esquerda	MyVar **= 2 resulta em MyVar contendo 25
//=	Divide o valor encontrado no operando da esquerda pelo encontrado no operando da direita e coloca o resultado inteiro (o número inteiro) no operando da esquerda	MyVar //= 2 resulta em MyVar contendo 2

PREOCUPAÇÕES ESTILÍSTICAS DO PYTHON

Os desenvolvedores do Python o projetaram para ser fácil de ler e entender. Por isso, há certas convenções de estilo. Essas convenções estão listadas no guia de estilo Pep-8 (https://www.python.org/dev/peps/pep-0008/ [conteúdo em inglês]). Se quiser trocar seu código com alguém ou usá-lo publicamente, você precisa seguir as convenções de forma relativamente rígida. Contudo, código pessoal ou exemplo de código não precisa seguir as convenções precisamente.

Ao escrever seu código, você deve usar as regras de espaço em branco, pois o Python o utiliza para determinar onde os segmentos de código começam e onde terminam. Além disso, o Python tem algumas regras estranhas que parecem implementadas aleatoriamente, mas tornam mais fácil trabalhar com o código. Por exemplo, ao trabalhar com Python 3, não se pode misturar tabulações e espaços no mesmo documento para criar espaço em branco. (O Python 2 permite essa mistura.) A preferência é usar espaços, e os editores de Python do mercado tendem a usar espaços por padrão.

Algumas questões estilísticas são mais uma questão de preferência do que de funcionamento do código. Por exemplo, os nomes de método devem ter apenas letras minúsculas, com sublinhados para separar as palavras, como em meu_metodo. Contudo, se quiser, pode usar maiúsculas interiores (camel case), como em meuMetodo, ou estilo Pascal, como em MeuMetodo, e o código compilará perfeitamente. No entanto, se quiser tornar um método privado, você deve usar um sublinhado na frente, como em _meu_metodo. Adicionar dois sublinhados, como em __meu_metodo, ativa a mutilação de nomes do Python para tornar mais difícil (mas não impossível) alguém usar o método. O ponto é que você não precisa ser escravo das regras estilísticas, desde que queira conviver com as consequências de não segui-las completamente.

> O Python inclui palavras mágicas, como `__init__`, `__import__` e `__file__`. Você não cria essas palavras mágicas, e usa as existentes definidas pelo Python. Uma lista dessas palavras mágicas aparece em http://www.rafekettler.com/magicmethods.html [conteúdo em inglês]. O guia também indica os usos mais comuns.

Operações aritméticas

Armazenar informações em variáveis as torna facilmente acessíveis. Contudo, para um trabalho prático, você normalmente efetua algum tipo de operação aritmética nela. O Python suporta os operadores aritméticos comuns utilizados para executar tarefas manualmente. Esses operadores aparecem na Tabela 7-2.

TABELA 7-2   ## Operadores Aritméticos do Python

Operador	Descrição	Exemplo
+	Soma dois valores	5 + 2 = 7
–	Subtrai o operando da direita do operando da esquerda	5 – 2 = 3
*	Multiplica o operando da direita pelo da esquerda	5 * 2 = 10
/	Divide o operando da esquerda pelo da direita	5 / 2 = 2,5
%	Divide o operando da esquerda pelo da direita e retorna o resto	5 % 2 = 1
**	Calcula o valor exponencial do operando da direita pelo da esquerda	5 ** 2 = 25
//	Efetua divisão inteira, na qual o operando da esquerda é dividido pelo da direita e somente o número inteiro é retornado	5 // 2 = 2

Às vezes você precisa interagir com apenas uma variável. O Python suporta vários *operadores unários*, aqueles que trabalham com apenas uma variável, como mostrado na Tabela 7-3.

TABELA 7-3   ## Operadores Unários do Python

Operador	Descrição	Exemplo
~	Inverte os bits de um número, de modo que todos os bits 0 se tornam 1, e vice-versa.	~4 resulta no valor –5
–	Nega o valor original, de modo que positivo se torna negativo, e vice-versa.	–(–4) resulta em 4 e –4 resulta em –4
+	Fornecido apenas por abrangência completa. Este operador retorna o mesmo valor fornecido como entrada.	+4 resulta no valor 4

Os computadores podem efetuar outros tipos de tarefas matemáticas devido ao modo de funcionamento do processador. É importante lembrar que os computadores armazenam dados como uma série de bits individuais. O Python permite acessar esses bits individuais com *operadores bit a bit*, como mostrado na Tabela 7-4.

TABELA 7-4   Operadores Bit a Bit do Python

Operador	Descrição	Exemplo
& (E)	Determina se os bits individuais dentro dos dois operadores são verdadeiros e, quando são, configura o bit resultante como `True`.	0b1100 & 0b0110 = 0b0100
| (Ou)	Determina se um dos bits individuais dentro dos dois operadores é verdadeiro e, quando um é, configura o bit resultante como `True`.	0b1100 | 0b0110 = 0b1110
^ (Ou exclusivo)	Determina se apenas um dos bits individuais dentro dos operadores é verdadeiro e, quando um é, configura o bit resultante como `True`. Quando os dois bits são verdadeiros ou ambos falsos, o resultado é `False`.	0b1100 ^ 0b0110 = 0b1010
~ (Complemento de um)	Calcula o valor do complemento de um de um número.	~0b1100 = −0b1101 ~0b0110 = −0b0111
<< (Deslocamento à esquerda)	Desloca para a esquerda os bits do operando da esquerda pelo valor do da direita. Todos os novos bits são configurados como 0, e todos os que transbordam são perdidos.	0b00110011 << 2 = 0b11001100
>> (Deslocamento à direita)	Desloca para a direita os bits do operando da esquerda pelo valor do da direita. Todos os novos bits são configurados como 0, e todos os que transbordam são perdidos.	0b00110011 >> 2 = 0b00001100

Comparação de dados usando expressões booleanas

Usar operações para modificar o conteúdo de variáveis é uma espécie de manipulação de dados. Para determinar o efeito dessa manipulação, um computador compara o estado atual da variável em relação ao original ou ao estado de um valor conhecido. Em alguns casos, é necessário detectar o estado de uma entrada em relação a outra. Essas operações verificam a relação entre duas variáveis, portanto, os operadores resultantes são relacionais, como mostrado na Tabela 7-5.

TABELA 7-5   ## Operadores Relacionais do Python

Operador	Descrição	Exemplo
==	Determina se dois valores são iguais. Note que o operador relacional usa dois sinais de igual. Um erro que muitos desenvolvedores cometem é usar apenas um sinal, o que resulta em um valor atribuído a outro.	1 == 2 é False
!=	Determina se dois valores não são iguais. Algumas versões antigas de Python permitiam usar o operador <> no lugar do !=. Nas versões atuais, usar o operador <> resulta em um erro.	1 != 2 é True
>	Verifica se o valor do operando da esquerda é maior que o do operando da direita.	1 > 2 é False
<	Verifica se o valor do operando da esquerda é menor que o valor do operando da direita.	1 < 2 é True
>=	Verifica se o valor do operando da esquerda é maior ou igual ao valor do operando da direita.	1 >= 2 é False
<=	Verifica se o valor do operando da esquerda é menor ou igual ao valor do operando da direita.	1 <= 2 é True

Às vezes um operador relacional não consegue informar tudo sobre a comparação de dois valores. Por exemplo, talvez você precise verificar uma condição na qual são necessárias duas comparações separadas, como em MyAge > 40 e MyHeight < 74. A necessidade de adicionar condições à comparação exige um operador lógico do tipo mostrado na Tabela 7-6.

TABELA 7-6   ## Operadores Lógicos do Python

Operador	Descrição	Exemplo
and	Determina se os dois operandos são verdadeiros.	True and True é True
		True and False é False
		False and True é False
		False and False é False
or	Determina quando um dos dois operandos é verdadeiro.	True or True é True
		True or False é True
		False or True é True
		False or False é False
not	Nega o valor de um operando. Um valor verdadeiro se torna falso e um falso se torna verdadeiro.	not True é False
		not False é True

Os computadores ordenam as comparações tornando alguns operadores mais significativos que outros. A ordem dos operadores é sua *precedência*. A Tabela 7-7 mostra a precedência de todos os operadores comuns do Python, incluindo alguns que você não viu ainda. Ao fazer comparações, sempre considere a precedência do operador, caso contrário, as suposições que fizer sobre o resultado de uma comparação provavelmente estarão erradas.

TABELA 7-7 ## Precedência de Operadores do Python

Operador	Descrição
()	Parênteses são usados para agrupar expressões e anular a precedência padrão para forçar uma operação de precedência mais baixa (como a adição) a ter precedência em relação a uma operação de precedência mais alta (como a multiplicação).
**	A exponenciação eleva o valor do operando da esquerda à potência do operando da direita.
~ + −	Os operadores unários interagem com uma única variável ou expressão.
* / % //	Multiplicação, divisão, módulo e divisão inteira.
+ −	Adição e subtração.
>> <<	Deslocamento bit a bit à direita e à esquerda.
&	E bit a bit.
^ |	Ou exclusivo bit a bit e ou padrão.
<= < > >=	Operadores de comparação.
== !=	Operadores de igualdade.
= %= /= //= −= += *= **=	Operadores de atribuição.
is is not	Operadores de identidade.
in not in	Operadores de associação.
Not or and	Operadores lógicos.

Criação e Uso de Strings

De todos os tipos de dados, as strings são os mais facilmente entendidos pelos seres humanos e incompreendidos pelos computadores. Uma *string* é simplesmente um grupo de caracteres colocados entre aspas duplas. Por exemplo, `myString = "Python is a great language."` atribui uma string de caracteres a `myString`.

O computador não enxerga letras. Toda letra que utiliza é representada por um número na memória. Por exemplo, a letra *A* é, na verdade, o número 65. Para ver isso, digite **ord("A")** no prompt do Python e pressione Enter. Você vê 65 na saída. É possível converter qualquer letra em seu equivalente numérico com o comando ord().

Como o computador não entende as strings, mas elas são úteis para escrever aplicativos, às vezes você precisa converter uma string em um número. Para fazer essa conversão, use os comandos int() e float(). Por exemplo, se digitar **myInt = int("123")** e pressionar Enter no prompt do Python, criará um valor int chamado myInt que contém 123.

LEMBRE-SE

Também é possível converter números em uma string usando o comando str(). Por exemplo, se digitar **myStr = str(1234.56)** e pressionar Enter, criará uma string contendo o valor "1234.56" e a atribuirá a myStr. É muito fácil converter strings em números e vice-versa. Capítulos posteriores demonstram como essas conversões viabilizam muitas tarefas aparentemente impossíveis.

Assim como com números, você usa alguns operadores especiais com strings (e com muitos objetos). Os *operadores de associação* determinam quando uma string possui conteúdo específico. A Tabela 7-8 mostra esses operadores.

TABELA 7-8 ## Operadores de Associação do Python

Operador	Descrição	Exemplo
in	Determina se o valor no operando da esquerda aparece na sequência encontrada no operando da direita	"Hello" in "Hello Goodbye" é True
not in	Determina se o valor no operando da esquerda está ausente da sequência encontrada no operando da direita	"Hello" not in "Hello Goodbye" é False

A discussão desta seção também indica que você obviamente precisa conhecer os tipos de dados que as variáveis contêm. Os *operadores de identidade* são usados para essa tarefa, como mostrado na Tabela 7-9.

TABELA 7-9 ## Operadores de Identidade do Python

Operador	Descrição	Exemplo
is	Avalia como verdadeiro quando o tipo do valor ou da expressão no operando da direita aponta para o mesmo tipo no da esquerda	type(2) is int é True
is not	Avalia como verdadeiro quando o tipo do valor ou da expressão no operando da direita aponta para um tipo diferente do valor ou da expressão no da esquerda	type(2) is not int é False

Interação com Datas

Datas e horas são itens com que a maioria das pessoas trabalha bastante. A sociedade baseia quase tudo na data e na hora em que uma tarefa precisa ser ou foi concluída. Marcamos encontros e planejamos eventos em datas e horas específicas. A maior parte de nosso dia gira em torno do relógio. Por causa da natureza humana orientada às horas, é uma boa ideia ver como o Python interage com datas e horas (especialmente como armazena esses valores para uso posterior). Assim como tudo, os computadores entendem apenas números — datas e horas não existem.

LEMBRE-SE

Para trabalhar com datas e horas, você deve executar um comando `import datetime` especial. Tecnicamente, isso é chamado de *importar um módulo* (veja os detalhes na seção "Armazenamento de Código em Módulos", mais adiante neste capítulo). Não se preocupe em saber como o comando funciona agora — basta usá-lo quando quiser fazer algo com data e hora.

Os computadores contêm relógios, mas os relógios são para os seres humanos que os utilizam. Sim, software também depende do relógio, mas, novamente, a ênfase são as necessidades do ser humano, em vez de algo que o computador exige. Para obter a hora e a data atuais, basta digitar **datetime.datetime. now()** e pressionar Enter. Você vê as informações de data e hora completas, conforme encontradas no relógio de seu computador, como em `datetime. datetime(2015, 12, 20, 16, 29, 2, 351000)`.

Talvez você tenha notado que é um pouco difícil ler a data e a hora no formato existente. Digamos que queira apenas a data atual, e em um formato legível. Para isso, você acessa apenas a parte da data da saída e a converte em uma string. Digite **str(datetime.datetime.now().date())** e pressione Enter. Agora você vê a saída em um formato mais amigável, como `'2015-12-20'`.

Curiosamente, o Python também tem um comando `time()`, usado para obter a hora atual. É possível obter valores separados para cada um dos componentes que integram data e hora, com os valores de `day`, `month`, `year`, `hour`, `minute`, `second` e `microsecond`. Capítulos posteriores mostram como usar esses recursos para facilitar o trabalho com aplicações de aprendizado de máquina.

Criação e Uso de Funções

Para gerenciar informações corretamente, você precisa organizar as ferramentas exigidas para as tarefas. Cada linha de código que você cria executa uma tarefa específica, e essas linhas são combinadas para obter o resultado desejado. Às vezes você precisa repetir as instruções com dados diferentes, e, em alguns casos, seu código se torna tão longo que é difícil monitorar o que cada parte faz. As funções servem como ferramentas de organização que mantêm seu código em ordem. Além disso, quando necessário, permitem reutilizar facilmente as instruções criadas, com dados diferentes. Esta seção do capítulo informa tudo sobre funções. Mais importante, nesta seção você começa a criar seus primeiros aplicativos do mesmo modo que os desenvolvedores profissionais.

Criação de funções reutilizáveis

Você vai até o armário, pega calça e camisa, retira as etiquetas e as veste. Ao final do dia, tira tudo e joga no lixo. Hummm... não é isso que a maioria das pessoas faz. A maioria tira a roupa, lava e a coloca de volta no armário para usar de novo. As funções também são reutilizáveis. Ninguém quer repetir a mesma tarefa, isso se torna monótono e maçante. Ao criar uma função, você define um pacote de código que pode usar repetidamente para executar a mesma tarefa. Basta dizer ao computador para que execute uma tarefa específica, indicando a ele qual função usar. O computador executará fielmente cada instrução da função sempre que você pedir para que ele faça isso.

LEMBRE-SE

Ao se trabalhar com funções, o código que precisa de serviços delas é denominado *chamador*. Ele chama a função para executar tarefas. Grande parte das informações que você vê sobre funções se refere ao chamador. O chamador deve fornecer informações para a função, e esta retorna informações para ele.

No passado, os programas de computador não incluíam o conceito de reutilização de código. Como resultado, os desenvolvedores tinham que ficar reinventando o mesmo código. Em pouco tempo, alguém apareceu com a ideia de funções e o conceito evoluiu no decorrer dos anos, até que as funções se tornaram muito flexíveis. Elas podem fazer tudo que você quiser. A reutilização de código é uma parte necessária dos aplicativos para:

>> Reduzir o tempo de desenvolvimento

>> Reduzir os erros do programador

>> Aumentar a confiabilidade dos aplicativos

>> Permitir que grupos inteiros aproveitem o trabalho de um programador

>> Tornar o código mais fácil de entender

>> Aumentar a eficiência dos aplicativos

De fato, as funções fazem uma série de coisas para os aplicativos na forma de reutilização. À medida que trabalhar nos exemplos deste livro, verá como a reutilização torna sua vida significativamente mais fácil. Se não fosse ela, você ainda estaria programando manualmente com 0 e 1 no computador.

Criar uma função não dá muito trabalho. Para ver como as funções funcionam, abra uma cópia do IPython e digite o código a seguir (pressionando Enter ao final de cada linha):

```
def SayHello() :
        print ('Hello There!')
```

Para terminar a função, pressione Enter uma segunda vez após a última linha. Uma função começa com a palavra-chave def (de define). Você fornece um nome de função, parênteses que podem conter *argumentos* (dados usados na função) e dois-pontos. O editor recua a linha seguinte automaticamente. O Python conta com espaço em branco para definir *blocos de código* (instruções associadas em uma função).

Agora você pode usar a função. Basta digitar **SayHello()** e pressionar Enter. Os parênteses após o nome são importantes, pois dizem ao Python para que execute a função, em vez de dizer que você a acessou como um objeto (para determinar qual é). A saída dessa função é Hello There!.

Chamada de funções

As funções podem receber argumentos (dados adicionais) e retornar valores. A capacidade de trocar dados as torna muito úteis. As seções a seguir descrevem como chamar funções de várias formas para enviar e receber dados.

Envio de argumentos exigidos

Uma função pode exigir que o chamador forneça argumentos. Um argumento é uma variável que deve conter dados para a função trabalhar. Abra uma cópia do IPython e digite o código a seguir:

```
def DoSum(Value1, Value2):
    return Value1 + Value2
```

Você tem uma nova função, DoSum(). Essa função exige o fornecimento de dois argumentos. Pelo menos, é o que você viu até aqui. Digite **DoSum()** e pressione Enter. Você vê uma mensagem de erro dizendo que DoSum exige dois argumentos.

Executar DoSum() com apenas um argumento resultaria em outra mensagem de erro. Para usar DoSum(), você deve fornecer dois argumentos. Para ver como isso funciona, digite **DoSum(1, 2)** e pressione Enter. Você vê 3 na saída.

Note que DoSum() sempre gera o valor de saída 3 quando você fornece 1 e 2 como entradas. A instrução return fornece o valor de saída. Quando você vê return em uma função, sabe que a função fornece um valor de saída.

Envio de argumentos por meio de palavra-chave

À medida que suas funções se tornarem mais complexas e os métodos para usá-las também, talvez queira um pouco mais de controle sobre precisamente como chama a função e fornece argumentos a ela. Até agora você usou *argumentos posicionais*, o que significa que forneceu valores na ordem em que aparecem na lista de argumentos da definição da função. Contudo, o Python também tem um método para enviar argumentos por palavra-chave. Nesse caso, você fornece o nome do argumento, seguido por um sinal de igual (=) e do valor do argumento. Para ver como isso funciona, abra uma cópia do IPython e digite o código a seguir:

```
def DisplaySum(Value1, Value2):
    print(str(Value1) + ' + ' + str(Value2) + ' = ' +
    str((Value1 + Value2)))
```

Note que o argumento da função `print()` inclui uma lista de itens a imprimir, e que eles são separados por sinais de adição (+). Além disso, os argumentos são de tipos diferentes, portanto, você precisa convertê-los usando a função `str()`. O Python permite misturar e combinar argumentos facilmente dessa maneira. Essa função também introduz a noção de continuação de linha automática. A função `print()` aparece em duas linhas, e o Python a continua automaticamente da primeira para a segunda.

Agora é hora de testar `DisplaySum()`. É claro que você quer testar a função usando argumentos posicionais primeiro, portanto, digite **DisplaySum(2, 3)** e pressione Enter. Você vê a saída esperada: `2 + 3 = 5`. Agora digite **DisplaySum(Value2 = 3, Value1 = 2)** e pressione Enter. Novamente, você recebe a saída `2 + 3 = 5`, mesmo que a posição dos argumentos tenha sido invertida.

Valor padrão para argumentos de função

Até este ponto, sejam as funções chamadas com argumentos posicionais ou de palavra-chave, exigiram o fornecimento de um valor. Às vezes uma função usa valores padrão, quando um valor comum está disponível. Valores padrão tornam a função mais fácil de usar e menos provável de causar erros quando um desenvolvedor não fornece uma entrada. Para criar um valor padrão, basta colocar um sinal de igual e o valor após o nome do argumento. Para ver como isso funciona, abra uma cópia do IPython e digite o código a seguir:

```
def SayHello(Greeting = "No Value Supplied"):
    print(Greeting)
```

A função `SayHello()` fornece um valor automático para Greeting, quando um chamador não o faz. Quando alguém tenta chamar `SayHello()` sem argumentos, o Python não lança um erro. Em vez disso, mostra `No Value Supplied` na saída. Digite **SayHello()** e pressione Enter para ver isso. Você vê a mensagem padrão. Digite **SayHello("Howdy!")** para ver uma resposta normal.

Criação de funções com um número variável de argumentos

Na maioria dos casos, você sabe precisamente quantos argumentos deve fornecer para a função. Quando possível, vale a pena trabalhar com esse objetivo, pois as funções com um número fixo de argumentos são mais fáceis de corrigir. No entanto, às vezes você simplesmente não pode determinar quantos argumentos a função receberá. Por exemplo, quando cria um aplicativo Python que funciona na linha de comando, o usuário pode não fornecer argumentos, fornecer o número máximo deles (supondo que haja um) ou qualquer número de argumentos.

Felizmente, o Python oferece uma técnica para enviar um número variável de argumentos para uma função. Basta criar um argumento que tenha um asterisco na frente, como em `*VarArgs`. A técnica usual é fornecer um segundo argumento contendo o número de argumentos passados como entrada. Para ver como funciona, abra uma cópia do IPython e digite o código a seguir:

```
def DisplayMulti(ArgCount = 0, *VarArgs):
    print('You passed ' + str(ArgCount) + ' arguments.',
    VarArgs)
```

Note que a função `print()` exibe uma string e a lista de argumentos. Por causa do modo como essa função foi projetada, você pode digitar **DisplayMulti()** e pressionar Enter para ver que é possível não passar nenhum argumento. Para ver vários argumentos em funcionamento, digite **DisplayMulti(3, 'Hello', 1, True)** e pressione Enter. A saída (`'You passed 3 arguments.', ('Hello', 1, True)`) mostra que não é preciso passar valores de qualquer tipo em particular.

Trabalho com variáveis globais e locais

Assim como a maioria das linguagens de programação modernas, o Python fornece um modo de definir *variáveis globais* (disponíveis para todos dentro do módulo) e *variáveis locais* (disponíveis somente para uma função específica ou para outro bloco de código). Em geral, usar variáveis locais é mais seguro e menos ambíguo do que usar variáveis globais, pois todo mundo pode alterar uma variável global, e o local da variável global não é claro. Contudo, às vezes você precisa definir variáveis globais para criar código útil. Aqui está um exemplo de código que demonstra o uso de variáveis globais e locais:

```
myStr = "Hello"

def printStr():
    global myStr
```

```
print(myStr)
myStr = "There!"
print(myStr)
```

A primeira instância de `myStr` é global, pois você pode acessá-la em qualquer lugar dentro do módulo. Quando você chama `printStr()`, o bloco de código começa e executa a instrução `global` com `myStr` para indicar que o código deve usar a versão global de `myStr` com a chamada da função `print()` que vem em seguida. Então o bloco de código define uma cópia local de `myStr` com um valor diferente. Agora, quando o código chama `print()`, a função exibe a cópia local de `myStr`, em vez da global. Em resultado, a saída desse exemplo é:

```
Hello
There!
```

Instruções Condicionais e de Loop

Os aplicativos de computador não são muito úteis se executam precisamente as mesmas tarefas o mesmo número de vezes sempre que são executados. Sim, eles podem realizar um trabalho útil, mas raramente a vida oferece situações nas quais as condições permanecem as mesmas. Para se adaptar às condições que mudam, os aplicativos precisam tomar decisões e executar tarefas um número variável de vezes. As instruções condicionais e de loop permitem que os aplicativos façam isso, conforme descrito nas seções a seguir.

Tomada de decisão com a instrução if

Você usa instruções if (se) diariamente. Por exemplo, talvez diga a si mesmo: "Se for quarta-feira, vou comer salada de atum no almoço". A instrução `if` do Python é um pouco menos prolixa, mas segue precisamente o mesmo padrão. Para ver como funciona, abra uma cópia do IPython e digite o código a seguir:

```
def TestValue(Value):
    if Value == 5:
        print('Value equals 5!')
    elif Value == 6:
        print('Value equals 6!')
    else:
        print('Value is something else.')
        print('It equals ' + str(Value))
```

Toda instrução `if` do Python começa, por incrível que pareça, com a palavra *if*. Quando o Python vê `if`, sabe que você quer que ele tome uma decisão. Depois da palavra *if* vem uma condição. Uma *condição* simplesmente diz que tipo de comparação você quer que o Python faça. Nesse caso, quer que determine se `Value` contém o valor 5.

Note que a condição usa o operador de igualdade relacional, `==`, e não o de atribuição, `=`. Um erro comum cometido pelos desenvolvedores é usar o operador de atribuição, em vez do de igualdade.

A condição sempre termina com dois-pontos (:). Se não fornecer os dois-pontos, o Python não saberá que a condição terminou e continuará a procurar mais condições para basear sua decisão. Após os dois-pontos vêm as tarefas que ele deve executar.

Talvez você precise executar várias tarefas usando uma única instrução `if`. A cláusula `elif` permite adicionar outra condição e as tarefas associadas. Uma *cláusula* é um adendo a uma condição anterior, que, nesse caso, é uma instrução `if`. A cláusula `elif` sempre fornece uma condição, como faz a instrução `if`, e tem seu conjunto de tarefas associado para executá-la.

Às vezes você precisa fazer algo, independente de qual seja a condição. Nesse caso, adicione a cláusula `else`. A cláusula `else` diz ao Python para que faça algo em particular quando as condições da instrução `if` não forem satisfeitas.

Observe como o recuo se torna mais importante à medida que as funções se tornam mais complexas. A função contém uma instrução `if`, que contém apenas uma instrução `print()`. A cláusula `else` contém duas instruções `print()`.

Para ver essa função em ação, digite **TestValue(1)** e pressione Enter. Você vê a saída da cláusula `else`. Digite **TestValue(5)** e pressione Enter. A saída refletirá a instrução `if`. Digite **TestValue(6)** e pressione Enter. Agora a saída mostra o resultado da cláusula `elif`. O efeito é que essa função é mais flexível do que as anteriores do capítulo, pois pode tomar decisões.

Escolha entre várias opções usando decisões aninhadas

Aninhar é o processo de colocar uma instrução subordinada dentro de outra instrução. Na maioria dos casos, é possível aninhar qualquer instrução dentro de qualquer outra. Para ver como isso funciona, abra uma cópia do IPython e digite o código a seguir:

```
def SecretNumber():
    One = int(input("Type a number between 1 and 10: "))
    Two = int(input("Type a number between 1 and 10: "))

    if (One >= 1) and (One <= 10):
        if (Two >= 1) and (Two <= 10):
            print('Your secret number is: ' + str(One * Two))
        else:
```

```
        print("Incorrect second value!")
    else:
        print("Incorrect first value!")
```

Nesse caso, `SecretNumber()` solicita duas entradas. Sim, quando necessário, é possível obter entradas de um usuário usando a função `input()`. A função `int()` converte as entradas em um número.

Desta vez existem dois níveis de instrução `if`. O primeiro verifica a validade do número em `One`. O segundo, do número em `Two`. Quando `One` e `Two` têm valores entre 1 e 10, `SecretNumber()` gera um número secreto para o usuário.

Para ver `SecretNumber()` em ação, digite **SecretNumber()** e pressione Enter. Digite **20** e pressione Enter quando o primeiro valor de entrada for solicitado, e **10** e pressione Enter quando o segundo o for. Você vê uma mensagem de erro dizendo que o primeiro valor está incorreto. Digite **SecretNumber()** e pressione Enter novamente. Dessa vez, use os valores 10 e 20. A função informa que a segunda entrada está incorreta. Tente a mesma sequência novamente, usando os valores de entrada 10 e 10.

Tarefas repetitivas usando for

Às vezes você precisa executar uma tarefa mais de uma vez. Quando precisar fazê-lo um número específico de vezes, use a instrução de loop `for`. O loop `for` tem início e fim claros. O número de vezes que esse loop executa depende do número de elementos na variável fornecida. Para ver como o loop `for` funciona, abra uma cópia do IPython e digite o código a seguir:

```
def DisplayMulti(*VarArgs):
    for Arg in VarArgs:
        if Arg.upper() == 'CONT':
            continue
            print('Continue Argument: ' + Arg)
        elif Arg.upper() == 'BREAK':
            break
            print('Break Argument: ' + Arg)
        print('Good Argument: ' + Arg)
```

Nesse caso, o loop `for` tenta processar cada elemento de `VarArgs`. Note que o loop contém uma instrução `if` aninhada, a qual testa duas condições de término. Na maioria dos casos, o código pula a instrução `if` e simplesmente imprime o argumento. Contudo, quando a instrução `if` encontra as palavras `CONT` ou `BREAK` nos valores de entrada, executa uma destas duas tarefas:

» `continue`: Obriga o loop a continuar a partir do ponto de execução atual, com a próxima entrada de VarArgs.

» `break`: Interrompe a execução do loop.

DICA

As palavras-chave podem aparecer com maiúsculas e minúsculas porque a função `upper()` as converte em maiúsculas. A função `DisplayMulti()` processa qualquer número de strings de entrada. Para vê-la em ação, digite **DisplayMulti ('Hello', 'Goodbye', 'First', 'Last')** e pressione Enter. Você vê cada uma das strings de entrada apresentada em uma linha separada na saída. Agora digite **DisplayMulti('Hello', 'Cont', 'Goodbye', 'Break', 'Last')** e pressione Enter. Note que `Cont` e `Break` não aparecem na saída porque são palavras-chave. Além disso, `Last` não aparece na saída porque o loop `for` termina antes que essa palavra seja processada.

Uso da instrução while

A instrução de loop `while` continua a executar tarefas até que uma condição não seja mais verdadeira. Assim como a instrução `for`, a `while` suporta as palavras-chave `continue` e `break` para terminar o loop prematuramente. Para ver como a instrução funciona, abra uma cópia do IPython e digite o código a seguir:

```python
def SecretNumber():
    GotIt = False
    while GotIt == False:
        One = int(input("Type a number between 1 and 10: "))
        Two = int(input("Type a number between 1 and 10: "))

        if (One >= 1) and (One <= 10):
            if (Two >= 1) and (Two <= 10):
                print('Secret number is: ' + str(One * Two))
                GotIt = True
                continue
            else:
                print("Incorrect second value!")
        else:
            print("Incorrect first value!")
        print("Try again!")
```

Essa é uma expansão da função `SecretNumber()` descrita na seção "Escolha entre várias opções usando decisões aninhadas", anteriormente neste capítulo. Contudo, nesse caso, a adição de uma instrução de loop `while` significa que a função continua a solicitar entrada até receber uma resposta válida.

Para ver como a instrução `while` funciona, digite **SecretNumber()** e pressione Enter. Digite **20** e pressione Enter para o primeiro prompt. Digite **10** e pressione Enter para o segundo. O exemplo diz que o primeiro número está errado e para que tente outra vez. Tente uma segunda vez, usando os valores 10 e 20. Desta vez o segundo número está errado e você ainda precisa tentar de novo. Na terceira tentativa, use os valores 10 e 10. Desta vez você obtém um número secreto. Note que o uso de uma cláusula `continue` significa que o aplicativo não diz para que tente novamente.

Armazenamento de Dados Usando Conjuntos, Listas e Tuplas

O Python fornece vários métodos para armazenar dados na memória. Cada método tem vantagens e desvantagens. É importante escolher o método mais adequado para sua necessidade específica. As seções a seguir discutem três técnicas usadas para armazenar dados para tarefas de aprendizado de máquina.

Criação de conjuntos

A maioria das pessoas já usou conjuntos uma vez ou outra na escola para criar listas de itens pertencentes. Então essas listas se tornaram o tópico de manipulação usando operações matemáticas, como interseção, união, diferença e diferença simétrica. Os conjuntos representam a melhor opção quando você precisa realizar testes de associação e remover duplicatas de uma lista. Não é possível executar tarefas relacionadas a sequências usando conjuntos, como indexação ou fatiamento. Para ver como trabalhar com conjuntos, incie uma cópia de IPython e digite o código a seguir:

```
from sets import Set
SetA = Set(['Red', 'Blue', 'Green', 'Black'])
SetB = Set(['Black', 'Green', 'Yellow', 'Orange'])
```

LEMBRE-SE

Note que é preciso importar o recurso `Set` para seu aplicativo Python. O módulo `sets` contém uma classe `Set` que você importa para seu aplicativo a fim de usar a funcionalidade resultante. Se usar a classe `Set` sem primeiro importá-la, o Python exibirá uma mensagem de erro. O livro usa várias bibliotecas importadas, portanto, é crucial saber usar a instrução `import`.

Operações em conjuntos

Supondo que criou os conjuntos da seção anterior, você pode ter notado que cada um deles possui alguns elementos comuns. Para ver como esses conjuntos são semelhantes, crie alguns conjuntos novos que contem com operações matemáticas para propósitos de comparação, como mostrado no código a seguir:

```
SetX = SetA.union(SetB)
SetY = SetA.intersection(SetB)
SetZ = SetA.difference(SetB)
```

Para ver o resultado de cada operação matemática, digite **print '{0}\n{1}\n{2}'. format(SetX, SetY, SetZ)** e pressione Enter. Você vê um conjunto impresso em cada linha, como segue:

```
Set(['Blue', 'Yellow', 'Green', 'Orange', 'Black', 'Red'])
Set(['Green', 'Black'])
Set(['Blue', 'Red'])
```

DICA

As saídas mostram o resultado das operações matemáticas: `union()`, `inter-section()` e `difference()`. (Ao se trabalhar com Python 3.5, a saída pode ser diferente da mostrada para o Python 2.7. Todas as saídas do livro são do 2.7, portanto, de vez em quando você poderá ver diferenças ao usar o 3.5.) A formatação de impressão mais aprimorada do Python é útil no trabalho com coleções como os conjuntos. A função `format()` diz ao Python quais objetos deve colocar dentro de cada um dos espaços reservados na string. Um *espaço reservado* é um conjunto de chaves ({}) contendo um número opcional. O *caractere de escape* (basicamente um tipo de caractere de controle ou especial), /n, fornece um caractere de nova linha entre as entradas. Leia mais sobre formatação aprimorada em `https://docs.python.org/2/tutorial/inputoutput.html`.

Também é possível testar as relações entre os vários conjuntos. Por exemplo, digite **SetA.issuperset(SetY)** e pressione Enter. O valor de saída `True` indica que `SetA` é um superconjunto de `SetY`. Do mesmo modo, se digitar **SetA.issubset (SetX)** e pressionar Enter, descobrirá que `SetA` é um subconjunto de `SetX`.

É importante entender que conjuntos são mutáveis ou imutáveis. Todos os conjuntos desse exemplo são mutáveis, o que significa que você pode adicionar ou remover elementos deles. Por exemplo, se digitar **SetA.add('Purple')** e pressionar Enter, `SetA` receberá um novo elemento. Se digitar **SetA.issubset(SetX)** e pressionar Enter agora, descobrirá que `SetA` não é mais um subconjunto de `SetX`, pois `SetA` contém o elemento 'Purple'.

Criação de listas

A especificação do Python define uma lista como um tipo de sequência. *Sequências* simplesmente proporcionam uma maneira de permitir a coexistência de vários itens de dados em uma única unidade de armazenamento, mas como entidades separadas. Pense naquelas caixas de correio grandes de prédios residenciais. Uma única caixa contém várias pequenas, cada uma podendo conter correspondência. O Python também suporta outros tipos de sequências:

» **Tuplas:** Uma *tupla* é uma coleção usada para criar sequências complexas do tipo lista. Uma vantagem das tuplas é que você pode aninhar o conteúdo. Essa característica permite criar estruturas que contêm registros de funcionários ou pares de coordenadas x–y.

» **Dicionários:** Assim como nos dicionários reais, você cria pares chave/valor ao usar a coleção dicionário (pense em uma palavra e sua definição associada). Um dicionário oferece tempos de busca incrivelmente rápidos e torna a ordenação de dados significativamente mais fácil.

» **Pilhas:** A maioria das linguagens de programação suporta pilhas diretamente. No entanto, o Python não o faz, embora haja um modo de contornar isso. Uma pilha é uma sequência LIFO (last in/first out — último a entrar/primeiro a sair). Pense em uma pilha de panquecas: você pode acrescentar novas no topo e também retirá-las do topo. A pilha é uma importante coleção que você pode simular em Python usando uma lista.

» **Filas:** Uma fila é uma coleção FIFO (first in/first out — primeiro a entrar/primeiro a sair). Você a utiliza para controlar itens que precisam ser processados. Considere uma fila como aquela do banco. Você entra nela, espera sua vez e finalmente é chamado para falar com o caixa.

» **Deques:** Uma fila de duas extremidades (deque) é uma estrutura do tipo fila na qual se adicionam ou removem itens de alguma extremidade, mas não do meio. Você usa deque como fila, pilha ou qualquer outro tipo de coleção na qual adiciona e remove itens de maneira ordenada (em contraste com listas, tuplas e dicionários, que permitem acesso aleatório e gerenciamento).

De todas as sequências, as listas são as mais fáceis de entender e estão mais diretamente relacionadas a um objeto do mundo real. Trabalhar com listas o ajuda a lidar com outros tipos de sequências que oferecem mais funcionalidade e flexibilidade. Em uma lista, os dados são armazenados como seriam escritos em uma folha de papel — um item após outro. A lista tem início, meio e fim. Como mostrado na figura, os itens são numerados. (Mesmo que você normalmente não o faça, o Python sempre numera os itens.) Para ver como se usam listas, inicie uma cópia de IPython e digite o código a seguir:

```
ListA = [0, 1, 2, 3]
ListB = [4, 5, 6, 7]
ListA.extend(ListB)
ListA
```

Ao digitar a última linha de código, se vê a saída [0, 1, 2, 3, 4, 5, 6, 7]. A função extend() adiciona os membros de ListB a ListA. Além de estender listas, você também pode complementá-las usando a função append(). Digite **ListA.append(-5)** e pressione Enter. Quando digita **ListA** e pressiona Enter novamente, vê que o Python acrescentou −5 ao final da lista. Talvez você precise remover itens novamente; basta usar a função remove(). Por exemplo, digite **ListA.remove(-5)** e pressione Enter. Quando listar ListA novamente, você verá que a entrada adicionada sumiu.

As listas suportam concatenação usando o sinal de adição (+). Por exemplo, se digitar **ListX = ListA + ListB** e pressionar Enter, verá que ListX contém ListA e ListB, com os elementos de ListA aparecendo primeiro.

Criação e uso de tuplas

Uma *tupla* é uma coleção usada para criar listas complexas nas quais é possível incorporar uma tupla dentro de outra. Essa incorporação permite a criação de hierarquias com tuplas. Uma hierarquia pode ser algo tão simples quanto a listagem de diretórios de seu disco rígido ou um organograma de sua empresa. Com uma tupla é possível criar estruturas de dados complexas.

LEMBRE-SE

As tuplas são *imutáveis*, o que significa que não é possível alterá-las. Você pode criar uma tupla com o mesmo nome e modificá-la de algum modo, mas não pode modificar uma já existente. As listas são mutáveis, o que significa que é possível alterá-las. Assim, inicialmente uma tupla pode parecer uma desvantagem, mas a imutabilidade tem várias vantagens, como ser mais segura e rápida. Além disso, objetos imutáveis são mais fáceis de usar com vários processadores. Para ver como trabalhar com tuplas, inicie uma cópia de IPython e digite o código a seguir:

```
MyTuple = (1, 2, 3, (4, 5, 6, (7, 8, 9)))
```

`MyTuple` é aninhada em três níveis de profundidade. O primeiro nível consiste nos valores 1, 2, 3 e uma tupla. O segundo, nos valores 4, 5, 6 e ainda outra tupla. O terceiro nível consiste nos valores 7, 8 e 9. Para ver como o aninhamento funciona, digite o código a seguir no IPython:

```
for Value1 in MyTuple:
    if type(Value1) == int:
        print Value1
    else:
        for Value2 in Value1:
            if type(Value2) == int:
                print "\t", Value2
            else:
                for Value3 in Value2:
                    print "\t\t", Value3
```

Ao executar esse código você verifica que os valores realmente estão em três níveis diferentes. Você pode ver os recuos mostrando o nível:

```
1
2
3
        4
        5
        6
                7
                8
                9
```

DICA

Você pode executar tarefas como adicionar novos valores, mas deve fazer isso adicionando as entradas originais e os novos valores a uma nova tupla. Além disso, pode adicionar tuplas apenas a uma já existente. Para ver como adicionar tuplas, digite **MyNewTuple = MyTuple.__add__((10, 11, 12, (13, 14, 15)))** e pressione Enter. `MyNewTuple` contém novas entradas no primeiro e segundo níveis, como segue: (1, 2, 3, (4, 5, 6, (7, 8, 9)), 10, 11, 12, (13, 14, 15)). Se executasse o código anterior em `MyNewTuple`, veria as entradas nos níveis apropriados na saída, como mostrado aqui:

```
1
2
3
        4
        5
        6
                7
                8
                9
10
11
12
        13
        14
        15
```

Definição de Iteradores Úteis

Os capítulos a seguir usam todos os tipos de técnicas para acessar valores individuais em vários tipos de estruturas de dados. Nesta seção você usa duas listas simples, definidas como segue:

```
ListA = ['Orange', 'Yellow', 'Green', 'Brown']
ListB = [1, 2, 3, 4]
```

O método mais simples para acessar um valor em particular é usar um índice. Por exemplo, se digitar **ListA[1]** e pressionar Enter, verá `Yellow` na saída. Na Python todos os índices começam em zero, o que significa que a primeira entrada é 0, não 1.

Os intervalos apresentam outro método simples de acessar valores. Por exemplo, se você digita **ListB[1:3]** e pressiona Enter, a saída é [2, 3]. Você poderia usar o intervalo como entrada para um loop `for`, como em:

```
for Value in ListB[1:3]:
    print Value
```

Em vez da lista inteira, você vê apenas 2 e 3 como saídas, impressos em linhas separadas. O intervalo tem dois valores separados por dois-pontos. Contudo, os valores são opcionais. Por exemplo, `ListB[:3]` geraria `[1, 2, 3]`. Quando você omite um valor, o intervalo começa no início ou no fim da lista, conforme for apropriado.

Às vezes é preciso processar duas listas em paralelo. O método mais simples para isso é usar a função `zip()`. Aqui, um exemplo da função `zip()` em ação:

```
for Value1, Value2 in zip(ListA, ListB):
    print Value1, '\t', Value2
```

Esse código processa `ListA` e `ListB` ao mesmo tempo. O processamento acaba quando o loop `for` atinge a menor das listas. Nesse caso, você vê o seguinte:

```
Orange  1
Yellow  2
Green   3
Brown   4
```

Esse uso de iteradores é a ponta do iceberg. Você vê muitos tipos de iteradores por todo o livro. A ideia é permitir que você liste apenas os itens que deseja, em vez de todos em uma lista ou outra estrutura de dados. Alguns dos iteradores usados nos próximos capítulos são um pouco mais complicados do que os que você vê aqui, mas esse início é importante.

Indexação de Dados Usando Dicionários

Um dicionário é um tipo especial de sequência que usa um par nome/valor. O uso de um nome permite que você acesse facilmente valores específicos com algo que não é um índice numérico. Para criar um dicionário, coloque pares nome/valor entre chaves. Crie um dicionário de teste, digitando **MyDict = {'Orange':1, 'Blue':2, 'Pink':3}** e pressionando Enter.

Para acessar um valor em particular, use o nome como índice. Por exemplo, digite **MyDict['Pink']** e pressione Enter para ver o valor de saída 3. O uso de dicionários como estruturas de dados permite acessar facilmente conjuntos de dados incrivelmente complexos, usando termos que todo mundo compreende. Em muitos outros aspectos, trabalhar com um dicionário é igual a trabalhar com qualquer outra sequência.

Os dicionários têm algumas características especiais. Por exemplo, digite **MyDict.keys()** e pressione Enter para ver uma lista das chaves. Você pode usar a função `values()` para ver a lista de valores no dicionário.

Armazenamento de Código em Módulos

Para usar um módulo, você precisa importá-lo. O Python incorpora o código do módulo com o restante de seu aplicativo na memória — como se você tivesse criado um arquivo enorme. Nenhum arquivo é alterado no disco. Eles ainda estão separados, mas o modo como o Python vê o código é diferente.

LEMBRE-SE

Existem duas maneiras de importar módulos. Cada técnica é usada em circunstâncias específicas:

» **import:** A instrução import é usada quando você quer importar um módulo inteiro. Esse é o método mais comum utilizado pelos desenvolvedores para importar módulos, pois economiza tempo e exige apenas uma linha de código. Contudo, essa estratégia também usa mais recursos de memória do que a de importar seletivamente os atributos necessários, o que está descrito no próximo parágrafo.

» **from...import:** Use a instrução from...import quando quiser importar seletivamente atributos individuais do módulo. Esse método economiza recursos, mas à custa de complexidade. Além disso, se tenta usar um atributo que não importou, o Python registra um erro. Sim, o módulo ainda contém o atributo, mas o Python não pode vê-lo, pois você não o importou.

Para usar o código de um módulo, o Python precisa localizar o módulo e carregá-lo na memória. A informação do local é armazenada como caminhos dentro do Python. Quando você pede para que o Python importe um módulo, ele examina todos os arquivos de sua lista de caminhos para encontrá-lo. A informação de caminho vem de três fontes:

» **Variáveis de ambiente:** O Capítulo 6 trata das variáveis de ambiente do Python, como PYTHONPATH, que dizem onde encontrar módulos no disco.

» **Diretório atual:** Anteriormente neste capítulo, você descobriu que pode mudar o diretório atual do Python para que ele localize os módulos utilizados por seu aplicativo.

» **Diretórios padrão:** Mesmo quando você não define variáveis de ambiente e o diretório atual não produz quaisquer módulos utilizáveis, o Python ainda encontra as próprias bibliotecas no conjunto de diretórios padrão, incluídos como parte de suas informações de caminho.

É importante saber onde o Python procura módulos. Às vezes pode-se obter um erro quando ele não consegue encontrar um, mesmo que você saiba que o módulo existe no disco. O código a seguir mostra como determinar onde o Python está procurando módulos no disco:

```
import os
os.environ['PYTHONPATH']
```

Em alguns casos, talvez você ache útil mudar o diretório atual para que o Python encontre módulos específicos. O exemplo a seguir mostra como executar essa tarefa:

```
os.chdir("C:\ML4D\Chapter10")
```

NESTE CAPÍTULO

» Tarefas analíticas usando SAS e SPSS

» Uso de Weka para análise de conhecimento

» Máquinas de vetores de suporte usando LIBSVM

» Acesso rápido a conjuntos de dados com listas de recursos enormes usando Vowpal Wabbit

» Mineração de dados com Knime e RapidMiner

» Gerenciamento de conjuntos de dados enormes usando Spark

Capítulo **8**

Outras Ferramentas de Aprendizado de Máquina

E ste livro conta com R e Python para executar tarefas de aprendizado de máquina, pois atualmente essas são as duas linguagens mais populares para o processo de aprendizado. Além disso, elas o ajudam a executar uma grande variedade de tarefas. Contudo, não são as únicas ferramentas à disposição. Talvez você precise executar tarefas de aprendizado de máquina específicas rapidamente, o que significa usar uma ferramenta de propósito especial. Este capítulo apresenta outras opções — ferramentas que você precisa conhecer para fazer o melhor uso das habilidades de aprendizado de máquina que adquire ao usar R e Python.

Para apresentar o maior número de alternativas possível, este capítulo fornece uma visão geral de cada ferramenta, em vez de uma abordagem aprofundada. A ideia é ajudá-lo a entender para que tipos de tarefas cada uma serve e por que você desejaria adicioná-la a seu kit de ferramentas. Algumas das ferramentas apresentadas representam o próximo nível de complexidade além de R e Python. Existem outras ainda mais especializadas, e algumas exigem até hardware especial. O aprendizado de máquina é uma área de rápido crescimento que abrange todos os tipos de disciplinas, portanto, você não deve ficar surpreso com o fato de haver tantas ferramentas. Algumas delas funcionarão bem para você, outras não. Você precisa considerar como uma ferramenta específica se enquadra em seus objetivos de aprendizado de máquina.

As Precursoras SAS, Stata e SPSS

À medida que avançar no livro, você descobrirá que a estatística desempenha um papel vital no aprendizado de máquina, portanto, é importante explorar seus fundamentos. Três páginas relacionadas à estatística comumente usadas são SAS (`https://www.sas.com/en_us/home.html`), Stata (`http://www.stata.com/`) e SPSS (`http://www-01.ibm.com/software/analytics/spss/` [conteúdo dos sites em inglês]). Os três pacotes executam a mesma tarefa: análise estatística. (Os três são pagos, e nenhum deles é de código aberto.) Eles executam a tarefa de diferentes maneiras e chamam a atenção de diferentes grupos por causa do modo de funcionar. A Tabela 8-1 compara os três e o ajuda a entender onde se encaixam no mundo da estatística.

TABELA 8-1 **Comparando SAS, Stata e SPSS**

Característica	SAS	Stata	SPSS
Facilidade de Aprendizado	Difícil	Fácil	Fácil (ao se usar GUI)
Tipo de Interface	Programas	Comandos	GUI e comandos (a sintaxe de comandos é difícil)
Gerenciamento de Dados	Processamento de dados complexos em vários arquivos, realizado com linguagem proc sql, resultando em consultas SQL em dados SAS	Manipulação de dados de um único arquivo simples, mas poderosa, usando uma interface de comando	Manipulação de dados fraca usando interface do tipo Excel em um único arquivo de dados por vez

Característica	SAS	Stata	SPSS
Análise estatística	Suporte para a maioria das formas importantes de análise estatística, incluindo: regressão, regressão logística, análise de sobrevivência, de variância, de fator e multivariada	Suporte para a maioria das formas importantes de análise estatística, incluindo: regressão, regressão logística, análise de sobrevivência, de variância, de fator e alguma multivariada	Suporte para a maioria das formas importantes de análise estatística, incluindo: regressão, regressão logística, análise de sobrevivência, de variância, de fator e multivariada
Elementos gráficos	Considerado um dos ambientes gráficos mais poderosos, mas difíceis de aprender	Considerado um dos ambientes gráficos mais poderosos e fáceis, mas faltam funcionalidades de edição gráfica	Elementos gráficos moderadamente poderosos, com uma interface do tipo apontar e clicar, mas a sintaxe de comandos é incompleta e difícil
Público-alvo	Usuários avançados	Usuários avançados e intermediários	Usuários iniciantes e intermediários

REDUÇÃO DA CARGA DE TRABALHO COM ESTRUTURAS DE FERRAMENTAS

Um framework é um tipo de ambiente. Usar uma delas significa usar um ambiente de software de propósito geral para produzir resultados específicos, modificando-a de algum modo. Um framework permite que você se concentre mais no domínio do problema do que no código subjacente. Os frameworks de aprendizado de máquina tratam de problemas específicos sem a necessidade de saber muito sobre programação.

As *ferramentas* permitem trabalhar mais rapidamente, executando tarefas comuns para você. Algumas trabalham dentro de frameworks para aumentar a capacidade dos desenvolvedores de fazer modificações usando um paradigma de programação comum. Aqui estão algumas estruturas e ferramentas de aprendizado de máquina que você precisa conhecer:

- **Apache Singa: Estrutura de aprendizado profundo usada extensivamente para processamento de linguagem natural e reconhecimento de imagens. Suas principais vantagens são que oferece um modelo de programação simples e pode trabalhar com um grupo de máquinas. O principal problema é que pode funcionar lentamente e ser excessiva para alguns problemas.**

(continua)

(continuação)

Apache Spark MLlib: Biblioteca expansível de aprendizado de máquina da Apache Spark, agora faz parte do ecossistema de produtos Spark. Contudo, originalmente era uma colaboração independente do AMPLab, U.C. Berkeley. Sua principal vantagem é que aprende extremamente rápido dos dados. O principal problema é que, apesar de estar em constante crescimento, R e Python fornecem uma lista maior de algoritmos implementados. Esse framework oferece uma biblioteca relativamente grande de soluções prontas.

- Caffe: É usada quando expressão, velocidade e modularidade são as principais considerações para uma estrutura de aprendizado profundo em tarefas de visão e aprendizado geral a partir de imagens, graças à rede neural CaffeNet. Os desenvolvedores usaram C++ para o código subjacente, significando que, se você não entende C++, é quase impossível fazer modificações, mas pelo menos tem interfaces Python e MATLAB. Contudo, com Caffe é possível executar rapidamente tarefas de aprendizado profundo. (É possível processar 600 milhões de imagens por dia usando apenas uma GPU.)

- Google TensorFlow: Conta com *grafos de fluxo de dados* que definem como uma série de algoritmos de aprendizado profundo processam lotes de dados (tensores). Os grafos traçam os fluxos (movimentações) dos dados pelo sistema. A estrutura é usada para processamento de dados complexos com C++ ou Python em CPUs ou GPUs. As principais desvantagens são que ela exige muito poder de processamento e sólido conhecimento de redes neurais. As vantagens são que resolve problemas complexos de aprendizado de máquina e é relativamente fácil modificar os fluxos para testar diferentes soluções.

- Oxdata H2O: Bibliotecas que oferecem rotinas empacotadas, para executar tarefas de aprendizado de máquina. Fornecem algoritmos especificamente destinados a atender a necessidades empresariais. Acessam diretamente qualquer HDFS (Hadoop Distributed File Store) com Java, Python, R e Scala.

- Nervana Neon: Uma das direções que o aprendizado de máquina toma é o uso de hardware e software personalizados para executar suas tarefas. A Neon é um exemplo de estrutura que usa CPUs, GPUs ou o hardware Nervana personalizado para fazê-lo. Ela conta principalmente com código Python, com algumas partes em C++ para melhorar a velocidade de processamento. A principal vantagem é que você tem acesso a uma variedade de hardware de processamento maior que qualquer outra oferta de código aberto (quando este livro estava no prelo). A principal desvantagem é que sua curva de aprendizagem é mais pronunciada que o normal.

- Shogun: Uma das bibliotecas mais antigas e comuns. Você pode usá-la com todos os tipos de linguagens: C++, Java, Python, C#, Ruby, R, Lua, Octave e Matlab.

Aprendizado no Meio Acadêmico com Weka

Weka (`http://www.cs.waikato.ac.nz/ml/weka/` e `https://source-forge.net/projects/weka/`) é uma coleção de algoritmos de aprendizado de máquina escritos em Java e desenvolvidos na Universidade de Waikato, Nova Zelândia. O principal objetivo da Weka é executar tarefas de mineração de dados. Inicialmente, as escolas a utilizaram como ferramenta de aprendizagem. Agora faz parte do conjunto de inteligência empresarial Pentaho. É usada para:

- » Regras de associação
- » Seleção de atributos
- » Agrupamento
- » Pré-processamento de dados
- » Classificação de dados
- » Visualização de dados
- » Análise de regressão
- » Análise de fluxo de trabalho

LEMBRE-SE

Os motivos para a Weka funcionar bem nas escolas é que o código Java é executável em quase qualquer plataforma e o download da Weka é gratuito. É possível aplicar seus algoritmos diretamente a um conjunto de dados ou usar Weka dentro do próprio código Java, tornando o ambiente muito flexível. O único problema é que ela tende a não funcionar bem em conjuntos de dados muito grandes. Para usar Weka também é preciso instalar uma versão de Java apropriada em seu sistema (veja `http://www.cs.waikato.ac.nz/ml/weka/requirements.html` [conteúdo em inglês]). Weka pode ser usada com qualquer SGBD suportado por Java ou produto complementar Java de terceiros, por meio de JDBC (Java Database Connectivity), portanto, há uma ampla variedade de fontes de dados.

Acesso Fácil a Algoritmos Complexos Usando LIBSVM

O Capítulo 17 o ajuda a descobrir as maravilhas das máquinas de vetores de suporte (SVMs). LIBSVM (`https://www.csie.ntu.edu.tw/~cjlin/libsvm/`

[conteúdo em inglês]) é uma biblioteca de SVMs que pode ser usada para executar tarefas como:

- » Validação cruzada para seleção de modelo
- » Estimativas de probabilidade
- » Modelagem de dados não balanceados
- » Classificação multiclasse

Uma vantagem da LIBSVM é que ela conta com extensões para oferecer vários tipos de suporte. Consequentemente, você tem acesso à LIBSVM por meio de um número enorme de linguagens: Python, R, MATLAB, Perl, Ruby, Weka, Common LISP, CLISP, Haskell, OCaml, LabVIEW, PHP, C# .NET e CUDA. Os patrocinadores também criaram muitas ferramentas para a biblioteca, incluindo uma interface de script fácil para usuários que não sabem nada sobre SVM. (Você precisa instalar Python e gnuplot para obter suporte fácil para scripts.)

DICA

Se rolar até a metade da página de suporte, encontrará a seção Graphic Interface, onde é possível ver a LIBSVM em ação. O exemplo de programa é um applet Java que permite criar pontos de dados e então usar LIBSVM para interagir com eles. A demonstração permite experimentar visualmente muitos recursos da LIBSVM, sem perder tempo escrevendo código. Esse applet torna a LIBSVM um dos produtos mais fáceis de experimentar.

Execução Rápida Como a Luz com Vowpal Wabbit

O Capítulo 12 discute aprendizes simples que podem ser eficazes, mas também muito lentos. Então, à medida que o livro avança, você trabalha com aprendizes cada vez mais complexos, até o Capítulo 18, que trabalha com grupos de aprendizes. O aprendizado de máquina pode consumir muito poder de computação, portanto, é importante encontrar maneiras de acelerar a análise. É aí que o Vowpal Wabbit (https://github.com/JohnLangford/vowpal_wabbit/wiki [conteúdo em inglês]) entra em ação. Esse software de código aberto tem tudo a ver com a construção de aprendizes velozes para obter respostas rapidamente, acessando dados diretamente, exemplo por exemplo (aprendizado online). Inicialmente desenvolvido no Yahoo Labs, atualmente é um projeto da Microsoft Research.

LEMBRE-SE

Para fazer seu trabalho, Vowpal Wabbit conta com o gradiente descendente esparso (discutido inicialmente no Capítulo 10, mas com mais profundidade nos capítulos 15 e 18). Trata-se de um produto em linguagem C++, e você precisa instalar a biblioteca Boost (http://www.boost.org/) para usá-lo. Contudo, suporta uma interface Python (`http://nbviewer.jupyter.org/github/ hal3/vowpal_wabbit/blob/master/python/Learning_to_Search. ipynb`) [conteúdo dos sites em inglês]. Dentre outras coisas, esse produto o ajuda a executar tarefas como hashing de característica, classificação multi-classe/multirrótulo, fatoração de matrizes e aprendizado ativo. *Aprendizado ativo* é um tipo de aprendizado interativo a partir dos dados na qual o algoritmo exige certos tipos de exemplos para se aproximar da função-alvo.

Visualização com Knime e RapidMiner

Os seres humanos têm muita dificuldade para visualizar dados abstratos, e às vezes a saída do aprendizado de máquina se torna extremamente abstrata. É por isso que muitos exemplos deste livro apresentam saída gráfica, para que você visualize como os dados realmente aparecem. A maioria dos produtos descritos neste capítulo fornece algum tipo de saída gráfica. No entanto, Knime (`https://www.knime.org/`) e RapidMiner (`https://rapidminer.com/` [conteúdo dos sites em inglês]) se sobressaem na tarefa de ajudá-lo a produzir facilmente elementos gráficos de alta qualidade. O uso que fazem de vários tipos de tarefas de mineração de dados também os diferenciam dos outros produtos.

A indústria farmacêutica conta fortemente com Knime para executar tarefas de aprendizado de máquina e mineração de dados, dependendo de fluxos de dados (pipelines) de funções semelhantes aos grupos de aprendizes discutidos no Capítulo 18. O uso de uma GUI torna o Knime relativamente fácil de aprender. De fato, o Knime conta com uma das GUIs mais populares hoje: Eclipse (`https:// eclipse.org/` [conteúdo em inglês]), que também é usada para suportar um grande número de linguagens de programação, como Java, C/C++, JavaScript e PHP (dentre muitas outras disponíveis por meio de plug-ins). Ele também se integra bem a Weka e LIBSVM (ambas aparecem em seções anteriores deste capítulo), de modo que a facilidade de uso não vem com perda de funcionalidade.

O RapidMiner satisfaz mais as necessidades das empresas, que o utilizam para aprendizado de máquina, mineração de dados e de texto e análise preditiva e empresarial. Em contraste com muitos produtos descritos neste capítulo, o RapidMiner conta com um modelo cliente/servidor, no qual o servidor aparece como uma opção de Software-as-a-Service (SAAS) em nuvem. Isso significa que uma empresa testa o ambiente sem fazer um enorme investimento inicial em software ou hardware. O RapidMiner funciona com R e Python. Atualmente, empresas como eBay, Intel, PepsiCo e Kraft Foods usam RapidMiner em várias aplicações.

LEMBRE-SE

Uma característica distintiva desses dois produtos é que contam com o modelo Extrair, Transformar, Carregar (ETC). Nesse modelo, primeiro o processo extrai, de várias fontes, todos os dados necessários, os transforma em um formato comum e, então, carrega os dados transformados em um banco de dados para análise. Esse processo aparece no Capítulo 13 como parte do requisito de pré-processamento de dados. Contudo, você encontra uma visão geral do processo em `https://docs.oracle.com/cd/B19306_01/server.102/b14223/ettover.htm`.

Uso de Spark Para Dados Volumosos

Mesmo que a maioria dos exemplos deste livro conte com conjuntos de dados pequenos (simplesmente para não ocultar técnicas usando dados demais), o mundo real depende muito de conjuntos de dados enormes. Imagine tentar se achar nos dados gigantescos gerados apenas pelas vendas feitas pela Amazon. com a cada dia. Você precisa de produtos que o ajudem a gerenciar esses enormes conjuntos de dados de um modo que torne mais fácil trabalhar com eles e mais rápido processá-los. É aí que entra o Spark (`http://spark.apache.org/` [conteúdo em inglês]). Ele conta com uma técnica de agrupamento mencionada inicialmente no Capítulo 10 e explicada mais completamente no Capítulo 14.

A ênfase do Spark é a velocidade. Quando você visita o site, é saudado por estatísticas, como a capacidade do Spark de processar dados 100 vezes mais rápido que outros produtos, como Hadoop (`http://hadoop.apache.org/` [conteúdo em inglês]) MapReduce (veja o tutorial em `https://hadoop.apache.org/docs/current/hadoop-mapreduce-client/hadoop-mapreduce-client-core/MapReduceTutorial.html` [conteúdo em inglês]) na memória. Contudo, o Spark também oferece flexibilidade, pois funciona com Java, Scala, Python e R. Além disso, funciona em qualquer plataforma que suporte Apache. É possível até executar Spark na nuvem.

LEMBRE-SE

Spark trabalha com conjuntos de dados enormes, significando que para usá-lo é preciso conhecer linguagens de programação, gerenciamento de banco de dados e outras técnicas de desenvolvedor. Isso significa que a curva de aprendizagem do Spark pode ser bem pronunciada, e você precisa dar tempo aos desenvolvedores de sua equipe para aprendê-lo. Os exemplos simples em `http://spark.apache.org/examples.html` [conteúdo em inglês] dão algumas ideias do que está envolvido. Observe que todos os exemplos incluem algum nível de codificação, de modo que para usar essa opção é preciso ter habilidades em programação.

3

Fundamentos da Matemática

Entenda a matemática usada no aprendizado de máquina.

Considere os fundamentos da funcionalidade do aprendizado de máquina.

Obtenha os resultados corretos.

Execute tarefas com aprendizes simples.

NESTE CAPÍTULO

» **Por que você precisa de uma matriz**

» **Computação com cálculo matricial para sair na frente**

» **Funcionamento da probabilidade**

» **O ponto de vista bayesiano na probabilidade**

» **Observações usando medidas estatísticas**

Capítulo **9**

Desmistifique a Matemática do Aprendizado de Máquina

Se quiser implementar algoritmos de aprendizado de máquina novos ou existentes desde o início, você precisa de um profundo conhecimento de probabilidade, álgebra e programação linear, e cálculo com múltiplas variáveis. Também precisa saber como transformar matemática em código, o que significa ter habilidades em computação sofisticadas. Este capítulo começa ajudando-o a entender a mecânica da matemática do aprendizado de máquina e descreve como transformar fundamentos matemáticos em código.

Se, em vez disso, quiser aplicar aprendizado de máquina para propósitos práticos, pode aproveitar as bibliotecas de software R e Python existentes, usando um conhecimento básico de matemática e estatística. No final, você precisa ter parte dessas habilidades, pois o aprendizado de máquina tem fortes raízes em matemática e estatística. Depois dos fundamentos matemáticos, o capítulo mostra como princípios bayesianos simples o ajudam a executar algumas tarefas interessantes de aprendizado de máquina.

Apesar de este livro introdutório enfocar experimentos de aprendizado de máquina com R e Python, no texto você encontrará muitas referências a vetores, matrizes, variáveis, probabilidades e suas distribuições. Às vezes o livro também usa estatística descritiva. Consequentemente, saber o que é média, mediana e desvio-padrão desvenda o que acontece nos bastidores do software que você usa. Esse conhecimento torna mais fácil usar melhor o software. A última parte do capítulo demonstra como o aprendizado de máquina o ajuda a fazer previsões melhores, mesmo quando não tem todas as informações necessárias.

Trabalhe com Dados

O aprendizado de máquina é atraente porque permite às máquinas aprender com exemplos do mundo real (como registros de vendas, sinais de sensores e fluxos de dados textuais da internet) e determinar o que significam. Saídas comuns de um algoritmo são previsões do futuro, prescrições para a ação no momento ou novo conhecimento em termos de exemplos classificados por grupos. Muitas aplicações úteis já se tornaram realidade aproveitando esses resultados:

» Diagnóstico de doenças raras

» Descoberta de comportamento criminoso e detecção de criminosos em ação

» Recomendação do produto correto para a pessoa certa

» Filtragem e classificação de dados da internet em uma escala enorme

» Carros dirigidos de forma autônoma

A base matemática e estatística do aprendizado de máquina torna possível produzir resultados práticos. Usar matemática e estatística dessa maneira permite que os algoritmos entendam tudo com base numérica.

Para iniciar o processo, você representa a solução para o problema como um número. Por exemplo, se quiser diagnosticar uma doença com um algoritmo de aprendizado de máquina, pode fazer com que a resposta seja 1 ou 0 (binária) para indicar se a pessoa está doente, com 1 dizendo simplesmente que está. Como alternativa, você usa um número entre 0 e 1 para dar uma resposta menos definitiva. O valor representa a probabilidade de a pessoa estar doente, com 0 indicando que não, e 1, que definitivamente tem a doença.

Um algoritmo de aprendizado de máquina oferece resposta (previsões) quando apoiado pelas informações exigidas (amostra de dados) e uma resposta associada (exemplos das previsões que deseja fazer). As informações incluem fatos, eventos, observações, contagens, medidas, e assim por diante. Qualquer informação usada como entrada é uma *característica* ou *variável* (um termo derivado da estatística). Características eficazes descrevem valores relacionados e ajudam o algoritmo a supor uma resposta usando a função que cria mediante informações semelhantes de outras circunstâncias.

Existem dois tipos de características: quantitativas e qualitativas. As *quantitativas* são perfeitas para o aprendizado de máquina, pois definem os valores como números (inteiros, ponto flutuante, contagens, classificações e outras medidas). As *qualitativas* normalmente são rótulos ou símbolos que transmitem informações úteis de forma não numérica, que pode ser definida como uma forma mais humana (palavras, descrições ou conceitos).

Um exemplo clássico de características qualitativas está no artigo "Induction of Decision Trees", de John Ross Quinlan (`http://dl.acm.org/citation.cfm?id=637969` [conteúdo em inglês]), um cientista da computação que colaborou de modo fundamental no desenvolvimento das árvores de decisão. Elas representam um dos algoritmos de aprendizado de máquina mais populares até hoje. Em seu artigo, Quinlan descreve um conjunto de informações úteis para decidir se vai jogar tênis ao ar livre ou não, algo que, com a técnica correta, uma máquina aprende. O conjunto de características descrito por Quinlan é o seguinte:

» **Tempo:** Sol, nublado ou chuva

» **Temperatura:** Fria, amena, quente

» **Umidade:** Alta ou normal

» **Vento:** Verdadeiro ou falso

Um algoritmo de aprendizado de máquina não compreende essas informações. Primeiro é preciso transformá-las em números. Há muitas maneiras de fazê-lo, mas a mais simples é a *codificação one-hot*, que transforma cada característica em um novo conjunto de características binárias (valores 0 ou 1) para todos os valores simbólicos. Por exemplo, considere a variável tempo, que se torna três novas características, como segue: tempo:sol, tempo:nublado e tempo:chuva. Cada uma terá o valor numérico 1 ou 0, dependendo da condição implícita estar presente ou não. Quando o dia está ensolarado, tempo:sol tem o valor 1 e tempo:nublado e tempo:chuva, valor 0.

Além da codificação one-hot, você tem outras técnicas para transformar características qualitativas em números, especialmente quando uma é constituída de palavras, como um tuíte do Twitter, um texto de uma análise online ou um feed de notícias. Na última parte do livro discutiremos outras maneiras de transformar palavras e conceitos em números significativos, entendidos por algoritmos de aprendizado de máquina ao lidar com análise textual.

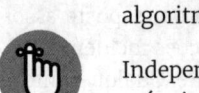

Independente de qual for a informação, para um algoritmo de aprendizado de máquina processá-la corretamente sempre deve ser transformada em número.

Criação de uma matriz

Depois de tornar todos os dados numéricos, o algoritmo de aprendizado de máquina exige que se transformem as características individuais em uma matriz de características, e as respostas individuais, em vetor ou matriz (em que há várias respostas). Uma *matriz* é uma coleção de números organizados em linhas e colunas, como os quadrados de um tabuleiro de xadrez. Contudo, diferente do tabuleiro, que é sempre quadrado, as linhas e colunas das matrizes variam.

Por convenção, uma matriz usada para aprendizado de máquina conta com as linhas para representar exemplos e com as colunas para as características. Assim, como no exemplo das condições climáticas, você construiria uma matriz com uma nova linha para cada dia e colunas contendo os diferentes valores para perspectiva, temperatura, umidade e vento. Normalmente uma matriz é representada como uma série de números entre colchetes, assim:

$$X = \begin{bmatrix} 1.1 & 1 & 545 & 1 \\ 4.6 & 0 & 345 & 2 \\ 7.2 & 1 & 754 & 3 \end{bmatrix}$$

Nesse exemplo, a matriz X contém três linhas e quatro colunas, portanto, tem dimensões de 3 por 4 (também escrito como 3 x 4). Para citar o número das linhas em uma fórmula, comumente se usa a letra n, e a letra m para as colunas. Saber o tamanho de uma matriz é fundamental para operar nela corretamente.

Operar em uma matriz também exige a capacidade de recuperar um número ou uma parte de uma matriz para cálculos específicos. Para isso, você usa *índices*, números que indicam a posição de um elemento. Os índices apontam para o número de linha e coluna correspondente à localização de um valor de interesse. Normalmente você usa i para o índice da linha e j para o da coluna. Os índices i e j iniciam a contagem de linhas e colunas a partir de 0 (*indexados em 0*) ou 1 (*indexados em 1*).

As matrizes da linguagem R são indexadas em 1, enquanto em Python, em 0. O uso de diferentes pontos iniciais de índice parece confuso, portanto, você precisa saber como a linguagem opera.

Examinando o exemplo de matriz, o elemento 2,3 é o que está localizado na segunda linha cruzando com a terceira coluna, ou seja, 345 (supondo que a matriz é indexada em 1). Portanto, se precisasse expressar três diferentes elementos da matriz X, poderia usar a seguinte notação:

```
X1,1=1.1,  X2,3=345,  X3,4=3
```

Às vezes, várias matrizes são empilhadas em fatias de uma estrutura de dados mais complexa, chamada *array*. Um array é uma coleção de dados numéricos com mais de duas dimensões. Como exemplo, você pode ter arrays tridimensionais, em que cada matriz representa um intervalo de tempo diferente e são empilhadas como as fatias de um bolo. Um array desse tipo ocorre quando se registram dados médicos continuamente, talvez de um sensor registrando funções corporais, como a atividade cerebral. Nesse caso, as linhas ainda são exemplos, e as colunas, características — e a terceira dimensão, o tempo.

Uma matriz que tem apenas uma característica é um caso especial denominado *vetor*. Vetor é um termo usado em diferentes disciplinas científicas, como a Física, disciplinas médicas e matemáticas, de modo que pode surgir alguma confusão, dependendo de sua especialidade anterior. No aprendizado de máquina, um vetor é simplesmente uma matriz de dimensão n por 1, ponto-final.

Vetores são listas de valores consecutivos. Quando comparados a uma matriz bidimensional, é preciso representá-los e tratá-los como colunas. Ao trabalhar com um vetor, você tem apenas um índice posicional, i, que informa o local do valor a ser acessado na sequência de elementos. Você os usa principalmente ao falar sobre valores de resposta (*vetor de resposta*) ou ao lidar com os coeficientes internos de alguns algoritmos. Nesse caso, são chamados de *vetor de coeficientes*.

$$\mathbf{y} = \begin{bmatrix} 44 \\ 21 \\ 37 \end{bmatrix} \quad \mathbf{y}_1 = 44, \ \mathbf{y}_2 = 21, \ \mathbf{y}_3 = 37$$

No aprendizado de máquina, a matriz de características normalmente aparece como X, e o vetor de respostas correspondente, como y. Mais geralmente, as matrizes usam uma letra maiúscula, e os vetores, uma minúscula para identificação. Além disso, letras minúsculas são usadas para constantes, de modo que é preciso ter cuidado ao determinar se uma letra é um vetor ou uma constante, pois o conjunto de operações possíveis é bem diferente.

Matrizes são usadas com muita frequência no aprendizado de máquina, pois organizam, indexam e recuperam grandes volumes de dados rapidamente, de modo uniforme e significativo. Para cada exemplo i na matriz de características X, você pode determinar a i-ésima linha da matriz que expressa suas características e o i-ésimo elemento no vetor de respostas que indica os resultados implicados por um conjunto de características específico. Isso permite que o algoritmo procure dados e faça previsões do produto rapidamente.

A notação de matriz também permite efetuar operações sistemáticas na matriz inteira ou em partes dela rapidamente. As matrizes também são úteis para escrever e executar programas de modo rápido, pois você usa comandos de computador para executar operações de matriz.

Entenda as operações básicas

As operações básicas de matriz são: adição, subtração e multiplicação escalar. As duas primeiras só são possíveis quando há duas matrizes do mesmo tamanho, e o resultado é uma nova matriz com as mesmas dimensões. Se você tem duas matrizes com o mesmo formato, basta aplicar a operação a cada posição correspondente nas duas. Portanto, para efetuar a adição, comece somando os valores da primeira linha e coluna das duas matrizes de origem e coloque o resultado na mesma posição da matriz resultante. Continue o processo para cada elemento correlacionado nas duas matrizes até completar todas as operações. O mesmo processo vale para a subtração, como mostrado no exemplo a seguir:

$$\begin{bmatrix} 1 & 1 \\ 1 & 0 \end{bmatrix} - \begin{bmatrix} 1 & 0 \\ 0 & 1 \end{bmatrix} = \begin{bmatrix} 0 & 1 \\ 1 & -1 \end{bmatrix}$$

Na multiplicação escalar, você pega um valor numérico (o *escalar*) e o multiplica pelos elementos da matriz. Se for fracionário, como ½ ou ¼, a multiplicação se tornará uma divisão. No exemplo anterior, você pode multiplicar a matriz resultante por −2:

$$\begin{bmatrix} 0 & 1 \\ 1 & -1 \end{bmatrix} * -2 = \begin{bmatrix} 0 & -2 \\ -2 & 2 \end{bmatrix}$$

Também é possível efetuar adição e subtração escalar. Nesse caso, some ou subtraia um valor de todos os elementos de uma matriz.

Multiplicação de matrizes

Usando índices e as operações de matriz básicas, é possível expressar muitas operações de modo compacto. A combinação de índices e operações permite:

» Seccionar parte de uma matriz

» Mascarar uma parte da matriz, reduzindo-a a zero

» Centralizar os valores de uma matriz removendo um valor de todos os elementos

» Redimensionar os valores de uma matriz mudando sua faixa de valores

Contudo, o maior número de operações simultâneas só é obtido quando se multiplica uma matriz por um vetor ou por outra matriz. Essas tarefas são executadas com frequência no aprendizado de máquina, e é comum multiplicar uma matriz por um vetor. Muitos algoritmos dependem de encontrar um vetor de coeficientes que, multiplicado pela matriz de características, resulta em uma aproximação do vetor de valores de resposta. Em tais modelos, há formulações assim:

```
y = Xb
```

onde y é o vetor de resposta, X, a matriz de características, e b, um vetor de coeficientes. Frequentemente o algoritmo inclui também um escalar, chamado a, adicionado ao resultado. Nesse exemplo, você pode imaginá-lo como zero, logo, não está presente. Como resultado, y é um vetor constituído por três elementos:

$$y = \begin{bmatrix} 2 \\ -2 \\ 3 \end{bmatrix}$$

Com isso em mente, você pode expressar a multiplicação entre X e b como:

$$Xb = \begin{bmatrix} 4 & 5 \\ 2 & 4 \\ 3 & 3 \end{bmatrix} \begin{bmatrix} 3 \\ -2 \end{bmatrix}$$

DICA

Para expressar multiplicação quando vetores ou matrizes estão envolvidos, a notação padrão é escrevê-los lado a lado. Não importa se você os escrever dentro dos parênteses ou expressá-los em forma de letra. Essa é uma maneira comum de indicar multiplicação de matriz (denominada *implícita*, porque não há sinal marcando a operação). Como alternativa, às vezes você encontra um formato de ponto explícito para a operação, como em A·B. O uso do asterisco é limitado a produtos escalares, como A*2 ou A*b, onde b é uma constante.

Em seguida você precisa saber como X multiplicado por b resulta em y. Como verificação da multiplicação, a matriz e o vetor envolvidos devem ter tamanhos compatíveis. Na verdade, o número de colunas da matriz deve ser igual ao de linhas no vetor. Nesse caso, há uma correspondência, pois X é de 3 por 2, e b, de 2 por 1. Sabendo os formatos dos termos, você descobre antecipadamente o da matriz resultante, dado pelas linhas da matriz e colunas do vetor, ou 3 por 1.

A multiplicação de matriz por vetor funciona como uma série de multiplicações de vetor por vetor somadas. A multiplicação trata cada linha da matriz X como um vetor e a multiplica pelo vetor b. O resultado se torna o elemento da linha correspondente do vetor resultante. Por exemplo, a primeira linha [4,5] é multiplicada por [3,-2], resultando em um vetor [12,-10], cujos elementos somados resultam no valor 2. Essa primeira multiplicação somada corresponde à primeira linha do vetor resultante, e todos os outros cálculos são:

```
soma([4*3, 5*-2]) = 2
soma([2*3, 4*-2]) = -2
soma([3*3, 3*-2]) = 3
```

O vetor resultante é [2, −2, 3]. As coisas ficam um pouco mais complicadas ao se multiplicar duas matrizes, mas você efetua a operação como uma série de multiplicações de matriz por vetor, exatamente como no exemplo anterior, vendo a segunda matriz como uma série de vetores de características. Multiplicando a primeira pelos m vetores, você obtém uma única coluna da matriz resultante para cada multiplicação.

Um exemplo esclarece os passos para obter uma multiplicação de matriz por matriz. O exemplo a seguir multiplica X por B, uma matriz quadrada de 2 x 2:

$$XB = \begin{bmatrix} 4 & 5 \\ 2 & 4 \\ 3 & 3 \end{bmatrix} \begin{bmatrix} 3 & -2 \\ -2 & 5 \end{bmatrix}$$

Você pode repartir a operação em duas multiplicações de matrizes por vetor distintas, dividindo a matriz B em vetores de coluna.

$$\begin{bmatrix} 4 & 5 \\ 2 & 4 \\ 3 & 3 \end{bmatrix} \begin{bmatrix} 3 \\ -2 \end{bmatrix} = \begin{bmatrix} 2 \\ -2 \\ 6 \end{bmatrix}$$

$$\begin{bmatrix} 4 & 5 \\ 2 & 4 \\ 3 & 3 \end{bmatrix} \begin{bmatrix} -2 \\ 5 \end{bmatrix} = \begin{bmatrix} 17 \\ 16 \\ 9 \end{bmatrix}$$

Agora basta pegar os vetores de coluna resultantes e usá-los para reconstruir a matriz de saída, usando a multiplicação do primeiro vetor de coluna como a primeira coluna da nova matriz, e assim por diante.

$$XB = \begin{bmatrix} 4 & 5 \\ 2 & 4 \\ 3 & 3 \end{bmatrix} \begin{bmatrix} 3 & -2 \\ -2 & 5 \end{bmatrix} = \begin{bmatrix} 2 & 17 \\ -2 & 16 \\ 3 & 9 \end{bmatrix}$$

LEMBRE-SE

Na multiplicação de matrizes, por causa de seu formato, a ordem importa. Consequentemente, você não pode inverter termos, como faria na multiplicação de números escalares. Multiplicar 5*2 ou 2*5 é a mesma coisa por causa da propriedade comutativa da multiplicação escalar, mas Ab não é o mesmo que bA porque, às vezes, a multiplicação não é possível (porque os formatos das matrizes são incompatíveis) ou, pior, produz um resultado diferente. Quando há uma série de multiplicações de matrizes, como ABC, a ordem dos termos não importa. Se efetuar primeiro AB ou BC, obterá o mesmo resultado, pois, assim como os escalares, a multiplicação de matrizes é associativa.

Operações avançadas com matrizes

Em algumas formulações de algoritmo, você encontra duas importantes operações com matrizes. São elas a transposição e a inversão de uma matriz. A *transposição* ocorre quando uma matriz de formato n x m é transformada em uma matriz m x n, trocando as linhas pelas colunas. A maioria dos testes indica essa operação usando o sobrescrito T, como em A^T. Você vê essa operação mais frequentemente usada para multiplicação para obter as dimensões corretas.

A *inversão de matriz* é aplicada a matrizes de formato m x m, matrizes quadradas, que têm o mesmo número de linhas e colunas. Essa operação é muito importante porque permite a solução imediata de equações envolvendo multiplicação de matrizes, como y=bX, onde é preciso descobrir os valores no vetor b. Como a maioria dos números escalares (as exceções incluem o zero) tem um número cuja multiplicação resulta em 1, a ideia é encontrar uma matriz inversa cuja multiplicação resulte em uma matriz especial, chamada matriz identidade, cujos elementos são zero, exceto os diagonais (os elementos nas posições em que o índice i é igual ao j). É fácil encontrar o inverso de um escalar (o inverso do número n escalar é n^{-1}, que dá 1/n). Para uma matriz, a história é diferente. A inversão de matrizes envolve um grande número de cálculos, de modo que funções matemáticas especiais efetuam os cálculos em R ou Python. O inverso de uma matriz A é indicado como A^{-1}.

Às vezes é impossível encontrar o inverso de uma matriz. Quando uma matriz não pode ser invertida, diz-se que é uma *matriz singular* ou *matriz degenerada*. Matrizes singulares não são a norma, são muito raras.

Uso eficiente de vetorização

Se parecer difícil efetuar operações com matrizes, como a multiplicação de matriz por vetor, considere que seu computador faz todo o trabalho. A você basta determinar, em uma formulação teórica, o que acontece com os números colocados em matrizes, vetores e constantes, e então somá-los, subtraí-los, dividi-los ou multiplicá-los.

Entender o que acontece em um algoritmo de aprendizado de máquina dará uma vantagem a você no uso do algoritmo, pois saberá como ele digere e processa dados. Para obter um resultado correto, é preciso inserir os dados corretos no algoritmo correto, de acordo com a maneira que ele trabalha com dados.

Em Python, o pacote NumPy oferece toda a funcionalidade necessária para criar e manipular matrizes. Os objetos `ndarray` permitem a rápida criação de um array, como uma matriz multidimensional, iniciando com dados enfileirados em listas.

O termo *ndarray* é "array n-dimensional", significando que você pode criar arrays de várias dimensões, não apenas matrizes de linha por coluna. Usando uma lista simples, `ndarray` pode criar um vetor rapidamente, como mostrado no exemplo em Python a seguir:

```
import numpy as np
y = np.array([44,21,37])
print (y)
print (y.shape)

[44 21 37]
(3,)
```

O método `shape` pode informá-lo prontamente sobre o formato de uma matriz. Nesse caso, informa apenas três linhas e nenhuma coluna, o que significa que o objeto é um vetor.

Para criar matrizes compostas de linhas e colunas, você pode usar uma lista de listas. O conteúdo das listas dentro da lista principal são as linhas de sua matriz.

```
X = np.array([[1.1, 1, 545, 1],[4.6, 0, 345, 2],
              [7.2, 1, 754, 3]])
print (X)

[[   1.1    1.    545.     1. ]
 [   4.6    0.    345.     2. ]
 [   7.2    1.    754.     3. ]]
```

Também é possível obter o mesmo resultado usando uma única lista, a qual cria um vetor que pode ser reformatado com o número desejado de linhas e colunas. Os números são inseridos linha por linha na nova matriz, começando no elemento (0,0) e indo até o último.

```
X = np.array([1.1, 1, 545, 1, 4.6, 0, 345, 2,
              7.2, 1, 754, 3]).reshape(3,4)
```

Operações com adição e subtrações com escalares usando `ndarray` de NumPy são simples. Basta somar, subtrair, multiplicar ou dividir usando os operadores padrão:

```
a = np.array([[1, 1],[1, 0]])
b = np.array([[1, 0],[0, 1]])
print (a - b)

[[ 0  1]
 [ 1 -1]]

a = np.array([[0, 1],[1, -1]])
print (a * -2)
```

```
[[ 0 -2]
 [-2  2]]
```

Para efetuar multiplicação em vetores e matrizes, use a função np.dot. A entrada dessa função são dois arrays de tamanhos compatíveis para multiplicar de acordo com a ordem dada.

```
X = np.array([[4, 5],[2, 4],[3, 3]])
b = np.array([3,-2])
print(np.dot(X, b))

[ 2 -2  3]

B = np.array([[3, -2],[-2, 5]])
print (np.dot(X, B))

[[ 2 17]
 [-2 16]
 [ 3  9]]
```

Trocando para R, é fácil recriar as mesmas saídas encontradas nos exemplos anteriores. Ao usar R, não são necessárias bibliotecas adicionais, pois a linguagem executa as tarefas com funções padrão. O R define vetores como uma concatenação de números, enquanto as matrizes exigem a função matrix.

```
y < c(44, 21, 37)
X < matrix(c(1.1, 1, 545, 1, 4.6, 0, 345, 2, 7.2,
1, 754, 3), nrow=3, ncol=4, byrow=TRUE)
```

A função matriz exige explicação, pois transforma um vetor de números em uma matriz, sendo necessário definir o número de linhas, colunas ou ambos (definir apenas um é suficiente; definir ambos proporciona clareza ao código). Ao contrário do Python, o R organiza os valores por colunas, não linhas. Portanto, se quiser usar a mesma estratégia do Python, precisa definir o parâmetro byrow como TRUE; caso contrário, organize seu vetor de entrada como segue:

```
X <- matrix(c(1.1, 4.6, 7.2, 1, 0, 1, 545, 345, 754,
1, 2, 3), nrow=3, ncol=4)
```

As dimensões de seus vetores são determinadas com a função length(). Para matrizes, use a função dim(), pois aplicar length() a uma matriz informa apenas o número de elementos nela.

DICA

Depois de definir matrizes e vetores, você efetua a multiplicação usando o operador %*%. O operador de multiplicação padrão às vezes gera um resultado, mas a saída é escalar, em vez de uma multiplicação de matrizes.

```
X < matrix(c(4, 5, 2, 4, 3, 3), nrow=3, byrow=TRUE)
b < c(3, -2)
print (X%*%b)
B < matrix(c(3, -2,-2, 5), nrow=2, byrow=TRUE)
print(X %*% B)
```

Se o exemplo anterior seguir a multiplicação padrão, X*b, você verá que a saída é a multiplicação escalar da primeira coluna da matriz pelo primeiro elemento do vetor e da segunda coluna da matriz pelo segundo elemento do vetor.

Explore o Mundo das Probabilidades

A probabilidade informa a chance de um evento ocorrer e é expressa como um número. A probabilidade de um evento é medida no intervalo de 0 (nenhuma probabilidade de que ocorra) a 1 (certeza de que ocorrerá). Valores intermediários, como 0,25, 0,5 e 0,75, indicam que o evento acontecerá com certa frequência quando tentado vezes suficientes. Se multiplicar a probabilidade por um número inteiro representando o número de tentativas a serem feitas, obterá uma estimativa de quantas vezes, em média, um evento deverá acontecer, se todas as tentativas forem feitas.

Por exemplo, se um evento ocorre com probabilidade p=0,25 e você tenta 100 vezes, é provável que testemunhe esse evento ocorrendo 0,25 * 100 = 25 vezes. Essa é, por exemplo, a probabilidade de pegar determinado naipe ao escolher uma carta aleatoriamente em um baralho. As cartas de baralho francesas são um exemplo clássico para explicar probabilidades. O baralho contém 52 cartas divididas igualmente em quatro naipes: paus e espadas, que são pretas, e ouros e copas, que são vermelhas. Assim, se quiser determinar a probabilidade de pegar um ás, você deve considerar que existem quatro ases de diferentes naipes. A resposta, em termos de probabilidade, é p=4/52=0,077.

As probabilidades estão entre 0 e 1, nenhuma probabilidade pode ultrapassar esses limites. Elas são definidas empiricamente, a partir de observações. Basta contar o número de vezes que um evento específico acontece com relação a todos os eventos que interessam. Por exemplo, digamos que você queira calcular a probabilidade de quantas vezes uma fraude acontece ao se fazer transações bancárias ou de quantas vezes as pessoas têm certas doenças em um país em particular. Depois de testemunhar o evento, se estima a probabilidade associada a ele contando o número de vezes que ocorre dividido pelo total de eventos.

Você pode contar o número de vezes que a fraude ou a doença acontece usando dados registrados (obtidos principalmente de bancos de dados) e, então, dividir esse valor pelo número total de eventos ou observações genéricas disponíveis.

Portanto, você divide o número de fraudes pelo de transações em um ano ou conta o número de pessoas que adoeceram durante o ano em relação à população de determinada área. O resultado é um número variando de 0 a 1, a probabilidade de referência para certo evento em determinadas circunstâncias.

Nem sempre é possível contar todas as ocorrências de um evento, portanto, você precisa saber o que é amostragem. Com a amostragem, um produto baseado em certas expectativas probabilísticas, você observa uma pequena parte de um conjunto mais amplo de eventos ou objetos e ainda é capaz de inferir probabilidades corretas para um evento, assim como medidas exatas, como as medidas quantitativas ou classes qualitativas relacionadas a um conjunto de objetos.

Por exemplo, se quiser monitorar as vendas de carros nos Estados Unidos no último mês, você não precisa monitorar cada venda no país. Usando uma amostra que compreenda as vendas de alguns vendedores de automóveis pelo país, você determina medidas quantitativas, como o preço médio de um carro vendido, ou qualitativas, como o modelo mais vendido.

Operações em probabilidades

As operações em probabilidades são um pouco diferentes das operações numéricas. Como sempre precisam estar no intervalo de 0 a 1, você usa regras específicas para que a operação faça sentido. Por exemplo, somas entre probabilidades são possíveis se os eventos são *mutuamente exclusivos* (não podem acontecer juntos). Digamos que você queira saber a probabilidade de retirar uma carta de espadas ou ouros de um baralho. Você pode somar a probabilidade de retirar uma carta de espadas e a de retirar uma de ouros deste modo: p=0,25+0,25=0,5.

A subtração (diferença) é usada para determinar a probabilidade de eventos diferentes da probabilidade de um evento já calculado. Por exemplo, para determinar a probabilidade de retirar do baralho uma carta que não seja de ouros, basta subtrair da probabilidade de retirar qualquer tipo de carta (que é p=1) a de retirar uma de ouros, assim: p=1-0,25=0,75. Ao subtrair uma probabilidade de 1, você obtém o seu *complemento*.

A multiplicação ajuda a calcular a interseção de *eventos independentes*, aqueles que não influenciam uns nos outros. Por exemplo, se você participa de um jogo de dados e lança dois dados, a probabilidade de tirar dois seis é de 1/6 (de tirar seis com o primeiro dado) multiplicada por 1/6 (de tirar seis com o segundo), o que dá p=1/6 * 1/6=0,028. Isso significa que, se lançar os dados 100 vezes, pode esperar que dois seis aconteçam apenas duas ou três vezes.

Usando soma, diferença e multiplicação, você obtém a probabilidade de situações mais complexas que lidam com eventos. Por exemplo, agora você pode calcular a probabilidade de tirar pelo menos um seis em dois dados lançados, que é uma soma de eventos mutuamente exclusivos:

» A probabilidade de tirar dois seis: p=1/6 * 1/6

» A probabilidade de tirar um seis no primeiro dado e outro valor no segundo: p=1/6 * (1–1/6)

» A probabilidade de tirar seis no segundo dado e outro valor no primeiro: p= 1/6 * (1–1/6)

A probabilidade de tirar pelo menos um seis em dois dados lançados é de p=1/6 * 1/6 + 2 * 1/6 * (1–1/6)=0,306.

Chance condicional pelo teorema de Bayes

A probabilidade faz sentido em termos de tempo e espaço, mas outras condições também influenciam a probabilidade medida. O contexto é importante. Ao estimar a probabilidade de um evento, se acredita (às vezes erroneamente) que é possível aplicá-la a cada situação possível. O termo para expressar essa crença é *probabilidade a priori*, significando a probabilidade geral de um evento.

Por exemplo, quando você lança uma moeda, se ela for confiável, a probabilidade *a priori* de dar cara é de 50%. Independente de quantas vezes lance a moeda, a probabilidade ainda é de 50%. No entanto, existem outras soluções nas quais, se mudar o contexto, a probabilidade *a priori* não será mais válida, porque algo sutil aconteceu e a alterou. Nesse caso, essa crença é expressada como uma probabilidade *a posteriori*, a probabilidade *a priori* depois que algo aconteceu para modificar a contagem.

Por exemplo, a probabilidade *a priori* de uma pessoa ser mulher é de aproximadamente 50%. Contudo, ela difere drasticamente se você considerar apenas faixas etárias específicas, pois as mulheres tendem a viver mais, e depois de certa idade há mais mulheres que homens. Como outro exemplo relacionado ao gênero, se examinar a presença de mulheres em certas faculdades de uma universidade, observará que há menos delas em cursos científicos do que homens. Portanto, dados esses dois contextos, a probabilidade *a posteriori* é diferente da *a priori* esperada. Em termos de distribuição de gênero, a natureza e a cultura geram uma probabilidade *a posteriori* diferente.

Esses casos são considerados como *probabilidade condicional* e são expressos como p(y|x), que é lido como *a probabilidade do evento y acontecer, dado que x aconteceu*. A probabilidade condicional é uma ferramenta muito poderosa para o aprendizado de máquina. De fato, se a probabilidade *a priori* muda tanto por causa de certas circunstâncias, conhecer as possíveis circunstâncias aumenta suas chances de prever um evento corretamente por observar padrões — exatamente o que o aprendizado de máquina faz. Por exemplo, como já mencionado, geralmente a expectativa de uma pessoa aleatória ser homem ou mulher é de 50%. Mas, e se acrescentar a evidência de que os cabelos da pessoa são longos ou curtos? Você pode estimar a probabilidade de ter cabelos longos como de 35% da população. Apesar disso, se observar somente a população feminina, a probabilidade aumenta para 60%. Se a porcentagem é tão alta na população feminina, ao contrário da probabilidade *a priori*, um algoritmo de aprendizado de máquina se beneficia em saber se os cabelos da pessoa são longos ou curtos.

De fato, o algoritmo de Naïve Bayes aumenta a chance de fazer uma previsão correta por tirar proveito de conhecer as circunstâncias que cercam a previsão, como explicado no Capítulo 12, que aborda os primeiros e mais simples aprendizes. Tudo começa com o reverendo Bayes e seu revolucionário teorema das probabilidades. De fato, uma das tribos do aprendizado de máquina (veja a seção "A Função da Estatística no Aprendizado de Máquina", no Capítulo 2) recebeu esse nome em sua homenagem. Além disso, há grandes expectativas para o desenvolvimento de algoritmos avançados, baseados na probabilidade bayesiana. A revista *Technology Review*, do MIT, mencionou o aprendizado de máquina bayesiana como uma tecnologia emergente que mudará nosso mundo (`http://www2.technologyreview.com/news/402435/10-emerging-technologies-that-will-change-your/`). Ainda assim, a base do teorema não é complicada (embora possa ser um pouco inesperada, se você normalmente leva em conta apenas as probabilidades anteriores, sem considerar as posteriores).

O reverendo Thomas Bayes foi um estatístico e filósofo que formulou seu teorema durante a primeira metade do século XVIII. O teorema nunca foi publicado enquanto Bayes estava vivo. Sua publicação revolucionou a teoria da probabilidade, introduzindo a noção de probabilidade condicional que acabamos de mencionar.

Graças ao teorema de Bayes, prever a probabilidade de uma pessoa ser homem ou mulher se torna mais fácil se a evidência é a de que a pessoa tem cabelos longos. A fórmula usada por Thomas Bayes é muito útil:

```
P(B|E) = P(E|B)*P(B) / P(E)
```

Lê-la usando o exemplo anterior como entrada oferece um entendimento melhor para uma fórmula nada lógica:

» **P(B|E):** A probabilidade de uma crença (B) dado um conjunto de evidências (E) (probabilidade posterior). Leia "crença" como um modo alternativo de expressar *hipótese*. Nesse caso, a hipótese é a de que uma pessoa é mulher, e a evidência são os cabelos longos. Saber a probabilidade de tal crença dada a evidência pode ajudar a prever o sexo da pessoa com alguma confiança.

» **P(E|B):** A probabilidade de ter cabelos longos quando a pessoa é mulher. Esse termo se refere à probabilidade da evidência no subgrupo, que é uma probabilidade condicional em si mesma. Nesse caso, o valor é de 60%, o que se traduz em um valor igual a 0,6 na fórmula (probabilidade anterior).

» **P(B):** A probabilidade geral de ser mulher, isto é, a probabilidade *a priori* da crença. Nesse caso, a probabilidade é de 50%, ou um valor igual a 0,5 (chance).

» **P(E):** A probabilidade geral de ter cabelos longos. Aqui é outra probabilidade *a priori*, dessa vez relacionada à evidência observada. Na fórmula, é uma probabilidade de 35%, um valor igual a 0,35 (evidência).

Se resolver o problema anterior usando a fórmula de Bayes e os valores escolhidos, o resultado será 0,6*0,5/0,35=0,857. Essa é uma porcentagem de chance alta, que o leva a afirmar que, dada tal evidência, a pessoa é mulher.

Outro exemplo comum, que pode levantar algumas sobrancelhas e é rotineiramente encontrado em livros-texto e revistas científicas, é o do teste médico positivo. Ele é muito interessante para um melhor entendimento de como as probabilidades anterior e posterior mudam muito sob diferentes circunstâncias.

Digamos que você esteja preocupado achando que tem uma doença rara que atinge 1% da população. Você faz o teste, e o resultado é positivo. Os testes médicos nunca são perfeitamente precisos, e o laboratório diz que, quando se está doente, o teste é positivo em 99% dos casos, ao passo que, quando está com saúde, o teste será negativo em 99% dos casos.

Agora, usando esses valores, você acredita imediatamente que com certeza está doente, dada a alta porcentagem de testes positivos quando alguém está doente (99%). No entanto, a realidade é muito distinta. Nesse caso, os valores a serem colocados no teorema de Bayes são os seguintes:

» 0,99 para P(E|B)

» 0,01 para P(B)

» 0,01*0,99+0,99*0,01=0,0198 para P(E)

Então os cálculos são 0,01*0,99/0,0198=0,5, o que corresponde a uma probabilidade de apenas 50% de que você esteja doente. No fim, suas chances de não estar doente são maiores do que esperava. Você pode estar pensando em como isso é possível. O fato é que o número de pessoas que veem uma resposta positiva do teste é o seguinte:

» **Quem está doente e recebe a resposta correta do teste:** Grupo de *verdadeiros positivos*, equivale a 99% do 1% que contrai a doença.

» **Quem não está doente e recebe a resposta errada do teste:** O 1% dos 99% que obtêm uma resposta positiva, mesmo não estando doentes. Novamente, é uma multiplicação de 99% e 1%. Esse grupo corresponde aos *falsos positivos*.

Se olhar o problema sob essa perspectiva, torna-se evidente o motivo pelo qual, ao limitar o contexto às pessoas que obtêm uma resposta positiva no teste, a probabilidade de estar no grupo dos verdadeiros positivos e dos falsos positivos é a mesma.

Descrição do Uso da Estatística

Como um tópico final relacionado à probabilidade, é importante ver alguns conceitos básicos da estatística ligados a ela e entender como o ajudam a descrever as informações usadas pelos algoritmos de aprendizado de máquina. As seções anteriores discutiram a probabilidade de maneiras úteis, pois amostragem, distribuições estatísticas e medidas descritivas estatísticas são, de um modo ou outro, todas baseadas em conceitos da probabilidade.

Aqui a questão não é simplesmente descrever um evento contando suas ocorrências; é descrevê-lo de modo confiável sem contar todas as vezes que ocorre. Por exemplo, se quiser que um algoritmo aprenda a detectar uma doença ou uma intenção criminosa, precisa encarar o fato de que não há como criar uma matriz composta de todas as ocorrências da doença ou do crime, portanto, a informação elaborada necessariamente será parcial. Além disso, se você mede algo no mundo real, frequentemente não obtém as medidas exatas, por causa de algum erro no procedimento, imprecisão no instrumento utilizado ou simplesmente devido a uma perturbação aleatória atrapalhando o processo de registro. Uma medida simples, como seu peso, por exemplo, será diferente toda vez que for se pesar, oscilando ligeiramente em torno do que você acredita ser seu peso real. Se levasse essa medida para uma escala maior, como o peso de todas as pessoas que moram na cidade, teria uma ideia de que é difícil medir de forma precisa (por ocorrerem erros) e completa (porque é difícil medir tudo).

Ter informações parciais, especialmente se o que deseja descrever é complexo e diversificado, não é uma condição completamente negativa, porque matrizes menores podem ser usadas, implicando em menos cálculos. Às vezes você nem mesmo tem uma amostra do que deseja descrever e aprender para certos problemas, porque o evento é complexo e tem uma grande variedade de características. Como outro exemplo, pense em aprender a determinar o sentimento a partir de um texto extraído da internet, como os tuítes do Twitter. Fora os retuítes, é improvável que você veja um tuíte idêntico (expressando o mesmo sentimento, usando precisamente as mesmas palavras para exatamente o mesmo tópico) de outra pessoa. Pode acontecer de ver algo semelhante, mas nunca idêntico. Portanto, é impossível saber antecipadamente todos os tuítes possíveis que associam certas palavras a sentimentos. Resumindo, você precisa usar uma amostra e inferir regras gerais a partir de um conjunto parcial.

Mesmo diante de restrições práticas e da impossibilidade de obter todos os dados possíveis, você ainda pode saber o que quer descrever e aprender com isso. A amostragem é uma parte da prática estatística. Ao usá-la, você escolhe seus exemplos conforme certos critérios. Quando feito com cuidado, há certa probabilidade de que sua visão parcial se pareça com a global.

Na estatística, *população* se refere a todos os eventos e objetos que se deseja medir, e *amostra* é uma parte dela, escolhida por certos critérios. O uso de amostragem aleatória, escolher aleatoriamente eventos ou objetos a representar, cria um conjunto de exemplos para o aprendizado de máquina aprender, como se aprendesse de todos os exemplos possíveis. A amostra funciona porque, nela, as distribuições de valor são semelhantes às da população, e isso basta.

Amostragem aleatória não é a única estratégia possível. Você também aplica *amostragem estratificada*, por meio da qual é possível controlar alguns aspectos da amostra aleatória para não escolher eventos de certo tipo demais ou de menos. Afinal, aleatório é aleatório, e você não tem certeza absoluta de sempre replicar a distribuição exata da população.

Uma *distribuição* é uma formulação estatística que descreve como observar um evento ou uma medida, indicando a probabilidade de testemunhar certo valor. As distribuições são descritas em fórmulas matemáticas (um assunto não abordado no livro) e são graficamente descritas com diagramas, como histogramas ou esquemas de distribuição. As informações colocadas em sua matriz têm uma distribuição, e pode ser verificado que distribuições de diferentes características estão relacionadas. Uma distribuição implica naturalmente em uma variação, e, ao lidar com valores numéricos, é importante encontrar um centro de variação, o qual frequentemente é a média estatística calculada pela soma de todos os valores dividida pelo número de valores considerados.

A *média* é uma medida descritiva, indicando o valor mais esperado, considerando todos os casos possíveis. A média é mais adequada a uma distribuição simétrica e em forma de sino (de modo que, quando os valores estão acima da média, a distribuição tem forma semelhante para aqueles abaixo dela). Uma distribuição famosa, a normal ou gaussiana, tem exatamente esse formato, mas no mundo real você também encontra muitas distribuições distorcidas, com valores extremos somente em um lado delas, influenciando muito a média.

A *mediana* é uma medida que pega o valor do meio, após ordenar todas suas observações, da menor para a maior. Tendo como base a ordem dos valores, a mediana não considera os valores na distribuição e, em certos casos, é um descritor mais justo que a média. A importância dos descritores de média e mediana é que descrevem um valor na distribuição em torno do qual há uma variação, e os algoritmos de aprendizado de máquina se preocupam com essa variação. A maioria das pessoas chama a variação de *variância*. Como a variância é um número elevado ao quadrado, há também um equivalente raiz, denominado *desvio-padrão*. O aprendizado de máquina leva em conta a variância em cada variável (distribuições univariadas) e em todas as características juntas (distribuições multivariadas) para determinar como tal variação afeta a resposta.

Em outras palavras, a estatística é importante no aprendizado de máquina porque transmite a ideia de que as características têm uma distribuição. Distribuição implica em variação, uma quantificação de informações — quanto mais variância em suas características, mais informações podem ser combinadas com a resposta para extrair uma regra a partir de certos tipos de informação para respostas específicas. Você pode, então, usar a estatística para avaliar a qualidade de sua matriz de características e até usar medidas estatísticas para construir algoritmos de aprendizado de máquina eficazes, conforme discutido mais adiante no livro, em que operações em matrizes, amostragem de distribuições, estatística e probabilidade contribuem para soluções e fazem os computadores aprender a partir dos dados.

NESTE CAPÍTULO

» Entenda como o aprendizado de máquina funciona nos bastidores

» Reconheça as diferentes partes de um processo de aprendizado

» As funções de erro mais comuns

» Decida qual função de erro é a melhor para seu problema

» Os passos da otimização do aprendizado de máquina ao se usar gradiente descendente

» Diferencie aprendizado em lote, mini-lote e online

Capítulo **10**

Descendo a Curva Certa

O Aprendizado de máquina pode parecer uma espécie de truque de mágica para qualquer iniciante na disciplina — algo a esperar de qualquer aplicação da descoberta científica avançada, conforme Arthur C. Clarke, futurista e autor de histórias de ficção científica populares (uma das quais se tornou o memorável filme *2001: Uma Odisseia no Espaço*), expressou com sua terceira lei, dizendo: *Qualquer tecnologia suficientemente avançada é indistinguível da mágica*. No entanto, o aprendizado de máquina não é mágica. É a aplicação de formulações matemáticas ao processo de aprendizagem humano.

Esperando que o próprio mundo seja uma representação de formulações matemáticas e estatísticas, os algoritmos de aprendizado de máquina se esforçam para aprender sobre elas a partir de um número limitado de observações. Assim como não é preciso ver todas as árvores do mundo para aprender a reconhecer uma (porque os seres humanos conseguem entender as características distintivas das árvores), os algoritmos de aprendizado de máquina usam o poder computacional e a ampla disponibilidade de dados sobre tudo para aprender a resolver um grande número de problemas.

Embora o aprendizado de máquina seja inerentemente complexo, os seres humanos o inventaram, e, no início, ele simplesmente começou a imitar o modo de aprendermos com o mundo. Podemos expressar problemas de dados simples e algoritmos de aprendizado básicos como uma criança percebe e entende o mundo, ou resolver um problema de aprendizado desafiador usando a analogia de descer do topo de uma montanha pegando a ladeira certa. Este capítulo o ajuda a entender o aprendizado de máquina como tecnologia, e não como mágica. Para isso, as seções a seguir oferecem alguma teoria básica e, então, se aprofundam em alguns problemas simples que a demonstram.

O Aprendizado Como Otimização

Existem muitos tipos de aprendizado, dependendo do algoritmo e de seus objetivos. É possível dividir os algoritmos de aprendizado de máquina em três grupos principais, baseados em sua finalidade:

- » Aprendizado supervisionado
- » Aprendizado não supervisionado
- » Aprendizado por reforço

Aprendizado supervisionado

O *aprendizado supervisionado* ocorre quando um algoritmo aprende a partir de dados de exemplo e respostas-alvo associadas que consistem de valores numéricos ou rótulos de string, como classes ou etiquetas, para prever a resposta correta diante de novos exemplos. A estratégia supervisionada é semelhante à aprendizagem humana sob a supervisão de um professor. O professor dá bons exemplos para o aluno memorizar e, então, esse infere regras gerais a partir desses exemplos específicos. Você precisa distinguir entre problemas de regressão, cujo alvo é um valor numérico, e de classificação, cujo alvo é uma variável qualitativa, como uma classe ou etiqueta. Com relação aos exemplos usados no livro, uma tarefa de regressão determina os preços médios de casas na região de Boston, e uma tarefa de classificação diferencia entre tipos de flores de íris com base nas medidas de suas sépalas e pétalas.

Aprendizado não supervisionado

A *aprendizado não supervisionado* ocorre quando um algoritmo aprende a partir de exemplos claros, sem nenhuma resposta associada, deixando o algoritmo determinar os padrões de dados por conta própria. Esse tipo de algoritmo tende a reestruturar os dados em algo diferente, como novas características que representam uma classe ou uma nova série de valores não correlacionados. São muito úteis para dar ideias às pessoas sobre o significado dos dados e novas entradas para algoritmos de aprendizado de máquina supervisionados. Como tipo de aprendizado, se assemelham aos métodos utilizados pelos seres humanos para descobrir que certos objetos ou eventos pertencem à mesma classe, como ao observar o grau de semelhança entre eles. Alguns sistemas de recomendação encontrados na web em forma de automação de marketing são baseados nesse tipo de aprendizado. O algoritmo de automação de marketing infere suas sugestões a partir do que você comprou no passado. As recomendações são baseadas em uma estimativa sobre o grupo de consumidores a que você mais se assemelha e é feita a inferência de suas prováveis preferências com base nesse grupo.

Aprendizado por reforço

A *aprendizado por reforço* ocorre quando você apresenta ao algoritmo exemplos que não têm rótulos, como no aprendizado não supervisionado. Contudo, um exemplo pode ser acompanhado de retorno positivo ou negativo, de acordo com a solução proposta pelo algoritmo. O aprendizado por reforço está ligada às aplicações para as quais o algoritmo precisa tomar decisões (para que o produto seja prescritivo, e não apenas descritivo, como na aprendizado não supervisionado), e as decisões geram consequências. No mundo humano, é como a aprendizagem por tentativa e erro. Os erros o ajudam a aprender porque apresentam uma penalidade (custo, perda de tempo, pesar, dor etc.), ensinando-o que certo procedimento tem menos probabilidade de sucesso que outros. Um exemplo interessante de aprendizado por reforço ocorre quando os computadores aprendem a jogar videogames sozinhos. Nesse caso, um aplicativo apresenta ao algoritmo exemplos de soluções específicas, como o jogador ficando preso em um labirinto enquanto evita um inimigo. O aplicativo permite que o algoritmo saiba o resultado das ações que toma, e a aprendizagem ocorre enquanto ele tenta evitar o que descobre ser perigoso e procura sobreviver. Você pode ver como o DeepMind do Google criou um programa de aprendizado por reforço que joga antigos videogames da Atari em `https://www.youtube.com/watch?v=V1eYniJ0Rnk` [conteúdo em inglês]. Ao assistir ao vídeo, observe como inicialmente o programa é desajeitado e inábil, mas melhora constantemente com o treinamento, até se tornar campeão.

O processo de aprendizado

Mesmo o aprendizado supervisionado sendo a mais popular e frequentemente usada dos três tipos, todos os algoritmos de aprendizado de máquina respondem à mesma lógica. A ideia central é que é possível representar a realidade usando uma função matemática que o algoritmo não conhece antecipadamente, mas pode adivinhar depois de ter visto alguns dados. Você expressa a realidade e toda sua desafiadora complexidade em termos de funções matemáticas desconhecidas que os algoritmos de aprendizado de máquina descobrem e tornam vantajosas. Esse conceito é a ideia central de todos os tipos de algoritmos de aprendizado de máquina. Para criar exemplos claros, este capítulo se concentra na classificação supervisionada como o mais emblemático de todos os tipos de aprendizado e dá explicações de seu funcionamento interno, que depois são estendidas a outros tipos de aprendizado.

O objetivo de um classificador supervisionado é atribuir uma classe a um exemplo depois de ter examinado algumas qualidades dele. Tais qualidades são denominadas *características* e podem ser quantitativas (valores numéricos) ou qualitativas (rótulos de string). Para atribuir classes corretamente, o classificador deve primeiro examinar detidamente certo número de exemplos conhecidos (que já têm uma classe atribuída), cada um acompanhado pelos mesmos tipos de características dos exemplos que não têm classes. A fase de treinamento envolve a observação de muitos exemplos por parte do classificador, o que o ajuda a aprender para dar uma resposta em termos de uma classe quando vir um exemplo sem classe posteriormente.

Para ter uma ideia do que acontece no processo de treinamento, imagine uma criança aprendendo a distinguir árvores de outros objetos. Antes que faça isso de forma independente, um professor apresenta a ela certo número de imagens de árvore, com todos os fatos que tornam uma árvore distinguível de outros objetos do mundo. Tais fatos podem ser características como seu material (madeira), sua constituição (tronco, ramos, folhas, raízes) e a localização (plantada no solo). A criança formula uma ideia de como é uma árvore comparando as características que vê nela com as imagens de objetos diferentes, como móveis que são feitos de madeira, mas não compartilham outras qualidades com uma árvore.

Um classificador de aprendizado de máquina funciona da mesma forma. Ele constrói suas capacidades cognitivas criando uma formulação matemática que inclui todas as características dadas, de um modo que cria uma função que diferencia uma classe de outra. Imagine que exista uma formulação matemática, também chamada de *função-alvo*, para expressar as qualidades de uma árvore. Nesse caso, um classificador de aprendizado de máquina procura sua representação como réplica ou aproximação (uma função diferente que atua da mesma forma). Expressar tal formulação matemática é a capacidade de representação do classificador.

LEMBRE-SE

Do ponto de vista da matemática, você pode expressar o processo de representação no aprendizado de máquina usando o termo equivalente: *mapeamento*. O mapeamento acontece quando você descobre a construção de uma função observando suas saídas. No aprendizado de máquina, um mapeamento bem-sucedido é semelhante a uma criança internalizando a noção de objeto. Ela entende as regras abstratas derivadas dos fatos do mundo de forma eficiente, de modo que, quando vê uma árvore, por exemplo, a reconhece imediatamente.

Tal representação (regras abstratas derivadas de fatos do mundo real) é possível porque o algoritmo de aprendizado tem muitos parâmetros internos (constituídos de vetores e matrizes de valores), os quais equivalem à memória do algoritmo para ideias convenientes para sua atividade de mapeamento, que conecta características com as classes de resposta. As dimensões e o tipo dos parâmetros internos delimitam os tipos de funções-alvo que um algoritmo pode aprender. Um mecanismo de otimização nele muda os valores iniciais dos parâmetros durante a aprendizagem para representar a função oculta do alvo.

Durante a otimização, o algoritmo pesquisa combinações dentre as possíveis variantes de seu parâmetro, para encontrar a que melhor permita o mapeamento correto entre as características e as classes durante o treinamento. Esse processo avalia muitas funções-alvo em potencial entre as que o algoritmo de aprendizado pode supor. O conjunto de todas as funções em potencial que o algoritmo de aprendizado pode descobrir é denominado *espaço de hipótese*. Você pode chamar o classificador resultante com todos os seus parâmetros definidos de *hipótese*, um modo de dizer no aprendizado de máquina que o algoritmo tem parâmetros definidos para replicar a função-alvo e agora está pronto para fazer classificações corretas (um fato demonstrado posteriormente).

LEMBRE-SE

O espaço de hipótese deve conter todas as variantes do parâmetro de todos os algoritmos de aprendizado de máquina que você quer testar para mapear em uma função desconhecida ao resolver um problema de classificação. Diferentes algoritmos têm espaços de hipótese distintos. O que realmente importa é que o espaço de hipótese contém a função-alvo (ou sua aproximação, que é uma função diferente, porém similar).

Você pode imaginar essa fase como o momento em que uma criança, se esforçando para fazer a própria ideia de árvore, experimenta muitas ideias criativas diferentes, reunindo o próprio conhecimento e experiências (uma analogia das características dadas). Naturalmente, os pais estão envolvidos nessa fase e fornecem informações ambientais relevantes. No aprendizado de máquina, alguém precisa fornecer os algoritmos de aprendizado corretos, alguns parâmetros que não podem ser aprendidos (chamados de *hiperparâmetros*), escolher um conjunto de exemplos para o aprendizado e selecionar as características que acompanham os exemplos. Assim como uma criança nem sempre consegue aprender a distinguir o certo e o errado sozinha, os algoritmos de aprendizado de máquina precisam de seres humanos para ter êxito em aprender.

Mesmo depois de concluir o processo de aprendizado, muitas vezes um classificador de aprendizado de máquina não consegue mapear inequivocamente os exemplos na função de classificação alvo, porque muitos mapeamentos falsos e errôneos também são possíveis, como mostrado na Figura 10-1. Em muitos casos, o algoritmo não tem pontos de dados suficientes para descobrir a função correta. Ruído misturado aos dados também causa problemas, como mostrado na Figura 10-2.

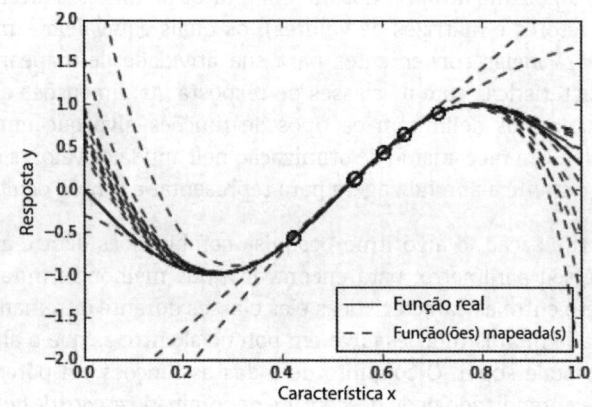

FIGURA 10-1: A falta de evidência torna difícil mapear a função-alvo.

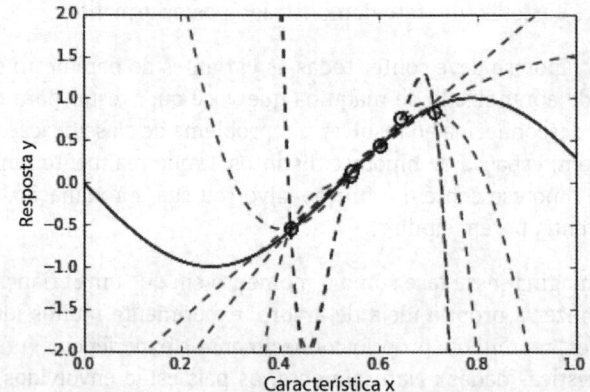

FIGURA 10-2: Ruído pode causar divergências nos pontos de dados.

LEMBRE-SE

No mundo real, o ruído é a norma. Muitos fatores externos e erros que ocorrem ao se registrar dados distorcem os valores das características. Um bom algoritmo de aprendizado de máquina distingue os sinais mapeados na função-alvo dos ruídos externos.

Explore as Funções de Custo

A motivação por trás da otimização no aprendizado de máquina é a resposta de uma função interna do algoritmo, chamada de *função de custo*. Você poderá ver outros termos usados em alguns contextos, como *função de perda, função objetivo, função de escore* ou *função de erro*, mas a função de custo é uma função de avaliação que mede a eficiência com que o algoritmo de aprendizado de máquina mapeia a função-alvo que se esforça para adivinhar. Além disso, uma função de custo determina o desempenho de um algoritmo de aprendizado de máquina em uma previsão supervisionada ou em um problema de otimização não supervisionado.

A função de avaliação compara as previsões do algoritmo com o resultado real registrado do mundo real. A comparação de uma previsão em relação a seu valor real usando uma função de custo determina o grau de erro do algoritmo. Como se trata de uma formulação matemática, a função de custo expressa o grau de erro em forma numérica, mantendo com isso os erros baixos. A função de custo transmite o que é realmente importante e significativo para suas finalidades no algoritmo de aprendizado. Como resultado, você deve escolher ou definir precisamente a função de custo com base no entendimento do problema que deseja resolver ou no nível de realização que deseja atingir.

Como exemplo, ao considerar a previsão do mercado de ações, a função de custo expressa a importância de evitar previsões incorretas. Nesse caso, você quer ganhar dinheiro evitando grandes perdas. Na previsão de vendas a preocupação é diferente, pois você precisa reduzir o erro em soluções comuns e frequentes, não nas raras e excepcionais, portanto, você usa uma função de custo diferente.

Quando o problema é prever quem provavelmente terá certa doença, você valoriza algoritmos que conseguem alta probabilidade de selecionar pessoas com as mesmas características e que realmente ficaram doentes. Com base na gravidade da doença, você pode preferir que o algoritmo escolha erroneamente algumas pessoas que não ficaram doentes, em vez das que ficaram.

É a função de custo que determina o sucesso de uma aplicação de aprendizado de máquina. Ela é tão crítica para o processo de aprendizado quanto a representação (a capacidade de aproximar certas funções matemáticas) e a otimização (como os algoritmos de aprendizado de máquina definem seus parâmetros internos). A maioria dos algoritmos otimiza as próprias funções de custo, e você tem poucas escolhas, a não ser aplicá-las como são. Alguns algoritmos permitem escolher dentre certo número de funções possíveis, oferecendo mais flexibilidade. Quando um algoritmo usa uma função de custo diretamente no processo de otimização, a função é usada internamente. Dado que os algoritmos são configurados para trabalhar com certas funções de custo, o objetivo da otimização pode diferir de seu objetivo desejado. Nesse caso, você mede os resultados usando uma função de custo externa que, por clareza de terminologia, chama-se *função de erro*, *função de perda* (se precisa ser minimizada) ou *função de escore* (se precisa ser maximizada).

DICA

Com relação a seu alvo, uma boa prática é definir a função de custo que funciona melhor para resolver seu problema e, então, descobrir quais algoritmos funcionam melhor para otimizar a definição do espaço de hipótese que deseja testar. Ao trabalhar com algoritmos que não permitem a função de custo desejada, você ainda influencia o processo de otimização indiretamente, corrigindo seus hiperparâmetros e selecionando características de entrada em relação à função de custo. Por fim, quanto tiver reunido todos os resultados do algoritmo, você os avalia com a função de custo escolhida e, então, opta pela hipótese final com o melhor resultado da função de erro escolhida.

Quando um algoritmo aprende a partir de dados, a função de custo conduz o processo de otimização mostrando as alterações nos parâmetros internos mais favoráveis para fazer previsões melhores. A otimização continua à medida que a resposta da função de custo melhora, iteração após iteração. Quando a resposta para ou piora, é hora de interromper o ajuste dos parâmetros do algoritmo, porque a partir daí ele provavelmente não obterá resultados melhores para a previsão. Quando o algoritmo funciona em novos dados e faz previsões, a função de custo avalia se ele funciona corretamente e é eficaz.

LEMBRE-SE

Decidir sobre a função de custo é uma atividade subestimada no aprendizado de máquina. Trata-se de uma tarefa fundamental, pois determina como o algoritmo se comporta após o aprendizado e como trata do problema que você quer resolver. Nunca dependa das opções padrão, mas sempre se pergunte o que quer obter usando aprendizado de máquina e verifique qual função de custo representa melhor a concretização.

DICA

Na Parte 4 você aprende sobre alguns algoritmos de aprendizado de máquina, e na Parte 5 vê como aplicar a teoria a problemas reais, com problemas de classificação para categorizar texto e sentimentos. Se precisar escolher uma função de custo, explicações e exemplos de aprendizado de máquina apresentam uma variedade de funções de erro para regressão e classificação, compreendendo erros de raiz média quadrática, perda de log, precisão, recordação e área sob a curva (ASC). (Não se preocupe se esses termos não são muito claros agora, eles serão explicados nas partes 4 e 5.)

Desça a Curva do Erro

O algoritmo de gradiente descendente oferece um exemplo perfeito de como o aprendizado de máquina funciona e resume os conceitos expressos até aqui no livro, pois é possível fornecê-lo com uma imagem intuitiva, e não apenas com uma formulação matemática. Além disso, embora seja apenas um de muitos métodos possíveis, o gradiente descendente é uma estratégia amplamente usada, aplicada a uma série de algoritmos de aprendizado de máquina apresentados no livro, como modelos lineares, redes neurais e máquinas baseadas em algoritmo de aumento de gradiente (gradient boosting).

O gradiente descendente calcula uma solução a partir de uma solução aleatória, dado um conjunto de parâmetros (uma matriz de dados constituída de características e uma resposta). Então passa por várias iterações, usando o retorno da função de custo, mudando, assim, seus parâmetros com valores que melhoram a solução aleatória inicial gradualmente e diminuem o erro. Mesmo que a otimização exija um grande número de iterações antes de obter um bom mapeamento, ela conta com alterações que melhoram a função de custo de resposta ao máximo (menor erro) durante cada iteração. A Figura 10-3 mostra um exemplo de processo de otimização complexo, com muitos mínimos locais (os pontos mínimos na curva, marcados com letras) em que o processo fica travado (não continua depois da profundidade mínima, marcada com um asterisco) e não pode continuar sua descida.

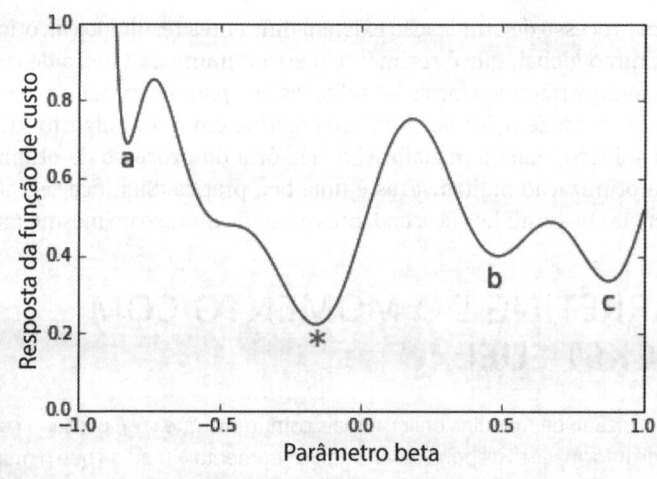

FIGURA 10-3: Uma representação de dados de parâmetro em relação à saída da função de custo.

Você pode visualizar o processo de otimização como uma caminhada na montanha, com os parâmetros sendo os diferentes caminhos para descer até o vale. A cada passo ocorre uma otimização de gradiente descendente. A cada iteração, o algoritmo escolhe o caminho que reduz o erro ao máximo, independente da direção tomada. A ideia é a de que, se os passos não forem muito grandes (fazendo o algoritmo pular sobre o alvo), seguir sempre na trajetória mais descendente resultará em encontrar o lugar mais baixo. Infelizmente, esse resultado nem sempre ocorre, porque o algoritmo chega a vales intermediários, dando a ilusão de que atingiu o alvo. Contudo, na maioria dos casos o gradiente descendente leva o algoritmo de aprendizado de máquina a descobrir a hipótese correta para mapear o problema com sucesso. A Figura 10-4 mostra como um ponto de partida diferente faz a diferença. O ponto de partida x1 termina voltado para um mínimo local, enquanto os pontos x2 e x3 atingem o mínimo global.

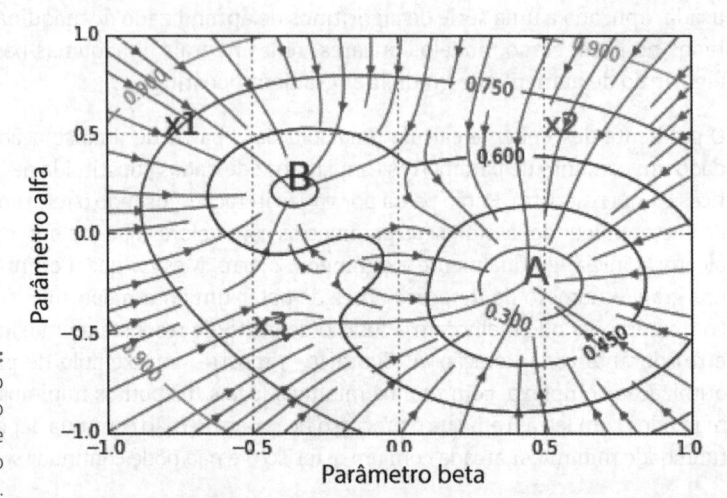

FIGURA 10-4:
Visualizando
o efeito do
ponto de
partida no
resultado.

DICA

Em um processo de otimização existem diferentes resultados da otimização. Há um mínimo global, que é realmente o erro mínimo da função de custo, e pode haver muitos mínimos locais — soluções que *parecem* produzir o erro mínimo, mas não produzem (os vales intermediários em que o algoritmo fica preso). Como solução, dada a inicialização aleatória do processo de otimização, realizar a otimização muitas vezes é uma boa prática. Significa tentar diferentes sequências de caminhos descendentes e não ficar preso no mesmo mínimo local.

MARKETING DO MOMENTO COM ROCKET FUEL

O aprendizado de máquina online é mais comum do que você pensa. O constante fluxo de informações disponíveis na internet aumenta à medida que o mundo se torna mais digital. Uma das aplicações mais interessantes que apresentam aprendizado de máquina online é a Rocket Fuel (`http://rocketfuel.com/`), que oferece uma plataforma programática de comércio prática e única.

O comércio programático envolve comprar grandes volumes de bens ou serviços automaticamente, com base em uma combinação de transações feitas por máquina, algoritmos e dados. Quando usado para anúncios, o setor no qual a Rocket Fuel opera, seu objetivo é alinhar o lado da venda, representado por publicadores online (sites em que os anúncios são colocados), com o lado da compra, representado por anunciantes e agências de publicidade. Essa estratégia ajuda os anúncios a chegar aos interessados (`http://rocketfuel.com/programmatic-marketing-platform/` [conteúdo em inglês]).

Atualização por Minilote e Online

O aprendizado de máquina se reduz a um problema de otimização no qual você procura um mínimo global, dada certa função de custo. Consequentemente, calcular uma otimização usando todos os dados disponíveis claramente é uma vantagem, pois permite fazer uma verificação, iteração por iteração, para determinar a quantidade de minimização em relação a todos os dados. Esse é o motivo pelo qual a maioria dos algoritmos de aprendizado de máquina prefere usar todos os dados disponíveis, e os querem acessíveis dentro da memória do computador.

As técnicas de aprendizado baseadas em algoritmos estatísticos usam cálculo e álgebra de matriz, e precisam de todos os dados na memória. Os algoritmos mais simples, como aqueles baseados em uma busca passo a passo pela próxima melhor solução, passando de iteração para iteração através de uma solução parcial (como o gradiente descendente discutido na seção anterior), obtêm uma vantagem ao desenvolver uma hipótese baseada em todos os dados, pois capturam sinais mais fracos imediatamente e não são enganados por ruídos.

Ao lidar com dados dentro dos limites da memória do computador (supondo cerca de 4–8GB), você opera na *memória principal*. A maioria dos problemas de aprendizado de máquina é resolvida com essa estratégia. Os algoritmos que trabalham com ela são denominados *algoritmos de lote*, pois, como em uma fábrica, onde as máquinas processam lotes de materiais, eles aprendem a manusear e a prever um lote de dados por vez, representado por uma matriz.

Contudo, às vezes os dados não cabem na memória principal porque são grandes demais. Dados derivados da web são um exemplo típico de informação que não cabe facilmente na memória. Além disso, dados gerados por sensores, dispositivos de monitoramento, satélites e monitoramento por vídeo são frequentemente problemáticos por causa de suas dimensões, quando comparadas à memória RAM do computador. No entanto, eles podem ser armazenados facilmente em um disco rígido, dada a disponibilidade de dispositivos de armazenamento grandes e baratos que facilmente aceitam terabytes de dados.

Algumas estratégias salvam o dia quando os dados são grandes demais para caber na memória padrão de um computador. Uma primeira solução que você pode tentar é a subamostra. Os dados são reformulados por uma seleção de casos (e, às vezes, até características) com base na amostragem estatística, em uma matriz de dados gerenciável e reduzida. Claramente, reduzir o volume dos dados nem sempre fornece exatamente os mesmos resultados de quando são analisados globalmente. Trabalhar em menos dados que os disponíveis até produz modelos menos poderosos. Apesar disso, se a subamostragem for executada corretamente, a estratégia poderá gerar resultados quase equivalentes e ainda confiáveis. Uma subamostragem bem-sucedida deve usar corretamente a amostragem estatística, empregando extrações de amostra aleatórias ou estratificadas.

LEMBRE-SE

Na amostragem aleatória você cria uma amostra escolhendo aleatoriamente os exemplos que aparecem como parte da amostra. Quanto maior a amostra, mais provável que se assemelhe à estrutura e à variedade dos dados, mas mesmo com poucos exemplos extraídos, frequentemente os resultados são aceitáveis, tanto em termos de representação dos dados originais quanto para propósitos de aprendizado de máquina.

LEMBRE-SE

Na amostragem estratificada você controla a distribuição final da variável-alvo ou de certas características nos dados que considera críticos para a replicação bem-sucedida das qualidades de seus dados completos. Um exemplo clássico é extrair uma amostra em uma sala de aula constituída de diferentes proporções de homens e mulheres para adivinhar a altura média. Se, em média, as mulheres são mais baixas e em menor proporção que os homens, você quer extrair uma amostra que replique a mesma proporção para obter uma estimativa confiável da altura média. Se, por engano, você amostrar apenas homens, superestimará a altura média. Usar percepção anterior com amostragem (como saber que o gênero importa na suposição da altura) ajuda muito na obtenção de amostras convenientes para o aprendizado de máquina, como explicado no Capítulo 11.

Depois de escolher uma estratégia de amostragem, você precisa extrair uma subamostra com exemplos suficientes, dadas suas limitações de memória, para representar a variedade dos dados. Dados com alta dimensionalidade, caracterizados por muitos casos e muitas características, são mais difíceis de subamostrar, pois precisam de uma amostra muito maior, a qual pode nem mesmo caber em sua memória principal.

Além da subamostragem, uma segunda solução possível para encaixar dados na memória é aproveitar o *paralelismo de rede,* que divide os dados em vários computadores conectados a uma rede. Cada computador manipula parte dos dados para otimização. Depois que cada um termina seus cálculos e todos os trabalhos de otimização paralela são reduzidos a uma única elaboração, é conseguida uma solução.

Para entender como essa solução funciona, compare o processo de construção de um carro, peça por peça, usando apenas um trabalhador, com o processo tendo vários funcionários trabalhando separadamente em grupos de peças de carro — deixando um funcionário fazer a montagem final. Além de ter uma execução de montagem mais rápida, você não precisa manter todas as peças na fábrica ao mesmo tempo. Analogamente, você não precisa manter todas as partes dos dados em um único computador, mas pode tirar proveito de serem processadas separadamente em diferentes computadores, superando as limitações da memória principal.

Essa estratégia é a base da tecnologia mapReduce e das estruturas de grupo de computadores, Apache Hadoop e Apache Spark, que se concentram no mapeamento de um problema em várias máquinas e, por fim, reduzem suas saídas na solução desejada. Infelizmente não é possível dividir facilmente todos os algoritmos de aprendizado de máquina em processos separáveis, e esse problema limita o uso dessa estratégia. Mais importante, você encontra custos e sobrecarga de tempo significativos na configuração e na manutenção quando mantém uma rede de computadores prontos para tal processamento de dados, restringindo, assim, a aplicação dessa estratégia apenas às grandes organizações.

Uma terceira solução é contar com algoritmos de memória externa, que funcionam mantendo os dados no dispositivo de armazenamento e enviando-os em trechos para a memória do computador para processamento. O processo de envio é denominado *streaming.* Como os trechos são menores que a memória principal, o algoritmo pode manipulá-los corretamente e usá-los para atualizar a otimização do algoritmo de aprendizado de máquina. Após a atualização, o sistema os descarta para obter novos trechos, que o algoritmo usa para aprendizado. Esse processo prossegue repetidamente, até que não haja mais trechos. Os trechos podem ser pequenos (dependendo da memória principal), e o processo é chamado de *aprendizado em minilote,* ou podem até ser constituídos de apenas um exemplo, chamado de *aprendizado online.*

O gradiente descendente descrito anteriormente, assim como outros algoritmos iterativos, funciona bem com essa estratégia, contudo, chegar a uma otimização demora mais, porque o caminho do gradiente é mais errático e não linear, comparado a uma estratégia de lote. Comparado à versão na memória, o algoritmo chega a uma solução com menos cálculos.

Ao trabalhar com atualizações repetidas de seus parâmetros, com base em minilotes e exemplos simples, o gradiente descendente recebe o nome de *gradiente descendente estocástico.* Ele chegará a uma solução de otimização correta mediante dois pré-requisitos:

> » Os exemplos do streaming são extraídos aleatoriamente (daí o estocástico, lembrando a noção de extração aleatória de uma distribuição de exemplos).
>
> » Uma taxa de aprendizagem correta é definida como fixa ou flexível, de acordo com o número de observações ou outros critérios.

Desconsiderar o primeiro pré-requisito significa que você deve considerar também a ordem dos exemplos — às vezes, um efeito indesejável. A taxa de aprendizagem a torna mais ou menos aberta a atualizações, deixando-a mais ou menos flexível no tratamento das características dos exemplos que serão vistos mais adiante no streaming.

DICA

O parâmetro de aprendizado faz diferença na qualidade da otimização, pois uma taxa de aprendizagem alta, embora mais rápida, restringe os parâmetros aos efeitos de exemplos ruidosos ou errôneos no início do streaming. Uma taxa de aprendizagem alta também torna o algoritmo insensível às últimas observações do streaming, o que pode ser um problema quando o algoritmo aprende de fontes naturalmente evolutivas e mutantes, como os dados do setor da propaganda digital, em que novas campanhas de publicidade frequentemente começam mudando o nível de atenção e a resposta dos indivíduos-alvo.

Capítulo **11**

Validação do Aprendizado de Máquina

Ter exemplos (na forma de conjuntos de dados) e um algoritmo de aprendizado de máquina à mão não garante que é possível resolver um problema de aprendizado ou que os resultados fornecerão a solução desejada. Por exemplo, se quer que seu computador diferencie a foto de um cão da de um gato, pode fornecer a ele bons exemplos de cães e gatos. Então você treina um classificador de cães e gatos com base em algum algoritmo de aprendizado de máquina que gere a probabilidade de que determinada foto é de um cão ou de um gato. É claro que a saída é uma probabilidade — não a certeza absoluta de que a foto é de um cão ou de um gato.

Com base na probabilidade que o classificador relata, você determina a classe (cão ou gato) de uma foto de acordo com a probabilidade estimada, calculada pelo algoritmo. Quando a probabilidade é maior para um cão, você minimiza o risco de fazer uma avaliação errada escolhendo as chances mais altas a favor de um cão. Quanto maior a diferença de probabilidade entre a possibilidade de ser um cão do que um gato, maior a confiança que você tem em sua escolha. Provavelmente uma escolha próxima ocorre por causa de certa ambiguidade na foto (a foto não é clara ou o cão é parecido com um gato). Quanto a isso, ele pode nem mesmo ser um cão — e o algoritmo não sabe nada sobre guaxinins, o que a imagem realmente mostra.

Tal é o poder do treinamento de um classificador: você apresenta o problema; oferece os exemplos, cada um cuidadosamente marcado com o rótulo ou a classe que o algoritmo deve aprender; seu computador treina o algoritmo por um tempo, e, finalmente, você obtém um modelo resultante, o qual dá uma resposta ou a probabilidade. (Rotular é uma atividade desafiadora, conforme você descobre nos capítulos a seguir.) No final, uma probabilidade é apenas uma oportunidade (ou um risco, a partir de outra perspectiva) para propor uma solução e obter uma resposta correta. Neste ponto pode parecer que você tratou de cada questão e acredita que o trabalho terminou, mas ainda precisa validar os resultados. Este capítulo o ajuda a descobrir por que o aprendizado de máquina não é apenas uma atividade do tipo pressione o botão e esqueça.

Verificação de Erros Fora da Amostra

Quando você recebe os dados usados para treinar o algoritmo, eles são apenas uma amostra. A não ser em circunstâncias muito raras, os dados que recebe não são todos os que poderia obter. Por exemplo, se você recebe dados de vendas de seu departamento de marketing, não são todos os dados de vendas possíveis, pois, a não ser que as vendas tenham parado, sempre haverá novos dados representando vendas futuras.

Se seus dados ainda estiverem incompletos, você deve chamá-los de amostra. Uma amostra é uma seleção, e, como todas as seleções, os dados refletem diferentes motivações pelas quais alguém os selecionou dessa forma. Portanto, ao receber dados, a primeira questão a ser considerada é como alguém os discriminou. Se alguém os selecionou aleatoriamente, sem quaisquer critérios específicos, você pode esperar que, se as coisas não mudaram no passado, os dados futuros não vão diferir muito dos que tem à mão.

LEMBRE-SE

A estatística espera que o futuro não difira muito do passado. Assim, você baseia previsões futuras em dados passados, empregando a teoria da amostragem aleatória. Se seleciona exemplos indiscriminadamente, sem um critério, tem uma boa chance de fazer uma seleção de exemplos que não vão diferir muito dos exemplos futuros ou, em termos estatísticos, pode esperar que a distribuição de sua amostra atual seja muito parecida com a das amostras futuras.

Contudo, quando a amostra recebida é de algum modo especial, pode apresentar problemas no treinamento do algoritmo. De fato, dados especiais obrigam seu algoritmo a aprender um mapeamento para resposta diferente daquele criado para dados aleatórios. Como exemplo, se você recebe dados de vendas de apenas uma loja ou apenas das lojas de uma região (o que é uma amostra específica), o algoritmo não aprende a prever as vendas futuras de todas as lojas, de todas as regiões. A amostra específica causa problemas, porque outras lojas podem ser diferentes e seguir regras diversas das que você está observando.

LEMBRE-SE

Garantir que seu algoritmo aprenda corretamente com os dados é o motivo pelo qual você sempre deve verificar se ele aprendeu com dados *da amostra* (os dados usados para treinamento), testando sua hipótese em alguns dados fora dela. Dados *fora da amostra* são aqueles que você não tinha no momento do aprendizado e devem representar os tipos de dados necessários para criar previsões.

Busca da generalização

Generalização é a capacidade de aprender, com os dados disponíveis, as regras gerais que podem ser aplicadas a todos os outros dados. Portanto, dados fora da amostra se tornam essenciais para descobrir se o aprendizado com eles é possível e até que ponto.

Independente do tamanho de seu conjunto de dados na amostra, a tendência (também chamada de viés) criada por alguns critérios de seleção ainda torna altamente improvável ver exemplos semelhantes de forma frequente e sistemática na realidade. Por exemplo, na estatística há uma anedota sobre inferência a partir de amostras tendenciosas. Ela envolve a eleição presidencial de 1936, nos EUA, entre Alfred Landon e Franklin D. Roosevelt, na qual a *Literary Digest* usou informações de pesquisa de opinião tendenciosas para prever o vencedor.

Na época, a *Literary Digest*, uma revista respeitável e popular, fez uma pesquisa junto a seus leitores para determinar o próximo presidente dos Estados Unidos, uma prática que tinha êxito desde 1916. A resposta da pesquisa foi visivelmente a favor de Landon, com mais de 57% de consenso para o candidato. A revista também usou uma amostra tão grande — mais de 10 milhões de pessoas (com apenas 2,4 milhões respondendo) — que o resultado parecia incontestável: uma amostra grande, complementada por uma larga diferença entre o vencedor e o perdedor tende a não levantar muitas dúvidas. Apesar disso, a pesquisa foi um total fracasso. No final, a margem de erro foi de 19%, com Landon obtendo apenas 38% dos votos e Roosevelt, 62%. Essa margem é o maior erro já visto em uma pesquisa de opinião pública.

O que aconteceu? Bem, em suma, a revista pesquisou pessoas cujos nomes eram tirados de listas telefônicas dos Estados Unidos, da lista de assinaturas da revista e de listas de clubes e associações, reunindo mais de 10 milhões de nomes. Impressionante, mas no final da Grande Depressão, ter telefone, assinar uma revista ou fazer parte de um clube significava que você era rico, portanto, a amostra era constituída somente de eleitores abastados e ignorou completamente os de baixa renda, que representavam a maioria (resultando em uma seleção tendenciosa). Além disso, a pesquisa sofreu com respostas tendenciosas, pois apenas 2,4 milhões de pessoas responderam. As pessoas que respondem às pesquisas tendem a diferir daquelas que não respondem. (Você pode ler mais sobre a pesquisa falha da *Literary Digest* em `https://www.math.upenn.edu/~deturck/m170/wk4/lecture/case1.html` [conteúdo em inglês].) A magnitude do erro desse incidente em particular levou ao início de uma abordagem mais científica para a amostragem.

LEMBRE-SE

Tais exemplos clássicos de seleção tendenciosa ressaltam que, se o processo de seleção viciar uma amostra, o de aprendizado terá o mesmo vício. No entanto, às vezes a tendência é inevitável e difícil de identificar. Quando você pesca com rede, só consegue ver os peixes que capturou, e não os que passaram por ela.

Outro exemplo vem da Segunda Guerra Mundial. Na época, os projetistas aprimoravam constantemente os aviões de guerra dos EUA, colocando blindagem nas partes mais atingidas ao retornarem de bombardeios. Foi necessário o raciocínio do matemático Abraham Wald para indicar que, na verdade, eles precisavam reforçar os lugares que *não* tinham buracos de bala nos aviões que retornavam. Esse locais provavelmente eram tão importantes que um avião atingido ali não voltaria para casa e, consequentemente, ninguém poderia observar o dano (uma espécie de *viés de sobrevivência*, onde os sobreviventes distorcem os dados). O viés de sobrevivência ainda é um problema hoje. De fato, você lê sobre como essa história moldou o projeto do Facebook em `http://www.fastcodesign.com/1671172/how-a-story-from-world-war-ii-shapes-facebook-today` [conteúdo dos sites em inglês].

O raciocínio preliminar sobre seus dados e resultados de teste com exemplos fora da amostra o ajudam a identificar ou pelo menos ter uma intuição de possíveis problemas de amostragem. Contudo, receber novos dados fora da amostra frequentemente é difícil, dispendioso e exige investimento em termos de tempo. No exemplo anterior das vendas, você precisa esperar um longo tempo para testar seu modelo de previsão — talvez um ano inteiro —, a fim de descobrir se sua hipótese funciona. Além disso, aprontar os dados para uso consome bastante tempo. Por exemplo, ao rotular fotos de cães e gatos, você precisa despender tempo rotulando um número maior de fotos tiradas da web ou de um banco de dados.

Um possível atalho para evitar esforço adicional é obter exemplos fora da amostra a partir de sua amostra de dados disponível. Você reserva uma parte dela, separando dados de treinamento e teste, estipulados por tempo ou amostragem aleatória. Se o tempo é importante em seu problema (como no caso da previsão de vendas), você procura um rótulo de tempo para usar como separador. Os dados anteriores a certa data aparecem como dados da amostra; os dados depois dessa data aparecem como fora da amostra. O mesmo acontece quando você escolhe dados aleatoriamente: o que extraiu é apenas para treinamento; o que resta é dedicado a teste e serve como dados fora da amostra.

Conheça os Limites da Tendenciosidade

Agora que você sabe mais sobre as partes da amostra e fora da amostra de seus dados, também pode saber que o aprendizado depende muito dos dados da amostra. Essa parte de seus dados é importante, porque você quer descobrir um ponto de vista do mundo, e, assim como todos os pontos de vista, ele pode estar errado, distorcido ou apenas ser parcial. Você também sabe que precisa de um exemplo fora da amostra para verificar se o processo de aprendizado está funcionando. Contudo, esses aspectos formam apenas parte do quadro. Quando você faz um algoritmo de aprendizado de máquina trabalhar com dados para supor certa resposta, efetivamente faz uma aposta, não apenas por causa da amostra usada para aprendizagem. Há mais. Por enquanto, imagine que você tem acesso livre a dados da amostra convenientes e não tendenciosos, de modo que eles não são o problema. Em vez disso, você precisa se concentrar no método de aprendizagem e previsão.

Primeiro, você deve considerar que está apostando que o algoritmo advinha razoavelmente a resposta. Nem sempre é possível fazer essa suposição, pois não dá para descobrir certas respostas, independente do que se saiba antecipadamente. Por exemplo, não é possível determinar completamente o comportamento de seres humanos sabendo sua história e seu comportamento anteriores. Talvez esteja envolvido um efeito aleatório no processo gerador de nosso comportamento (nossa parte irracional, por exemplo) ou talvez a questão se reduza ao livre-arbítrio (o problema também é filosófico/religioso e há muitas opiniões discordantes). Consequentemente, você só supõe alguns tipos de respostas, e para muitas outras, como ao tentar prever o comportamento das pessoas, precisa aceitar certo grau de incerteza (a qual, com sorte, é aceitável para seus propósitos).

Segundo, você deve considerar a suposição de que a relação entre a informação de que dispõe e a resposta que deseja prever é expressa como algum tipo de fórmula matemática, e que seu algoritmo de aprendizado de máquina é capaz de adivinhá-la. A capacidade de um algoritmo de adivinhar a fórmula matemática por trás de uma resposta está intrinsecamente incorporada a seus elementos básicos. Alguns algoritmos advinham quase tudo, outros têm um conjunto de opções limitado. A faixa de formulações matemáticas possíveis que um algoritmo supõe é o conjunto de suas hipóteses. Consequentemente, uma hipótese é um algoritmo, especificado em todos os seus parâmetros e, portanto, capaz de uma única formulação.

A matemática é fantástica. Ela descreve muitas coisas do mundo real usando alguma notação simples e é a base do aprendizado de máquina, pois qualquer algoritmo de aprendizado tem certa capacidade de representar uma formulação matemática. Alguns algoritmos, como a regressão linear, usam explicitamente uma formulação matemática específica para representar como uma resposta (por exemplo, o preço de uma casa) se relaciona a um conjunto de informações preditivas (como dados do mercado, localização da casa, área da propriedade etc.).

Algumas formulações são tão complexas e confusas, que mesmo sendo possível representá-las no papel, fazer isso é difícil demais em termos práticos. Alguns algoritmos sofisticados, como as árvores de decisão (um assunto do próximo capítulo), não têm uma formulação matemática explícita, mas são tão adaptáveis que são facilmente definidos para se aproximar de uma ampla faixa de formulações. Como exemplo, considere uma formulação simples e facilmente explicada. A regressão linear é apenas uma linha em um espaço de coordenadas dado pela resposta e todos os previsores. No exemplo mais fácil você tem uma resposta, y, e um único previsor, x, com a formulação:

$$y = \beta_1 x_1 + \beta_0$$

Em uma situação simples de resposta prevista por uma única característica, tal modelo é perfeito quando seus dados se organizam como uma linha. No entanto, o que acontece se não se alinham e, em vez disso, se conformam a uma curva? Para representar a situação, observe as representações bidimensionais mostradas na Figura 11-1.

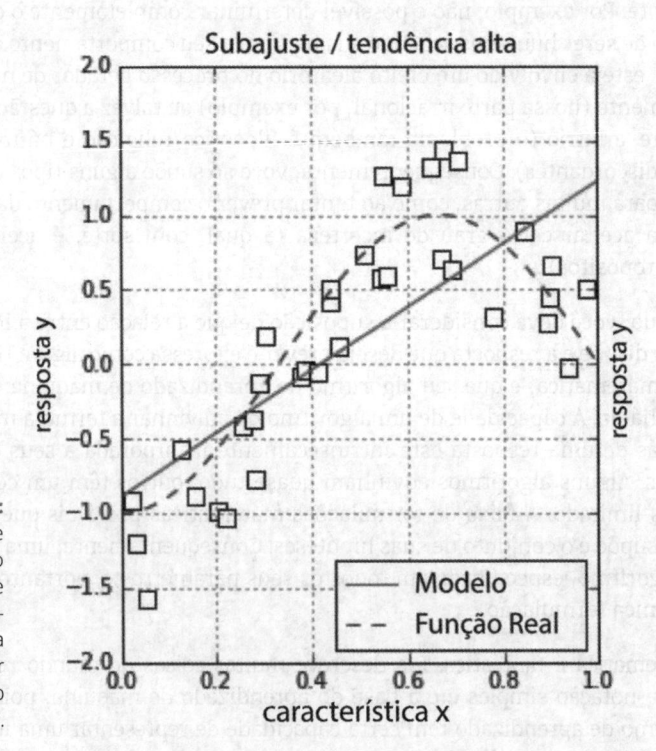

FIGURA 11-1: Exemplo de um modelo linear se esforçando para mapear uma função curva.

Quando os pontos lembram uma linha ou nuvem, alguns erros ocorrem ao se descobrir que o resultado é uma linha reta, portanto, o mapeamento fornecido pela formulação anterior é um tanto impreciso. Contudo, o erro não aparece sistematicamente, mas aleatoriamente, pois alguns pontos estão acima da linha mapeada, e outros, abaixo dela. A situação com a nuvem de pontos em forma curva é diferente, pois dessa vez a linha às vezes é exata, e em outras, sistematicamente errada. Às vezes os pontos estão sempre acima da linha, às vezes, abaixo dela.

LEMBRE-SE

Dada a simplicidade desse mapeamento da resposta, seu algoritmo tende a superestimar ou subestimar sistematicamente as regras reais por trás dos dados, representando sua tendência. A tendência é característica de algoritmos mais simples que não expressam formulações matemáticas complexas.

Lembre-se da Complexidade do Modelo

Assim como a simplicidade das formulações é um problema, contar automaticamente com o mapeamento de formulações muito complicadas nem sempre fornece uma solução. De fato, você não sabe a verdadeira complexidade do mapeamento de resposta exigido (como se ela se ajusta a uma linha reta ou curva). Portanto, assim como a simplicidade gera uma resposta inconveniente (veja a Figura 11-1), também é possível representar a complexidade nos dados com um mapeamento complexo demais. Nesse caso, o problema de um mapeamento complexo é que tem muitos termos e parâmetros — e em alguns casos extremos, seu algoritmo pode ter mais parâmetros do que exemplos de seus dados. Como é preciso especificar todos os parâmetros, o algoritmo começa a memorizar tudo que há nos dados — não apenas os sinais, mas também o ruído aleatório, os erros e todas as qualidades ligeiramente específicas de sua amostra.

Em alguns casos ele até memoriza os exemplos como são. Contudo, a menos que trabalhe em um problema com um número limitado de características simples, com poucos valores distintos (basicamente um conjunto de dados de brinquedo, isto é, com poucos exemplos e características, simples de lidar e ideal para exemplos), é muito improvável que encontre o mesmo exemplo duas vezes, dado o enorme número de combinações possíveis de todas as características disponíveis no conjunto de dados.

Quando a memorização acontece, você tem a ilusão de que tudo funciona bem, porque seu algoritmo de aprendizado de máquina parece ter ajustado os dados da amostra perfeitamente. Em vez disso, os problemas se tornam evidentes rapidamente quando você começar a fazê-lo trabalhar com dados fora da amostra e observa que produz erros em suas previsões, que mudam muito ao reaprender dos mesmos dados com uma abordagem um pouco diferente. O *sobreajuste* ocorre quando seu algoritmo aprendeu demais com seus dados, a ponto de mapear formas curvas e regras que não existem, como mostrado na Figura 11-2. Qualquer pequena mudança no procedimento ou nos dados de treinamento produz previsões erráticas.

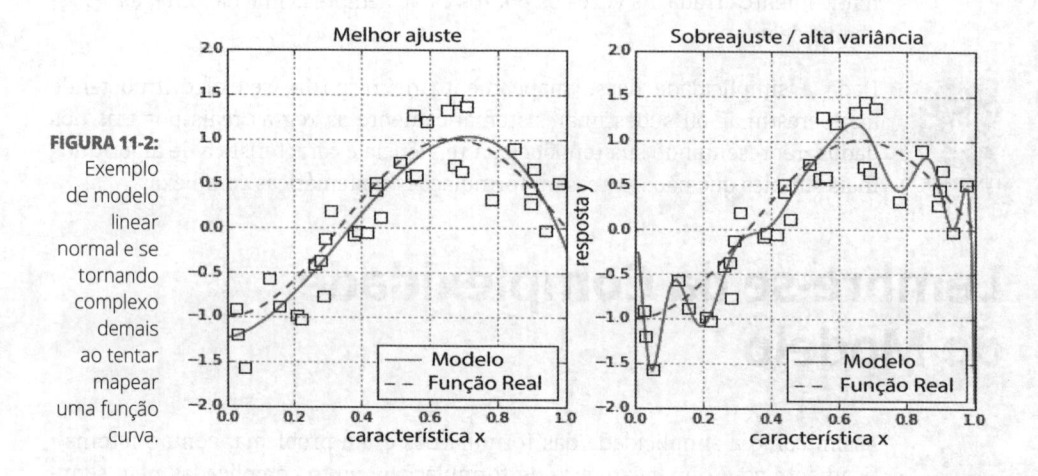

FIGURA 11-2: Exemplo de modelo linear normal e se tornando complexo demais ao tentar mapear uma função curva.

Mantenha Soluções Equilibradas

Para criar boas soluções, os modelos de aprendizado de máquina estabelecem um compromisso entre simplicidade (significando uma tendência mais forte) e complexidade (gerando uma variância de estimativas maior). Se pretende obter o melhor desempenho preditivo, precisa encontrar uma solução intermediária, entendendo o que funciona melhor, o que faz usando tentativa e erro em seus dados. Como são os dados que indicam a solução mais conveniente para o problema da previsão, você não tem nem uma panaceia nem uma solução recorrente fácil para resolver todos os seus dilemas de aprendizado de máquina.

LEMBRE-SE

Um teorema comumente referido no folclore da matemática é o teorema no-free-lunch (não existe almoço grátis), de David Wolpert e William Macready, que diz: "Quaisquer dois algoritmos de otimização são equivalentes quando seus desempenhos são medidos de todos os problemas possíveis." (Veja os detalhes em `https://en.wikipedia.org/wiki/No_free_lunch_theorem` [conteúdo em inglês].) Se os algoritmos são teoricamente equivalentes, nenhum é superior ao outro, a não ser que seja provado em um problema prático específico. (Veja a discussão em `http://www.no-free-lunch.org/` [conteúdo em inglês] para mais detalhes sobre teoremas no-free-lunch; dois deles usados para aprendizado de máquina.)

Em particular, em seu artigo "The Lack of A Priori Distinctions between Learning Algorithms", Wolpert discutiu o fato de que não há nenhuma distinção *a priori* entre os algoritmos, independente do quanto sejam simples ou complexos (o artigo está em `http://citeseerx.ist.psu.edu/viewdoc/summary?doi=10.1.1.51.9734` [conteúdo em inglês]). Os dados indicam o que funciona e quanto funciona bem. No fim, nem sempre se pode contar com apenas um algoritmo de aprendizado de máquina, mas é preciso testar muitos e encontrar o melhor para seu problema.

Além de ser levado à experimentação do aprendizado de máquina pelo princípio "tentar tudo" do teorema no-free-lunch, há outra regra prática a considerar: a navalha de Occam, atribuída a William de Occam, filósofo escolástico e teólogo que viveu no século XIV (veja os detalhes em `http://math.ucr.edu/home/baez/physics/General/occam.html` [conteúdo em inglês]). O princípio da navalha de Occam diz que as teorias devem ser reduzidas ao mínimo para representar a verdade de forma plausível (daí a navalha). O princípio não diz que soluções mais simples são melhores, mas que entre uma solução simples e uma complexa oferecendo o mesmo resultado, a mais simples é sempre preferida. O princípio está na base de nossa metodologia científica moderna, e até Albert Einstein parece ter se referido a ele muitas vezes, dizendo que "tudo deve ser o mais simples possível, mas não simplificado" (veja os detalhes em `http://quoteinvestigator.com/2011/05/13/einstein-simple/` [conteúdo em inglês]). Resumindo a evidência até aqui:

» Para obter a melhor solução de aprendizado de máquina, tente tudo que puder em seus dados e represente o desempenho dos dados com curvas de aprendizagem.

» Comece com modelos mais simples, como os lineares, e prefira sempre uma solução mais simples quando seu desempenho for praticamente o mesmo de uma solução complexa. Você tira proveito da escolha ao trabalhar com dados fora da amostra do mundo real.

» Sempre verifique o desempenho de sua solução usando exemplos fora da amostra, conforme discutido nas seções anteriores.

Representação de curvas de aprendizagem

Para visualizar até que ponto um algoritmo de aprendizado de máquina apresenta tendência ou variância com relação a um problema de dados, você pode usar um tipo de gráfico chamado curva de aprendizagem. *Curvas de aprendizagem* são quadros nos quais você representa o desempenho de um ou mais algoritmos de aprendizado de máquina com relação à quantidade de dados utilizados para treinamento. Os valores representados são as medidas de erro da previsão, e a métrica é mensurada como desempenho na amostra e com validação cruzada ou fora da amostra.

Se o gráfico representa desempenho no que tange à quantidade de dados, é um gráfico de curva de aprendizagem. Quando representa desempenho a respeito de hiperparâmetros diferentes ou a um conjunto de características aprendidas, selecionadas pelo modelo, é um gráfico de curva de validação. Para criar um gráfico de curva de aprendizagem, faça o seguinte:

» Divida os dados em conjuntos da amostra e fora da amostra (uma divisão de treinamento/teste de 70/30 funciona bem, ou pode usar validação cruzada).

» Crie partes dos dados de treinamento de tamanho crescente. Dependendo do tamanho dos dados disponíveis para treinamento, você pode usar partes de 10%, ou, se tiver muitos dados, aumente o número de exemplos em uma escala de potência, como 10^3, 10^4, 10^5, e assim por diante.

» Treine modelos nos diferentes subconjuntos dos dados. Teste e registre o desempenho nos mesmos dados de treinamento e no conjunto fora da amostra.

» Represente os resultados registrados em duas curvas, uma para os resultados da amostra e outra para os resultados fora da amostra (veja a Figura 11-3). Se, em vez de uma divisão treinamento/teste, você usou validação cruzada, também pode desenhar limites expressando a estabilidade do resultado em várias validações (intervalos de confiança), com base no desvio-padrão dos próprios resultados.

Em condições ideais, você deve obter duas curvas com diferentes pontos de erro iniciais: mais altos para os fora da amostra; mais baixos para os da amostra. À medida que o tamanho do conjunto de treinamento aumenta, a diferença no espaço entre os dois deve reduzir, até que em certo número de observações se torne próximo a um valor de erro comum.

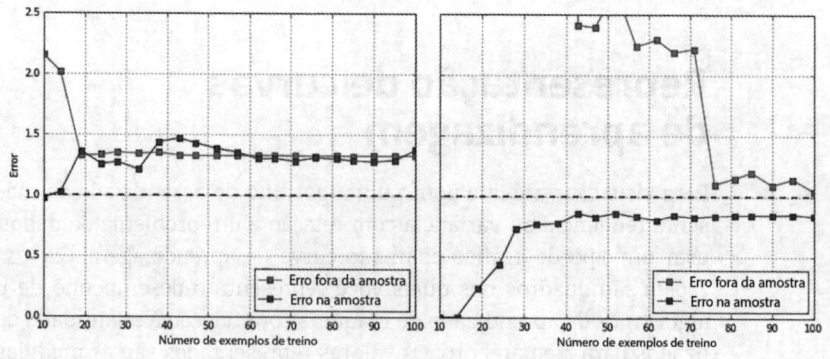

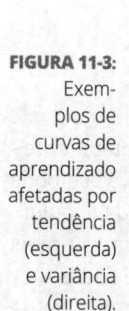

FIGURA 11-3: Exemplos de curvas de aprendizado afetadas por tendência (esquerda) e variância (direita).

Perceptivelmente, depois da impressão do gráfico, os problemas surgem quando:

» **As duas curvas tendem a convergir, mas você não pode ver no gráfico que elas se aproximam porque tem poucos exemplos.** Essa situação fornece um forte indício de que o tamanho do conjunto de dados deve ser aumentado, se quiser aprender com o algoritmo de aprendizado de máquina testado.

» **O ponto de convergência final entre as duas curvas tem erro alto; consequentemente, seu algoritmo é por demais tendencioso** . Adicionar exemplos não ajuda aqui, porque há uma convergência com o volume de dados disponíveis. Você deve aumentar o número de características ou usar um algoritmo de aprendizado mais complexo como solução.

» **As duas curvas não tendem a convergir porque a curva fora da amostra se comporta erraticamente.** Tal situação é claramente um sinal de alta variância das estimativas, a qual você reduz aumentando o número de exemplos (em certo número, o erro fora da amostra começará a diminuir novamente), reduzindo o número de características ou, às vezes, apenas corrigindo alguns parâmetros importantes do algoritmo de aprendizado.

A linguagem R não fornece uma implementação de curvas de aprendizagem (portanto, você precisa programar uma). O Python fornece curvas de aprendizagem como parte do pacote Scikit-learn, usando a função `learning_curve` que prepara todos os cálculos para você (veja os detalhes em `http://scikit-learn.org/stable/modules/generated/sklearn.learning_curve.learning_curve.html`) [conteúdo em inglês]. O exemplo do livro empacota a função convenientemente para fazer também a representação dos resultados, pois ela gera apenas uma sequência de vetores de resultados.

Treinamento, Validação e Teste

Em um mundo perfeito, você poderia fazer um teste em dados com os quais seu algoritmo de aprendizado de máquina nunca aprendeu. Contudo, esperar dados novos nem sempre é possível, em termos de tempo e custos. Como uma primeira solução simples, você pode dividir os dados aleatoriamente em conjuntos de treinamento e teste. A divisão comum é de 25% a 30% para teste e os 75% a 70% restantes para treinamento. Os dados compostos de resposta e características são divididos ao mesmo tempo, mantendo-se a correspondência entre cada resposta e suas características.

A segunda solução ocorre quando é preciso ajustar o algoritmo de aprendizado. Nesse caso, a divisão de teste dos dados não é uma boa prática, pois causa outro tipo de sobreajuste, chamado snooping (veja mais sobre isso adiante no capítulo). Para superar o snooping, você precisa de uma terceira divisão, chamada conjunto de validação. Uma divisão sugerida é particionar seus exemplos em três: 70% para treinamento, 20% para validação e 10% para teste.

A divisão deve ser feita aleatoriamente, isto é, independente da ordem inicial dos dados. Caso contrário, seu teste não será confiável, pois a ordem causaria *superestimação* (quando há alguma ordem significativa) ou *subestimação* (quando a distribuição difere muito). Assim como na solução, você deve garantir que a distribuição do conjunto de teste não seja muito diferente da distribuição de treinamento e que ocorra uma ordenação sequencial nos dados divididos. Por exemplo, verifique se números de identificação, quando disponíveis, são contínuos em seus conjuntos. Mesmo que obedeça rigorosamente à amostragem aleatória, nem sempre você pode obter distribuições semelhantes entre conjuntos, especialmente quando o número de seus exemplos é pequeno.

DICA

Quando o número de exemplos n é alto, como n>10 mil, você pode criar um conjunto de dados dividido aleatoriamente com muita confiança. Quando o conjunto de dados é menor, comparar estatísticas básicas, como média, moda, mediana e variância, entre a resposta e as características nos conjuntos de treinamento e teste, o ajudará a saber se o conjunto de teste é inadequado. Quando não tiver certeza se a divisão é correta, basta calcular uma nova.

Recorra à Validação Cruzada

Um problema notável da divisão de conjuntos treinamento/teste é que você introduz tendências em seu teste, porque reduz o tamanho de seus dados de treinamento da amostra. Ao dividi-los, deixa de fora do treinamento alguns exemplos úteis. Além disso, às vezes seus dados são tão complexos que um conjunto de teste, embora aparentemente semelhante ao de treinamento, não é realmente similar, porque as combinações de valores são diferentes (o que é típico em conjuntos de dados altamente dimensionais). Quando não há muitos exemplos, esses problemas são acrescidos da instabilidade dos resultados da amostragem. O risco de dividir os dados de um modo desfavorável também explica por que a divisão treinamento/teste não é a solução preferida pelos praticantes de aprendizado de máquina quando é preciso avaliar e ajustar uma solução.

A resposta é a validação cruzada baseada em k-conjuntos. Ela conta com a divisão aleatória, mas divide os dados em um número k de *conjuntos* (partes dos dados) de tamanho igual. Então cada um é oferecido como conjunto de teste, e os outros são usados para treinamento. Cada iteração usa um conjunto diferente como teste, o qual produz uma estimativa de erro. Após concluir o teste em um conjunto, com os outros usados como treinamento, é oferecido um conjunto sucessivo, diferente do anterior, e o procedimento é repetido para produzir outra estimativa de erro. O processo continua até que todos os k-conjuntos sejam usados uma vez como conjunto de teste e você tenha um número k de estimativas de erro que pode calcular em uma estimativa de erro média (o escore da validação cruzada) e um erro padrão das estimativas. A Figura 11-4 mostra como esse processo funciona.

	CONJUNTO 1	CONJUNTO 2	CONJUNTO 3	CONJUNTO 4	CONJUNTO 5
ITERAÇÃO 1	TREINO	TREINO	TREINO	TREINO	TESTE
ITERAÇÃO 2	TREINO	TREINO	TREINO	TESTE	TREINO
ITERAÇÃO 3	TREINO	TREINO	TESTE	TREINO	TREINO
ITERAÇÃO 4	TREINO	TESTE	TREINO	TREINO	TREINO
ITERAÇÃO 5	TESTE	TREINO	TREINO	TREINO	TREINO

DADOS PARTICIONADOS EM CONJUNTOS

FIGURA 11-4: Uma representação gráfica do funcionamento da validação cruzada.

Esse procedimento oferece as seguintes vantagens:

» Funciona bem, independente do número de exemplos, pois, aumentando o número de conjuntos usados, você aumenta o tamanho de seu conjunto de treinamento (k maior, conjunto de treinamento maior, tendenciosidade reduzida) e diminui o tamanho do conjunto de teste.

» Diferenças na distribuição de conjuntos individuais não importam muito. Quando um conjunto tem uma distribuição diferente, comparada com os outros, ele é usado apenas como conjunto de teste, e durante os testes restantes, é misturado com os outros como parte do treinamento.

» Você está testando todas as observações, portanto, verifica totalmente sua hipótese de aprendizado de máquina, usando todos os dados disponíveis.

» Tirando a média dos resultados, você pode esperar um desempenho preditivo. Além disso, o desvio-padrão dos resultados indica a variação a ser esperada nos dados reais fora da amostra. Uma variação mais alta nos desempenhos com validação cruzada o informa sobre dados extremamente diversificados que o algoritmo é incapaz de capturar corretamente.

LEMBRE-SE

Usar a validação cruzada de k-conjuntos é sempre a melhor escolha, a não ser que os dados que usa tenham algum tipo de ordem que importe. Por exemplo, eles poderiam envolver uma série de tempo, como vendas. Nesse caso, não deve ser usado um método de amostragem aleatória, mas sim uma divisão treinamento/teste baseada na sequência original para que a ordem seja preservada e você possa testá-la nos últimos exemplos dessa série ordenada.

Procure Alternativas na Validação

Existem algumas alternativas para a validação cruzada, todas derivadas da estatística. A primeira a considerar — mas somente se você tiver uma amostra constituída de poucos exemplos — é a validação cruzada LOOCV (leave-one-out cross-validation). Ela é análoga à validação cruzada de k-conjuntos, sendo a única diferença que k, o número de conjuntos, é exatamente n, o número de exemplos. Portanto, na LOOCV você constrói n modelos (os quais se tornam um número enorme quando existem muitas observações) e testa cada um em uma única observação fora da amostra. Além de usar muito poder de computação e exigir a construção de muitos modelos para testar a hipótese, o problema da LOOCV é que tende a ser pessimista (tornando a estimativa de erro maior). Também é instável para um número n pequeno, e a variância do erro é muito mais alta. Tudo isso torna a comparação de modelos difícil.

Outra alternativa da estatística é o bootstrap, um método há muito usado para estimar a distribuição amostral, que presumidamente não segue uma distribuição previamente assumida. O bootstrap funciona construindo várias amostras (quanto mais melhor) de tamanho n (o tamanho original da amostra) extraídas com repetição. *Extrair com repetição* significa que o processo pode extrair um exemplo várias vezes para usá-lo como parte da reamostragem de bootstrap, que tem a vantagem de ser um modo simples e eficiente de estimar a medida de erro verdadeira. De fato, as medidas de erro com bootstrap normalmente têm muito menos variância que as da validação cruzada. Por outro lado, a validação se torna mais complicada, devido à amostragem com substituição, de modo que sua amostra de validação vem de exemplos fora do bootstrap. Além disso, usar algumas amostras de treinamento repetidamente leva a certas tendências nos modelos construídos com bootstrap.

Se usar exemplos fora do bootstrap para teste, você observará que a amostra de teste poderá ter vários tamanhos, dependendo do número de exemplos únicos nela, provavelmente respondendo por cerca de um terço de seu tamanho original. O trecho de código em Python simples a seguir demonstra a simulação aleatória de certo número de bootstraps:

```
from random import randint
import numpy as np
n = 1000 # numero de exemplos
# seu conjunto de exemplos original
examples = set(range(n))
results = list()
for j in range(10000):
```

```
    # sua amostra com boostrap
    chosen = [randint(0,n) for k in range(n)]
    # fora da amostra
    results.append(((1000-len(set(choosen)&examples))
                    /float(n))
print ("Fora do boostrap: %0.1f %%" %
    (np.mean(results)*100))

Fora do boostrap: 36.8 %
```

A experiência exige algum tempo, e os resultados podem ser diferentes devido à natureza aleatória do experimento. Contudo, você verá uma saída em torno de 36,8%.

Otimização de Escolhas de Validação Cruzada

A capacidade de validar uma hipótese de aprendizado de máquina permite efetivamente a otimização do algoritmo escolhido. Conforme discutido nas seções anteriores, o algoritmo oferece a maior parte do desempenho preditivo em seus dados, devido à capacidade de detectar sinais deles e ajustar a verdadeira forma funcional da função preditiva sem sobreajustes ou muita variância das estimativas. Nem todo algoritmo de aprendizado de máquina é o mais adequado para seus dados, e não há um único algoritmo conveniente para cada problema. Fica por sua conta encontrar o correto para um problema específico.

Uma segunda fonte de desempenho preditivo são os próprios dados, quando apropriadamente transformados e selecionados para melhorar a capacidade de aprendizagem do algoritmo escolhido. O Capítulo 13, sobre pré-processamento de dados, discute a questão de transformar e selecionar dados.

A última fonte de desempenho deriva do ajuste dos *hiperparâmetros* do algoritmo, os que você decide antes que a aprendizagem aconteça e que não são aprendidos dos dados. Sua função é definir uma hipótese *a priori*, enquanto outros parâmetros a especificam *a posteriori*, depois que o algoritmo interage com os dados, e, usando um processo de otimização, descobrir que certos valores de parâmetro funcionam melhor para obter boas previsões. Nem todos os algoritmos de aprendizado de máquina exigem muito ajuste de hiperparâmetros, mas alguns dos mais complexos o fazem. Embora tais algoritmos ainda funcionem do jeito que são, puxar as alavancas certas faz uma grande diferença na precisão das previsões. Mesmo quando os hiperparâmetros não são aprendidos dos dados, você deve considerar os dados em que trabalha ao se decidir pelos hiperparâmetros, e deve fazer a escolha com base na validação cruzada e na avaliação cuidadosa das possibilidades.

LEMBRE-SE

Os algoritmos de aprendizado de máquina complexos, os mais expostos à variância de estimativas, apresentam muitas escolhas, expressas em um grande número de parâmetros. Mexer com eles os torna mais ou menos adaptados aos dados com os quais aprendem. Às vezes, mexer demais com os hiperparâmetros até faz com que o algoritmo detecte sinais falsos dos dados. Isso torna os hiperparâmetros uma fonte de variância despercebida, se começar a manipulá-los demais com base em alguma referência fixa, como um conjunto de teste ou um esquema de validação cruzada repetida.

DICA

O R e o Python oferecem funcionalidades de fatiamento que separam sua matriz de entrada em partes de treinamento, teste e validação. Em particular, para procedimentos de teste mais complexos, como validação cruzada ou bootstrap, o pacote Scikit-learn tem um módulo inteiro (`http://scikit-learn.org/stable/modules/classes.html#module-sklearn.cross_validation`), e o R tem um pacote especializado com funções para divisão de dados, pré-processamento e teste. O nome do pacote é caret (`http://topepo.github.io/caret/index.html` [conteúdo dos sites em inglês). Na Parte 5 deste livro você aprende a aplicar aprendizado de máquina a problemas reais, incluindo alguns exemplos práticos com esses dois pacotes.

Explore o espaço dos hiperparâmetros

As possíveis combinações de valores que os hiperparâmetros formam tornam difícil decidir onde procurar otimizações. Conforme descrito ao discutirmos gradiente descendente, um espaço de otimização contém combinações de valores que funcionam melhor ou pior. Mesmo depois de encontrar uma boa combinação, você não tem certeza de que é a melhor opção. (É o problema de ficar preso nos mínimos locais ao minimizar o erro, descrito no Capítulo 10 ao falarmos sobre problemas do gradiente descendente.)

Como uma maneira prática de resolver esse problema, o melhor modo de verificar hiperparâmetros para um algoritmo aplicado a dados específicos é testar todos por validação cruzada e escolher a melhor combinação. Essa estratégia simples, chamada de busca em grade, oferece vantagens indiscutíveis, permitindo amostrar o intervalo de valores possíveis sistematicamente inseridos no algoritmo e identificar quando o mínimo geral acontece. Por outro lado, a busca em grade também tem sérios inconvenientes, pois usa muito poder de computação (essa tarefa pode ser executada facilmente em paralelo nos computadores multinúcleo modernos) e é bastante demorada. Além disso, testes sistemáticos e intensivos aumentam a possibilidade de incorrer em erro, porque alguns resultados de validação bons, mas falsos, são causados pelo ruído presente no conjunto de dados.

Existem algumas alternativas à busca em grade. Em vez de testar tudo, você pode explorar o espaço de valores de hiperparâmetro possíveis, guiado por técnicas de otimização não lineares computacionalmente pesadas e matematicamente complexas (como o método Nelder-Mead), usar uma estratégia bayesiana (onde o número de testes é minimizado pelo uso de resultados anteriores) ou usar busca aleatória.

Surpreendentemente, a busca aleatória funciona incrivelmente bem, é simples de entender e não é baseada apenas em sorte cega, embora inicialmente pareça que sim. De fato, o ponto principal da técnica é que, se você escolher testes aleatórios suficientes, terá muitas possibilidades de identificar os parâmetros corretos sem desperdiçar energia em testes de combinações ligeiramente diferentes de combinações com desempenho semelhante.

A representação gráfica mostrada na Figura 11-5 explica por que a busca aleatória funciona bem. Uma exploração sistemática, embora útil, tende a testar cada combinação, o que se transforma em desperdício de energia, caso alguns parâmetros não influenciem o resultado. Uma busca aleatória testa poucas combinações, mas mais no intervalo de cada hiperparâmetro, uma estratégia vencedora se, como frequentemente acontece, certos parâmetros são mais importantes que outros.

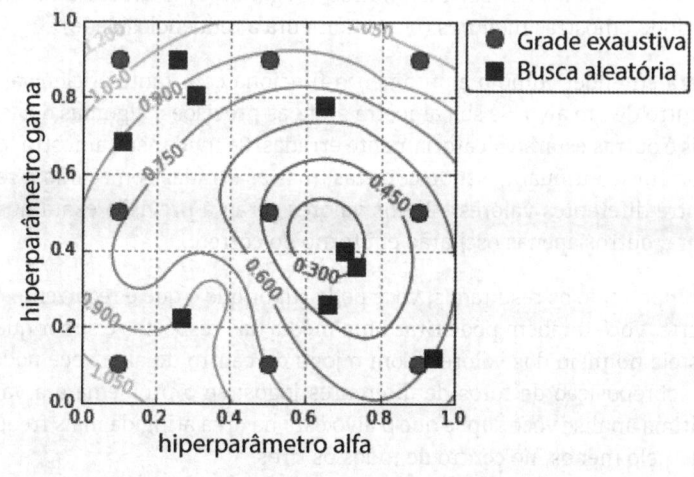

FIGURA 11-5: Comparando busca em grade com busca aleatória.

DICA

Para que a busca aleatória funcione bem, você deve fazer de 15 a, no máximo, 60 testes. Faz sentido contar com a busca aleatória se uma busca em grade exigir um número maior de experimentos.

Como Evitar Tendenciosidade de Amostra

Um último aspecto a incluir na visão geral da estratégia de validação para aprendizado de máquina deste capítulo é o exame de uma possível solução para o tendenciosidade de amostra. Ele pode ocorrer em seus dados antes que o aprendizado de máquina seja colocado em ação e causa alta variância das estimativas seguintes. Além disso, esta seção alerta sobre armadilhas de vazamento que ocorrem quando algumas informações fora da amostra passam para dados da amostra. Esse problema pode surgir quando você prepara os dados ou depois que seu modelo de aprendizado de máquina está pronto e funcionando.

A solução, chamada de ajuntamento de previsores, funciona perfeitamente quando sua amostra de treinamento não é completamente distorcida e sua distribuição é diferente da de fora da amostra, mas não de um modo irremediável, como quando todas as classes estão presentes, mas não na proporção correta (por exemplo). Nesses casos, seus resultados são afetados por certa variância das estimativas, que se pode estabilizar de várias maneiras: reamostrando, como no bootstrap; subamostrando (pegando uma amostra da amostra); ou usando amostras menores (o que aumenta a tendenciosidade).

Para entender como o ajuntamento funciona com tanta eficiência, visualize o centro de um alvo. Se sua amostra afeta as previsões, algumas delas serão exatas e outras estarão aleatoriamente erradas. Se mudar sua amostra, as previsões corretas continuarão sendo corretas, mas as erradas começarão a ser variações entre diferentes valores. Alguns valores serão a previsão exata que você procura, outros apenas oscilarão em torno do correto.

Comparando os resultados, você pode supor que o que é recorrente é a resposta certa. Você também pode tirar uma média das respostas e supor que a resposta esteja no meio dos valores. Com o jogo do centro do alvo você pode visualizar a sobreposição de fotos de diferentes jogos: se o problema é a variância, em última análise você supõe que o alvo está na área atingida mais frequentemente ou, pelo menos, no centro de todos os tiros.

Na maioria dos casos, essa estratégia se mostra correta e melhora muito suas previsões de aprendizado de máquina. Quando o problema é tendenciosidade, e não variância, usar ajuntamento não causa danos, a não ser que você subamostre poucas amostras. Uma boa regra geral para subamostragem é pegar uma amostra de 70% a 90%, comparada aos dados originais da amostra. Se quiser fazer o ajuntamento funcionar, faça o seguinte:

1. **Itere um grande número de vezes por seus dados e modelos (desde apenas um mínimo de três iterações até, de modo ideal, centenas de vezes delas).**

2. Cada vez que iterar, subamostre (ou use bootstrap) os dados da amostra.

3. Use aprendizado de máquina para o modelo nos dados reamostrados e preveja os resultados fora da amostra. Guarde os resultados para uso posterior.

4. Ao final das iterações, para cada caso fora da amostra que queira prever, pegue todas as previsões e tire a média delas, se estiver fazendo uma regressão. Se estiver fazendo uma classificação, pegue a classe mais frequente.

Cuidado com snooping

Armadilhas de vazamento podem surpreendê-lo, pois são uma fonte de problemas desconhecida e não detectada em seus processos de aprendizado de máquina. O problema é o *snooping* ou observar demais os dados fora da amostra e se adaptar a eles com muita frequência. Em resumo, snooping é um tipo de sobreajuste — e não apenas nos dados de treinamento, mas também nos de teste, tornando o problema do sobreajuste em si mais difícil de detectar, até obter novos dados. Normalmente você percebe que o problema é snooping quando já aplicou o algoritmo de aprendizado de máquina em seu negócio ou em um serviço para o público, tornando o problema algo que todo mundo vê.

Você evita o snooping de duas maneiras. Primeiro, ao operar com dados, tome o cuidado de separar primorosamente os de treinamento, validação e teste. Além disso, ao processá-los, nunca pegue qualquer informação de validação ou teste, mesmo os exemplos mais simples e inocentes. Pior ainda é aplicar uma transformação complexa usando todos os dados. Nas finanças, por exemplo, é bem conhecido que calcular a média e o desvio-padrão (que indicam muita coisa sobre as condições e o risco do mercado) de todos os dados de treinamento e teste vaza informações preciosas sobre seus modelos. Quando o vazamento acontece, os algoritmos de aprendizado de máquina fazem previsões no conjunto de teste, em vez de nos dados fora da amostra dos mercados, o que significa que não funcionaram, causando perda de dinheiro.

Verifique o desempenho de seus exemplos fora da amostra. De fato, você recupera algumas informações de snooping nos resultados do teste para determinar se certos parâmetros são melhores que outros ou levá-lo a escolher um algoritmo de aprendizado de máquina, em vez de outro. Para cada modelo ou parâmetro, aplique sua escolha com base nos resultados da validação cruzada ou da amostra de validação. Nunca se deixe seduzir pela obtenção de informações de dados fora da amostra, senão você lamentará depois.

Capítulo **12**

Aprendizes Simples

A partir deste capítulo os exemplos começam a ilustrar os fundamentos de como aprender com dados. O plano é ver primeiro algumas das estratégias mais simples de aprendizado — fornecendo algumas fórmulas (apenas as essenciais), intuições sobre seu funcionamento e exemplos em R e Python para experimentar algumas de suas características mais típicas. O capítulo começa examinando o uso do perceptron para separar classes.

Na raiz de todas as principais técnicas de aprendizado de máquina apresentadas no livro há sempre um algoritmo baseado em combinações lineares um tanto interligadas, variações da divisão de amostra de árvores de decisão ou algum tipo de raciocínio probabilístico bayesiano. Este capítulo usa árvores de classificação para demonstrar a técnica. A exceção é o algoritmo KNN (*K-Nearest Neighbors*, ou K-Vizinhos Mais Próximos), baseado em raciocínio analógico, que é tratado à parte, em um capítulo especial dedicado à detecção de semelhança em dados (Capítulo 14).

Compreender essas técnicas básicas significa ser capaz de lidar com técnicas de aprendizado mais complexas depois e entendê-las (e usá-las) melhor. Parece incrível agora, mas você pode criar alguns dos algoritmos mais eficientes usando grupos dos algoritmos mais simples — vistos como aprendizes fracos. Neste capítulo você vê como usar várias técnicas para prever quando é adequado jogar tênis, com base nas condições do tempo.

Ao final da jornada, nenhum algoritmo parecerá uma caixa-preta. O aprendizado de máquina tem um forte componente intuitivo e humano, pois é uma criação humana (pelo menos por enquanto, a menos que apareça alguma singularidade) e é baseada em analogias de como aprendemos do mundo ou na imitação da natureza (por exemplo, sobre como sabemos que o cérebro funciona). Se as ideias básicas da disciplina forem transmitidas, nenhum algoritmo será difícil demais de entender. O capítulo demonstra essa estratégia usando probabilidade bayesiana para analisar amostras textuais.

Descubra o Incrível Perceptron

Você pode começar a jornada para descobrir como os algoritmos de aprendizado de máquina funcionam examinando modelos que encontram suas respostas usando linhas e superfícies para dividir os exemplos em classes ou para estimar previsões de valor. Esses são *modelos lineares*, e este capítulo apresenta um dos primeiros algoritmos lineares usados no aprendizado de máquina: o perceptron. Capítulos posteriores completam a visão geral dos modelos lineares. O Capítulo 15 apresenta a regressão linear e sua família de algoritmos estatisticamente derivados; o Capítulo 16 o ajuda a explorar as redes neurais; e o Capítulo 17 fala sobre máquinas de vetores de suporte. Contudo, antes de avançar para esses outros tópicos, você deve conhecer a interessante história do perceptron.

Não é por milagre

Frank Rosenblatt, do Cornell Aeronautical Laboratory, inventou o perceptron, em 1957, sob o patrocínio do United States Naval Research. Rosenblatt foi psicólogo e pioneiro no campo da inteligência artificial. Perito em ciência cognitiva, sua ideia era criar um computador que aprendesse por tentativa e erro, exatamente como um ser humano.

A ideia foi desenvolvida com êxito, e, no início, o perceptron não foi concebido apenas como software; ele foi criado como software executando em hardware dedicado. O uso da combinação possibilitou o reconhecimento de imagens complexas mais rápida e precisamente do que qualquer outro computador da época. A nova tecnologia suscitou grandes expectativas e causou uma enorme controvérsia quando Rosenblatt afirmou que o perceptron era o embrião de um novo tipo de computador que poderia andar, falar, ver, escrever e até se reproduzir e ter consciência de sua existência. Se fosse verdade, teria sido uma ferramenta poderosa e apresentaria a IA ao mundo.

Desnecessário dizer, o perceptron não concretizou as expectativas de seu criador. Logo mostrou capacidade limitada, mesmo em sua especialização de reconhecimento de imagens. O desapontamento geral causou o primeiro inverno da IA e o abandono temporário do conexionismo até os anos 1980.

LEMBRE-SE

Conexionismo é a estratégia de aprendizado de máquina baseada na neurociência e exemplo de redes biologicamente interligadas. É possível remontar a origem do conexionismo ao perceptron. (Veja uma discussão sobre as cinco tribos de aprendizado de máquina na seção "A Função da Estatística no Aprendizado de Máquina", no Capítulo 2.)

O perceptron é um algoritmo iterativo que tenta determinar, com aproximações sucessivas e reiteradas, o melhor conjunto de valores para um vetor, w, também chamado de *vetor de coeficientes*. O vetor w ajuda a prever a classe de um exemplo quando multiplicado pela matriz de características, X (contendo as informações em valores numéricos), e somado a um termo constante chamado tendência. A saída é uma previsão, no sentido de que as operações descritas antes geram um número cujo sinal deve prever exatamente a classe de cada exemplo.

A especialidade natural do perceptron é a classificação binária. Contudo, você pode usá-lo para prever várias classes com mais modelos (um para cada suposição de classe, uma estratégia de treinamento chamada one-versus-all [um contra todos], ou OVA). Fora a classificação, o perceptron não fornece muito mais informações. Por exemplo, não é possível usá-lo para estimar a probabilidade de precisão nas previsões. Em termos matemáticos, o perceptron minimiza a formulação de função de custo a seguir, mas só para os exemplos mal classificados (em outras palavras, cujo sinal não corresponde à classe correta):

$$Error = -\sum_{i \in M} y_i \left(x_i^T w + b \right)$$

A fórmula, que é um exemplo de função de custo, conforme definida no Capítulo 10, envolve apenas os exemplos da matriz X, à qual, sob o conjunto atual de w, foi atribuído um sinal mal classificado. Para entender a função da fórmula é preciso considerar que existem apenas duas classes. Os exemplos da primeira classe são expressos como um valor +1 em resposta ao vetor y, enquanto, consequentemente, os exemplos da outra são codificados como -1. Os exemplos mal classificados são considerados como parte do conjunto M (os somatórios consideram apenas o i-ésimo exemplo como sendo parte de M). A fórmula pega cada um dos exemplos mal classificados, multiplica suas características pelo vetor w e soma a tendência.

Como a multiplicação de exemplos mal classificados, X, pelo vetor de peso, w, dentro dos parênteses é uma multiplicação de vetores, você deve transpor o vetor de características x de um exemplo para que o resultado da multiplicação por w seja um número. Esse é um aspecto da multiplicação de matrizes abordado no Capítulo 9.

LEMBRE-SE

Multiplicar dois vetores é o mesmo que criar uma soma ponderada dos valores do primeiro vetor usando os valores do segundo como pesos. Portanto, se x_i tem cinco características, e o vetor w, cinco coeficientes, o resultado de sua multiplicação é a soma de todas as cinco características, cada uma primeiramente multiplicada por seu respectivo coeficiente. A multiplicação de matrizes torna o procedimento compacto para expressar na fórmula, mas no fim a operação não é diferente de uma média ponderada.

Após obter o resultado da multiplicação de vetores, você soma os valores à tendência e multiplica tudo pelo que deve ter previsto (que é +1 para a primeira classe e –1 para a segunda). Como você está trabalhando apenas com exemplos mal classificados, o resultado da operação é sempre negativo, pois a multiplicação de dois valores de sinal contrário é sempre negativa.

Por fim, após fazer o mesmo cálculo para todos os exemplos mal classificados, você junta todos os resultados e os soma. O resultado é um número negativo que se torna positivo por causa do sinal negativo no início da formulação (que é como multiplicar tudo por –1). O tamanho do resultado aumenta à medida que o número de erros do perceptron se torna maior.

Observando cuidadosamente os resultados, você percebe que a fórmula é concebida de modo inteligente (embora longe de ser um milagre). A saída é menor quando o número de erros é menor. Quando não há classificação errada, o somatório (resultado) torna-se zero. Colocando a fórmula dessa forma, você diz ao computador para que tente obter uma classificação perfeita e nunca desista. A ideia é a de que, quando encontre os valores certos do vetor w e não haja quaisquer erros de previsão, aplique a fórmula a seguir:

$$\hat{y} = sign(Xw + q)$$

A fórmula gera um vetor de previsões (y com acento circunflexo) contendo uma sequência de valores +1 e –1 correspondentes às classes esperadas.

O limite da inseparabilidade

O segredo dos cálculos do perceptron está em como o algoritmo atualiza os valores do vetor w. As atualizações acontecem pela escolha aleatória de um dos exemplos mal classificados (chame de x_t) e pela alteração do vetor w usando uma adição ponderada simples:

$$w = w + \eta(x_t * y_t)$$

A letra grega eta (η) é a *taxa de aprendizagem*. Trata-se de um número de ponto flutuante entre 0 e 1. Quando esse valor é próximo a zero, limita a capacidade da fórmula de atualizar o vetor w, ao passo que um valor próximo a 1 faz o processo de atualização impactar completamente os valores do vetor w. Definir diferentes taxas de aprendizagem pode acelerar ou diminuir a velocidade do processo de aprendizado. Muitos outros algoritmos usam essa estratégia, e um eta mais baixo é usado para melhorar o processo de otimização, reduzindo o número de saltos repentinos do valor w após uma atualização. A questão é que você terá que esperar mais tempo para obter resultados conclusivos.

A estratégia de atualização é uma amostra do que acontece ao se usar um perceptron para aprender as classes. Se imaginar os exemplos projetados em um plano cartesiano, o perceptron nada mais é do que uma linha tentando separar a classe positiva da negativa. Como você pode se lembrar da álgebra linear, tudo que é expresso na forma $y = xb+a$ é uma linha em um plano.

Inicialmente, quando w é definido como zero ou com valores aleatórios, a linha de separação é apenas uma das infinitas possíveis encontradas em um plano, como mostrado na Figura 12-1. A fase de atualização a obriga a se tornar mais próxima do ponto mal classificado. Usar várias iterações para definir os erros coloca a linha na fronteira exata entre as duas classes.

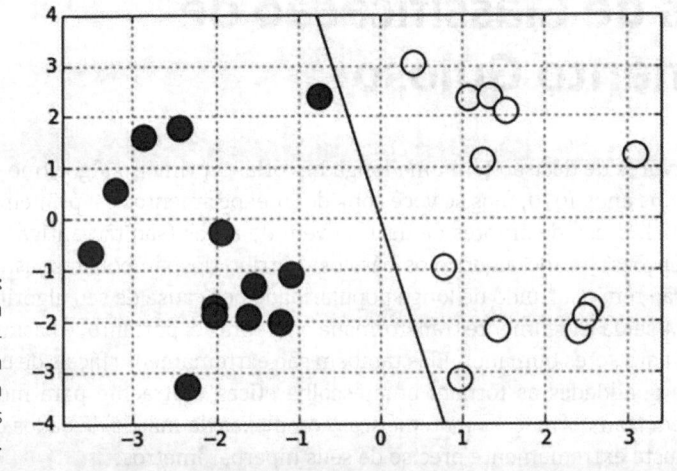

FIGURA 12-1: A linha separadora de um perceptron entre duas classes.

Apesar de ser um algoritmo inteligente, o perceptron mostrou seus limites rapidamente. Tirando sua capacidade de supor duas classes usando apenas características quantitativas, ele tinha um limite importante: se suas classes não tivessem fronteiras, devido à mistura, o algoritmo não podia encontrar uma solução e se atualizava indefinidamente.

LEMBRE-SE

Se não é possível dividir duas classes distribuídas em duas ou mais dimensões por qualquer linha ou plano, elas são *não linearmente separáveis*. Resolver o problema de dados não linearmente separáveis é um dos desafios que o aprendizado de máquina enfrenta para se tornar eficaz em problemas complexos baseados em dados reais, e não apenas em dados artificiais criados para finalidades acadêmicas.

Quando a questão da separabilidade não linear foi observada e os profissionais começaram a perder o interesse no perceptron, rapidamente os especialistas teorizaram que podiam corrigir o problema criando um novo espaço de características no qual classes anteriormente inseparáveis seriam ajustadas para se tornar separáveis. Assim, o perceptron seria tão bom quanto antes. Infelizmente, criar novos espaços de características é um desafio, pois exige poder computacional que hoje está apenas parcialmente disponível para o público. A criação de um novo espaço de características é um tópico avançado, discutido mais adiante no livro, ao estudarmos as estratégias de aprendizado de algoritmos, como as redes neurais e as máquinas de vetores de suporte.

Nos últimos anos o algoritmo foi revitalizado, graças ao big data: um perceptron não precisa trabalhar com todos os dados na memória, mas pode se comportar bem usando exemplos simples (atualizando seu vetor de coeficientes somente quando um caso mal classificado tornar isso necessário). Assim, é um algoritmo perfeito para aprendizado online, tal como a de big data.

Árvores de Classificação de Crescimento Guloso

As árvores de decisão têm uma longa história. O primeiro algoritmo desse tipo data dos anos 1970, mas se você considerar experimentos e a primeira pesquisa original, o uso de árvores de decisão vem de antes (são tão antigas quanto as percepções). Como algoritmos básicos da tribo dos simbolistas, as árvores de decisão têm usufruído de longa popularidade por causa de seu algoritmo intuitivo. A saída é facilmente transformada em regras e, portanto, é bastante inteligível para seres humanos. Elas também são extremamente fáceis de usar. Todas essas qualidades as tornam uma escolha eficaz e atraente para modelos que exigem transformações matemáticas complexas da matriz de dados de entrada ou ajuste extremamente preciso de seus hiperparâmetros.

Previsão de resultados por divisão de dados

Partindo de uma amostra de observações, o algoritmo reconstitui as regras que geraram as classes de saída (ou os valores numéricos, para um problema de regressão), dividindo a matriz de entrada em partições cada vez menores, até o processo disparar uma regra para parar. A reconstituição de regras do particular para o geral é típica da dedução inversa humana, de acordo com a lógica e a filosofia. No aprendizado de máquina, esse raciocínio inverso é obtido pela aplicação de uma busca entre todas as maneiras possíveis de dividir o treinamento da amostra e usar, de modo guloso, a divisão que maximize medidas estatísticas nas partições resultantes.

LEMBRE-SE

Um algoritmo é *guloso* quando sempre escolhe maximizar o resultado em cada etapa ao longo do processo de otimização, independente do que possa acontecer nas etapas seguintes. Em outras palavras, o algoritmo procura maximizar a etapa atual sem olhar para a frente, no sentido de obter uma otimização global.

A divisão ocorre para aplicar um princípio simples: cada partição dos dados iniciais deve tornar mais fácil prever o resultado-alvo, o qual é caracterizado por uma distribuição de classes (ou valores) diferente e mais favorável que a amostra original. O algoritmo cria partições dividindo os dados. Ele determina as divisões de dados primeiramente avaliando as características e, então, os valores nas que podem melhorar ao máximo uma medida estatística especial que desempenha o papel da função de custo em uma árvore de decisão.

Várias medidas estatísticas determinam como fazer as divisões em uma árvore de decisão. Todas agem de acordo com a ideia de que uma divisão deve melhorar a amostra original ou outra divisão possível, quando torna a previsão mais segura. Dentre as medidas mais usadas estão a *impureza de gini*, o *ganho de informação* e a *redução de variância* (para problemas de regressão). Essas medidas funcionam de forma parecida, portanto, este capítulo se concentra no ganho de informação, a medida mais intuitiva e que mostra como uma árvore de decisão detecta uma maior capacidade preditiva (ou um risco reduzido) do modo mais fácil para certa divisão. Nos anos 1970, Ross Quinlan criou um algoritmo de árvore de decisão baseado no ganho de informação (ID3), e ele ainda é muito popular, graças à sua recente versão atualizada C4.5. O ganho de informação conta com a fórmula da *entropia da informação*, uma formulação generalizada que descreve o valor esperado da informação contida em uma mensagem:

$$Entropy = \sum -p_i \log_2 p_i$$

Na fórmula, p é a probabilidade para uma classe (expressa no intervalo de 0 a 1), e $\log_2$ é o logaritmo de base 2. Partindo de uma amostra na qual se quer categorizar duas classes de mesma probabilidade (uma distribuição 50/50), a máxima entropia possível é:

```
Entropia = -0,5*log₂(0,5) -0,5*log₂(0,5) = 1,0
```

Contudo, quando o algoritmo de árvore de decisão detecta uma característica que pode dividir o conjunto de dados em duas partições, onde a distribuição das duas classes é 40/60, a entropia da informação média diminui:

```
Entropia = -0,4*log₂(0,4) -0,6*log₂(0,6) = 0,97
```

Observe a soma da entropia de todas as classes. Usando a divisão 40/60, a soma é menor que o máximo teórico, que é 1, diminuindo a entropia. Pense na entropia como uma medida da desordem nos dados: quanto menor a desordem, mais ordem há e mais fácil é supor a classe correta. Após a primeira divisão, o algoritmo tenta dividir ainda mais as partições obtidas, usando a mesma lógica de redução da entropia. Ele divide progressivamente qualquer partição de dados sucessiva, até que não sejam possíveis mais divisões, porque a subamostra é um único exemplo ou porque encontrou uma regra de parada.

Regras de parada são limites para a expansão de uma árvore. Essas regras consideram três aspectos de uma partição: tamanho inicial, tamanho resultante e ganho de informação alcançável pela divisão. As regras de parada são importantes porque os algoritmos de árvore de decisão aproximam um grande número de funções, contudo, ruídos e erros de dados influenciam facilmente o algoritmo. Consequentemente, dependendo da amostra, a instabilidade e a variância das estimativas resultantes afetam as previsões da árvore de decisão.

Como exemplo, veja o que uma árvore de decisão pode conseguir com um dos conjuntos de dados originais de Ross Quinlan, que apresenta e descreve o algoritmo ID3 em *Induction of Decision Trees* (1986) (`http://dl.acm.org/citation.cfm?id=637969` [conteúdo em inglês]). O conjunto de dados é muito simples, composto de apenas 14 observações relativas às condições do tempo, com resultados que informam se o clima é adequado para jogar tênis. O exemplo contém quatro características: perspectiva, temperatura, umidade e vento, todas expressas com classes qualitativas, em vez de medidas (temperatura, umidade e força do vento poderiam ser expressas numericamente), para transmitir um entendimento mais intuitivo sobre como as características se relacionam com o resultado. O exemplo a seguir usa R para criar um `data.frame` contendo os dados para jogar tênis.

```
weather <- expand.grid(Outlook = c("Sunny","Overcast","Rain"),
    Temperature = c("Hot","Mild","Cool"),
    Humidity=c("High","Normal"), Wind=c("Weak","Strong"))
response <- c(1, 19, 4, 31, 16, 2, 11, 23, 35, 6, 24, 15,
18, 36)
play <- as.factor(c("No", "No", "No", "Yes", "Yes", "Yes",
"Yes", "Yes", "Yes", "Yes", "No", "Yes", "Yes", "No"))
tennis <- data.frame(weather[response,],play)
```

Para criar uma árvore de decisão, o exemplo usa a biblioteca rpart e define os parâmetros necessários para fazer uma árvore crescer totalmente, com ganho de informação como critérios de divisão:

```
library(rpart)
tennis_tree <- rpart(play ~ ., data=tennis, method="class",
                parms=list(split="information"),
control=rpart.control(minsplit=1))
```

Depois de criá-la, você pode inspecioná-la usando um comando `print` simples ou o comando `summary` para obter um relatório mais detalhado sobre sua construção. Diferentes implementações têm saídas distintas, como se vê na saída de rpart.

Além de rpart, existem outras opções de implementação em R para trabalhar com árvores de decisão, como os pacotes tree, party e alguns outros encontrados neste blog: `http://www.r-bloggers.com/a-brief-tour-of-the-trees-and-forests/`. O Python também fornece um pacote Scikit-learn, descrito em `http://scikit-learn.org/stable/modules/tree.html`. No entanto, se a árvore não é muito complexa, uma representação visual revela imediatamente seu funcionamento, independente da implementação usada. Você pode representar árvores feitas por rpart com o pacote rpart.plot. Baixe o pacote do CRAN. O artigo "rpart.plot: Plot rpart Models", de Stephen Milborrow, em `http://www.milbo.org/rpart-plot/`, descreve o pacote em detalhes (clique no link rpart plot da página para iniciar o download). Depois de instalar o pacote, execute-o e trace a representação da árvore, como se vê na Figura 12-2:

```
library(rpart.plot)
prp(tennis_tree, type=0, extra=1, under=TRUE, compress=TRUE
```

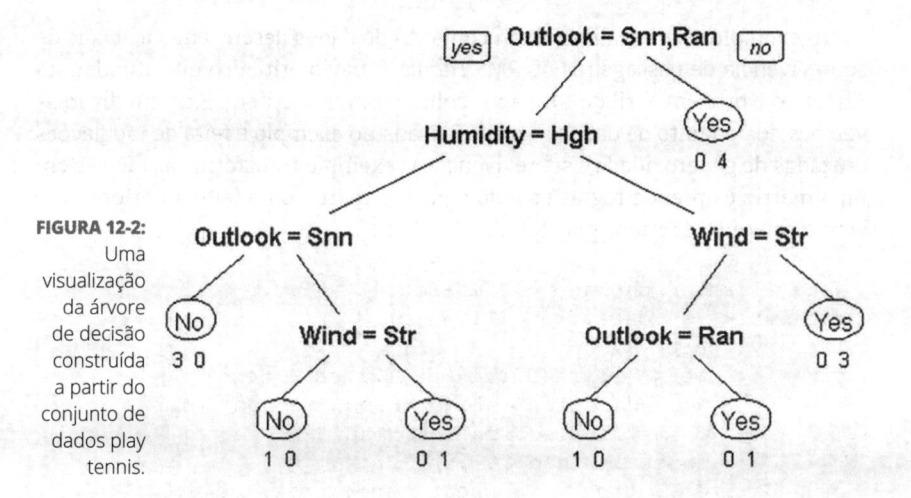

FIGURA 12-2: Uma visualização da árvore de decisão construída a partir do conjunto de dados play tennis.

Para ler os nós da árvore, comece no superior, que corresponde aos dados de treinamento originais, e então leia as regras. Note que cada nó tem duas derivações: o ramo da esquerda significa que a regra superior é verdadeira (indicada como *yes* em uma caixa quadrada), e o da direita, que é falsa (indicada como *no* em uma caixa quadrada).

À direita da primeira regra você vê uma importante regra terminal (uma *folha terminal*) em um círculo, indicando um resulto positivo, Yes, que se lê como `play tennis=True`. De acordo com esse nó, quando a perspectiva não é de sol (`Snn`) ou chuva (`Ran`), é possível jogar. (Os números sob a folha terminal mostram quatro exemplos afirmando essa regra e nenhum negando.) Note que você entenderia melhor a regra se a saída indicasse simplesmente que, quando a perspectiva fosse nublado, seria possível jogar. Muitas vezes, as regras de árvore de decisão não são imediatamente úteis, e você precisa interpretá-las antes de usar. Contudo, são claramente inteligíveis (e muito melhores que um vetor de coeficientes de valores).

À esquerda, a árvore prossegue com outras regras relacionadas à umidade. Novamente, à esquerda, quando a umidade está alta e a perspectiva é de sol, a maioria das folhas terminais é negativa, exceto quando o vento não é forte. Ao explorar os ramos da direita, você vê que a árvore revela que é sempre possível jogar quando o vento não é forte ou quando o é, mas não está chovendo.

Corte de árvores que crescem demais

Mesmo que o conjunto de dados play tennis da seção anterior ilustre os elementos básicos de uma árvore de decisão, tem pouco apelo probabilístico, pois propõe um conjunto de *ações determinísticas* (não há instruções conflitantes). Normalmente o treinamento com dados reais não apresenta regras nítidas, dando espaço para ambiguidade e possibilidades promissoras.

Outro exemplo, mais realista, é um conjunto de dados descrevendo as taxas de sobrevivência de passageiros do *RMS Titanic,* o navio britânico que afundou no Atlântico Norte em abril de 1912 após colidir com um iceberg. Existem diversas versões do conjunto de dados — a em R usada no exemplo é feita de tabulações cruzadas de gênero, idade e sobrevivência. O exemplo transforma as tabelas em uma matriz e aprende regras usando o pacote rpart, como feito anteriormente com o conjunto de dados play tennis.

```
data(Titanic, package = "datasets")
dataset <- as.data.frame(Titanic)
library(rpart)
titanic_tree <- rpart(Survived ~ Class + Sex + Age,
        data=dataset, weights=Freq, method="class",
        parms=list(split="information"), control=rpart.
        control(minsplit=5))
pruned_titanic_tree <- prune(titanic_tree, cp=0.02)
```

As árvores de decisão têm mais variância que tendenciosidade em suas estimativas. Para sobreajustar menos os dados, o exemplo especifica que a divisão mínima deve envolver pelo menos cinco exemplos; além disso, corta a árvore. O corte acontece quando ela está totalmente crescida. A partir das folhas, o exemplo *corta* os ramos, mostrando pouca melhoria na redução do ganho de informação. Permitindo que a árvore se expanda no início, ramos com pouca melhoria são tolerados, pois revelam ramos e folhas mais interessantes. Voltar das folhas até a raiz e manter somente os ramos que têm algum valor preditivo reduz a variância do modelo, mantendo econômicas as regras resultantes.

DICA

Para uma árvore de decisão, cortar é exatamente como um brainstorming. Primeiro, o código gera todas as ramificações possíveis da árvore (assim como as ideais em uma seção de brainstorming). Segundo, quando o brainstorming termina, o código mantém apenas o que realmente funciona. Um gráfico da estrutura em árvore (veja a Figura 12-3) revela que apenas duas regras importam para a sobrevivência: gênero (ser homem penaliza a sobrevivência) e não estar na terceira classe (a mais pobre).

```
library(rpart.plot)
prp(pruned_titanic_tree, type=0, extra=1, under=TRUE,
        compress=TRUE)
```

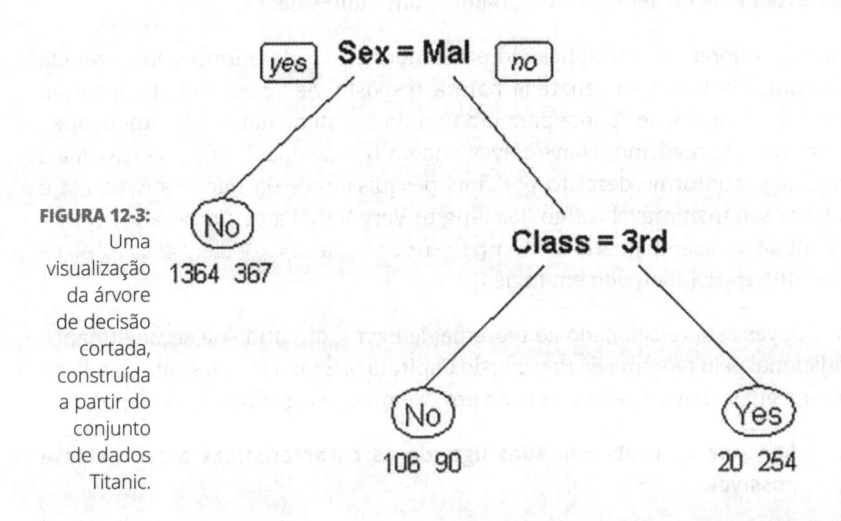

Uma Volta Probabilística

Naïve Bayes, outro algoritmo de aprendizado básico, é mais parecido com o perceptron, discutido anteriormente, que com a árvore de decisão, pois é baseado em um conjunto de valores reunidos para obter uma previsão. Assim como o perceptron e as árvores de decisão, Naïve Bayes é um algoritmo histórico, usado desde os anos 1950, embora com nomes e formas um pouco diferentes. Além disso, Naïve Bayes é conhecido por ser um algoritmo eficiente para aprendizagem a partir de texto e claramente tem apelo para a tribo bayesiana. Dados sua simplicidade e o fato de funcionar com pouco pré-processamento, se tornou a linha de base para a maioria dos problemas textuais no aprendizado de máquina, antes de testes com soluções mais complexas.

Entenda o Naïve Bayes

Assim como o perceptron, o algoritmo Naïve Bayes exige valores que são probabilidades de um resultado em certo contexto (uma *probabilidade condicional*). Além disso, os valores são multiplicados, em vez de somados. Naïve

Bayes funciona com cálculos de probabilidade e, assim, exige operações com probabilidades.

Como vimos no Capítulo 9, quando probabilidades são multiplicadas, significa que os eventos, cuja possibilidade consideram, são independentes e não influenciam uns aos outros. Tal suposição, embora simplista e ingênua, é frequente em muitos algoritmos de aprendizado de máquina básicos, pois é inacreditavelmente eficiente ao se trabalhar com muitos dados.

Somando valores ou multiplicando probabilidades, cada informação é tratada como uma contribuição separada para a resposta. Às vezes é uma suposição irreal, pois a realidade aponta para um mundo de interconexões. Contudo, apesar da falta de realismo, Naïve Bayes supera o desempenho de técnicas mais complexas, conforme descrito por dois pesquisadores da Microsoft, Banko e Brill, em seu memorável artigo "Scaling to Very Very Large Corpora for Natural Language Disambiguation" (http://ucrel.lancs.ac.uk/acl/P/P01/P01-1005.pdf [conteúdo em inglês]).

Naïve Bayes está relacionado ao teorema de Bayes, discutido na seção "Chance condicional pelo teorema de Bayes", do Capítulo 9. É uma forma simplificada do teorema em si. Para dizer a classe de um exemplo, o algoritmo faz o seguinte:

1. **Aprende as probabilidades ligando as características a cada classe possível.**

2. **Multiplica todas as probabilidades relacionadas a cada classe resultante.**

3. **Normaliza as probabilidades, dividindo cada uma delas por sua soma total.**

4. **Pega como resposta a classe que apresenta a probabilidade mais alta.**

No exemplo anterior, do conjunto de dados play tennis, observa-se que as diferentes distribuições das perspectivas sol, nublado e chuva se conectam às respostas positiva e negativa de ser possível jogar tênis. Usar R fornece uma rápida verificação sobre essa observação:

```
print (p_positive >= p_negative)

          No Yes
  Sunny    3   2
  Overcast 0   4
  Rain     2   3
```

A saída mostra nove respostas positivas e cinco negativas. Analisando as positivas, você vê que, dada uma resposta positiva, a perspectiva é de sol duas vezes entre nove (probabilidade=2/9=0,22); nublado quatro vezes entre nove (probabilidade=4/9=0,44); e chuva três vezes entre nove (probabilidade=3/9=0,33). O mesmo procedimento pode ser repetido para as respostas negativas, com probabilidades de 3/5, 0/5 e 2/5, respectivamente para sol, nublado e chuva, quando não é possível jogar tênis. Pelo Teorema de Bayes determina-se que as probabilidades calculadas são P(E|B), que é a probabilidade de que, dada certa crença (como ser possível jogar tênis), você tem uma evidência específica (nesse caso, o clima):

```
P(B|E) = P(E|B)*P(B) / P(E)
```

A fórmula fornece a resposta necessária, pois é a probabilidade de certa crença (jogar ou não), dada uma evidência específica (as condições do tempo). Se estimar as probabilidades de cada crença, poderá escolher aquela com a probabilidade mais alta, minimizando assim o risco de prever algo incorretamente. Então P(E|B) se torna fundamental para estimar as probabilidades, pois P(B) é a probabilidade geral de uma resposta positiva ou negativa (a probabilidade anterior) e é fácil de determinar. No caso, você tem nove resultados positivos e cinco negativos. Assim, P(B) é 9/(9+5)=0,64 para positivo e 0,36 para negativo.

Quando existem muitos fragmentos de evidência, como nesse exemplo, P(E|B) é um composto de todas as probabilidades P(E|B) à mão. O exemplo tem conjuntos de probabilidades para perspectiva, temperatura, umidade e vento. Não é fácil reunir todos, a não ser que você presuma que eles afetam a resposta separadamente. Como já mencionado, as probabilidades de eventos independentes são simplesmente multiplicadas, e o P(E|B) global se torna a multiplicação de todos os P(E|B) para cada característica.

DICA

Pode acontecer de não haver evidência para uma resposta. Nesse exemplo não existem casos de jogar tênis quando está nublado. O resultado é uma probabilidade zero, e em uma multiplicação, uma probabilidade zero sempre retorna zero, independente das outras envolvidas. A falta de evidência para uma resposta ocorre quando você não amostra exemplos suficientes. Uma boa prática é modificar as probabilidades observadas por uma constante, chamada *correção de Laplace*, que consiste em adicionar evidência fictícia ao estimar a probabilidade. Usando tal correção nesse exemplo, a probabilidade de 0/5 se tornaria (0+1)/(5+1)=0,17.

P(E) não é relevante para esse exemplo, e você deve ignorá-lo. O motivo de P(E) não importar é que representa a probabilidade de ver certo conjunto de características na realidade e, naturalmente, varia de um exemplo para outro (por exemplo, seu local poderia tornar certas condições climáticas raras). Contudo, você não está comparando probabilidades entre exemplos. Está comparando-as dentro de cada exemplo para determinar a previsão mais provável para ele. Dentro do mesmo exemplo, a probabilidade de certo conjunto de evidências é a mesma, porque você tem apenas esse conjunto para cada resultado possível. Não importa se o conjunto de evidências é raro, no final, precisa prever esse exemplo isoladamente dos outros, portanto, pode excluir P(E) com segurança, tornando seu valor 1. O exemplo a seguir mostra como usar R determina os números a incluir na formulação para obter uma previsão, dadas certas condições do tempo:

```
outcomes <- table(tennis$play)
prob_outcomes <- outcomes / sum(outcomes)
outlook  <- t(as.matrix(table(tennis$Outlook,tennis$pl
    ay)))/ as.vector(outcomes)
temperature  <- t(as.matrix(table(tennis$Temperature,
    tennis$play))) / as.vector(outcomes)
humidity  <- t(as.matrix(table(tennis$Humidity,
    tennis$play))) / as.vector(outcomes)
wind  <- t(as.matrix(table(tennis$Wind, tennis$play))) /
           (as.vector(outcomes))
```

Depois de executar o trecho de código anterior, você tem todos os elementos necessários para fazer uma previsão. Imagine que precise adivinhar a seguinte condição:

```
Outlook = Sunny, Temperature = Mild, Humidity = Normal,
          Wind = Weak
```

Para obter a informação exigida, primeiro você calcula a probabilidade de um resultado positivo:

```
p_positive <- outlook["Yes","Sunny"] *
          temperature["Yes","Mild"] *
          humidity["Yes","Normal"] * wind["Yes","Weak"] *
          prob_outcomes["Yes"]
```

Se imprimir p_positive, verá que a probabilidade é de 0,02821869. Agora você pode verificar um resultado negativo:

```
p_negative <- outlook["No","Sunny"] *
    temperature["No","Mild"] *
    humidity["No","Normal"] * wind["No","Weak"] *
    prob_outcomes["No"]
```

O resultado, em termos de probabilidade para uma resposta negativa, é 0,006857143. Por fim, obtenha a suposição usando uma verificação booleana:

```
print (p_positive &gt;= p_negative)
```

O resultado positivo, TRUE, confirma que, dadas tais condições, o algoritmo prevê que é possível jogar tênis.

Estimativa da resposta com Naïve Bayes

Agora que sabe como funciona, Naïve Bayes talvez lhe pareça muito simples e ingênuo. Você também deve ter percebido que pode multiplicar probabilidades. Precisa ainda considerar estas questões:

» Corrigir as probabilidades zero usando a correção de Laplace.

» Converter características numéricas em variáveis qualitativas, porque é mais fácil estimar probabilidade para classes compostas de intervalos de números.

» Usar apenas características contadas (valores iguais ou maiores que zero) — embora algumas variantes do algoritmo lidem com características binárias e valores negativos.

» Atribuir valores em características ausentes (quando falta uma probabilidade importante no cálculo) e remover características redundantes e irrelevantes (manter tais características tornaria a estimativa por Naïve Bayes mais difícil).

Em particular, características irrelevantes afetam muito os resultados. Quando se está trabalhando com poucos exemplos com muitas características, uma probabilidade imprópria pode distorcê-los. Como uma solução, você pode selecionar características, filtrando apenas as mais importantes. O Capítulo 15 discute essa técnica usando modelos lineares (a presença de informações inúteis também os afeta). Quando existem exemplos suficientes e você passa algum tempo corrigindo as características, Naïve Bayes apresenta soluções eficazes para muitos problemas de previsão envolvendo a análise de entrada textual, como:

» **Detecção de spam em e-mail:** Permite colocar apenas informações úteis em sua caixa de entrada.

» **Classificação de texto:** Independente da fonte (notícias online, tuítes ou outros feeds textuais), você pode organizar corretamente o texto na categoria certa (como esporte, política, relações exteriores e economia).

» **Tarefas de processamento de texto:** Permite fazer correção ortográfica ou adivinhar o idioma de um texto.

» **Análise de sentimento:** Detecta o sentimento por trás de um texto escrito (positivo, negativo, neutro ou uma das emoções básicas do ser humano).

Como exemplo de aplicação prática, você pode usar R e a biblioteca klaR, que contém a função NaïveBayes. Ela oferece um interessante conjunto de dados contendo características selecionadas para detectar se um e-mail recebido deve ser considerado spam. Como klarR e kernlab são bibliotecas não padronizadas, na primeira vez que o código é executado, você precisa instalá-las:

```
install.packages(c("klarR","kernlab"))
```

Depois disso, estará pronto para executar o exemplo de código.

```
library(klaR)
data(spam, package = "kernlab")
```

O Hewlett-Packard Labs reuniu o conjunto de dados e classificou 4.601 e-mails como spam ou não spam usando 57 características. O conjunto de dados de spam está no repositório de aprendizado de máquina do UCI, em `https://archive.ics.uci.edu/ml/datasets/Spambase` [conteúdo em inglês].

Se carregar o conjunto de dados de spam e verificar suas características (com o comando `head(spam)`, por exemplo), observará que algumas delas são palavras, enquanto outras apontam para a presença de certos caracteres ou estilos de escrita (como letras maiúsculas). Mais notadamente, algumas características não são números inteiros representando contagens, mas sim valores em ponto flutuante variando de 0 a 100. Eles representam a presença de cada característica no texto como uma porcentagem (por exemplo, a variável `charDollar` representa a porcentagem de caracteres cifrão na frase e varia de 0 a 6).

LEMBRE-SE

Características expressas como porcentagens de certas palavras ou caracteres no texto representam uma estratégia inteligente para equilibrar a possibilidade mais alta de encontrar certos elementos se o texto for longo. Usar porcentagens, em vez de contagens, normaliza os textos e permite vê-los como tendo o mesmo comprimento.

Aplicar um modelo Naïve Bayes em R exige poucos comandos. Você pode configurar a correção de Laplace usando o parâmetro `fL` (o exemplo o mantém definido como zero) e definir diferentes probabilidades *a priori*, P(B), usando o parâmetro `prior` e fornecendo um vetor de probabilidades. Neste exemplo definimos a probabilidade de um e-mail não ser spam como 90%:

```
set.seed(1234)
train_idx <- sample(1:nrow(spam), ceiling(nrow(spam)*3/4),
        replace=FALSE)
naïve <- NaiveBayes(type ~ ., data=spam[train_idx,],
        prior = c(0.9,0.1), fL = 0)
```

O código não usa todos os exemplos à mão, mas mantém um quarto deles para testar os resultados fora da amostra. `NaiveBayes` transforma automaticamente as características numéricas em características convenientes para o algoritmo, bastando apenas pedir ao modelo para que percorra os dados fora da amostra e gere previsões, que você verifica para saber se o modelo funciona bem. (Não se preocupe com os avisos da função `confusionMatrix` encontrada na biblioteca caret — você deve se preocupar com a saída da matriz de confusão.)

Este livro usa a biblioteca caret para estimativa de erro. Essa biblioteca é poderosa e o ajuda em muitas operações para validar e avaliar algoritmos de aprendizado de máquina, mas primeiro é preciso instalá-la:

```
install.packages("caret")
```

A instalação levará algum tempo, pois a biblioteca tem inúmeras dependências (exige muitas outras bibliotecas do R, como e1071, um pacote para suportar máquinas vetoriais). Depois de concluir a instalação, prossiga com o exemplo.

```
library(caret)
predictions <- predict(naïve, spam[-train_idx,])
confusionMatrix(predictions$class,
        spam[-train_idx,"type"])
```

LEMBRE-SE

O exemplo mostra que `NaiveBayes` demora mais para prever do que para treinar. O tempo de previsão maior acontece porque o treinamento do algoritmo envolve contar apenas as ocorrências nas características e armazenar os resultados. Os cálculos reais acontecem quando o algoritmo está prevendo, tornando-o rápido para treinar e lento para prever. Aqui está a saída desse exemplo:

```
Prediction nonspam spam
   nonspam     403   24
   spam        293  430
```

Parece que, como acontece muitas vezes, um algoritmo pode capturar quase todo spam, mas à custa de colocar algum e-mail normal na caixa de spam. O código informa tais problemas usando uma medida de escore, como a precisão, que pode ser subdividida em precisão para as classes positivas e negativas, respectivamente:

```
Accuracy : 0.7243
Pos Pred Value : 0.9438
Neg Pred Value : 0.5947
```

Capturar spam não é muito difícil, o problema é não descartar e-mails importantes no processo (falsos positivos, em que um positivo é um spam). Esse exemplo será visto novamente adiante no livro, onde você usará uma estratégia mais sofisticada para entender como melhorar o resultado.

DICA

Existem vários tipos de modelos Naïve Bayes. O que acabamos de usar é chamado de multinomial. Contudo, há também uma versão Bernoulli, conveniente para indicadores binários (você não conta palavras, mas verifica se estão presentes) e uma versão gaussiana (que espera características distribuídas normalmente — tendo valores positivos e negativos). O Python, ao contrário do R, oferece uma gama completa de modelos Naïve Bayes no pacote Scikit-learn, em `http://scikit-learn.org/stable/modules/naive_bayes.html` [conteúdo em inglês].

4
Aprendizado com Dados Inteligentes e Volumosos (Big Data)

NESTE CAPÍTULO

» **Decida entre obter mais dados ou iniciar preparações**

» **Corrija dados ruins, tais como valores**

» **Crie novas características significativas**

» **Compacte e reconstrua informações redundantes**

» **Entenda por que você deve ter cuidado com valores discrepantes**

Capítulo **13**

Pré-processamento de Dados

A o construir uma casa, antes de pensar em uma arquitetura bonita, na estética geral ou no mobiliário, é preciso ter uma fundação sólida sobre a qual construir as paredes. Além disso, quanto mais difícil for o terreno em que precisa trabalhar, mais tempo e esforço serão exigidos. Se não for criada uma base robusta, nada construído sobre ela resistirá ao tempo e à natureza.

O mesmo ocorre no aprendizado de máquina. Independente do nível de sofisticação do algoritmo de aprendizado, se não preparar bem a base — isto é, seus dados —, seu algoritmo não durará muito quando testado em soluções de dados reais. Para preparar dados é preciso examiná-los bem. Infelizmente, o tempo gasto na limpeza dos dados pode ser de cerca de 80% do tempo total dedicado a um projeto de aprendizado de máquina.

Preparar dados exige várias etapas (conforme detalhadas nas seções a seguir):

1. Obter *dados significativos* (também chamados de *verdade básica*), dados que alguém mediu ou rotulou corretamente.

2. **Adquirir dados suficientes para o algoritmo aprendiz funcionar corretamente. Não é possível saber com antecedência o volume de dados necessário, pois tudo depende do algoritmo usado. Somente após o teste será possível descobrir se suas estimativas apresentam tendência ou variância altos do algoritmo usado.**

3. **Organizar os dados reunidos em uma matriz.**

4. **Lidar com dados ruins, como casos ausentes (um problema que ocorre frequentemente), distribuições distorcidas, redundâncias e exemplos anômalos.**

5. **Criar características (quando necessário) mais adequadas para seu algoritmo aprender a mapear a resposta.**

Coleta e Limpeza de Dados

Embora este livro se concentre em como as máquinas aprendem de dados, não existe nenhuma receita mágica no mundo dos algoritmos (como diz o teorema "no free lunch", no Capítulo 11) quando se tratam de dados. Mesmo funções de aprendizado sofisticadas e avançadas atingem o limite e decepcionam quando você não as apoia com o seguinte:

» Quantidades de dados grandes o suficiente para serem adequadas ao algoritmo usado.

» Dados limpos e bem preparados, convenientes para uso em aprendizado de máquina.

O Capítulo 11 discute o papel da quantidade de dados no aprendizado ao explicar dilemas entre tendenciosidade e variância. Como lembrete, grandes quantidades de dados são benéficas para a aprendizagem quando a variabilidade das estimativas é um problema, pois os dados específicos usados para aprendizado influenciam bastante as previsões (o problema do sobreajuste). Mais dados ajudam porque um número maior de exemplos auxilia os algoritmos de aprendizado de máquina a esclarecer a função de cada sinal escolhido dos dados e levados para modelar a previsão.

Além da quantidade de dados, a necessidade de limpeza é compreensível — é como a qualidade do ensino que você recebe na escola. Se seus professores ensinarem apenas besteiras, derem exemplos errados, perderem tempo com piadas e não levarem o ensino a sério, você não se dará bem nos exames, não importa o quão inteligente seja. O mesmo vale para algoritmos simples ou complexos — se alimentá-los com dados ruins, produzirão previsões erradas.

De acordo com o princípio do entra lixo, sai lixo, dados ruins prejudicam o aprendizado de máquina. Dados ruins são dados ausentes, valores discrepantes e distribuições de valor distorcidas, redundância de informação e características mal explicadas. Este capítulo trata de todos esses problemas e mostra como resolvê-los.

DICA

Dados ruins não são ruins no sentido de estarem errados. Com frequência, são apenas aqueles que não obedecem aos padrões definidos: um rótulo escrito de muitas maneiras diferentes, valores erráticos propagados de outros campos de dados, datas escritas em formatos inválidos e texto desestruturado que você deveria ter estruturado em uma variável categórica. Impor regras para validade de dados em seus bancos de dados e trabalhar no projeto de tabelas de dados melhores, assim como na precisão do processo que os armazena, é uma ajuda valiosa para o aprendizado de máquina e permite que você se concentre na solução de problemas de dados mais complexos.

Reparo de Dados Ausentes

Mesmo que você tenha exemplos suficientes para treinamento de algoritmos de aprendizado simples e complexos, eles precisam apresentar valores completos nas características, sem quaisquer dados ausentes. Ter um exemplo incompleto torna impossível conectar todos os sinais dentro das características e entre elas. Valores ausentes também dificultam o aprendizado do algoritmo durante o treinamento. Algo deve ser feito com relação a dados ausentes. Frequentemente você pode ignorar ou repará-los, supondo um valor substituto provável. Porém, valores ausentes excessivos tornam as previsões mais incertas, pois informação ausente oculta qualquer valor, assim, quanto mais valores ausentes nas características, mais variáveis e imprecisas serão as previsões.

Identificação de dados ausentes

DICA

Como primeiro passo, conte o número de casos ausentes em cada variável. Quando uma variável tiver casos ausentes demais, talvez seja preciso retirá-la do conjunto de dados de treinamento e teste. Um bom hábito é remover uma variável se mais de 90% de suas instâncias estiverem ausentes.

Alguns algoritmos de aprendizado não sabem lidar com valores ausentes e informam erros nas fases de treinamento e teste, enquanto outros modelos os tratam como valores zero, causando uma subestimação do valor ou da probabilidade prevista (é como se parte da fórmula não funcionasse corretamente). Em consequência, é preciso substituir todos os valores ausentes na matriz de dados por algum valor conveniente para que o aprendizado de máquina ocorra de maneira correta.

Há muitas razões para dados ausentes, mas o ponto essencial é se os dados estão ausentes aleatoriamente ou em uma ordem específica. Dados ausentes aleatórios são ideais, porque é possível supor seu valor usando uma média simples, uma mediana ou outro algoritmo de aprendizado de máquina, sem muitas preocupações. Alguns casos contêm um forte tendência para certos tipos de exemplos. Pense no caso do estudo da renda de uma população. As pessoas ricas (supostamente por causa dos impostos) tendem a ocultar sua renda real, dizendo que não a sabem. As pobres, por outro lado, podem dizer que não querem informar a renda por medo de um julgamento negativo. Se você não tem informações de certa camada da população, reparar os dados ausentes é difícil e enganoso, pois pode-se pensar que tais casos são exatamente como os outros. Em vez disso, eles são muito diferentes. Portanto, você não pode simplesmente usar valores médios para substituir os ausentes — deve usar estratégias complexas e ajustá-las cuidadosamente. Além disso, é difícil identificar casos que não são dados ausentes aleatórios, pois exige inspecionar melhor como se associam a outras variáveis no conjunto de dados.

LEMBRE-SE

Quando dados estão ausentes aleatoriamente, é possível reparar os valores vazios com facilidade, pois você obtém pistas de seus valores reais a partir de outras variáveis. Quando dados não estão ausentes aleatoriamente, não é possível obter boas pistas a partir de outras informações disponíveis, a menos que você entenda a associação dos dados com o caso ausente. Portanto, se precisa descobrir renda ausente em seus dados porque a pessoa é rica, não pode substituir o valor ausente por uma média simples, pois a substituirá por uma renda média. Em vez disso, deve substituir pela média da renda das pessoas ricas.

DICA

Quando os dados não estão ausentes aleatoriamente, o fato de o valor estar ausente é informativo, pois ajuda a caracterizar o grupo ausente. Você pode deixar a tarefa de procurar o motivo de ele estar ausente para o algoritmo de aprendizado de máquina, construindo uma característica binária que informe quando está faltando o valor de uma variável. Assim, o algoritmo de aprendizado de máquina encontrará sozinho o melhor valor para usar como substituto.

Escolha a estratégia de substituição correta

Existem algumas estratégias para tratar de dados ausentes eficientemente. A estratégia pode mudar se for preciso tratar de valores ausentes em características *quantitativas* (valores expressos como números) ou qualitativas. Características *qualitativas*, embora também expressas por números, na realidade se referem a conceitos, assim, seus valores são um tanto arbitrários, e você não pode tirar uma média ou fazer outros cálculos com eles de modo significativo.

DICA

Ao se trabalhar com características qualitativas, a suposição de valor sempre deve produzir números inteiros baseados nos números usados como códigos. Estratégias comuns para lidar com dados ausentes são as seguintes:

>> **Substituir valores ausentes por uma constante calculada, como a média ou o valor da mediana.** Se a característica é uma categoria, forneça um valor específico, pois a numeração é arbitrária, e usar média ou a mediana não faz sentido. Use essa estratégia para valores ausentes aleatórios.

>> **Substituir valores ausentes por um valor fora do intervalo normal da característica.** Por exemplo, se a característica for positiva, substitua os valores ausentes por negativos. Essa estratégia funciona bem com algoritmos baseados em árvore de decisão (como aqueles explicados no capítulo anterior) e variáveis qualitativas.

>> **Substitua valores ausentes por 0, o que funciona bem com modelos de regressão e variáveis padronizadas (um tópico estudado no Capítulo 15).** Essa estratégia também é aplicável a variáveis qualitativas, quando contêm valores binários.

>> **Interpolar os valores ausentes quando fazem parte de uma série de valores vinculados ao tempo.** Essa estratégia só funciona para valores quantitativos. Por exemplo, se a característica são vendas diárias, você pode usar uma média móvel dos últimos sete dias ou escolher o valor da mesma época na semana anterior.

>> **Atribuir os valores usando a informação de outras características previsoras (mas nunca usar a variável de resposta).** Particularmente no R, existem bibliotecas especializadas, como missForest (`https://cran.r-project.org/web/packages/missForest/index.html`), MICE (`https://cran.r-project.org/web/packages/mice/index.html`) e Amelia II (`http://gking.harvard.edu/amelia`), que podem fazer tudo para você. Os sites têm conteúdo em inglês.

DICA

Outra boa prática é criar uma característica binária para cada variável com valores reparados. A variável binária controlará as variações devidas à substituição ou introdução de um valor positivo, e o algoritmo de aprendizado de máquina poderá descobrir quando deve fazer ajustes adicionais nos valores usados.

Em Python, valores ausentes só são possíveis com a estrutura de dados `ndarray` do pacote NumPy. O Python marca valores ausentes com um valor especial que aparece impresso na tela como NaN (Not a Number). A estrutura de dados `DataFrame` do pacote pandas oferece métodos para substituir valores ausentes e eliminar variáveis.

O exemplo em Python a seguir demonstra como executar tarefas de substituição. Ele começa criando um conjunto de dados com cinco observações e três características, chamadas "A", "B", "C":

```
import pandas as pd
import numpy as np
data = pd.DataFrame([[1,2,np.nan],[np.nan,2,np.nan],
                     [3,np.nan,np.nan],[np.nan,3,8],
```

```
                    [5,3,np.nan]],columns=['A','B','C'])
print(data,'\n') # imprime os dados
# conta NaN valores para cada caracteristica
print(data.isnull().sum(axis=0))

     A    B    C
0    1    2  NaN
1  NaN    2  NaN
2    3  NaN  NaN
3  NaN    3    8
4    5    3  NaN

A    2
B    1
C    4
dtype: int64
```

A característica C tem apenas um valor; pode ser retirada do conjunto de dados. O código substitui os valores ausentes na característica B por um valor médio e interpola o valor na característica A, pois a ordem é progressiva.

```
# Exclui C definitivamente do conjunto de dados
data.drop('C', axis=1, inplace=True)
# Cria um lugar reservado para os valores ausentes de B
data['missing_B'] = data['B'].isnull().astype(int)
# Preenche os itens ausentes em B usando a media de B
data['B'].fillna(data['B'].mean(), inplace=True)
# Interpola A
data['A'].interpolate(method='linear', inplace=True)
print(data)

     A    B  missing_B
0    1  2.0          0
1    2  2.0          0
2    3  2.5          1
3    4  3.0          0
4    5  3.0          0
```

A saída impressa é o conjunto de dados final. Note que a média de B não é um valor inteiro, de modo que o código converteu todos os valores de B para números em ponto flutuante. Isso faz sentido se B é numérica. Se fosse uma categoria e a numeração estivesse marcando uma classe, o código deveria ter preenchido a característica com o comando `data['B'].fillna(data['B'].mode().iloc[0], inplace=True)`, que usa a moda, isto é, o primeiro valor mais frequente na série.

Em R, os valores ausentes aparecem marcados como NA quando impressos ou resumidos. As duas linguagens oferecem maneiras especiais de localizar e lidar com valores vazios. Depois de localizá-los, você precisa decidir se vai substituí-los ou removê-los. Para duplicar o exemplo de Python em R, você precisa instalar o pacote zoo em sua plataforma (`https://cran.r-project.org/web/packages/zoo/index.html` [conteúdo em inglês]) para criar interpolações:

```
install.packages(pkgs='zoo', dependencies=TRUE)
```

Após instalar o pacote zoo, você pode criar um data frame e substituir os valores ausentes usando a mesma estratégia anterior:

```
library(zoo)
df <- data.frame(A=c(1,NA,3,NA,5),
                 B=c(2,2,NA,3,3),
                 C=c(NA,NA,NA,8,NA))
print(df)

   A  B  C
1  1  2 NA
2 NA  2 NA
3  3 NA NA
4 NA  3  8
5  5  3 NA

df <- subset(df, select = c('A','B'))
df['m_B'] <- as.numeric(is.na(df$B))
df$B[is.na(df$B)] <- mean(df$B, na.rm=TRUE)
df$A <- na.approx(df$A)
print(df)

  A   B m_B
1 1 2.0   0
2 2 2.0   0
3 3 2.5   1
4 4 3.0   0
5 5 3.0   0
```

DICA

Como mostrado, às vezes não é possível fazer muita coisa com exemplos que têm muitos valores ausentes em suas características. Nesses casos, se o exemplo for para treinamento (exemplos de teste não devem ser removidos), remova-o do conjunto (um procedimento chamado eliminação listwise) para que os casos incompletos não afetem a aprendizagem. Se, em vez disso, o exemplo faz parte de seu teste, você não deve removê-lo, mas usá-lo para obter uma avaliação do desempenho de seu algoritmo de aprendizado de máquina na manipulação de tais soluções.

Transformação de Distribuições

Embora a estatística seja baseada na expectativa de que características tenham certas distribuições de valor, em geral o aprendizado de máquina não tem essas restrições. Um algoritmo de aprendizado de máquina não precisa saber de antemão o tipo de distribuição de dados em que vai trabalhar, mas aprende isso diretamente dos dados usados para treinamento.

LEMBRE-SE

Em probabilidade, uma distribuição é uma tabela de valores ou uma função matemática que vincula cada valor possível de uma variável à probabilidade de que esse valor ocorra. As distribuições da probabilidade normalmente (mas não unicamente) são representadas em gráficos cujo eixo das abscissas representa os valores possíveis da variável e cujo eixo das ordenadas, a probabilidade de ocorrência. A maioria dos modelos estatísticos conta com uma *distribuição normal*, uma distribuição simétrica em forma de sino.

Mesmo ao usar algoritmos de aprendizado emprestados da estatística, você nunca precisa transformar uma distribuição para que se assemelhe à normal ou a qualquer outra distribuição estatística notável (como as distribuições uniforme ou de Poisson). Normalmente os algoritmos de aprendizado de máquina são inteligentes o suficiente para descobrir como lidar com qualquer distribuição presente nas características. Contudo, mesmo não sendo necessário transformar as distribuições para que um algoritmo de aprendizado de máquina funcione corretamente, isso ainda é vantajoso pelos seguintes motivos:

> » Fazer a função de custo minimizar melhor o erro das previsões
>
> » Fazer o algoritmo convergir corretamente e mais rápido

Você pode aplicar transformações na variável de resposta para minimizar o peso de qualquer caso extremo. Ao prever valores (como em um problema de regressão), alguns deles extremos demais com relação à maioria, você pode aplicar transformações que tendem a reduzir a distância entre eles. Consequentemente, ao se esforçar para minimizar o erro, o algoritmo não se concentrará muito nos erros extremos e obterá uma solução geral. Nesses casos você normalmente escolhe a transformação logarítmica, mas essa transformação exige valores positivos. Se você trabalha apenas com números positivos e o problema é o zero, some 1 aos valores para que nenhum deles seja zero. (O resultado de log(1) é zero, tornando-o um novo ponto de partida conveniente.)

DICA

Se não puder usar uma transformação logarítmica, aplique uma raiz cúbica, a qual preserva o sinal. Em certos casos (quando os valores extremos são enormes), talvez você queira aplicar a transformação inversa (isto é, dividir 1 pelo valor da resposta).

Alguns algoritmos de aprendizado de máquina baseados no gradiente descendente ou em medidas de distância (os descritos no Capítulo 14, como K-médias e K-Vizinhos Mais Próximos) são muito sensíveis à escala dos valores numéricos fornecidos. Assim, para que o algoritmo convirja mais rapidamente ou forneça uma solução precisa, é necessário mudar a escala da distribuição. Mudá-la altera o intervalo de valores das características e também afeta a variância. A mudança de escala de características pode ser feita de duas maneiras:

» **Com padronização estatística (normalização escore z):** Centralize a média em zero (subtraindo a média) e divida o resultado pelo desvio-padrão. Depois dessa transformação, a maioria dos valores está no intervalo de –3 a +3.

» **Com a transformação mín-máx (ou normalização):** Remova o valor mínimo da característica e divida pelo intervalo (valor máximo menos o valor mínimo). Isso faz a escala de todos os valores ser de 0 a 1. Serve para padronização quando o desvio-padrão original é pequeno demais (os valores originais são muito próximos, como se todos girassem em torno da média) ou quando se quer preservar os valores zero em uma matriz esparsa (discutida no Capítulo 9, sobre a matemática da aprendizado de máquina).

Tanto o R como o Python fornecem funções para transformação de distribuição. Fora as funções matemáticas log e exp, que estão imediatamente disponíveis no R e exigem a importação do pacote NumPy no Python, a padronização e a normalização mín-máx exigem um pouco mais de trabalho.

Em R você obtém padronização usando a função scale (experimente `help(scale)` no R), mas a normalização mín-máx exige definir sua própria função:

```
min_max <- function(x)
  {return ((x - min(x, na.rm=TRUE)) /
          (max(x, na.rm=TRUE) - min(x, na.rm=TRUE)))}
```

Em Python, você usa funções e classes do pré-processamento do módulo Scikit-learn, como em: `sklearn.preprocessing.scale`, `sklearn.preprocessing.StandardScaler` e `sklearn.preprocessing.MinMaxScaler` (mais detalhes sobre o tema em `http://scikit-learn.org/stable/modules/preprocessing.html` [conteúdo em inglês]).

A Parte 5 do livro apresenta alguns exemplos de padronização e normalização. Os exemplos mostram como aplicar aprendizado de máquina a problemas de dados reais e, assim, lida também com pré-processamento de dados.

Crie Suas Próprias Características

Às vezes os dados brutos obtidos de várias fontes não terão as características necessárias para executar tarefas de aprendizado de máquina. Quando isso acontecer, você precisará criar as próprias características para obter o resultado desejado. Criar uma característica não significa criar dados do nada, conforme aprendido a seguir. Características são criadas a partir de dados existentes.

A necessidade de criar características

Uma grande limitação dos algoritmos de aprendizado de máquina é que pode ser impossível supor uma fórmula que vincule a resposta às características que estiver usando. Às vezes essa incapacidade de supor acontece porque não é possível mapear a resposta com as informações disponíveis (significando que você não tem as informações corretas). Em outros casos, as informações fornecidas não ajudam o algoritmo a aprender corretamente. Por exemplo, se estiver modelando o preço de terras, a superfície é bastante previsível, pois propriedades maiores tendem a custar mais. Mas se, em vez da superfície, você fornece ao algoritmo de aprendizado de máquina o comprimento dos lados da terra (as coordenadas da latitude e longitude de suas esquinas), seu algoritmo pode não saber o que fazer com a informação fornecida. Alguns algoritmos conseguirão descobrir a relação entre as características, mas a maioria não.

A resposta para esse problema é a criação de características, a parte do aprendizado de máquina considerada mais arte que ciência, porque implica na intervenção humana para misturar criativamente as características existentes. Essa tarefa é executada por meio de adição, subtração, multiplicação e razão para gerar novas características derivadas, com maior poder preditivo que as originais.

Conhecer bem o problema e saber como um ser humano o resolveria faz parte da criação de características. Assim, continuando o exemplo anterior, o fato de a superfície da Terra estar ligada ao preço da propriedade é conhecimento comum. Se a superfície estiver ausente de suas características ao tentar supor o valor de uma propriedade, você pode recuperar essa informação a partir dos dados existentes — e isso aumenta o desempenho das previsões. Independente de contar com senso comum, conhecimento comum ou opinião especializada, você pode ajudar seu algoritmo de máquina se primeiro descobrir qual informação funcionará melhor para o problema e disponibilizar ou derivá-la de suas características.

Criação automática de características

Você pode criar algumas características automaticamente. Um modo de fazer isso é usando expansão polinomial. Existem maneiras específicas de obter expansão polinomial para criar características automaticamente tanto em R como em Python. Você vê alguns exemplos detalhados ao trabalhar com modelos de regressão e máquinas de vetores de suporte mais adiante no livro. Por enquanto você precisa dominar os conceitos por trás da expansão polinomial.

Na expansão polinomial você cria automaticamente interações entre características e também potências (por exemplo, calculando o quadrado de uma característica). As interações contam com a multiplicação das características. Criar uma característica usando multiplicação ajuda a monitorar como as características tendem a se comportar como um todo. Portanto, ajuda a mapear relações complexas entre características que podem sugerir soluções especiais.

Um bom exemplo de interação é o ruído emitido por um carro e seu preço. Os consumidores não gostam de carros barulhentos, a não ser que comprem um carro esportivo, pois o ruído do motor é uma vantagem que faz o proprietário se lembrar da potência do veículo. Também faz os espectadores notarem o carro, de modo que o ruído desempenha um papel importante na ostentação, pois certamente chamará a atenção dos outros. Por outro lado, ao se dirigir um carro de passeio, o ruído não é bom.

No aprendizado de máquina, ao se prever a taxa de preferência por certo carro, características como ruído e preço são preditivas em si mesmas. No entanto, multiplicar os dois valores e adicioná-los ao conjunto de características pode indicar inequivocamente a um algoritmo de aprendizado que o alvo é um carro esportivo (quando níveis altos de ruído por um preço alto são multiplicados).

As potências ajudam, criando relações não lineares entre a resposta e as características, indicando soluções específicas. Como outro exemplo, imagine que precise prever as despesas anuais de uma pessoa. A idade é um bom preditor, porque à medida que as pessoas envelhecem e amadurecem, a vida e a situação familiar também mudam. Estudantes começam pobres, mas então encontram trabalho e podem constituir família. Do ponto de vista geral, até certo ponto as despesas tendem a aumentar com a idade. Normalmente a aposentadoria marca um ponto em que as despesas tendem a diminuir. A idade contém essa informação, mas é uma característica que tende a crescer, e relacionar as despesas a esse crescimento não ajuda a descrever a inversão que ocorre em certa idade. Adicionar a característica ao quadrado cria um efeito contador à idade, que é pequeno no início, mas aumenta rapidamente com a idade. O efeito final é uma parábola, com crescimento inicial caracterizado por um pico nas despesas em certa idade e, então, uma diminuição.

Como mencionado inicialmente, conhecer antecipadamente tais dinâmicas (ruído e carro esportivo, consumo e velhice) ajuda a criar as características certas. Mas se você não conhecer previamente essas dinâmicas, a expansão polinomial as criará automaticamente, porque, dada certa ordem, criará interações e potências dessa ordem. A ordem indicará o número de multiplicações e a potência máxima a aplicar nas características existentes. Assim, uma expansão polinomial de ordem 2 eleva todas as características à segunda potência e multiplica cada característica por todas as outras. (Você obtém a multiplicação de todas as combinações de duas características.) Claramente, quanto maior o número, mais características novas serão criadas, mas muitas delas serão redundantes e apenas contribuirão para fazer seu algoritmo de aprendizado de máquina sobreajustar os dados.

LEMBRE-SE

Ao usar expansão polinomial, preste atenção à explosão de características que está criando. As potências aumentam linearmente, portanto, se você tem cinco características e precisa de uma expansão de ordem 2, cada uma é elevada até a segunda potência. Aumentar a ordem de uma apenas adiciona uma nova característica de potência para cada característica original. Em vez disso, as interações aumentam com base nas combinações das características até essa ordem. Com cinco características e uma expansão polinomial de ordem 2, são criadas as 10 combinações únicas da união das características. Aumentar a ordem para 3 exigirá a criação de todas as combinações únicas de duas variáveis, mais as combinações únicas de três variáveis, ou seja, 20 características.

Compactação de Dados

De forma ideal, no aprendizado de máquina os melhores resultados são obtidos quando as características não estão completamente correlacionadas e cada uma tem algum poder preditivo em relação à resposta modelada. Na realidade, as características frequentemente são correlacionadas, mostrando um alto grau de redundância nas informações disponíveis para o conjunto de dados.

Dados redundantes significam que a mesma informação está espalhada em várias características. Se é exatamente a mesma informação, isso representa uma colinearidade perfeita. Se não é exatamente a mesma, mas varia de algum modo, você tem colinearidade entre duas variáveis ou multicolinearidade entre mais de duas.

Dados redundantes são um problema para o qual a teoria estatística criou soluções há muito tempo (porque os cálculos estatísticos podem sofrer muito com a multicolinearidade). Este capítulo apresenta o tópico sob o ponto de vista da estatística, ilustrando o uso dos conceitos de variância, covariância e correlação. Você pode imaginar cada característica como tendo diferentes componentes informativos, misturados em diferentes proporções:

> » **Variância única:** A redundância é única para uma característica em particular e, quando correlacionada ou associada à resposta, adiciona uma contribuição direta à previsão da resposta.

> » **Variância compartilhada:** A redundância é comum a outras características por causa de uma relação de casualidade entre elas (conforme discutido no Capítulo 9). Nesse caso, se a informação compartilhada for relevante para a resposta, o algoritmo de aprendizado terá dificuldade para escolher a característica a ser selecionada. E quando uma característica for selecionada por sua variância compartilhada, trará também seu ruído aleatório.

> » **Componente de ruído aleatório:** Informação devida a problemas de medida ou aleatoriedade que não é útil no mapeamento da resposta, mas que às vezes, por acaso (sorte e azar fazem parte da aleatoriedade), aparece relacionada à resposta.

Variância única, variância compartilhada e ruído aleatório se fundem e não podem ser separados facilmente. Usando seleção de característica, você reduz o impacto do ruído, selecionando o conjunto de características mínimo que funciona melhor com seu algoritmo de aprendizado de máquina. Outra estratégia é baseada na noção de que é possível fundir a informação redundante usando uma média ponderada, criando, assim, uma característica cujo principal componente é a variância compartilhada de várias características, e seu ruído é uma média de ruído e da variância única anterior.

Por exemplo, se A, B e C compartilham da mesma variância, empregando compactação você pode obter um componente (por isso é chamado de nova característica) constituído da soma ponderada das três características, como 0,5*A+0,3*B+0,2*C. Você decide os pesos com base em uma técnica chamada SVD (decomposição em valores singulares).

A SVD tem várias aplicações, não apenas na compactação de dados, mas também para encontrar fatores latentes (características ocultas nos dados) e em sistemas de recomendação, os quais descobrem do que alguém pode gostar em termos de produtos ou filmes com base em seleções anteriores. O Capítulo 21 explica detalhadamente os elementos básicos da SVD para sistemas de recomendação. Para propósitos de compactação, o capítulo ilustra a técnica PCA (análise de componentes principais), que usa partes das saídas da SVD.

A PCA funciona de forma simples e direta: recebe como entrada um conjunto de dados e retorna um novo conjunto reconstruído, com a mesma forma. Nesse novo conjunto de dados, todas as características, denominadas componentes, são não correlacionadas e os componentes mais informativos aparecem no início do conjunto de dados.

A PCA também oferece um relatório sobre como cada componente se equipara ao conjunto de dados inicial. Somando o valor informativo dos novos componentes, você pode verificar que alguns deles expressam 90% ou até 95% da informação original. Pegar apenas esses poucos componentes é equivalente a usar os dados originais, obtendo-se, assim, uma compactação dos dados pela remoção de redundâncias e redução do número de características.

O exemplo a seguir se refere ao conjunto de dados Boston e usa a implementação Scikit de PCA do Python. O R tem muitas funções equivalentes, sendo a mais popular a `princomp`, sobre a qual você aprende usando o comando `help(princomp)` para obter mais informações e alguns exemplos de utilização. Aqui está o trecho de código em Python para testar a eficácia de uma PCA:

```python
from sklearn.datasets import load_boston
from sklearn.decomposition import PCA
from sklearn.preprocessing import scale
import numpy as np
boston = load_boston()
X, y = boston.data, boston.target
pca = PCA().fit(X)
```

Após calcular a PCA, o exemplo imprime o poder informativo desse novo conjunto de dados reconstruído:

```python
print (' '.join(['%5i'%(k+1) for k in range(13)]))
print (' '.join(['-----']*13))
print (' '.join(["%0.3f" % (variance) for variance
        in pca.explained_variance_ratio_]))
print (' '.join(["%0.3f" % (variance) for variance
        in np.cumsum(pca.explained_variance_ratio_)]))

    1     2     3     4     5     6     7     8     9 ...
----- ----- ----- ----- ----- ----- ----- ----- ----- ...
0.806 0.163 0.021 0.007 0.001 0.001 0.000 0.000 0.000 ...
0.806 0.969 0.990 0.997 0.998 0.999 1.000 1.000 1.000 ...
```

No relatório impresso, os 13 componentes (apenas 9 dos quais aparecem no livro) são responsáveis por um conjunto de dados cumulativo que ultrapassa 85% do original, quando se levam em conta 6 dos 13 componentes, e 95% com nove componentes. Usar um conjunto de dados reconstruído, com menos componentes que o número das características originais, é frequentemente vantajoso para os processos de aprendizado de máquina, reduzindo o uso de memória e o tempo de computação, contendo a variância das estimativas, assegurando, assim, a estabilidade dos resultados.

Delimitação de Dados Anômalos

Às vezes, ao explorar dados, você encontra valores diferentes dos esperados, por serem altos ou baixos demais, ou simplesmente incomuns e altamente improváveis. Esses são *valores discrepantes*, também chamados de *anomalias*, quando você tem certeza de que são assim porque algo deu errado. Em vez disso, se são apenas incomuns por ser a primeira vez que você vê tais valores, mas as informações são legítimas, eles são *descobertas*, um novo tipo de exemplo.

LEMBRE-SE

Em alguns casos, um exemplo é um valor discrepante porque possui uma combinação única e incomum de valores. Às vezes é uma associação a um valor impossível ou altamente improvável (por exemplo, encontrar uma criança com grau universitário em um conjunto de dados). Às vezes uma mistura sutil de muitos valores torna o exemplo raro (tão raro que não pode ser verdade).

Valores discrepantes são um problema no aprendizado com dados. Como as máquinas aprendem observando exemplos e extraindo regras e padrões deles, um caso estranho se mostra difícil de entender e obriga o algoritmo a reconsiderar o que aprendeu até o momento. Em particular, muitas funções de custo operam com base na diferença entre o valor observado e o esperado. Um valor longe do intervalo esperado terá um enorme desvio, levando o processo de aprendizado a se adaptar à anomalia de forma brusca, desprezando valores regulares (os quais produzem desvios comparativamente pequenos).

Contudo, nem todos os algoritmos de aprendizado de máquina são sensíveis a valores discrepantes, e existem alguns passos preventivos que podem ser dados quando um algoritmo está aprendendo. Por exemplo, você pode atualizar lentamente os parâmetros que o algoritmo aprende para que ele não admita imediatamente como verdade cada valor encontrado, mas somente os mais encontrados. É considerada uma boa prática lidar com o inesperado antes que o treinamento do aprendizado comece, adotando um estilo de auditoria para dados bons, mesmo tendo-se fornecido soluções no lado do aprendizado.

Valores discrepantes manifestos distorcem distribuições de dados e afetam muito sua estatística descritiva. O valor da média normalmente é tão desviado na presença de valores discrepantes, que você notará uma grande diferença entre a média e os valores medianos. Além disso, valores discrepantes afetam as relações entre as variáveis e podem enfraquecer ou fortalecer uma associação entre duas delas, causando mais confusão em seu algoritmo de aprendizado.

Também existem valores discrepantes sutis, que não afetam claramente as distribuições, mas preenchem partes do espaço de dados que deviam estar vazias, obrigando o algoritmo de aprendizado a se adaptar à sua presença. Na realidade, a adaptação a tais casos é igual à informação com ruído no aprendizado, aumentando a variância das estimativas.

Uma boa estratégia para encontrar valores discrepantes manifestos é observar algumas estatísticas descritivas chaves e praticar *análise exploratória de dados (EDA)*, um termo inventado por John Tukey, estatístico norte-americano que escreveu sobre a necessidade de mais integração entre análise gráfica e medidas descritivas em seu livro *Exploratory Data Analysis*, de 1977. Essa é a abordagem univariada. Por exemplo, conforme as seções anteriores deste capítulo discutem, uma grande diferença entre a média e a mediana é um bom sinal de que algo está errado em seus dados. Você tira a média somando todos os valores numéricos de uma característica, de modo que valores altos ou baixos entram diretamente em seu cálculo. A mediana é calculada ordenando-se os valores da característica e escolhendo-se o do meio. (Se tiver um número par de exemplos, tirará a média das duas observações do meio.) A ordem não é afetada por valores altos ou baixos nas extremidades. Muitas outras estatísticas contam com a ordem e são chamadas de robustas por causa de sua resistência às anomalias.

Com relação ao problema de medir a associação entre variáveis, os capítulos a seguir explicam em detalhes a medida da correlação. Ela é baseada na média e é afetada por observações discrepantes. Com relação às medidas de associação também há uma opção de medidas de associação robustas, como a correlação de postos de Spearman, uma boa escolha quando se quer verificar se as classificações de duas medidas correspondem.

Outra medida é a InterQuartile Range (IQR), baseada na ordenação dos exemplos, porque deriva da diferença entre o valor das características nos 75% da ordenação menos o valor nos 25%. Calculando a IQR, você obtém o intervalo de valores que compreendem os 50% centrais de seus exemplos. Empiricamente, incluindo-se no limite superior e removendo-se do inferior da IQR, seu valor, multiplicado por 1,5, deve dar uma estimativa aproximada do quanto é possível estender o intervalo da característica, antes de saber se os valores com que você está lidando são altos ou baixos demais. Tal extensão da medida IQR é a base do diagrama de caixa, uma representação visual inventada por John Tukey (por isso algumas fontes o chamam de diagrama de caixa de Tukey). Em um diagrama de caixa, você encontra a mediana e os limites da IQR, descritos como uma caixa, seguidos pela extensão de IQR*1,5 nas duas direções, como um bigode. Por fim, todos os exemplos fora do bigode são representados no gráfico, o que indica os valores discrepantes suspeitos. Como exemplo, em Python você pode usar o método boxplot a partir de um data frame Pandas, mas o R tem uma função análoga chamada boxplot (veja a saída desse exemplo na Figura 13-1):

```
from sklearn.datasets import load_boston
import pandas as pd
%matplotlib inline
boston = load_boston()
X, y = boston.data, boston.target
X = pd.DataFrame(X, columns=boston.feature_names)
X.boxplot('LSTAT', return_type='axes')
```

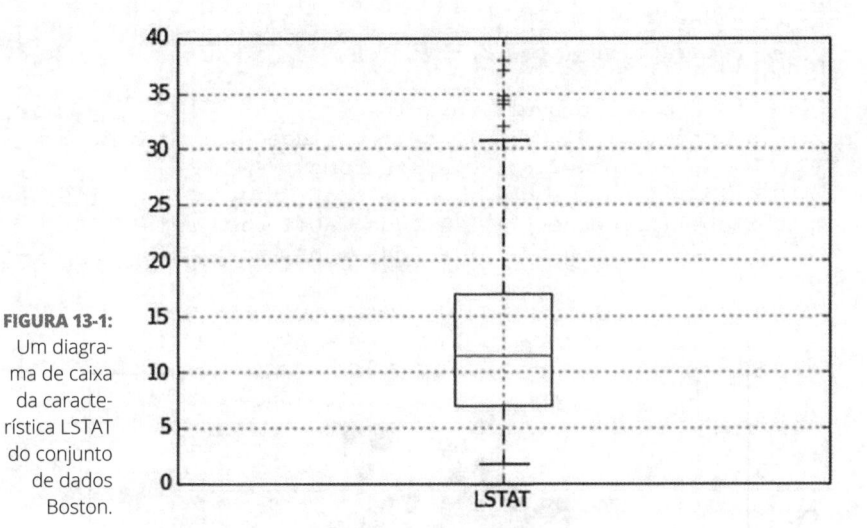

Representar um diagrama de caixa da característica LSTAT revela como alguns valores acima de 30 são candidatos a discrepantes. Usando IQR e diagramas de caixa, você descobre a maioria dos valores discrepantes, mas, infelizmente, nem todos. Alguns ficam ocultos em seus dados. Outra estratégia baseada na descoberta visual é usar gráficos de dispersão, os quais representam os dados em um gráfico bidimensional, usando duas variáveis por vez.

Contudo, representar todas as combinações de suas características é muito demorado. Uma solução é criar uma matriz de gráficos de dispersão, mas, se houver muitas variáveis, o problema da complexidade da representação não desaparecerá. Nesse caso, reestruturar e compactar os dados proporciona um modo eficiente de reduzir a complexidade. A análise de componentes principais combina as variáveis e, ao fazer isso, elimina as redundâncias e enfatiza problemas que mexem com mais variáveis simultaneamente.

Os dois ou três primeiros componentes de uma PCA contêm a maior parte das informações dos dados. Você os representa facilmente (usando apenas alguns gráficos) e usa a saída para encontrar valores discrepantes. Além disso, não deve desprezar os dois últimos componentes, pois armazenam a única informação residual disponível nos dados e, surpreendentemente, revelam valores discrepantes menos evidentes. No exemplo a seguir, usando Python e o conjunto de dados Boston, você só encontra dois grupos discrepantes observando os dois últimos componentes. A Figura 13-2 mostra a saída dos dois primeiros componentes, e a Figura 13-3, dos dois últimos.

```
from sklearn.decomposition import PCA
from sklearn.preprocessing import scale
pca = PCA()
```

```
pca.fit(scale(X))
C = pca.transform(scale(X))

import matplotlib.pyplot as plt
plt.scatter(C[:,0],C[:,1], s=2**7, edgecolors='white',
            alpha=0.85, cmap='autumn')
plt.grid() # adds a grid
plt.xlabel('Component 1') # adds label to x axis
plt.ylabel('Component 2') # adds label to y axis
```

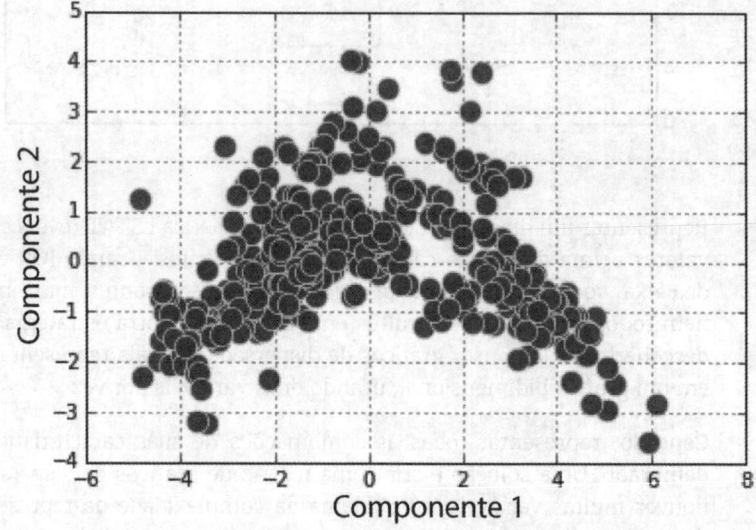

```
plt.scatter(C[:,11],C[:,12], s=2**7, edgecolors='white',
            alpha=0.85, cmap='autumn')
plt.grid() # adds a grid
plt.xlabel('Component 12') # adds label to x axis
plt.ylabel('Component 13') # adds label to y axis
```

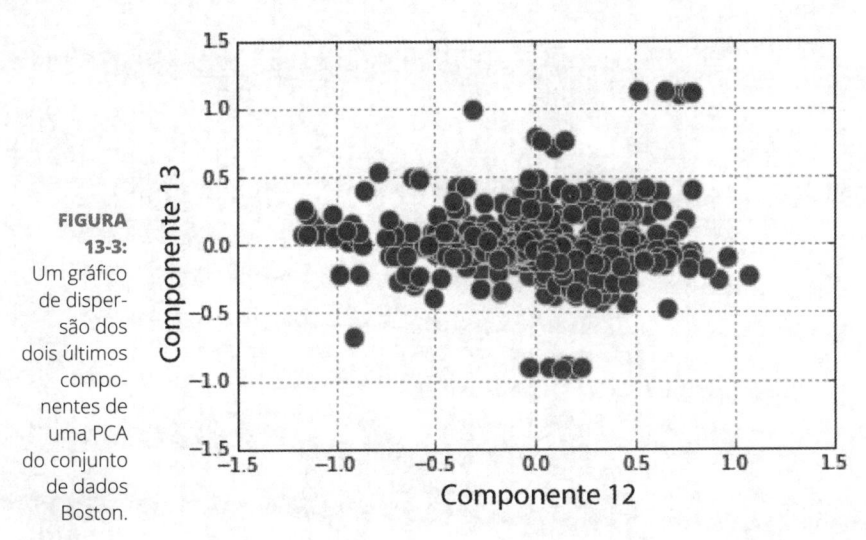

**FIGURA
13-3:**
Um gráfico
de disper-
são dos
dois últimos
compo-
nentes de
uma PCA
do conjunto
de dados
Boston.

DICA

Uma solução alternativa à PCA é usar técnicas de agrupamento, como K-médias. Isso é discutido no próximo capítulo.

PARTE 4 **Aprendizado com Dados Inteligentes e Volumosos (Big Data)**

Capítulo **14**

Uso de Semelhança

U ma rosa é uma rosa. Uma árvore é uma árvore. Um carro é um carro. Apesar de declarações simples como essas, um exemplo de cada tipo de item não basta para identificar todos os itens que se encaixam nessa classificação. Afinal, existem muitas espécies de árvores e muitos tipos de rosas. Se avaliar o problema no aprendizado de máquina dos exemplos, encontrará características cujos valores mudam frequentemente e algumas que persistem sistematicamente (uma árvore é sempre de madeira e tem tronco e raízes, por exemplo). Ao observar os valores das características que se repetem, você pode supor que certos objetos observados são do mesmo tipo.

As crianças descobrem sozinhas o que são carros observando características. Afinal, todos têm quatro rodas e circulam em vias. Mas o que acontece quando veem um ônibus ou caminhão? Felizmente, alguém está lá para explicar os veículos grandes e abrir o mundo da criança para definições mais amplas. Este capítulo mostra como as máquinas aprendem explorando a semelhança:

» **De modo supervisionado:** Aprendizado a partir de exemplos anteriores. Por exemplo, um carro tem quatro rodas, portanto, se um novo objeto tem quatro rodas, pode ser um carro.

» **De modo não supervisionado:** Inferir um agrupamento sem nenhum rótulo do qual aprender. Por exemplo, os itens de uma lista têm raízes e são de madeira, assim, devem ficar no mesmo grupo, apesar de não terem nome.

Nossos algoritmos sobre o tema, K-médias, um algoritmo de agrupamento não supervisionado, e K-Vizinhos mais próximos, um algoritmo de regressão e classificação supervisionado, usam semelhanças entre exemplos. Eles dão uma boa ideia das vantagens e desvantagens da ordem em itens mais ou menos semelhantes.

Medida da Semelhança entre Vetores

É fácil comparar exemplos de seus dados usando cálculos, se considerar cada um deles como um vetor. As seções a seguir descrevem como medir a semelhança entre vetores para executar tarefas como cálculo da distância entre vetores para propósitos de aprendizado.

Entenda a semelhança

Em forma vetorial, ver cada variável de seus exemplos é uma série de coordenadas, cada uma apontando para uma posição em uma dimensão espacial diferente, como mostrado na Figura 14-1. Se um vetor tem dois elementos, isto é, apenas duas variáveis, trabalhar com ele é como ver uma posição em um mapa: o primeiro número é do eixo Leste-Oeste, e o segundo, Norte-Sul.

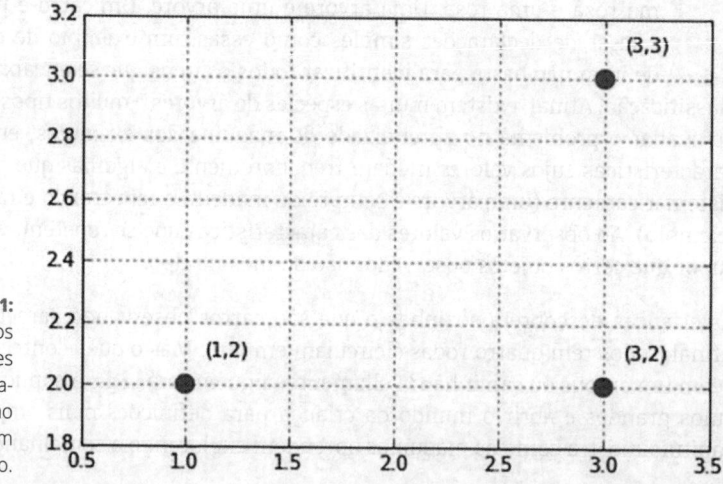

FIGURA 14-1: Exemplos de valores representados como pontos em um gráfico.

Por exemplo, os números (1,2), (3,2) e (3,3) são exemplos de pontos. Cada exemplo é uma lista ordenada de valores (chamados de tuplas) que podem ser facilmente localizados e impressos em um mapa, com o primeiro valor da lista para x (o eixo horizontal) e o segundo para y (o eixo vertical). O resultado é um gráfico de dispersão. Você encontra exemplos deles neste capítulo e no livro inteiro.

Se seu conjunto de dados, em forma de matriz, tem muitas características numéricas (as colunas), de maneira ideal o número das características representa as dimensões do espaço de dados, enquanto as linhas (os exemplos) representam cada ponto, o que matematicamente é um vetor. Quando seu vetor tem mais de dois elementos, a visualização se torna problemática, porque não é fácil representar dimensionalidades acima da terceira (afinal, vivemos em um mundo tridimensional). Contudo, você pode transmitir mais dimensionalidades de algum modo: usando tamanho, forma ou cor para outras dimensões. Essa não é uma tarefa fácil, e muitas vezes o resultado está longe de ser intuitivo. No entanto, é possível imaginar onde os pontos ficariam em seu espaço de dados, imprimindo muitos gráficos sistematicamente, enquanto se consideram as dimensões duas a duas. Tais representações são chamadas de matrizes de gráficos de dispersão.

LEMBRE-SE

Não se preocupe com a multidimensionalidade. As regras aprendidas em duas ou três dimensões são ampliadas para várias dimensões. Assim, se uma regra funciona em um espaço bidimensional, também funciona em várias dimensões. Portanto, todos os exemplos se referem primeiro ao espaço bidimensional.

Cálculo de distâncias para aprendizado

Um algoritmo pode aprender usando vetores de números que empregam medidas de distância. Frequentemente o espaço indicado por seus vetores tem uma métrica, que é um espaço cujas distâncias respeitam certas condições:

» Não existem distâncias negativas, e a distância só é zero quando o ponto de partida e o final coincidem (a *não negatividade*).

» A distância é a mesma de um ponto a outro, e vice-versa (a *simetria*).

» A distância entre um ponto inicial e um ponto final é sempre maior (ou, no pior caso, igual) que a distância do ponto inicial a um terceiro ponto e de lá até o ponto final (*desigualdade triangular* — portanto, não existem atalhos).

Distâncias que medem um espaço métrico são: euclidiana, Manhattan e Chebyshev. Essas são todas as distâncias aplicadas a vetores numéricos.

Distância euclidiana

A mais comum é a distância euclidiana, também descrita como norma l2 de dois vetores (uma discussão sobre normas l1, l2 e linf é encontrada em `https://rorasa.wordpress.com/2012/05/13/l0-norm-l1-norm-l2-norm-l-infinity-norm/` [conteúdo em inglês]). Em um plano bidimensional, a distância euclidiana é a linha reta que liga dois pontos e é calculada como a raiz quadrada da soma da diferença ao quadrado entre os elementos de dois vetores. Na representação gráfica anterior, a distância euclidiana entre os pontos (1,2) e (3,3) é calculada em R como sqrt((1-3)^2+(2-3)^2), o que resulta em uma distância de aproximadamente 2,236.

Distância Manhattan

Outra medida útil é a distância Manhattan (também descrita como norma l1 de dois vetores). A distância Manhattan é calculada somando-se o valor absoluto da diferença entre os elementos dos vetores. Se a distância euclidiana marca a rota mais curta, a distância Manhattan marca a mais longa, lembrando as direções de um táxi andando em uma cidade. (Também é conhecida como distância de táxi ou quarteirão.) Por exemplo, a distância Manhattan entre os pontos (1,2) e (3,3) é abs(1−3) e abs(2−3), que resulta em 3.

Distância Chebyshev

A distância Chebyshev ou métrica máxima usa o máximo da diferença absoluta entre os elementos dos vetores. É uma medida que pode representar o movimento do rei no jogo de xadrez ou, em logística de armazém, as operações exigidas para uma ponte rolante mover a cesta de um lugar para outro. No aprendizado de máquina, a distância Chebyshev é útil quando existem muitas dimensões a considerar, e a maioria é irrelevante ou redundante (em Chebyshev, é escolhida a que tem a maior diferença absoluta). No exemplo usado nas seções anteriores, a distância é simplesmente 2, o máximo entre abs(1−3) e abs(2−3).

Uso de Distâncias para Localizar Agrupamentos

Ao trabalhar com um espaço bem ordenado, naturalmente você encontra itens semelhantes próximos uns dos outros, como livros sobre o mesmo assunto em uma biblioteca. Nela, livros semelhantes ficam na mesma estante, prateleira e seção. Imagine, por exemplo, ser um bibliotecário incumbido de reunir todos os livros sobre o mesmo assunto sem nenhuma indicação de índice ou rótulo já existente. Nesse caso, ordenar objetos ou exemplos semelhantes é agrupamento. No aprendizado de máquina, essa é uma tarefa não supervisionada. Ela permite criar rótulos quando não há rotulação disponível ou quando é útil criar nova rotulação empiricamente.

No exemplo da biblioteca, uma boa solução para a falta de índice ou rótulos seria escolher livros aleatoriamente aqui e ali, cada um localizado em prateleiras e estantes distintas, e então procurar livros semelhantes em todas as direções. Você poderia partir do livro original até onde fosse necessário. Em pouco tempo, com base nas localizações dos livros, poderia dividir a biblioteca em áreas homogêneas em torno de temas semelhantes. Depois de ler um livro representativo de cada área, poderia facilmente e com confiança rotular por tema todos os livros lá localizados.

Com base nessa mesma ideia (partir de um exemplo e olhar em todas as direções dentro de certo intervalo), vários algoritmos estatísticos, denominados algoritmos de partição, ajudam a explorar dimensões de dados em torno de exemplos iniciais, agregando os semelhantes. Dentre os algoritmos de partição, K-médias é o mais conhecido. Normalmente ele calcula boas soluções usando a proximidade de exemplos semelhantes em um espaço de dados, desenhando os limites das classes e, por fim, recuperando toda a estrutura de grupo desconhecida. K-médias permite rotulação, resumo e, às vezes, um entendimento mais profundo de dinâmicas de dados ocultas. Ele o ajuda a fazer o seguinte:

» Rotular exemplos em grupos separados.

» Criar características (os rótulos dos grupos) para uso em tarefas de aprendizado supervisionado (rótulos de uma análise de agrupamento são úteis como novas características no aprendizado com texto e imagens).

» Reunir exemplos anômalos nos próprios grupos para localizá-los facilmente.

K-médias não é o único algoritmo capaz de executar tarefas de agrupamento. O agrupamento (também conhecido como análise de agrupamentos) tem uma longa história, e existem algoritmos de diferentes tipos para executá-lo. Existem métodos de agrupamento que organizam os exemplos em estruturas do tipo árvore (agrupamento hierárquico) e outros que procuram partes do espaço de dados em que os exemplos são mais densos (DBScan). Outros descobrem se algum agrupamento deriva de certas distribuições estatísticas, como a gaussiana. Entre tantas escolhas, K-médias se tornou um algoritmo de muito sucesso no aprendizado de máquina por bons motivos:

» É fácil e intuitivo de entender.

» Pode ser rápido e escala bem diante de grandes volumes de dados.

» Não exige manter muitas informações na memória.

» Sua saída é útil como entrada para outros algoritmos de aprendizado de máquina.

Verificação de suposições e expectativas

K-médias conta com suposições que algumas pessoas questionam e que você precisa conhecer. Primeiro, o algoritmo presume que os dados têm conjuntos chamados *agrupamentos*. Presume também que os conjuntos são constituídos de exemplos semelhantes, com o exemplo inicial chamado de *protótipo* ou *centroide* no centro do agrupamento. Por fim, presume que no espaço de dados os conjuntos têm uma forma rigorosamente esférica. Portanto, infelizmente, K-médias não admite formas estranhas, o que pode ser um ponto fraco da técnica, pois nem sempre o mundo real tem formas geométricas. Todas essas são suposições teóricas. (O algoritmo funciona bem quando os dados satisfazem as condições, caso contrário, é preciso verificar o resultado cuidadosamente.)

K-médias trabalha com uma medida numérica, a distância euclidiana. Todos os dados precisam estar na forma de um número representando uma medida (tecnicamente chamada de medida métrica. Por exemplo, medidas métricas comuns são metros e quilos). Variáveis cujos valores são atribuídos arbitrariamente não podem ser usadas; a medida deve ter alguma relação com a realidade. Contudo, mesmo não sendo o ideal, você pode usar números ordinais (como 1º, 2º, 3º etc., pois eles têm uma ordem de medida). Também é possível usar variáveis binárias (1/0), conforme descrito no capítulo anterior.

LEMBRE-SE

A distância euclidiana é a raiz de uma soma grande, de modo que todas as variáveis precisam ter a mesma escala, senão as variáveis com o maior intervalo dominarão a distância (e você criará agrupamentos apenas nessas variáveis). O mesmo ocorre se algumas variáveis são correlacionadas, isto é, compartilham parte de seu conteúdo informativo (variância). Novamente, algumas variáveis influenciam mais o resultado que outras. Uma solução é transformar os dados antes do K-médias, padronizando estatisticamente todas as variáveis e transformando-as em componentes por meio de um algoritmo de redução de dimensionalidade, como a análise de componentes principais (PCA), conforme descrito no capítulo anterior.

K-médias também espera que você já saiba quantos agrupamentos seus dados contêm. Contudo, não saber não é um grande problema, porque você pode supor ou tentar muitas soluções, começando com as desejáveis. Como o algoritmo faz muitas suposições teóricas e práticas, sempre sugere uma solução (o motivo de gostarem tanto dele). Ao se trabalhar com dados sem agrupamentos ou solicitar o número errado de agrupamentos, ele produz resultados enganosos. Os resultados bons podem ser distinguidos dos ruins com base no seguinte:

>> **Heurística:** Você mede a qualidade do agrupamento.

>> **Reprodutividade:** Resultados aleatórios não podem ser replicados.

>> **Compreensão:** Soluções absurdas raramente são reais.

>> **Utilidade:** Você se preocupa com como o aprendizado de máquina resolve problemas praticamente, e não sobre sua precisão em termos de suposições.

LEMBRE-SE

O algoritmo K-médias é não supervisionado, portanto, a menos que você conheça a solução de agrupamento antecipadamente, não tem nenhum erro para medir em termos de desvio ou precisão. Após obter uma solução, sempre verifique a realidade com as medidas de qualidade do agrupamento, para ver se o resultado pode ser reproduzido sob condições diferentes, se é útil e ajuda no problema.

O funcionamento do algoritmo

O algoritmo K-médias executa tarefas de um modo específico. Entendendo o procedimento usado pelo algoritmo para executá-las, você compreende melhor como o emprega. O procedimento pode ser detalhado em etapas:

» Depois que você diz ao algoritmo que existem k agrupamentos nos dados (onde k é um número inteiro), ele seleciona k exemplos aleatórios como centroides originais dos k agrupamentos.

» O algoritmo atribui todos os exemplos a cada um dos k agrupamentos com base em suas distâncias euclidianas até o centroide de cada um. O centroide mais próximo vence o exemplo, o qual se torna parte de seu agrupamento.

» Após atribuir todos os exemplos aos agrupamentos, o algoritmo recalcula o novo centroide de cada um, tirando a média de todos os exemplos que fazem parte do grupo. Após a primeira rodada, os novos centroides provavelmente não vão mais coincidir com um exemplo real. Nesse ponto, considere os centroides como exemplos ideais (na verdade, *protótipos*).

» Se não for a primeira rodada, após tirar a média, o algoritmo verifica quanto a posição dos centroides mudou no espaço de dados. Se não mudou muito em relação à rodada anterior, o algoritmo presume uma solução estável e a retorna. Caso contrário, repete as etapas 2 e 3. Se a posição dos centroides mudou, o algoritmo reatribui parte dos exemplos para um agrupamento diferente, o que deve levar a uma mudança na posição do centroide.

Dados os saltos entre as etapas 4 e 2 até que a saída encontre certa condição de convergência, o algoritmo K-médias é iterativo. Iteração após iteração, os centroides iniciais, escolhidos aleatoriamente pelo algoritmo, mudam de posição até ser encontrada uma solução estável. (Os exemplos não se movem mais entre os agrupamentos, ou, pelo menos, poucos se movem.) Nesse ponto, após o algoritmo convergir, você pode esperar que:

» Todos os dados estejam separados em agrupamentos (de modo que cada exemplo terá um e apenas um rótulo de agrupamento).

» Todos os agrupamentos tendam a ter a máxima coesão interna possível. A coesão de cada agrupamento pode ser calculada subtraindo-se a posição do centroide da posição de cada exemplo, elevando-se ao quadrado o resultado de cada subtração (de modo que o sinal é removido) e, finalmente, somando todos os resultados. Assim, você obtém a coesão, a qual, em uma análise de

> agrupamento, sempre tende a ser a mínima possível (chamada de *soma dos quadrados dentro do agrupamento* ou *WSS*).

> » Todos os agrupamentos têm a máxima diferença externa possível. Isso significa que, se você pegar a diferença de cada centroide com a média do espaço de dados (o grande centroide), elevar cada diferença ao quadrado, multiplicar cada uma delas pelo respectivo número de exemplos do agrupamento e somar todos os resultados, o resultado será o máximo possível (*soma dos quadrados entre agrupamentos* ou *BSS*).

Como a soma dos quadrados entre agrupamentos depende do resultado do cálculo dentro do agrupamento, você precisa ver apenas uma delas (normalmente, WSS bastará). Às vezes, a posição inicial é infeliz e o algoritmo não converge em uma solução apropriada. Os dados são sempre particionados, de modo que você só pode supor que o algoritmo executou o trabalho de forma aceitável calculando a soma dos quadrados dentro do agrupamento da solução e comparando-a com os cálculos anteriores.

DICA

Se executar o K-médias algumas vezes e registrar os resultados, poderá identificar facilmente como solução não confiável as execuções que tiveram uma soma dos quadrados dentro do agrupamento maior e um resultado entre agrupamentos menor. Dependendo do poder computacional à mão e do tamanho do conjunto de dados, a execução de muitas tentativas pode ser demorada, e é preciso decidir se tempo ou segurança é melhor ao escolher uma boa solução.

Ajuste do Algoritmo K-médias

Para obter os melhores resultados possíveis do algoritmo K-médias, é preciso ajustá-lo. Ajustar esse algoritmo exige ideias claras sobre sua finalidade:

» **Se a finalidade é exploratória,** pare no número de agrupamentos quando a solução for adequada e você puder determinar quais agrupamentos deve usar, nomeando-os.

» **Se estiver trabalhando com dados abstratos,** examinar a soma dos quadrados dentro do agrupamento ou alguma outra medida de ajuste ajuda a indicar a solução correta.

» **Se precisa dos resultados do agrupamento para alimentar um algoritmo supervisionado,** use validação cruzada para determinar a solução que apresenta mais poder preditivo.

O próximo passo exige decidir sobre uma implementação. A linguagem Python oferece duas versões do algoritmo no pacote Scikit-learn. A primeira é o algoritmo clássico, `sklearn.cluster.KMeans`. Também pode ser usada uma versão de minilote, `sklearn.cluster.MiniBatchKMeans`, que difere do K-médias padrão porque calcula novos centroides e reatribui todos os rótulos de agrupamento anteriores em partes dos dados (em vez de fazer todos os cálculos depois de avaliar todas as amostras de dados).

A vantagem do minilote é processar dados que não caberiam na memória disponível em seu computador, buscando exemplos do disco em pequenos trechos. O algoritmo processa cada trecho, atualiza os agrupamentos e, então, carrega o seguinte. O único gargalo é a velocidade de transferência de dados. O processo demora mais que o algoritmo clássico, mas quando terminar de calcular (pode exigir algumas passagens em todos os dados), haverá um modelo completo, não muito diferente do que se poderia obter com o algoritmo padrão.

`sklearn.cluster.MiniBatchKMeans` tem dois métodos fit:

» `fit`: Trabalha com dados na memória e para depois de processar a informação disponível, com base no tamanho do lote definido no parâmetro `batch_size`.

» `partial_fit`: Processa os dados na memória, mas permanece aberto para começar novamente ao receber novos dados, portanto, é perfeito para streaming de dados em blocos do disco ou de uma rede, como a internet.

O `sklearn.cluster.KMeans` oferece todos os parâmetros padrão discutidos anteriormente: o número de agrupamentos (`n_clusters`) e o método de inicialização (`init`). Oferece também a possibilidade de calcular distâncias previamente (`precompute_distances`). Se o número de iterações é alto, `sklearn.cluster.KMeans` calcula as distâncias repetidamente, perdendo tempo. Se houver memória disponível e velocidade necessária, basta definir `precompute_distances` como TRUE, o que armazena todos os cálculos antecipadamente. O algoritmo também pode trabalhar em paralelo (definindo-se `n_job` como –1), quando for preciso criar muitas soluções simultaneamente (por causa de diferentes inicializações aleatórias). Calcular distâncias previamente e a computação paralela torna a implementação em Python a mais rápida disponível atualmente.

Experimente a confiabilidade do K-médias

O primeiro experimento do livro para demonstrar as nuanças do K-médias usa Python e o conjunto de dados Iris, um conhecido exemplo de conjunto de dados sobre três espécies de flores da íris que tiveram suas pétalas e sépalas (parte da flor que sustenta as pétalas na florescência) medidas. Apresentado pelo estatístico Ronald Fisher em um de seus artigos, em 1936, para demonstrar análise discriminante linear (uma análise preditiva estatística), a complicação desse conjunto de dados é que duas espécies de íris (*Virginica* e *Versicolor*) precisam de medidas combinadas para ajudar a distinguir uma da outra (em aprendizado supervisionado). Não é possível resolver a rotulagem no aprendizado não supervisionado usando apenas a informação dada. O conjunto de dados Iris também é equilibrado, pois você usa o mesmo número de exemplos para cada uma das três espécies de íris, como mostrado no exemplo em Python a seguir.

```
from sklearn.datasets import load_iris
data = load_iris()
print ("Caracteristicas :%s" % data.feature_names)
features = data.data
labels = data.target

Features :['sepal length (cm)', 'sepal width (cm)',
           'petal length (cm)', 'petal width (cm)']
```

O experimento usa as duas versões de K-médias disponíveis em Scikit-learn: o algoritmo padrão e a versão de minilote. No pacote Scikit-learn, você deve definir antecipadamente uma variável para cada algoritmo de aprendizado, especificando seus parâmetros. Portanto, define duas variáveis, `k_means` e `mb_k_means`, as quais exigem três agrupamentos, um procedimento de inicialização inteligente (chamado "K-médias++") e elevar o número de iterações máximas a um valor alto (não se preocupe, normalmente o algoritmo é muito rápido). Por fim, você ajusta as características, e logo os cálculos terminam.

```
from sklearn.cluster import MiniBatchKMeans, KMeans
k_means = KMeans(n_clusters=3, init='K-médias++',
                 max_iter=999, n_init=1, random_state=101)
mb_k_means = MiniBatchKMeans(n_clusters=3,
init='K-médias++',
        max_iter=999, batch_size=10, n_init=1,
        random_state=101)

k_means.fit(features)
mb_k_means.fit(features)
```

O código a seguir imprime na tela um gráfico mostrando como os pontos (nossos exemplos de flores) se distribuem em um mapa feito de comprimento e largura de sépalas, como mostrado na Figura 14-2. Se estiver trabalhando com IPython Notebook, `%matplotlib inline` exibe o gráfico dentro de seu notebook.

```
%matplotlib inline
import matplotlib.pyplot as plt
plt.scatter(features[:,0], features[:,1], s=2**7, c=labels,
            edgecolors='white', alpha=0.85, cmap='autumn')
plt.grid() # adiciona uma grade
```

```
plt.xlabel(data.feature_names[0]) # o rotulo do eixo x
plt.ylabel(data.feature_names[1]) # o rotulo do eixo y
# Imprime centroides de K-médias normal, depois mini-lote
plt.scatter(k_means.cluster_centers_[:,0], k_means.clus-
ter_centers_[:,1],
            s=2**6, marker='s', c='white')
plt.scatter(mb_k_means.cluster_centers_[:,0],
            mb_k_means.cluster_centers_[:,1], s=2**8,
            marker='*', c='white')
for class_no in range(0,3): # Um ponto para cada classe
    plt.annotate(data.target_names[class_no],
                (features[3+50*class_no,0],featu-
res[3+50*class_no,1]))
plt.show() # Mostra o resultado
```

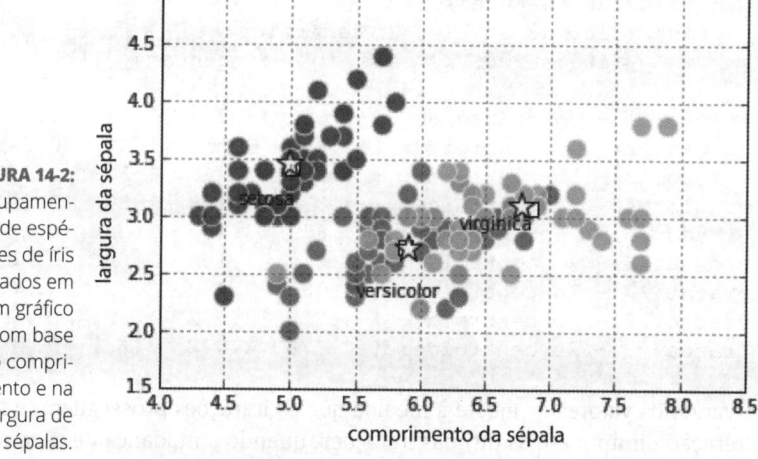

FIGURA 14-2: Agrupamentos de espécies de íris traçados em um gráfico com base no comprimento e na largura de sépalas.

Note que o gráfico também mostra os centroides — os do algoritmo padrão são quadrados, os da versão de minilote são estrelas —, e estes não diferem muito. Esse fato demonstra como os diferentes procedimentos de aprendizado levam a conclusões quase idênticas. Às vezes é impressionante ver como algoritmos distintos chegam às mesmas conclusões. Quando isso não acontecer, talvez haja variância demais nas estimativas, e cada algoritmo pode ter uma estratégia de aprendizado muito diferente. Apesar disso, você vai observar que os algoritmos de aprendizado de máquina frequentemente tendem a obter os mesmos sinais fortes (embora, no final, façam uso diferente deles).

Todas as informações sobre o algoritmo agora estão armazenadas nas variáveis. Por exemplo, digitando `k_means.cluster_centers_`, você obtém todas as coordenadas dos centroides elaborados pelo procedimento K-médias.

Experimente a convergência dos centroides

Embora agora você possa calcular o resultado e saiba que as diferentes versões e execuções de K-médias tendem a chegar a soluções semelhantes, ainda precisa saber como chegar ao resultado. No experimento desta seção você acompanha como um centroide (o segundo) muda ao longo das iterações, visualizando seu vetor de coordenadas passo a passo na otimização.

```
import numpy as np
np.set_printoptions(precision=3, suppress=True) # define a
saida 3 pontos dec
for iteration in range(1, 10):
    k_means = KMeans(n_clusters=3, init='random',
                     max_iter=iteration, n_init=1, ran
        dom_state=101)
    k_means.fit(features)
    print ("Iteraçao: %i - 2° centroide: %s" %
           (iteration, k_means.cluster_centers_[1]))

Iteraçao: 1 - 2o centroide: [ 5.362  3.763  1.512  0.275]
Iteraçao: 2 - 2o centroide: [ 4.959  3.352  1.47   0.246]
Iteraçao: 3 - 2o centroide: [ 4.914  3.268  1.539  0.275]
Iteraçao: 4 - 2o centroide: [ 4.878  3.188  1.58   0.295]
Iteraçao: 5 - 2o centroide: [ 4.833  3.153  1.583  0.294]
Iteraçao: 6 - 2o centroide: [ 4.8    3.109  1.606  0.303]
Iteraçao: 7 - 2o centroide: [ 4.783  3.087  1.62   0.307]
Iteraçao: 8 - 2o centroide: [ 4.776  3.072  1.621  0.297]
Iteraçao: 9 - 2o centroide: [ 4.776  3.072  1.621  0.297]
```

Observando os valores de ajuste à medida que as iterações prosseguem, a taxa de alteração diminui até as últimas iterações, quando a mudança de cada passagem é tão pequena que não é possível ver sem usar muitas casas decimais.

O módulo de agrupamento em Scikit-learn contém todas as versões apresentadas de K-médias, além de outros algoritmos de agrupamento. Você os encontra em `http://scikit-learn.org/stable/modules/classes.html#module-sklearn.cluster` [conteúdo em inglês]. Além disso, o R tem uma implementação de K-médias rica e eficiente. Ela é encontrada na biblioteca stats (`https://stat.ethz.ch/R-manual/R-devel/library/stats/html/kmeans.html` [conteúdo em inglês]).

O próximo experimento, que usa R, tenta verificar o desempenho do algoritmo K-médias na suposição dos agrupamentos reais do conjunto de dados Iris. Esse experimento é uma tarefa desafiadora, pois vários estudos informam que não é possível atingir a precisão com precisão (veja os detalhes em `https://en.wikipedia.org/wiki/Iris_flower_data_set` [conteúdo em inglês]).

```r
# Chamamos as bibliotecas
library(datasets)
library(class)

# Dividimos nosso conjunto de dados em resposta e
características
answer <- iris[,5]
features <- iris[,1:4]
X <- princomp(features)$scores

clustering <- kmeans(x=X, centers=3, iter.max = 999, ns-
tart = 10,
      algorithm = "Hartigan-Wong")

print (clustering$tot.withinss)
table(answer, clustering$cluster)

answer          1  2  3
  setosa        0 50  0
  versicolor    2  0 48
  virginica    36  0 14
```

Trabalhar com o conjunto de dados Iris permite testes em dados reais usando uma verdade básica (outra maneira de dizer que os exemplos são rotulados). Esse exemplo cria uma solução de PCA e depois calcula uma solução de três agrupamentos. A PCA remove as correlações e padroniza as variáveis ao mesmo tempo, para que você tenha certeza de que a medida da distância euclidiana calculada pelo K-médias funciona bem. Por fim, você imprime uma matriz de confusão, uma representação matricial em que as respostas corretas estão nas linhas, e as previstas, nas colunas. Examinando a matriz de confusão, observa que 14 flores da espécie *Virginica* são classificadas como *Versicolor*. O K-médias não conseguiu recuperar as classes naturais corretas dessa vez. Normalmente, aumentar o número de agrupamentos resolve tais problemas, embora isso gere muitos agrupamentos que diferem apenas ligeiramente uns dos outros. Do ponto de vista do aprendizado de máquina, ter mais agrupamentos não é preocupante, mas para os seres humanos isso complica o entendimento. Este experimento testa diferentes soluções de agrupamento em um loop iterativo, com a saída mostrada na Figura 14-3.

```r
w <- rep(0,10)
for (h in 1:10) {
  clustering <- kmeans(x=X, centers=h, iter.max = 999,
  nstart = 10,
                        algorithm = "Hartigan-Wong")
  w[h] <- clustering$tot.withinss
}

plot(w, type='o')
```

FIGURA 14-3:
Representa-
ção de uma
soma dos
quadrados
dentro do
agrupamento
observando
diferentes
soluções de
agrupamento.

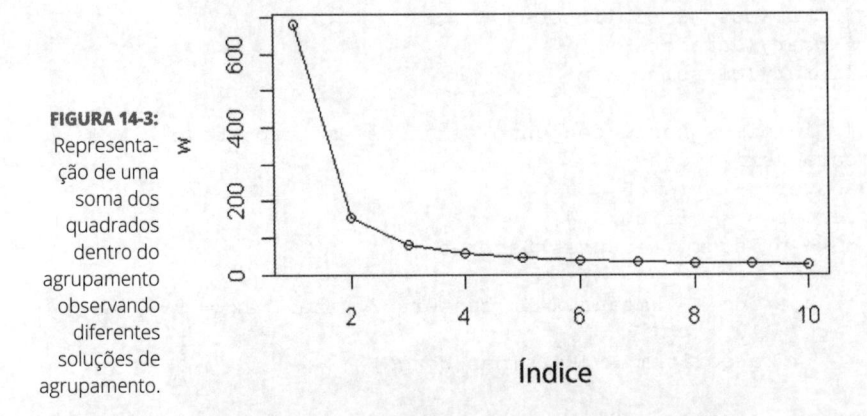

```
clustering <- kmeans(x=X, centers=8, iter.max = 999,
                     nstart = 10, algorithm = "Hartigan
                     -Wong")

table(answer, clustering$cluster)

answer          1  2  3  4  5  6  7  8
  setosa       22 28  0  0  0  0  0  0
  versicolor    0  0  3 20  0  9 18  0
  virginica     0  0 15  1 22  0  0 12

plot(X[,c(1,2)], col = clustering$cluster)
points(clustering$centers[,c(1,2)], col = 1:8,
       pch = 15, cex = 1.2)
```

Um loop por muitas soluções revela que depois de uma solução de quatro agrupamentos há pouca melhoria. Essa situação é muito comum (e decepcionante),
e a melhor heurística é ver quando a curva WSS achata. Nesse caso, a solução
correta são oito agrupamentos, pois você pode testá-la e confirmar visualmente
que é a melhor na separação de classes, como mostrado na Figura 14-4.

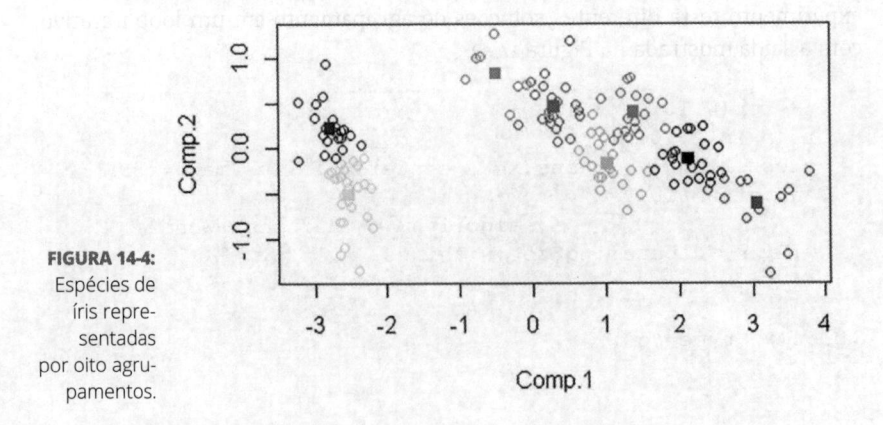

FIGURA 14-4:
Espécies de
íris repre-
sentadas
por oito agru-
pamentos.

LEMBRE-SE

Ao trabalhar com dados reais, você raramente tem uma verdade básica para verificar. Se não puder contar com um teste, confie em sua intuição e nas medidas de qualidade do agrupamento. Se não estiver satisfeito com as soluções, procure maneiras de adicionar e remover uma ou mais características.

Classificação por K-Vizinhos Mais Próximos

Não importa se o problema é adivinhar um número ou uma classe, a ideia por trás da estratégia de aprendizado do algoritmo K-Nearest Neighbors (KNN) é sempre a mesma. Ele encontra as observações mais semelhantes à que você precisa prever e a partir da qual infere uma boa intuição da possível resposta tirando a média dos valores vizinhos ou escolhendo a resposta mais frequente.

A estratégia de aprendizado em um KNN é a memorização. É como lembrar qual deve ser a resposta quando a pergunta tem certas características (com base em circunstâncias ou exemplos passados), em vez de saber realmente a resposta, pois você entende a pergunta por meio de regras de classificação específicas. KNN muitas vezes é definido como um algoritmo preguiçoso, pois nenhum aprendizado real é realizado no momento do treinamento, apenas registro de dados.

Ser um algoritmo preguiçoso significa que KNN é muito rápido no treinamento, mas muito lento na previsão. (A maioria das atividades de pesquisa e dos cálculos nos vizinhos é feita nesse momento.) Significa também que o algoritmo usa muita memória, pois você precisa armazenar seu conjunto de dados nela (o que significa que há um limite para as aplicações possíveis ao se lidar com big data). De modo ideal, o KNN pode fazer a diferença quando você trabalha em classificação e precisa lidar com muitos rótulos (por exemplo, quando um agente de software posta uma tag em uma rede social ou ao propor uma recomendação de venda). KNN lida facilmente com centenas de rótulos, enquanto outros algoritmos de aprendizado precisam especificar um modelo diferente para cada um.

Normalmente KNN calcula os vizinhos de uma observação depois de usar uma medida de distância, como a euclidiana (a escolha mais comum) ou Manhattan (funciona melhor quando existem muitas características redundantes nos dados). Não existem regras absolutas a respeito de qual medida de distância é melhor. Isso depende da implementação que se tem. Também é preciso testar cada distância como uma hipótese distinta e verificar, por validação cruzada, qual funciona melhor para o problema que está sendo resolvido.

Uso do Parâmetro K Correto

O parâmetro k é o que pode ser ajustado para fazer um algoritmo KNN funcionar bem em previsão e regressão. As seções a seguir descrevem como usar o parâmetro k para ajustar o algoritmo KNN.

Entenda o parâmetro k

O valor k, um inteiro, é o número de vizinhos que o algoritmo precisa considerar para encontrar uma resposta. Quanto menor o parâmetro k, mais o algoritmo se adaptará aos dados apresentados, arriscando o sobreajuste, mas ajustando bem limites de separação complexos entre classes. Quanto maior o parâmetro k, mais abstrai os altos e baixos dos dados reais, produzindo curvas suaves entre as classes nos dados, mas à custa de levar em conta exemplos irrelevantes.

DICA

Como uma regra prática para o parâmetro k em KNN, tente primeiro o inteiro mais próximo da raiz quadrada do número de exemplos disponíveis. Por exemplo, se você tem 1.000 exemplos, comece com k=31 e, então, diminua o valor em uma busca em grade apoiada por validação cruzada.

Usar exemplos irrelevantes ou inadequados é um risco que um algoritmo KNN assume à medida que o número de exemplos utilizados para a função de distância aumenta. A ilustração anterior do problema de dimensões de dados mostra como calcular um espaço de dados bem ordenado como uma biblioteca, na qual você poderia procurar livros semelhantes na mesma prateleira, estante e seção. Contudo, as coisas não parecerão tão fáceis quando a biblioteca tiver mais de um andar. Nesse ponto, os livros do andar superior e inferior não serão necessariamente semelhantes, portanto, estarem próximos, mas em um andar diferente, não garante que os livros sejam semelhantes. Adicionar mais dimensões enfraquece as que são úteis, mas isso é apenas o começo do problema.

Agora imagine ter mais de três dimensões (quatro, se considerar o tempo). Quanto mais dimensões, mais espaço você ganha em sua biblioteca. (Como na geometria, você multiplica as dimensões para ter uma ideia do volume.) Em certo ponto, haverá tanto espaço, que seus livros caberão facilmente no espaço restante. Por exemplo, se você tem 20 variáveis binárias representando sua biblioteca, poderia ter 2 elevado à 20a potência de combinações, ou seja, 1.048.576 diferentes estantes possíveis. É ótimo ter um milhão de estantes, mas se não houver livros suficientes para preenchê-las, parte de sua biblioteca ficará vazia. Assim, você obtém um livro e procura outros semelhantes para colocar com ele. Todas as prateleiras próximas estão vazias, portanto, você precisa ir mais longe antes de encontrar outra prateleira não vazia. Pense nisso: você começa com *O Guia do Mochileiro das Galáxias* e acaba com um livro sobre jardinagem como vizinho mais próximo. Essa é a maldição da dimensionalidade. Quanto mais dimensões, mais provável é que haja uma falsa semelhança.

Usar parâmetros k de tamanho correto atenua o problema, pois quanto mais vizinhos precisa encontrar, mais o KNN tem que examinar — porém, existem outras soluções. A análise de componentes principais (PCA) comprime o espaço, tornando-o mais denso e eliminando ruído e informações irrelevantes e redundantes. Além disso, a seleção de características pode resolver, escolhendo as que ajudam o KNN a encontrar os vizinhos corretos.

DICA

Como explicado no Capítulo 11, sobre validação de tarefas de aprendizado de máquina, uma seleção passo a passo, verificada por validação cruzada, faz um KNN funcionar bem, pois mantém apenas as características que realmente funcionam para a tarefa.

KNN é um algoritmo sensível a valores discrepantes. Vizinhos nos limites de sua nuvem de dados no espaço de dados podem ser exemplos discrepantes, fazendo as previsões se tornarem erráticas. É preciso limpar os dados antes de usá-lo. Executar um K-médias primeiro ajuda a identificar valores discrepantes reunidos nos próprios grupos. (Valores discrepantes gostam de ficar em grupos separados; você os vê como eremitas em seus dados.) Além disso, manter a vizinhança grande auxilia a minimizar o problema (mas às vezes não o evita completamente), à custa de um ajuste menor nos dados (mais tendenciosidade que sobreajuste).

Experimente um algoritmo flexível

O algoritmo KNN tem implementações um pouco diferentes em R e em Python. Em R, é encontrado na classe de bibliotecas. A função serve apenas para classificação e usa somente a distância euclidiana para localizar vizinhos. Ela oferece uma versão conveniente, com validação cruzada automática para descobrir o melhor valor de k. Há também outra biblioteca no R, FNN (`https://cran.r-project.org/web/packages/FNN/index.html` [conteúdo em inglês]), que contém uma variante do KNN para classificação e outra para problemas de regressão. A peculiaridade das funções da FNN é lidar com a complexidade de cálculos de distância usando algoritmos diferentes, mas a distância euclidiana é a única disponível.

O experimento em código R a seguir usa o KNN com validação cruzada da classe de bibliotecas. Ele procura o melhor valor de k por validação cruzada e, então, o testa em uma parte dos dados fora da amostra. Aprender os hiperparâmetros corretos usando validação cruzada garante que você encontre o melhor valor, não apenas para os dados analisados, mas também para quaisquer outros dados que possivelmente cheguem da mesma fonte. Testar usando dados fora da amostra proporciona uma avaliação realista da precisão do modelo aprendido, porque eles nunca foram usados em nenhum cenário durante a fase de aprendizado.

```
set.seed(seed=101)
out_of_sample <- sample(x=length(answer),25)
```

```
# em um loop, tentamos valores de k variando de 1 a 15
for (h in 1:15) {

  in_sample_pred <- knn.cv(train=features[-out_of_sample,],
                           cl=answer[-out_of_sample],
                           k = h, l = 0, prob = FALSE,
              use.all = TRUE)
  # Apos obter as previsoes com validaçao cruzada,
  # calculamos a precisao
  accuracy <- sum(answer[-out_of_sample]==in_sample_pred) /
    length(answer[-out_of_sample])
  # Imprimimos o resultado
  print (paste("para k=",h," a precisao eh:",accuracy))
}

[1] "para k= 1  a precisao eh: 0.952"
[1] "para k= 2  a precisao eh: 0.968"
[1] "para k= 3  a precisao eh: 0.96"
[1] "para k= 4  a precisao eh: 0.96"
[1] "para k= 5  a precisao eh: 0.952"
[1] "para k= 6  a precisao eh: 0.952"
[1] "para k= 7  a precisao eh: 0.968"
[1] "para k= 8  a precisao eh: 0.968"
[1] "para k= 9  a precisao eh: 0.968"
[1] "para k= 10  a precisao eh: 0.968"
[1] "para k= 11  a precisao eh: 0.976"
[1] "para k= 12  a precisao eh: 0.968"
[1] "para k= 13  a precisao eh: 0.968"
[1] "para k= 14  a precisao eh: 0.968"
[1] "para k= 15  a precisao eh: 0.96"

out_sample_pred <- knn(train=features[-out_of_sample,],
                       test=features[out_of_sample,],
                       cl=answer[-out_of_sample], k = 11,
                       l = 0, prob = TRUE, use.all = TRUE)

print (table(answer[out_of_sample], out_sample_pred))
            out_sample_pred
             setosa versicolor virginica
             setosa versicolor virginica

  setosa         7          0          0
  versicolor     0         10          1
  virginica      0          0          7
```

A busca com validação cruzada indica que ajustar k com o valor 11 fornece a melhor precisão. Então o exemplo prevê um resultado usando o conjunto de teste intacto e verifica os resultados com uma matriz de confusão, fazendo validação cruzada nas linhas que contêm valores reais com os estimados nas colunas. O desempenho é alto, conforme o esperado, com apenas um exemplo de Iris *Versicolor* classificado erroneamente como Iris *Virginica*.

O segundo experimento com KNN usa a classe Python de Scikit-learn e demonstra como um algoritmo simples é bastante competente no aprendizado de formas e organizações não lineares de exemplos no espaço de dados. O bloco de código prepara um conjunto de dados complicado: em duas dimensões, duas classes são organizadas nos círculos concêntricos como em um alvo, como mostrado na Figura 14-5.

```python
import numpy as np
from sklearn.datasets import make_circles, make_blobs
strange_data  = make_circles(n_samples=500, shuffle=True,
                             noise=0.15, random_state=101,
                             factor=0.5)
center = make_blobs(n_samples=100, n_features=2,
                    centers=1, cluster_std=0.1,
                    center_box=(0, 0))
first_half     = np.row_stack((strange_data[0][:250,:],
                   center[0][:50,:]))
first_labels   = np.append(strange_data[1][:250],
                   np.array([0]*50))
second_half    = np.row_stack((strange_data[0][250:,:],
                   center[0][50:,:]))
second_labels = np.append(strange_data[1][250:],
                   np.array([0]*50))

%matplotlib inline
import matplotlib.pyplot as plt
plt.scatter(first_half[:,0], first_half[:,1], s=2**7,
    c=first_labels, edgecolors='white',
            alpha=0.85, cmap='winter')
plt.grid() # adiciona uma grade
plt.show() # Mostra o resultado
```

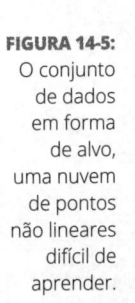

FIGURA 14-5:
O conjunto de dados em forma de alvo, uma nuvem de pontos não lineares difícil de aprender.

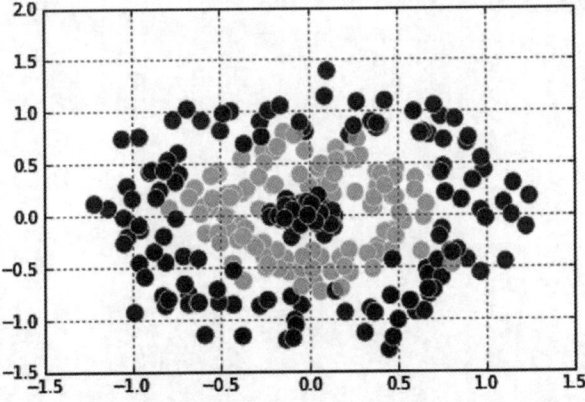

Depois de construir o conjunto de dados, você pode testar o experimento configurando o algoritmo de classificação para aprender os padrões dos dados, após fixar uma vizinhança 3 e definir pesos uniformes (Scikit-learn permite dar peso menor para observações distantes ao tirar a média ou escolher as observações mais frequentes) e distância euclidiana como métrica. Os algoritmos Scikit-learn permitem fazer regressão e classificar com métricas diferentes, como euclidiana, Manhattan ou Chebyshev, como mostrado neste código em Python.

```python
from sklearn.neighbors import KNeighborsClassifier
from sklearn.metrics import accuracy_score
kNN = KNeighborsClassifier(n_neighbors=3,
                           weights='uniform',
                           algorithm='auto',
                           metric='euclidean')
kNN.fit(first_half,first_labels)
print ("Escore da precisao do aprendizado:%0.3f" %
       accuracy_score(y_true=second_labels,
                      y_pred=kNN.predict(second_half)))

Escore da precisao do aprendizado:0.937
```

» Ilustração de modelos lineares para regressão e classificação

» Preparação dos dados corretos para modelos lineares

» Limitação da influência de variáveis menos úteis e redundantes

» Seleção de subconjuntos de características eficazes

» Aprendizado com big data pelo gradiente descendente estocástico

Capítulo **15**

Modo Fácil de Trabalhar com Modelos Lineares

A visão geral dos algoritmos de aprendizado de máquina básicos não termina sem examinar a família de modelos lineares, um tipo comum e excelente de algoritmo inicial para usar em previsões a partir de dados. Os modelos lineares compreendem uma família grande de modelos derivados da ciência estatística, embora apenas dois deles, regressão linear e regressão logística, sejam mencionados e usados frequentemente.

Há muito tempo estatísticos, econometristas e cientistas de muitas disciplinas têm usado modelos lineares para confirmar suas teorias por meio de validação de dados e para obter previsões práticas. Existe um grande número de livros e artigos sobre essa família de modelos em bibliotecas e universidades. Essa grande quantidade de literatura discute muitas aplicações, assim como medidas estatísticas e testes sofisticados, inventados para verificar e validar a aplicabilidade de modelos lineares a muitos tipos de problemas de dados.

Os partidários do aprendizado de máquina adotaram os modelos lineares desde o início. Contudo, como o aprendizado com dados é uma disciplina prática, o aprendizado de máquina separa os modelos lineares de tudo que está relacionado à estatística e mantém apenas as formulações matemáticas. A estatística dá poder aos modelos usando descendente estocástico — o procedimento de otimização discutido no Capítulo 10. O resultado é uma solução que funciona eficazmente na maioria dos problemas de aprendizado (embora preparar os dados exija certo esforço). Os modelos lineares são fáceis de entender, rápidos de criar, muito fáceis de implementar a partir do zero e, com alguns truques simples, funcionam até em problemas de big data. Se dominar regressão linear e logística, terá o equivalente a um canivete suíço para aprendizado de máquina que pode não fazer tudo perfeitamente, mas vai atendê-lo prontamente e, em muitos casos, com excelentes resultados.

Comece a Combinar Variáveis

A regressão tem uma longa história em diferentes domínios: estatística, economia, psicologia, ciências sociais e ciências políticas. Além de ser capaz de fazer uma ampla variedade de previsões envolvendo valores numéricos, classes binárias e múltiplas, probabilidades e dados de contagem, a regressão linear também ajuda a entender diferenças de grupo, modelar preferências do consumidor e quantificar a importância de uma característica em um modelo.

Despojada de suas propriedades estatísticas, a regressão continua sendo um algoritmo simples, compreensível e eficaz para a previsão de valores e classes. Rápidas de treinar, fáceis de explicar para leigos e simples de implementar em qualquer linguagem de programação, as regressões linear e logística são a primeira escolha da maioria dos praticantes de aprendizado de máquina na construção de modelos para comparar com soluções mais sofisticadas. As pessoas também as utilizam para descobrir as principais características de um problema, para experimentar e compreender a criação de características.

A regressão linear funciona combinando a soma de características numéricas. A adição de um número constante, chamado constante de regressão, completa a soma. A constante de regressão representa a linha de base da previsão quando todas as características têm valor zero. Ele desempenha um papel importante na produção de previsões padrão, especialmente quando algumas características estão ausentes (e, assim, têm valor zero). Aqui está a fórmula comum para uma regressão linear:

$$y = \beta X + \alpha$$

Nessa expressão, y é o vetor dos valores de resposta. Possíveis vetores de resposta são os preços de casas em uma cidade ou as vendas de um produto, que são simplesmente qualquer resposta numérica, como uma medida ou quantidade. O símbolo X informa a matriz de características a usar para supor o vetor y. X é uma matriz contendo apenas valores numéricos. A letra grega alfa (α) representa a constante de regressão, uma constante, enquanto a letra beta (β) é um vetor de coeficientes que um modelo de regressão linear usa com a constante de regressão para criar previsão.

O uso das letras gregas alfa e beta em regressão é tão difundido, que a maioria dos praticantes chama o vetor de coeficientes de regressão beta.

Você entende essa expressão de diferentes modos. Para simplificar as coisas, imagine que X é composta de uma única característica (descrita como *previsor* na prática estatística), assim, você a representa como um vetor chamado x. Quando apenas um previsor está disponível, o cálculo é uma *regressão linear simples.* Agora que você tem uma formulação mais simples, a álgebra e a geometria do ensino médio dizem que a formulação *y=bx+a* é uma linha em um plano de coordenadas constituído de um eixo x (a abscissa) e um eixo y (a ordenada).

Quando existe mais de uma característica (uma *regressão linear múltipla*), você não pode mais usar um plano de coordenadas simples constituído de x e y. Agora o espaço abrange várias dimensões, cada uma sendo uma característica. Assim, a fórmula é mais complicada, composta de vários valores x, cada um ponderado pelo próprio beta. Por exemplo, se há quatro características (o espaço é quadridimensional), a formulação da regressão, conforme explicada na forma matricial, é:

$$y = x_1 b_1 + x_2 b_2 + x_3 b_3 + x_4 b_4 + b$$

Essa fórmula complexa, que existe em um espaço multidimensional, não é mais uma linha, mas um plano com tantas dimensões quanto o espaço. Trata-se de um *hiperplano*, e sua superfície individualiza os valores de resposta para cada combinação de valores possível nas dimensões das características.

Essa discussão explica o significado geométrico da regressão, mas também é possível vê-la como uma grande soma ponderada. Você pode decompor a resposta em muitas partes, cada uma se referindo a uma característica e contribuindo com certa parcela. O significado geométrico é particularmente útil para discutir propriedades de regressão, mas a soma ponderada ajuda a entender melhor os exemplos práticos. Por exemplo, se quiser prever um modelo para despesas com anúncio, você pode usar um modelo de regressão e criar o seguinte:

$$\text{vendas} = \text{anúncio} * b_{anum} + \text{lojas} * b_{lojas} + \text{preço} * b_{preço} + a$$

Nessa formulação, as vendas são a soma das despesas com anúncio, o número de lojas que distribuem o produto e o preço do produto. Você pode desmistificar rapidamente a regressão linear explicando seus componentes. Primeiro você tem a constante de regressão, a, que atua como ponto de partida. Então tem três valores de característica, cada um expresso em uma escala diferente (anúncio — é muito caro; preço — é algum valor acessível; e lojas — é um número positivo), cada um escalonado de acordo com seu respectivo coeficiente beta.

Cada beta apresenta um valor numérico que descreve a intensidade da relação com a resposta. Há também um sinal que mostra o efeito de uma mudança na característica. Quando um coeficiente beta é próximo de zero, o efeito da característica na resposta é pequeno, mas se seu valor está longe de zero, positivo ou negativo, o efeito é significativo, e a característica é importante para o modelo de regressão.

DICA

Para obter uma estimativa do valor-alvo, a escala de cada beta deve ser a medida da característica. Um beta alto causa mais ou menos efeito na resposta, dependendo da escala da característica. Um bom hábito é padronizar as características (subtraindo a média e dividindo-a pelo desvio-padrão) para não se enganar com valores de beta altos em características de escala pequena e para comparar diferentes coeficientes beta. Os valores de beta resultantes são comparáveis, permitindo determinar quais têm mais impacto na resposta (aqueles com o maior valor absoluto).

Se beta for positivo, aumentar a característica ampliará a resposta, ao passo que diminuí-la reduzirá a resposta. Inversamente, se beta for negativo, a resposta atuará ao contrário da característica: quando uma aumenta, a outra diminui. Cada beta em uma regressão representa um impacto. Usando o algoritmo de gradiente descendente discutido no Capítulo 10, a regressão linear encontra o melhor conjunto de coeficientes beta (e coeficiente de regressão) para minimizar uma função de custo dada pelo quadrado da diferença entre as previsões e os valores reais:

$$J(w) = \frac{1}{2n} \sum (Xw - y)^2$$

Essa fórmula informa o custo J como uma função de w, o vetor de coeficientes do modelo linear. O custo é o somatório do quadrado da diferença dos valores de resposta pelos valores previstos (a multiplicação Xw), dividido por duas vezes o número de observações (n). O algoritmo se esforça para encontrar os valores mínimos possíveis da solução para a diferença entre os valores-alvo reais e as previsões derivadas da regressão linear.

O resultado da otimização é graficamente expresso como as distâncias verticais entre os pontos de dados e a linha de regressão. A linha de regressão representa bem a variável de resposta quando as distâncias são pequenas, como mostrado na Figura 15-1. Se você somar os quadrados das distâncias, a soma sempre será a mínima possível ao se calcular a linha de regressão corretamente. (Nenhuma outra combinação de beta resultará em um erro menor.)

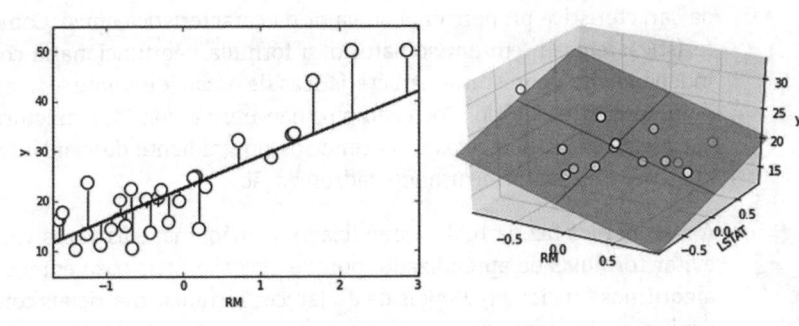

Na estatística, os praticantes frequentemente se referem à regressão linear como *mínimos quadrados ordinários (OLS)*, indicando um modo específico de estimar a solução com base em cálculo matricial. Nem sempre é possível usar essa estratégia. Depende do cálculo da inversão da matriz de dados, o qual nem sempre é possível. Além disso, cálculos de matriz inversa são muito lentos quando a matriz de entrada é grande. No aprendizado de máquina, você obtém os mesmos resultados usando a *otimização por gradiente descendente*, que manipula volumes de dados maiores de modo mais fácil e rápido, estimando uma solução a partir de qualquer matriz de entrada.

LEMBRE-SE

As versões do R de regressão linear e logística contam pesadamente com a estratégia estatística. As versões do Python, como as encontradas no pacote Scikit-learn, usam gradiente descendente. Por isso, o livro ilustra exemplos de modelos lineares usando Python.

O único requisito do gradiente descendente é padronizar (média zero e variância unitária) ou normalizar (valores de característica limitados entre +1 e −1) as características, pois o processo de otimização é sensível a características com escala diferente. As implementações normais padronizam implicitamente (portanto, não é preciso se lembrar desse detalhe). Contudo, se usar implementações sofisticadas, mudar a escala pode se tornar um problema sério. Como resultado, você sempre deve padronizar os previsores. O gradiente descendente calcula a solução otimizando os coeficientes lenta e sistematicamente. Ele baseia sua fórmula de atualização na derivada matemática da função de custo:

$$w_j = w_j - \alpha * \frac{1}{n}\sum (Xw - y) * x_j$$

O peso w_j, relativo à característica j, é atualizado subtraindo-se dele um termo composto por uma diferença dividida pelo número de exemplos (n) e um fator de aprendizado alfa, o qual determina o impacto da diferença no novo wj resultante. (Um alfa pequeno reduz o efeito da atualização.) A parte (Xw −y) da fórmula calcula a diferença entre a previsão do modelo e o valor a prever. Calculando essa diferença, você informa ao algoritmo o tamanho do erro da previsão. Então a diferença é multiplicada pelo valor da característica j. A multiplicação do erro pelo valor da característica força uma correção no coeficiente da característica proporcional ao valor da característica em si. Como as características entram em um somatório, a fórmula não funcionaria com eficácia, independente de misturar características de escala diferente — a escala maior dominará o somatório. Por exemplo, não é uma boa ideia misturar medidas expressas em quilômetros e centímetros no gradiente descendente, a não ser que você as transforme usando padronização.

DICA

A matemática faz parte do aprendizado de máquina, e às vezes você não pode evitar fórmulas de aprendizado, porque elas são úteis para entender como os algoritmos funcionam. Depois de esclarecer fórmulas matriciais complexas em conjuntos de somatórios, você determina como os algoritmos funcionam nos bastidores e age para que seus mecanismos tenham melhor desempenho, inserindo os dados corretos e definindo parâmetros adequadamente.

O exemplo em Python a seguir usa o conjunto de dados Boston de Scikit-learn para tentar adivinhar os preços de casas em Boston usando regressão linear. O exemplo também tenta determinar quais variáveis influenciam mais o resultado. Além das questões computacionais, a padronização dos previsores se mostra muito útil se deseja determinar as variáveis influentes.

```
from sklearn.datasets import load_boston
from sklearn.preprocessing import scale
boston = load_boston()
X, y = scale(boston.data), boston.target
```

A classe de regressão em Scikit-learn faz parte do módulo `linear_model`. Como você escalonou as variáveis X anteriormente, não precisa resolver quaisquer outras preparações ou parâmetros especiais ao usar esse algoritmo.

```
from sklearn.linear_model import LinearRegression
regression = LinearRegression()
regression.fit(X, y)
```

Agora que o algoritmo está ajustado, você pode usar o método `score` para informar a medida R^2.

```
print (regression.score(X, y))

0.740607742865
```

R^2, também conhecido como coeficiente de determinação, é uma medida que varia de 0 a 1. Ele mostra como usar um modelo de regressão na previsão da resposta é melhor que usar uma média simples. O coeficiente de determinação é derivado da prática estatística e se relaciona diretamente à soma dos erros ao quadrado. O valor de R2 é calculado manualmente com a seguinte fórmula:

$$R^2 = 1 - \frac{\sum (Xw - y)^2}{\sum (\bar{y} - y)^2}$$

A parte superior da divisão representa a diferença normal entre resposta e previsão, enquanto a inferior, a diferença entre a média da resposta e a resposta em si. As duas diferenças são elevadas ao quadrado e somadas nos exemplos. Em termos de código, é fácil transformar a formulação em comandos de programação e comparar o resultado com o que o modelo Scikit-learn relata:

```
import numpy as np
mean_y = np.mean(y)
squared_errors_mean = np.sum((y-mean_y)**2)
squared_errors_model = np.sum((y -
    regression.predict(X))**2)
R2 = 1- (squared_errors_model / squared_errors_mean)
print (R2)

0.740607742865
```

Nesse caso, o valor de R^2 nos dados ajustados anteriormente está em torno de 0,74, o que, do ponto de vista absoluto, está muito bom para um modelo de regressão linear (valores acima de 0,90 são muito raros e, às vezes, até indicadores de problemas, como snooping ou vazamento de dados).

Como R^2 se relaciona à soma de erros ao quadrado e indica como pontos de dados representam uma linha em uma regressão linear, também se relaciona à medida de correlação estatística. Na estatística, a correlação é uma medida que varia de +1 a −1 e diz como duas variáveis se relacionam linearmente (isto é, se traçá-las juntas, ela indicará como as linhas se assemelham). Quando você eleva uma correlação ao quadrado, obtém uma proporção da quantidade de variância compartilhada por duas variáveis. Do mesmo modo, independente de quantos previsores existem, você também pode calcular R2 como a quantidade de informação explicada pelo modelo (o mesmo que a correlação ao quadrado), portanto, chegar próximo a 1 é ser capaz de explicar a maioria dos dados com o modelo.

LEMBRE-SE

Na estatística é comum calcular R^2 no mesmo conjunto de dados usado para o treinamento. Na ciência de dados e no aprendizado de máquina é sempre melhor testar escores em dados não usados para treinamento. Algoritmos complexos memorizam dados, em vez de aprender com eles. Sob certas circunstâncias, esse problema também acontece quando você usa modelos mais simples, como a regressão linear.

Para entender o que orienta as estimativas no modelo de regressão múltipla, você precisa examinar o atributo `coefficients_`, um array contendo os coeficientes de regressão beta. Imprimindo o atributo `boston.DESCR`, você entende a referência da variável.

```
print ([a+':'+str(round(b,1)) for a, b in
        zip(boston.feature_names, regression.coef_,)])
```

```
['CRIM:-0.9', 'ZN:1.1', 'INDUS:0.1', 'CHAS:0.7',
 'NOX:-2.1', 'RM:2.7', 'AGE:0.0', 'DIS:-3.1',
 'RAD:2.7', 'TAX:-2.1', 'PTRATIO:-2.1',
 'B:0.9', 'LSTAT:-3.7']
```

A variável DIS, que contém as distâncias ponderadas para cinco agências de emprego, tem a maior alteração unitária absoluta. No ramo imobiliário, uma casa longe demais dos interesses das pessoas (como o trabalho) perde valor. Em vez disso, AGE e INDUS, proporções que descrevem a idade da construção e se estão disponíveis atividades que não são de varejo na região, não influenciam muito o resultado; o valor absoluto de seus coeficientes beta é muito menor.

Mistura de Variáveis de Diferentes Tipos

Vários problemas surgem com a eficiente, embora simples, ferramenta de regressão linear. Às vezes, dependendo dos dados usados, os problemas são maiores que as vantagens de usá-la. O melhor modo de saber se a regressão linear funcionará é usar o algoritmo e testar sua eficácia nos dados.

A regressão linear só modela respostas como dados quantitativos. Quando é necessário modelar categorias como resposta, você deve usar regressão logística, abordada mais adiante neste capítulo. Ao trabalhar com previsores, use variáveis numéricas contínuas, embora seja possível ajustar números ordinais e, com algumas transformações, categorias qualitativas.

Uma variável qualitativa expressa uma característica cor, como a cor de um produto, ou uma característica que indique a profissão de uma pessoa. Existem várias opções para transformar uma variável qualitativa usando uma técnica como a codificação binária (a estratégia mais comum). Ao tornar binária uma variável qualitativa, você cria tantas características quanto as classes na característica. Cada uma contém zero valores, a não ser que sua classe apareça nos dados, quando então assume o valor um. Esse procedimento é chamado de *codificação one-hot* (mencionada no Capítulo 9). Um exemplo simples em Python, usando o módulo de pré-processamento Scikit-learn, mostra como fazer codificação one-hot:

```
from sklearn.preprocessing import OneHotEncoder,
    LabelEncoder
lbl = LabelEncoder()
enc = OneHotEncoder()
qualitative = ['red', 'red', 'green', 'blue',
               'red', 'blue', 'blue', 'green']
labels = lbl.fit_transform(qualitative).reshape(8,1)
print(enc.fit_transform(labels).toarray())
```

```
[[ 0.   0.   1.]
 [ 0.   0.   1.]
 [ 0.   1.   0.]
 [ 1.   0.   0.]
 [ 0.   0.   1.]
 [ 1.   0.   0.]
 [ 1.   0.   0.]
 [ 0.   1.   0.]]
```

LEMBRE-SE

Em estatística, quando você quer distinguir uma variável binária da categórica, transforma todos os níveis, menos um, pois usa a fórmula do cálculo da matriz inversa, que tem muitas limitações. Em aprendizado de máquina, você usa gradiente descendente, portanto, em vez disso, transforma todos os níveis.

Se faltar dados em uma matriz de dados e você não puder operá-la corretamente, o modelo parará de funcionar. Consequentemente, você precisa atribuir os valores ausentes (por exemplo, substituindo um valor ausente por valor médio calculado a partir da própria característica). Outra solução é usar o valor zero para o caso ausente e criar uma variável binária adicional, cujos valores unitários apontem para valores ausentes na característica. Além disso, *valores discrepantes* (fora do intervalo normal) atrapalham a regressão linear, pois o modelo tenta minimizar o valor ao quadrado dos erros (também chamado de *resíduos*). Valores discrepantes têm resíduos grandes, obrigando o algoritmo a se concentrar mais neles do que nos pontos normais.

A maior limitação da regressão linear é que o modelo é um somatório de termos independentes, pois cada característica é independente no somatório, multiplicada apenas pelo próprio beta. Essa forma matemática é perfeita para expressar uma situação na qual as características não são relacionadas. Por exemplo, a idade e a cor dos olhos de uma pessoa são termos não relacionados, pois não influenciam um ao outro. Assim, são considerados termos independentes, e, em um somatório de regressão, o natural é que fiquem separados. Por outro lado, a idade e a cor dos cabelos de uma pessoa são relacionados, pois o envelhecimento faz os cabelos embranquecerem. Quando essas características são colocadas em um somatório de regressão, é como somar a mesma informação. Por causa dessa limitação, não é possível determinar como representar o efeito de combinações de variável no resultado. Em outras palavras, não é possível representar soluções complexas com os dados. Como o modelo é constituído de combinações simples de características ponderadas, expressa mais tendenciosidade que variância em suas previsões. De fato, após o ajuste dos valores de saída observados, a solução proposta pelos modelos lineares é sempre uma mistura de características proporcionalmente escalonadas. Infelizmente, com essa estratégia não é possível representar fielmente algumas relações entre uma resposta e uma característica. Em muitas ocasiões, a resposta depende das características de modo não linear: alguns valores de característica agem como barreiras, após as quais a resposta repentinamente aumenta ou diminui, fica mais forte ou mais fraca, ou até é invertida.

Como exemplo, considere como a altura dos seres humanos aumenta desde a infância. Se observada em uma faixa etária específica, a relação entre idade e altura é um tanto linear: quanto mais velha a criança fica, mais alta. Contudo, algumas crianças crescem mais (na altura geral), e algumas, mais rápido (crescimento em certo período de tempo). Essa observação vale quando você espera que um modelo linear encontre uma resposta média. No entanto, após certa idade, as crianças param de crescer, e a altura permanece constante por uma longa parte da vida, diminuindo lentamente em idade avançada. Claramente, uma regressão linear não consegue captar essa relação não linear. (No fim, você pode representá-la como um tipo de parábola.)

Outro exemplo relacionado à idade é o valor gasto em produtos para o consumidor. Nas primeiras fases da vida as pessoas tendem a gastar menos. Os gastos aumentam durante a metade da vida (talvez por causa da disponibilidade de mais renda ou de despesas maiores por causa de obrigações familiares), mas diminuem novamente na parte final da vida (claramente outra relação não linear). Observar e pensar mais intensamente no mundo à nossa volta mostra que existem muitas relações não lineares.

Como a relação entre o alvo e cada variável previsora é baseada em um único coeficiente, não há um modo de representar relações complexas, como uma parábola (um valor único de x maximizando ou minimizando a resposta), um crescimento exponencial ou uma curva não linear mais complexa, a não ser que você enriqueça a característica. O modo mais fácil de modelar relações complexas é empregando transformações matemáticas dos previsores com *expansão polinomial*. A expansão polinomial, dado certo grau d, cria potências de cada característica até a potência d e d combinações de todos os termos. Por exemplo, se começar com um modelo linear simples, como o código em Python a seguir:

$$y = b1x1 + b2x2 + a$$

e usar uma expansão polinomial de segundo grau, esse modelo se tornará:

$$y = b1x1 + b2x2 + a + b3x1**2 + b4x2**2 + b5x1x2$$

A adição à formulação original (a expansão) é feita usando potências e combinações dos previsores existentes. À medida que o grau da expansão polinomial aumenta, o mesmo acontece com o número de termos derivados. O exemplo em Python a seguir usa o conjunto de dados Boston (encontrado em exemplos anteriores) para verificar a eficácia da técnica. Se tiver êxito, a expansão polinomial capturará relações não lineares nos dados e superará qualquer incapacidade de separação (o problema visto no algoritmo perceptron, no Capítulo 12), à custa de um número maior de previsores.

```
from sklearn.preprocessing import PolynomialFeatures
from sklearn.cross_validation import train_test_split
```

```
pf = PolynomialFeatures(degree=2)
poly_X = pf.fit_transform(X)
X_train, X_test, y_train, y_test =
   train_test_split(poly_X,
                    y, test_size=0.33, random_state=42)

from sklearn.linear_model import Ridge
reg_regression = Ridge(alpha=0.1, normalize=True)
reg_regression.fit(X_train,y_train)
print ('R2: %0.3f'
   % r2_score(y_test,reg_regression.predict(X_test)))

R2: 0.819
```

DICA

Como as escalas das características são ampliadas pela expansão potencial, é considerada uma boa prática padronizar os dados após uma expansão polinomial.

LEMBRE-SE

Nem sempre a expansão polinomial oferece as vantagens demonstradas pelo exemplo anterior. Expandindo o número de características, você reduz a tendenciosidade das previsões à custa de aumentar a variância. Expandir demais pode atrapalhar a capacidade do modelo de representar regras gerais, tornando-o incapaz de fazer previsões com novos dados. Este capítulo fornece evidência desse problema e uma solução, na seção "Resolva sobreajuste usando seleção", que discute seleção de variáveis.

Mude para Probabilidades

Até agora o capítulo considerou apenas modelos de regressão, os quais expressam valores numéricos como saídas de aprendizado de dados. Contudo, a maioria dos problemas também exige classificação. As seções a seguir discutem como tratar de saída numérica e de classificação.

Especifique uma resposta binária

Uma solução para um problema envolvendo uma resposta binária (o modelo precisa escolher entre duas classes possíveis) seria codificar um vetor de resposta como uma sequência de valores um e zero (ou positivos e negativos, como faz o perceptron). O código em Python a seguir prova a viabilidade e os limites de usar uma resposta binária.

```
a = np.array([0, 0, 0, 0, 1, 1, 1, 1])
b = np.array([1, 2, 3, 4, 5, 6, 7, 8]).reshape(8,1)
from sklearn.linear_model import LinearRegression
regression = LinearRegression()
```

```
regression.fit(b,a)
print (regression.predict(b)>0.5)

[False False False False  True  True  True  True]
```

Na estatística, a regressão linear não resolve problemas de classificação, pois isso criaria uma série de suposições estatísticas violadas. Assim, para a estatística, usar modelos de regressão para propósitos de classificação é principalmente um problema teórico, não prático. No aprendizado de máquina, o problema da regressão linear é que serve como uma função linear que tenta minimizar erros de previsão, portanto, dependendo da inclinação da linha calculada, pode não ser capaz de resolver o problema dos dados.

Quando uma regressão linear precisar prever dois valores, como 0 e +1, que estão representando duas classes, tentará calcular uma linha que forneça resultados próximos aos valores-alvo. Em alguns casos, mesmo os resultados sendo precisos, a saída está longe dos valores-alvo, o que obriga a linha de regressão a se ajustar para minimizar os erros somados. A mudança resulta em menos erros de desvio somados, mas em mais casos mal classificados.

Ao contrário do exemplo do perceptron no Capítulo 12, a regressão linear não produz resultados aceitáveis quando a prioridade é a precisão da classificação, como mostrado na Figura 15-2. Portanto, não funcionará satisfatoriamente em muitas tarefas de classificação. A regressão linear opera melhor em uma série contínua de estimativas numéricas. Contudo, para tarefas de classificação, você precisa de uma medida mais conveniente, como a probabilidade de posse de classe.

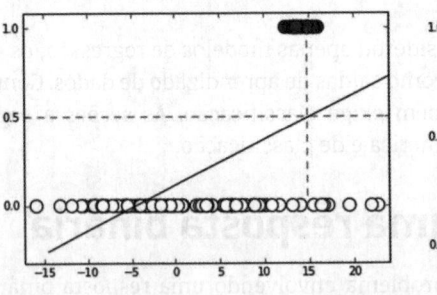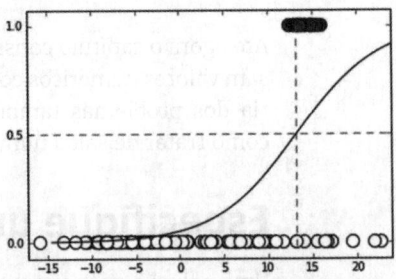

FIGURA 15-2: Probabilidades não funcionam tão bem com uma linha reta, como acontece com uma curva sigmoidal.

Graças à fórmula a seguir, você pode transformar estimativas numéricas de regressão linear em probabilidades, que são mais aptas a descrever como uma classe encaixa uma observação:

$$p(y=1) = \frac{\exp(r)}{(1+\exp(r))}$$

Nessa fórmula, o alvo é a probabilidade de que a resposta y corresponda à classe 1. A letra r é o *resultado da regressão*, a soma das variáveis ponderadas por seus coeficientes. A função exponencial, $\exp(r)$, corresponde ao número de Euler e elevado à potência r. Uma regressão linear usando essa fórmula de transformação (também chamada de *função de ligação*) para transformar seus resultados em probabilidades é uma regressão logística.

Regressão logística é o mesmo que regressão linear, exceto que os y dados contêm números inteiros indicando a classe relativa à observação. Assim, usando o conjunto de dados Boston do módulo `datasets` de Scikit-learn, você pode supor o que torna as casas de uma região excessivamente caras (valores medianos >= 40):

```
from sklearn.linear_model import LogisticRegression
from sklearn.cross_validation import train_test_split
binary_y = np.array(y >= 40).astype(int)
X_train, X_test, y_train, y_test = train_test_split(X,
            binary_y, test_size=0.33, random_state=5)
logistic = LogisticRegression()
logistic.fit(X_train,y_train)
from sklearn.metrics import accuracy_score
print('Precisao da amostra: %0.3f' %
      accuracy_score(y_train, logistic.predict(X_train)))
print('Precisao fora da amostra: %0.3f' %
      accuracy_score(y_test, logistic.predict(X_test)))

Precisao da amostra: 0.973
Precisao fora da amostra: 0.958
```

O exemplo divide os dados em conjuntos de treinamento e teste, permitindo verificar a eficácia do modelo de regressão logística nos dados não usados para aprendizado. Os coeficientes resultantes indicam a probabilidade de uma classe em particular estar na classe-alvo (qualquer classe codificada com o valor 1). Se um coeficiente aumentar a probabilidade, será positivo; caso contrário, negativo.

```
for var,coef in zip(boston.feature_names,
                logistic.coef_[0]):
        print ("%7s : %7.3f" %(var, coef))
```

Lendo os resultados em sua tela, você pode ver que em Boston a criminalidade (CRIM) tem algum efeito nos preços. Contudo, o grau de pobreza (LSTAT), a distância do trabalho (DIS) e a poluição (NOX) têm efeitos muito maiores. Além disso, ao contrário da regressão linear, a regressão logística não mostra simplesmente a classe resultante na saída (nesse caso, 1 ou 0), mas também estima a probabilidade de a observação fazer parte de uma das duas classes.

```
print('\nclasses:',logistic.classes_)
print('\nProbs:\n',logistic.predict_proba(X_test)[:3,:])

classes: [0 1]

Probs:
 [[ 0.39022779  0.60977221]
 [ 0.93856655  0.06143345]
 [ 0.98425623  0.01574377]]
```

Nessa amostra pequena, apenas o primeiro caso tem 61% de probabilidade de ser uma região de casas caras. Ao fazer previsões com essa estratégia, você também sabe a probabilidade de sua previsão ser precisa e pode agir de acordo, escolhendo somente previsões com o nível certo de precisão. (Por exemplo, você poderia escolher apenas previsões que ultrapassassem 80% de probabilidade.)

Usando probabilidades, você pode supor uma classe (a mais provável), mas também pode ordenar todas as previsões com relação a fazer parte dessa classe. Isso é especialmente útil para propósitos médicos, classificando uma previsão em termos de probabilidade em relação a outros casos.

Trate de várias classes

Em um problema anterior, K-Vizinhos mais próximos determinou automaticamente como tratar de várias classes. (O Capítulo 14 apresenta um exemplo mostrando como supor uma única solução a partir de três espécies de íris.) A maioria dos algoritmos que preveem probabilidades ou um escore para classes trata automaticamente de problemas com várias classes usando duas estratégias diferentes:

» **One Versus Rest (OvR):** O algoritmo compara cada classe com as restantes, construindo um modelo para cada uma. A classe com a probabilidade mais alta é a escolhida. Assim, se um problema tem três classes para supor, o algoritmo também usa três modelos. Este livro usa a classe `OneVsRestClassifier` de Scikit-learn para demonstrar essa estratégia.

» **One Versus One (OvO):** O algoritmo compara cada classe com as restantes, construindo vários modelos equivalentes a `n * (n-1) / 2`, onde `n` é o número de classes. Assim, se um problema tem cinco classes para supor, o algoritmo usa dez modelos. Este livro usa a classe `OneVsOneClassifier` de Scikit-learn para demonstrar essa estratégia. A classe que vencer mais é a escolhida.

No caso da regressão logística, a estratégia de várias classes padrão é One Versus Rest.

Estime as Características Corretas

Talvez pareça que ter muitas características para trabalhar resolva a necessidade do aprendizado de máquina de entender completamente um problema. Contudo, apenas ter características não resolve nada, você precisa das características certas para resolver problemas. As seções a seguir discutem como garantir as características corretas ao executar tarefas de aprendizado de máquina.

Defina o resultado de características que não trabalham juntas

Como já mencionado, ter muitas características e fazê-las se integrar pode indicar incorretamente que seu modelo funciona bem, quando na realidade não está. A não ser que use validação cruzada, medidas de erro como o R^2 são enganosas, pois o número de características as aumentará facilmente, mesmo que as características não contenham informações relevantes. O exemplo a seguir mostra o que acontece com R^2 quando você adiciona apenas características aleatórias.

```
from sklearn.cross_validation import train_test_split
from sklearn.metrics import r2_score
X_train, X_test, y_train, y_test = train_test_split(X,
               y, test_size=0.33, random_state=42)
check = [2**i for i in range(8)]
for i in range(2**7+1):
    X_train = np.column_stack((X_train,np.random.random(
        X_train.shape[0])))
    X_test = np.column_stack((X_test,np.random.random(
        X_test.shape[0])))
    regression.fit(X_train, y_train)
    if i in check:
        print ("Caracteristicas aleatorias: %i -> R2:
%0.3f" %
               (i, r2_score(y_train, regression.predict
               (X_train))))
```

O que parece ser uma maior capacidade preditiva na realidade é apenas ilusão. Você pode ver o que aconteceu verificando o conjunto de teste e descobrindo que o desempenho do modelo diminuiu.

```
regression.fit(X_train, y_train)
print ('R2 %0.3f'
   % r2_score(y_test,regression.predict(X_test)))
# Observe que o resultado de R2 pode mudar de execuçao
# para execuçao devido a natureza aleatoria do experimento

R2 0.474
```

Resolva sobreajuste usando seleção

A regularização é uma solução eficaz, rápida e fácil de implementar, quando você tem muitas características e quer reduzir a variância das estimativas devido à multicolinearidade entre os previsores. A regularização adiciona uma penalidade à função de custo. A penalização é um somatório dos coeficientes. Se forem elevados ao quadrado (para que valores positivos e negativos não se cancelem), trata-se de uma *regularização L2* (também chamada de *Ridge*). Quando é usado o valor absoluto do coeficiente, trata-se de uma *regularização L1* (também chamada de *Lasso*).

Contudo, nem sempre a regularização funciona perfeitamente. A regularização L2 mantém todas as características no modelo e equilibra a contribuição de cada uma. Em uma solução L2, se duas variáveis se correlacionam bem, cada uma contribui igualmente para a solução, enquanto que, sem regularização, sua contribuição compartilhada seria distribuída de forma desigual.

Como alternativa, L1 retira as características altamente correlacionadas do modelo, tornando seus coeficientes zero, o que propõe uma seleção entre as características. Definir o coeficiente como zero é como excluir a característica do modelo, na verdade. Quando a multicolinearidade é alta, a escolha do previsor a definir como zero se torna um pouco aleatório, e você obtém várias soluções determinadas por características diferentemente excluídas. Tal instabilidade de solução pode ser incômoda, tornando a solução L1 deficiente.

DICA

Pesquisadores encontraram uma correção, criando várias soluções baseadas na regularização L1 e examinando como os coeficientes se comportam nas soluções. Nesse caso, o algoritmo escolhe apenas os coeficientes estáveis (os que raramente são definidos como zero). Você lê mais sobre essa técnica no site do Scikit-learn, em `http://scikit-learn.org/stable/auto_examples/linear_model/plot_sparse_recovery.html` [conteúdo em inglês]. O exemplo a seguir modifica o exemplo de expansões polinomiais com a regularização L2 (regressão Ridge) e reduz a influência de coeficientes redundantes criados pelo procedimento de expansão:

```
from sklearn.preprocessing import PolynomialFeatures
from sklearn.cross_validation import train_test_split

pf = PolynomialFeatures(degree=2)
poly_X = pf.fit_transform(X)
X_train, X_test, y_train, y_test =
   train_test_split(poly_X,
                    y, test_size=0.33, random_state=42)

from sklearn.linear_model import Ridge
reg_regression = Ridge(alpha=0.1, normalize=True)
reg_regression.fit(X_train,y_train)
print ('R2: %0.3f'
```

```
% r2_score(y_test,reg_regression.predict(X_test)))

R2: 0.819
```

O exemplo a seguir usa regularização L1. Nesse caso, o exemplo conta com R, porque a linguagem fornece uma biblioteca eficiente para regressão penalizada, chamada glmnet. O suporte exigido pode ser instalado com o seguinte comando:

```
install.packages("glmnet")
```

Os professores e pesquisadores de Stanford, Friedman, Hastie, Tibshirani e Simon, criaram esse pacote. O professor Trevor Hastie mantém o pacote do R. Uma vinheta completa explicando a funcionalidade da biblioteca é encontrada em: http://web.stanford.edu/~hastie/glmnet/glmnet_alpha.html [conteúdo em inglês]. O exemplo mostrado na Figura 15-3 ilustra o caminho do coeficiente, representando como o valor do coeficiente muda de acordo com a força da regularização. O parâmetro lambda decide a força da regularização. Como antes, o exemplo em R a seguir conta com o conjunto de dados Boston, que é obtido do pacote MASS.

```
data(Boston, package="MASS")
library(glmnet)
X <- as.matrix(scale(Boston[,1:ncol(Boston)-1]))
y <- as.numeric(Boston[,ncol(Boston)])
fit = glmnet(X, y, family="gaussian", alpha=1,
             standardize=FALSE)
plot(fit, xvar="lambda", label=TRUE, lwd=2)
```

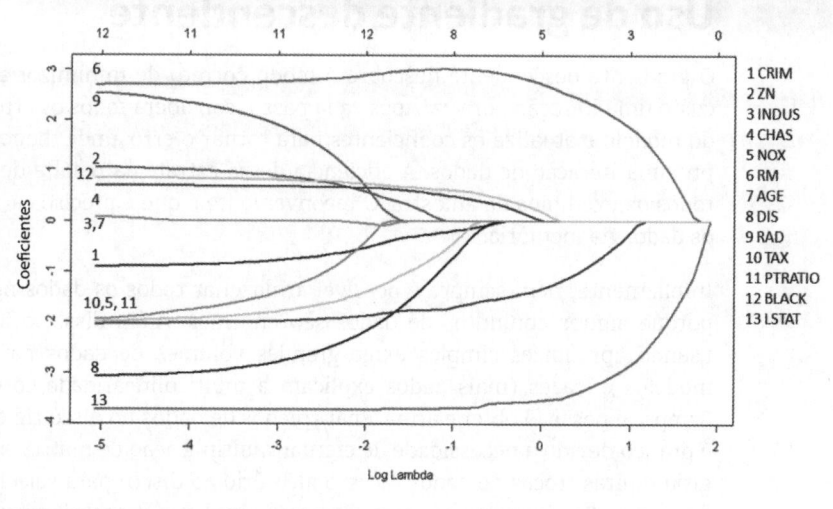

FIGURA 15-3: Visualizando o caminho de coeficientes usando vários graus de regularização L1.

O gráfico representa todos os coeficientes colocando seus valores padronizados no eixo vertical (ordenadas). Quanto à abscissa, a escala usa uma função logarítmica de lambda para dar uma ideia do valor pequeno de lambda no lado esquerdo do gráfico (onde é como uma regressão padrão). A abscissa também mostra outra escala, colocada na parte superior do gráfico, informando quantos coeficientes são diferentes de zero nesse valor de lambda. Da esquerda para a direita, você pode observar como os coeficientes diminuem em valor absoluto até se tornarem zero, contando a história de como a regularização afeta um modelo. Naturalmente, se precisar apenas estimar um modelo e os coeficientes para as melhores previsões, deve encontrar o valor de lambda correto usando validação cruzada:

```
cv <- cv.glmnet(X, y, family="gaussian",
                alpha=1, standardize=FALSE)
coef(cv, s="lambda.min")
```

Aprendendo um Exemplo Por Vez

Encontrar os coeficientes corretos para um modelo linear é apenas uma questão de tempo e memória. No entanto, às vezes um sistema não terá memória suficiente para armazenar um conjunto de dados enorme. Nesse caso, você deve contar com outros meios, como aprendizado a partir de um exemplo por vez, em vez de carregar todos eles na memória. As seções a seguir ajudam a entender a estratégia de aprendizado um exemplo por vez.

Uso de gradiente descendente

O gradiente descendente descobre o modo correto de minimizar a função de custo uma iteração por vez. Após cada passo, considera todos os erros somados do modelo e atualiza os coeficientes para tornar o erro ainda menor durante a próxima iteração de dados. A eficiência dessa estratégia resulta de considerar todos os exemplos da amostra. O inconveniente é que é preciso carregar todos os dados na memória.

Infelizmente, nem sempre é possível armazenar todos os dados na memória, porque alguns conjuntos de dados são enormes. Além disso, o aprendizado usando aprendizes simples exige grandes volumes de dados para construir modelos eficazes (mais dados explicam a multicolinearidade corretamente). Sempre é possível obter e armazenar trechos de dados no disco rígido, mas não é prático devido à necessidade de efetuar multiplicação de matrizes, o que exigiria muitas trocas de dados (acesso aleatório ao disco) para selecionar linhas e colunas. Os cientistas que trabalham no problema descobriram uma solução eficaz. Em vez de aprender com todos os dados, depois de vê-los (o que é chamado de *iteração*), o algoritmo aprende com um exemplo por vez, conforme escolhido do armazenamento por acesso sequencial, e depois passa a aprender com o exemplo seguinte. Quando o algoritmo tiver aprendido todos os exemplos, recomeça do início, a não ser que algum critério de parada seja satisfeito (por exemplo, concluir um número predefinido de iterações).

Fluxo de dados são os dados que fluem do disco um exemplo por vez. *Streaming* é a ação de passar dados do armazenamento para a memória. O estilo de *aprendizado fora da memória principal (aprendizado online)* ocorre quando um algoritmo aprende a partir de um fluxo, uma estratégia de aprendizado viável, discutida no final do Capítulo 10.

Algumas fontes comuns de fluxos de dados são tráfego da web, sensores, satélites e registros de vigilância. Um exemplo intuitivo de fluxo é, por exemplo, o fluxo de dados produzido instante a instante por um sensor ou os tuítes gerados por uma postagem no Twitter. Também é possível ter fluxo de dados comuns mantidos na memória. Por exemplo, se uma matriz de dados é grande demais, você pode tratá-la como um fluxo de dados e iniciar o aprendizado uma linha por vez, extraindo-a de um arquivo de texto ou de um banco de dados. Esse tipo de streaming é o estilo de *aprendizado online*.

Entenda como o SGD é diferente

Gradiente descendente estocástico (SGD) é uma ligeira variação do algoritmo de gradiente descendente. Ele fornece um procedimento de atualização para estimar coeficientes beta. Os modelos lineares se dão muito bem com essa estratégia.

No SGD a formulação permanece igual à da versão de gradiente descendente padrão (chamada de versão de lote, em contraste com a online), exceto quanto à atualização. No SGD a atualização é executada uma instância por vez, permitindo que o algoritmo deixe os dados básicos no armazenamento e coloque na memória apenas a observação necessária para alterar o vetor de coeficientes:

$$w_j = w_j - \alpha (Xw - y)x_j$$

Como o algoritmo de gradiente descendente, esse algoritmo atualiza o coeficiente, w, da característica j, subtraindo a diferença entre a previsão e a resposta real. Então multiplica a diferença pelo valor da característica j e por um fator de aprendizado alfa (o qual reduz ou aumenta o efeito da atualização no coeficiente).

Existem outras diferenças sutis ao se usar SGD, em vez do gradiente descendente. A mais importante é o termo estocástico no nome desse algoritmo de aprendizado online. De fato, o SGD espera um exemplo por vez, extraído aleatoriamente dos exemplos disponíveis (amostragem aleatória). O problema do aprendizado online é que a ordem dos exemplos muda o modo como o algoritmo adivinha coeficientes beta. É o princípio da gulodice discutido ao lidarmos com árvores de decisão (veja o Capítulo 12): com otimização parcial, um único exemplo muda o modo como o algoritmo chega ao valor ideal, criando um conjunto de coeficientes diferente do que teria ocorrido sem esse exemplo.

Em termos práticos, lembre-se de que o SGD aprende a ordem na qual vê os exemplos. Assim, se o algoritmo realizar qualquer tipo de ordenação (histórica, alfabética ou, pior, relacionada à variável de resposta), invariavelmente a aprenderá. Somente a amostragem aleatória (ordenação sem sentido) permite obter um modelo online confiável que funciona eficientemente em dados não vistos. Ao fazer fluxo de dados, é preciso reordenar aleatoriamente os dados (mistura de dados).

O algoritmo SGD, ao contrário do aprendizado em lote, precisa de um número muito maior de iterações para obter a direção global correta, apesar das indicações em contrário provenientes de exemplos. De fato, o algoritmo atualiza após cada novo exemplo, e a consequente jornada em direção a um conjunto ótimo de parâmetros é mais errática em comparação a uma otimização feita em um lote, a qual tende a obter a direção correta imediatamente, porque é derivada dos dados como um todo, como mostrado na Figura 15-4.

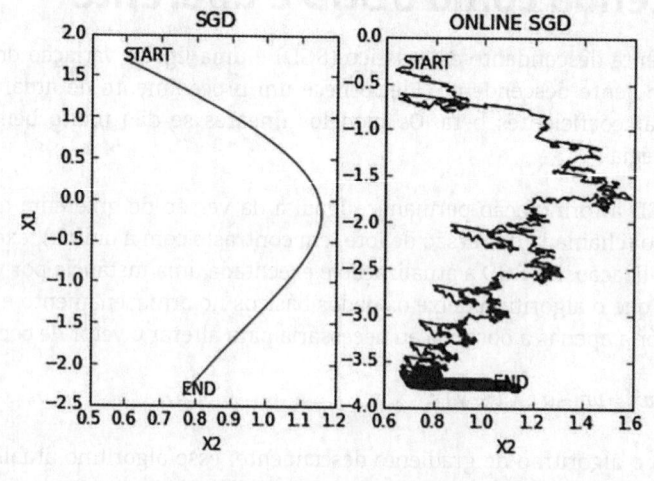

FIGURA 15-4: Visualizando os diferentes caminhos de otimização no mesmo problema de dados.

Nesse caso, a taxa de aprendizagem tem ainda mais importância, porque determina como o procedimento de otimização SGD resiste a exemplos ruins. De fato, se a taxa de aprendizagem é alta, um exemplo discrepante destrói completamente o algoritmo, impedindo-o de chegar a um bom resultado. Por outro lado, taxas de aprendizagem altas preservam o aprendizado do algoritmo com os exemplos. Uma boa estratégia é usar uma taxa de aprendizagem flexível, isto é, começar com uma taxa flexível e torná-la rígida à medida que o número de exemplos vistos cresce.

DICA

Se pensar a respeito, como estratégia de aprendizado a taxa flexível é seme-lhante àquela adotada por nosso cérebro: flexível e aberto ao aprendizado quando somos crianças e mais difícil (mas não impossível) de mudar quando ficamos mais velhos. Scikit-learn do Python é usado para aprendizado fora da memória principal, pois o R não oferece uma solução análoga. O Python oferece duas implementações de SGD, uma para problemas de classificação (`SGDClassifier`) e uma para os de regressão (`SGDRegressor`). Esses dois métodos, fora o `fit` (usado para ajustar dados na memória), contêm um método `partial_fit`, que mantém resultados anteriores e a tabela de aprendizado na memória, e continuam a aprender quando novos exemplos chegam. Com o método `partial_fit` é possível ajustar parcialmente pequenos trechos de dados ou até exemplos, e continuar a alimentar o algoritmo com dados até que encontre um resultado satisfatório.

As implementações de classificação e regressão de SGD em Scikit-learn apre-sentam diferentes funções de perda, aplicadas na otimização por gradiente descendente estocástico. Apenas duas dessas funções se referem aos métodos tratados neste capítulo:

> » `loss='squared_loss'`: Mínimos quadrados ordinários (OLS) para regressão linear

> » `loss='log'`: Regressão logística clássica

As outras implementações (hinge, huber, epsilon insensitive) otimizam um tipo diferente de função de perda, semelhante ao perceptron. O Capítulo 17 as explica em mais detalhes ao falar sobre máquinas de vetores de suporte.

Para demonstrar a eficácia do aprendizado fora do núcleo, o exemplo a seguir configura um breve experimento em Python, usando regressão e `squared_loss` como função de custo. Ele demonstra como os coeficientes beta mudam à medida que o algoritmo vê mais exemplos. O exemplo também passa os mes-mos dados várias vezes, para reforçar o aprendizado do padrão de dados. Usar um conjunto de teste garante uma avaliação justa, fornecendo medidas da capacidade do algoritmo de generalizar para dados fora da amostra.

Você pode repetir o experimento livremente, após alterar os parâmetros de aprendizado, modificando `learning_rate` e seus parâmetros relaciona-dos `eta0` e `power_t`. A taxa de aprendizagem determina como cada exemplo observado afeta o processo de otimização e, exceto a opção constante, pode modificá-la usando `optimal` (conveniente para classificação) e `invscaling` (para regressão). Em particular, parâmetros específicos, `eta0` e `power_t`, con-trolam `invscaling` de acordo com a fórmula:

learning rate η = eta0/(t^power_t)

Quando o parâmetro `power_t` é um número abaixo de 1, a fórmula cria um decaimento gradual da taxa de aprendizagem (t é o número de exemplos vistos), permitindo corrigir o que aprendeu antes e torná-la resistente a quaisquer mudanças induzidas por anomalias.

Este exemplo em Python usa o conjunto de dados Boston após misturá-lo e separá-lo em conjuntos de treinamento e teste. O exemplo informa o vetor dos coeficientes e as medidas de erro após ver um número variável de exemplos em potências de dois (para representar o aprendizado em diferentes etapas). O experimento mostra quanto tempo demora para que R2 aumente e o valor de coeficientes se estabilize.

```
from sklearn.cross_validation import train_test_split
from sklearn.linear_model import SGDRegressor
X_train, X_test, y_train, y_test = train_test_split(X,
                    y, test_size=0.33, random_state=42)
SGD = SGDRegressor(penalty=None,
                    learning_rate='invscaling',
                    eta0=0.01, power_t=0.25)

power = 17
check = [2**i for i in range(power+1)]
for i in range(400):
    for j in range(X_train.shape[0]):
        SGD.partial_fit(X_train[j,:].reshape(1,13),
                        y_train[j].reshape(1,))
        count = (j+1) + X_train.shape[0] * i
        if count in check:
            R2 = r2_score(y_test,SGD.predict(X_test))
            print ('Exemplo %6i R2 %0.3f coef: %s' %
            (count, R2, ' '.join(map(lambda x:'%0.3f' %x,
            SGD.coef_))))

Exemplo 131072 R2 0.724 coef: -1.098 0.891 0.374 0.849
        -1.905 2.752 -0.371 -3.005 2.026 -1.396 -2.011
        1.102 -3.956
```

LEMBRE-SE

Independente do volume de dados, você sempre pode ajustar um modelo de regressão linear simples, mas eficiente, usando recursos de aprendizado online do SGD.

Capítulo **16**

Complexidade Obtida com Redes Neurais

E m sua jornada no aprendizado de máquina, muitas vezes você vê metáforas do mundo natural para explicar detalhes de algoritmos. Este capítulo apresenta uma família de algoritmos de aprendizado diretamente inspirados no funcionamento do cérebro. São as redes neurais, os algoritmos básicos da tribo dos conexionistas.

Partindo da ideia da engenharia reversa de como o cérebro processa sinais, os conexionistas baseiam as redes neurais em analogias biológicas e seus componentes usando termos como neurônios e axônios. Contudo, ao verificar as formulações matemáticas, você descobrirá que as redes neurais são nada mais que um tipo sofisticado de regressão linear. Apesar disso, esses algoritmos são extraordinariamente eficientes em problemas complexos, como o reconhecimento de som e imagem, ou em tradução de idiomas por máquina. Eles executam rapidamente ao fazer previsões.

Redes neurais bem concebidas usam o nome *aprendizado profundo* e estão por trás de ferramentas poderosas, como a Siri e outros assistentes digitais. Também estão por trás das aplicações de aprendizado de máquina mais impressionantes. Por exemplo, você as vê em funcionamento nesta incrível demonstração do diretor-executivo da Microsoft, Rick Rashid, falando em inglês e sendo simultaneamente traduzido para o chinês:

https://www.youtube.com/watch?v=Nu-nlQqFCKg. Se uma revolução de IA está para acontecer, os recursos de aprendizado ampliados das redes neurais provavelmente vão impulsioná-la.

Aprendizado e Imitação da Natureza

O algoritmo básico da rede neural é o *neurônio* (também chamado de *unidade*). Muitos neurônios organizados em uma estrutura interconectada compõem uma rede neural, com cada neurônio se ligando às entradas e saídas dos outros. Assim, um neurônio insere características de exemplos ou os resultados de outros neurônios conforme sua localização na rede neural.

Algo semelhante ao neurônio, o perceptron, apareceu anteriormente neste livro, embora use estrutura e função mais simples. Quando o psicólogo Rosenblatt concebeu o perceptron, pensou nele como uma versão matemática simplificada de um neurônio cerebral. Um perceptron recebe como entradas valores do ambiente próximo (o conjunto de dados), os pondera (como fazem as células cerebrais, com base na força das conexões internas), soma todos e ativa quando a soma ultrapassa um limite. Esse limite gera o valor 1; caso contrário, sua previsão é 0. Infelizmente, um perceptron não aprende quando as classes que tenta processar não são linearmente separáveis. Contudo, estudiosos descobriram que, apesar de um único perceptron não conseguir aprender a operação lógica XOR, mostrada na Figura 16-1 (o ou exclusivo, que é verdade somente quando as entradas são diferentes), dois perceptrons trabalhando juntos o fazem.

FIGURA 16-1: Não é possível aprender a operação lógica OU exclusivo (XOR) usando apenas uma linha separadora.

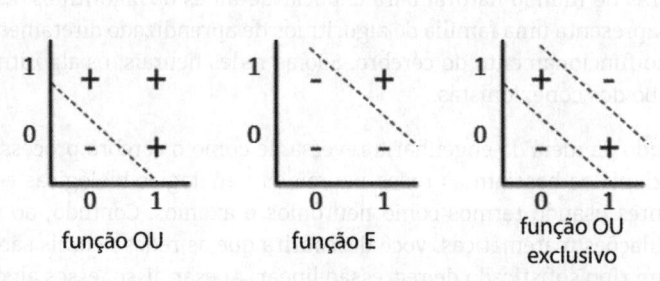

Os neurônios de uma rede neural são uma evolução do perceptron: recebem como entradas muitos valores ponderados, os somam e fornecem o somatório como resultado, exatamente como um perceptron. Contudo, fornecem também uma transformação mais sofisticada do somatório, algo que o perceptron não faz. Observando a natureza, os cientistas notaram que os neurônios recebem sinais, mas nem sempre liberam um próprio. Isso depende da quantidade de sinal recebida. Quando um neurônio recebe estímulos suficientes, ele responde; caso contrário, permanece em silêncio. De modo semelhante, neurônios algorítmicos, após receberem valores ponderados, os somam e usam uma *função*

de ativação para avaliar o resultado, que o transforma de modo não linear. Por exemplo, a função de ativação libera um valor zero, a não ser que a entrada atinja certo limite, ou diminui ou aumenta um valor, escalonando-o de forma não linear, transmitindo, assim, um sinal redimensionado.

Uma rede neural tem diferentes funções de ativação, como mostrado na Figura 16-2. A função linear não aplica nenhuma transformação e raramente é usada, pois reduz uma rede neural a uma regressão com transformações polinomiais. Normalmente as redes neurais usam o sigmoide ou a tangente hiperbólica.

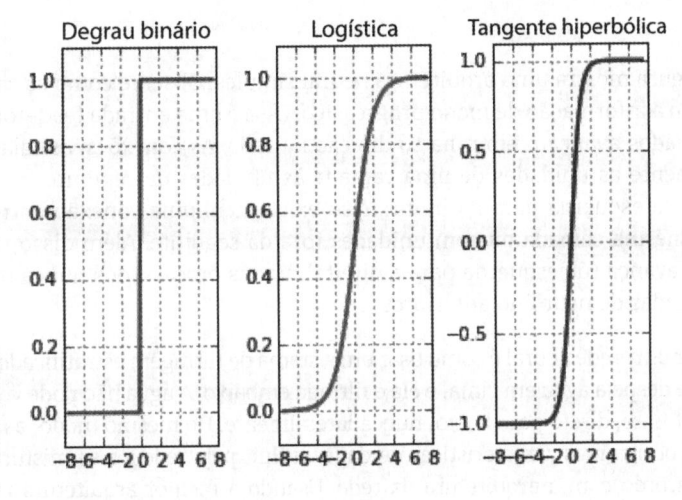

FIGURA 16-2: Traçados de diferentes funções de ativação.

A figura mostra como uma entrada (eixo horizontal) transforma uma saída em algo diferente (eixo vertical). Os exemplos mostram uma função de ativação de degrau binário, uma logística e uma de tangente hiperbólica.

DICA

Você aprende mais sobre funções de ativação adiante neste capítulo, mas note que elas claramente funcionam bem em certos intervalos de valores x. Por isso, você deve sempre mudar a escala das entradas de uma rede neural usando padronização estatística (média zero e variância unitária) ou normalizar a entrada no intervalo de 0 a 1 ou de -1 a 1.

Vá em frente com feed-forward

Em uma rede neural, primeiro você precisa considerar a arquitetura, que é a organização de seus componentes. Ao contrário de outros algoritmos, que têm um canal fixo que determina como se recebem e processam dados, as redes neurais exigem que você decida o fluxo das informações fixando o número de unidades (os neurônios) e sua distribuição em camadas, como mostrado na Figura 16-3.

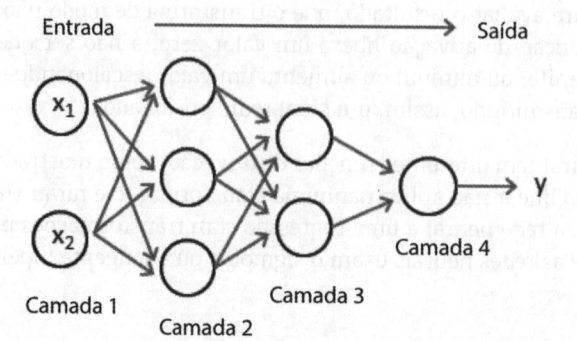

FIGURA 16-3: Um exemplo de arquitetura de rede neural.

(Entrada → Saída)

x₁, x₂ — Camada 1 — Camada 2 — Camada 3 — Camada 4 → y

A figura mostra uma arquitetura neural simples. Observe como as camadas filtram a informação de modo progressivo. Essa é uma entrada feed-forward, pois os dados avançam em uma só direção na rede. As conexões vinculam exclusivamente as unidades de uma camada às unidades da seguinte (a informação flui da esquerda para a direita). Não existe nenhuma conexão entre unidades da mesma camada ou com unidades fora da seguinte. Além disso, a informação avança (da esquerda para a direita). Dados processados nunca retornam às camadas de neurônio anteriores.

Usar uma rede neural é como usar um sistema de filtragem estratificado para água: você despeja água em cima, e ela é filtrada embaixo. A água não pode voltar, ela vai em frente, direto para baixo, nunca lateralmente. Do mesmo modo, as redes neurais obrigam as características de dados a fluir pela rede e a se misturar somente de acordo com a arquitetura da rede. Usando a melhor arquitetura para misturar características, a rede neural cria características compostas em cada camada e ajuda a obter previsões melhores. Infelizmente, não há como determinar a melhor arquitetura sem experimentar empiricamente diferentes soluções e testar se os dados de saída ajudam a prever os valores-alvo depois de fluírem pela rede.

A primeira e a última camadas desempenham um papel importante. A primeira, a *camada de entrada*, seleciona as características de cada exemplo de dados processados pela rede. A última, a *camada de saída*, libera os resultados.

Uma rede neural só processa informação numérica contínua, não se restringe a trabalhar com variáveis qualitativas (por exemplo, rótulos indicando uma qualidade, como vermelho, azul ou verde, em uma imagem). Você pode processar variáveis qualitativas transformando-as em um valor numérico contínuo, como uma série de valores binários, discutida no Capítulo 9, no material sobre trabalho com dados. Quando uma rede neural processa uma variável binária, o neurônio a trata como um número genérico e transforma os valores binários em outros valores, mesmo negativos, ao longo do processamento nas unidades.

Observe a limitação de usar apenas valores numéricos, pois você não pode esperar que a última camada gere uma previsão de rótulo não numérico. Ao lidar com um problema de regressão, a última camada é uma única unidade.

Do mesmo modo, quando trabalhar com classificação e a saída escolher dentre um número n de classes, precisa haver n unidades terminais, cada uma representando um escore ligado à probabilidade da classe representada. Portanto, ao classificar um problema de várias classes, como as espécies de íris (como na demonstração do conjunto de dados Iris encontrada no Capítulo 14), a camada final tem tantas unidades quanto espécies. No exemplo clássico de classificação da flor íris, criado pelo famoso estatístico Fisher, existem três classes: `setosa`, `versicolor` e `virginica`. Em uma rede neural baseada no conjunto de dados Iris existem três unidades representando suas espécies. Para cada exemplo, a classe prevista é a que obtém o escore mais alto.

Em algumas redes neurais existem camadas finais especiais, chamadas softmax, que ajustam a probabilidade de cada classe com base nos valores recebidos de uma anterior.

Na classificação, a camada final representa uma partição de probabilidades graças a softmax (um problema de várias classes no qual as probabilidades totais somam 100%) ou uma previsão de escore independente (porque um exemplo pode ter mais classes, o que é um problema de múltiplos rótulos no qual as probabilidades somadas ultrapassam 100%). Quando o problema de classificação é binário, basta um nó. Além disso, na regressão é possível ter várias unidades de saída, cada uma representando um problema de regressão diferente (por exemplo, na previsão do tempo é possível ter diferentes previsões para o dia seguinte, semana, mês, e assim por diante).

Vá mais fundo na toca do coelho

As redes neurais têm diferentes camadas, cada uma com o próprio peso. Como a rede neural separa os cálculos por camadas, é importante conhecer a camada de referência, pois significa explicar certas unidades e conexões. Assim, você se refere a cada camada usando um número específico e fala genericamente sobre elas usando a letra l.

Cada camada tem um número de unidades diferente, que indica o número de conexões. Multiplicando o número de unidades na camada inicial pelo na camada seguinte, você determina o número total de conexões entre as duas: *número de conexões*$^{(l)}$ = *unidades*$^{(l)}$*unidades*$^{(l+1)}$.

Uma matriz de pesos, cujo nome normalmente usa a letra grega teta maiúscula (Θ), representa as conexões. Para facilitar a leitura, o livro usa a letra W maiúscula; uma boa escolha, pois se trata de uma matriz. Assim, você pode usar W^1 para se referir aos pesos de conexão da camada 1 à 2, W^2 para as conexões da camada 2 à 3, e assim por diante.

Você pode ver referências às camadas entre a entrada e a saída como *camadas ocultas* e contar camadas a partir da primeira oculta. É apenas uma convenção diferente da usada no livro. Os exemplos do livro sempre começam a contar a partir da camada de entrada, assim, a primeira oculta é a de número 2.

Os pesos representam a força da conexão entre neurônios na rede. Quando o peso da conexão entre duas camadas é pequeno, significa que a rede descarrega os valores que fluem entre elas e sinaliza que essa rota provavelmente não influenciará na previsão final. Ao contrário, um valor grande, positivo ou negativo afeta os valores recebidos pela camada seguinte, determinando certas previsões. Essa estratégia é claramente análoga às células cerebrais, que não ficam sozinhas, mas conectadas a outras. À medida que a experiência de alguém aumenta, as conexões entre os neurônios tendem a enfraquecer ou fortalecer para ativar ou desativar certas regiões de células da rede cerebral, causando outro processamento ou uma atividade (uma reação a um perigo, por exemplo, se a informação processada sinaliza uma situação de risco de vida).

Agora que você conhece algumas convenções sobre camadas, unidades e conexões, pode examinar em detalhes as operações executadas pelas redes neurais. Primeiro, pode chamar entradas e saídas de diferentes maneiras:

>> **a:** Resultado armazenado em uma unidade na rede neural após ser processado pela função de ativação (chamada g). É a saída final da unidade enviada adiante na rede.

>> **z:** Multiplicação entre a e os pesos da matriz W. z representa o sinal passando pelas conexões, análogo à água em canos, que flui com maior ou menor pressão dependendo da espessura do cano. Do mesmo modo, os valores recebidos da camada anterior ficam maiores ou menores por causa dos pesos da conexão usada para transmiti-los.

Cada camada de unidades sucessiva em uma rede neural processa os valores extraídos das características progressivamente, como uma correia transportadora. À medida que os dados são transmitidos na rede, chegam a cada unidade como um valor produzido pelo somatório dos presentes na camada anterior e ponderados pelas conexões representadas na matriz W. Quando os dados após a adição de tendência ultrapassam certo limite, a função de ativação aumenta o valor armazenado na unidade; caso contrário, extingue o sinal, reduzindo-o. Depois do processamento pela função de ativação, o resultado está pronto para avançar para a conexão ligada à próxima camada. Esses passos se repetem para cada camada, até que os valores cheguem ao fim e você tenha um resultado, como mostrado na Figura 16-4.

A figura mostra um detalhe do processo que envolve duas unidades enviando seus resultados para outra. Esse evento acontece em cada parte da rede. Quando você entende a passagem de dois neurônios para um, compreende o processo feed-forward inteiro, mesmo quando estão envolvidas mais camadas e neurônios. Para mais explicações, aqui estão os sete passos usados para produzir uma previsão em uma rede neural constituída das quatro camadas (como a mostrada anteriormente no capítulo, na Figura 16-3):

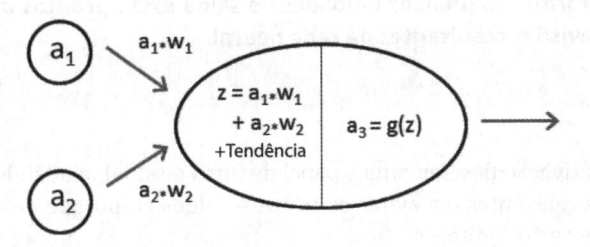

1. A primeira camada (observe o expoente 1 em a) carrega o valor de cada característica em uma unidade diferente:

$$a^{(1)} = X$$

2. Os pesos das conexões que ligam a camada de entrada à segunda são multiplicados pelos valores das unidades da primeira. Uma multiplicação de matrizes pondera e soma as entradas da segunda camada.

$$z^{(2)} = W^{(1)}a^{(1)}$$

3. O algoritmo adiciona uma constante tendência à camada 2 antes de executar a função de ativação. A função transforma as entradas da segunda camada. Os valores resultantes estão prontos para ser passados para as conexões.

$$a^{(2)} = g(z^{(2)} + \text{tendência}^{(2)})$$

4. As conexões da terceira camada ponderam e somam as saídas da camada 2.

$$z^{(3)} = W^{(2)}a^{(2)}$$

5. O algoritmo adiciona uma constante bias à camada 3 antes de executar a função de ativação. A função transforma as entradas da camada 3.

$$a^{(3)} = g(z^{(3)} + \text{tendência}^{(3)})$$

6. As saídas da camada 3 são ponderadas e somadas pelas conexões na camada de saída.

$$z^{(4)} = W^{(3)}a^{(3)}$$

7. Por fim, o algoritmo adiciona uma constante bias à camada 4 antes de executar a função de ativação. As unidades de saída recebem suas entradas e as transformam usando essa função. Após essa

transformação final, as unidades de saída estão prontas para liberar as previsões resultantes da rede neural.

```
a⁽⁴⁾ = g(z⁽⁴⁾ + tendência⁽⁴⁾)
```

A função de ativação desempenha o papel de filtro de sinal, ajudando a selecionar os sinais relevantes e a evitar os fracos e ruidosos (porque descarta valores abaixo de certo limite). As funções de ativação também proporcionam não linearidade à saída, porque aumentam ou diminuem de modo não proporcional os valores que passam por elas.

LEMBRE-SE

Os pesos das conexões oferecem um modo de misturar e compor as características de uma nova maneira, criando características de um jeito não muito diferente de uma expansão polinomial. A ativação torna não linear a recombinação resultante das características pelas conexões. Esses componentes da rede neural permitem ao algoritmo aprender funções-alvo complexas que representam a relação entre as características de entrada e o resultado-alvo.

Retroceda com backpropagation

Do ponto de vista arquitetônico, uma rede neural faz um excelente trabalho de misturar sinais de exemplos e transformá-los em novas características para obter uma aproximação de funções não lineares complexas (que não podem ser representadas como uma linha reta no espaço das características). Para ter essa capacidade, as redes neurais funcionam como *aproximadores universais* (para mais detalhes, acesse `https://en.wikipedia.org/wiki/Universal_approximation_theorem` [conteúdo em inglês]), significando que adivinham qualquer função-alvo. Contudo, é preciso considerar que um aspecto dessa característica é a capacidade de modelar funções complexas *(capacidade de representação)*. Outro é a capacidade de aprender eficazmente com dados. A aprendizagem ocorre em um cérebro por causa da disposição e da modificação de sinapses entre os neurônios, baseadas em estímulos recebidos por experiências de tentativa e erro. As redes neurais fornecem um modo de replicar esse processo como uma formulação matemática chamada *backpropagation*.

Desde sua aparição, nos anos 1970, o algoritmo de backpropagation recebeu muitas correções. Cada melhoria no processo de aprendizado de rede neural resultou em novas aplicações e no interesse renovado pela técnica. Além disso, a atual revolução do aprendizado profundo, um renascimento das redes neurais, abandonada no início dos anos 1990, é devida a importantes avanços em como as redes neurais aprendem com seus erros. Como visto em outros algoritmos, a função de custo ativa a necessidade de aprender melhor certos exemplos (erros maiores correspondem a custos altos). Quando ocorre um exemplo com erro grande, a função de custo gera um valor alto, minimizado pela mudança dos parâmetros no algoritmo.

Em regressão linear é fácil encontrar uma regra de atualização para aplicar em cada parâmetro (o vetor de coeficientes beta) . Contudo, em uma rede neural as coisas são um pouco mais complicadas. A arquitetura é variável, e os coeficientes de parâmetro (as conexões) são relacionados entre si, pois as conexões de uma camada dependem de como as das camadas anteriores recombinaram entradas. A solução para esse problema é o algoritmo de backpropagation, que é um modo inteligente de propagar os erros para trás na rede e fazer cada conexão ajustar seus pesos de forma correspondente. Se inicialmente você propagou informações por feed-forward na rede, é hora de retroceder e obter retorno sobre o que deu errado na fase de avanço.

Saber como a backpropagation funciona não é complicado, mesmo que sua demonstração usando fórmulas e matemática exija derivadas e a prova de algumas formulações, o que é bem difícil e está fora dos objetivos deste livro. Para ter uma ideia de como a backpropagation funciona, comece no fim da rede, no momento em que um exemplo foi processado e há uma previsão na saída. Nesse ponto, pode-se compará-la ao resultado real e, subtraindo os dois resultados, obter a defasagem, que é o erro. Agora que você conhece a divergência dos resultados na camada de saída, pode recuar para distribuí-lo por todas as unidades da rede.

DICA

A função de custo de uma rede neural para classificação é baseada na entropia cruzada (como visto na regressão logística):

$$Cost = y * \log\left(h_W(X)\right) + (1-y) * \log\left(1 - h_W(X)\right)$$

Essa formulação envolve logaritmos. Ela se refere à previsão produzida pela rede neural e é expressa como $h_W(X)$ (lida como o resultado da rede, dadas as conexões W e X como entrada). Para facilitar as coisas, ao pensar no custo, considere a formulação simplesmente como o cálculo da defasagem entre os resultados esperados e a saída da rede neural.

O primeiro passo na transmissão do erro para trás na rede conta com multiplicação retroativa. Como os valores alimentados na camada de saída são contribuições de todas as unidades, proporcionais ao peso de suas conexões, você pode redistribuir o erro de acordo com cada contribuição. Por exemplo, o vetor de erros de uma camada n na rede, indicado pela letra grega delta (δ), é o resultado da seguinte formulação:

$$\delta^{(n)} = W^{(n)T} * \delta^{(n+1)}$$

Essa fórmula diz que, a partir do delta final, você pode continuar a redistribuir delta para trás na rede e usar os pesos empregados para fazer o valor avançar, para particionar o erro nas diferentes unidades. Assim você obtém o erro terminal redistribuído a cada unidade neural e o usa para recalcular um peso mais apropriado para cada conexão da rede, a fim de minimizar o erro. Para atualizar os pesos W da camada l, basta aplicar a seguinte fórmula:

$$W^{(l)} = W^{(l)} + \eta * \delta^{(l)} * g'\left(z^{(l)}\right) * a^{(l)}$$

Inicialmente pode parecer que a fórmula é incompreensível, mas é um somatório, e você pode descobrir como funciona examinando seus elementos. Primeiro, veja a função g'. É a primeira derivada da função de ativação g, avaliada pelos valores de entrada z. Este livro discute o uso de derivadas no Capítulo 10. Na verdade, esse é o método do gradiente descendente, que determina como reduzir a medida de erro encontrando, dentre as possíveis combinações de valores, os pesos que mais o reduzem.

A letra grega eta (η), às vezes alfa (α) ou épsilon (ε), dependendo do texto consultado, é a taxa de aprendizagem. Como em outros algoritmos, reduz o efeito da atualização sugerida pela derivada do gradiente descendente. De fato, a direção fornecida pode estar apenas parcialmente ou aproximadamente correta. Dando vários passos pequenos na descendente, o algoritmo pega uma rota mais precisa em direção ao erro global mínimo, que é o alvo a ser obtido (isto é, uma rede neural produzindo o menor erro de previsão possível).

Diferentes métodos estão disponíveis para definir o valor correto de eta, pois a otimização depende muito dele. Um método define um valor de eta alto e o reduz durante o processo de otimização. Outro aumenta ou diminui eta de forma variável, com base nas melhorias obtidas pelo algoritmo: melhorias maiores pedem um eta maior (porque a descendente é fácil e direta); melhorias menores, um eta menor, para que a otimização seja mais lenta, examinando as melhores oportunidades de descer. Imagine isso como um caminho tortuoso nas montanhas: você diminui a velocidade e tenta não bater ou ser jogado fora da estrada enquanto desce.

DICA

A maioria das implementações oferece uma configuração automática do eta correto. Você precisa anotar a relevância desta configuração ao treinar uma rede neural, pois esse é um dos parâmetros importantes a ajustar para obter previsões melhores, junto com a arquitetura em camadas.

As atualizações de peso ocorrem de diferentes modos com relação ao conjunto de exemplos de treinamento:

>> **Modo online:** A atualização de peso ocorre depois que cada exemplo passa pela rede. Assim, o algoritmo trata dos exemplos de aprendizado como um fluxo com o qual aprende em tempo real. Esse modo é perfeito para o aprendizado *fora da memória principal,* ou seja, quando o conjunto de treinamento não cabe na memória RAM. Contudo, esse método é sensível a valores discrepantes, portanto, você precisa manter a taxa de aprendizagem baixa. (Consequentemente, o algoritmo é lento para convergir a uma solução.)

>> **Modo lote:** A atualização de peso acontece após ver todos os exemplos do conjunto de treinamento. Essa técnica torna a otimização rápida e menos sujeita a fazer com que a variância apareça no fluxo de exemplo. No modo lote, a backpropagation considera os gradientes somados de todos os exemplos.

> » **Modo minilote (ou estocástico):** A atualização de peso acontece depois que a rede processou uma subamostra de exemplos selecionados aleatoriamente do conjunto de treinamento. Essa estratégia tem as vantagens do modo online (baixa utilização de memória) e do modo lote (convergência rápida) e introduz um elemento aleatório (a subamostragem) para que o gradiente descendente não fique preso em locais mínimos.

Luta Contra o Sobreajuste

Dada a arquitetura da rede neural, pode-se imaginar como o algoritmo aprenderia facilmente quase tudo dos dados, especialmente se houvesse muitas camadas. Na verdade, o algoritmo faz isso tão bem que suas previsões frequentemente são afetadas por uma variância de estimativa alta, chamada de *sobreajuste*. O sobreajuste faz a rede neural aprender cada detalhe dos exemplos de treinamento, o que torna possível replicá-los na fase de previsão. Mas, fora o conjunto de treinamento, ela não preveria corretamente nada diferente. As seções a seguir discutem com mais detalhes alguns dos problemas do sobreajuste.

Entenda o problema

Ao usar uma rede neural para um problema real, você precisa dar alguns passos preventivos de modo muito mais restrito do que com outros algoritmos. As redes neurais são mais frágeis e propensas a erros relevantes que outras soluções de aprendizado de máquina.

Primeiro você divide cuidadosamente os dados em conjuntos de treinamento, validação e teste. Antes que o algoritmo aprenda com os dados, você precisa avaliar a qualidade de seus parâmetros: arquitetura (o número de camadas e nós que contêm), funções de ativação, parâmetro de aprendizado e número de iterações. Em particular, a arquitetura oferece excelentes oportunidades para criar modelos preditivos poderosos com alto risco de sobreajuste. O parâmetro de aprendizado controla a rapidez com que uma rede aprende com os dados, mas isso pode não bastar para evitar sobreajuste nos dados de treinamento.

Existem duas soluções para esse problema. A primeira é a regularização, como na regressão linear e logística. Você pode somar todos os coeficientes de conexão, elevados ao quadrado ou em valor absoluto, para penalizar modelos com muitos coeficientes com valores altos (obtidos pela regularização L2) ou com valores diferentes de zero (obtidos pela regularização L1). A segunda solução também é eficaz, pois controla quando o sobreajuste acontece. Ela é chamada de *parada antecipada* e funciona verificando a função de custo no conjunto de validação, enquanto o algoritmo aprende com o conjunto de treinamento.

DICA

Você pode não perceber quando seu modelo começa a ter sobreajuste. A função de custo calculada com o conjunto de treinamento continua a melhorar à medida que a otimização progride. No entanto, assim que começa a registrar ruído dos dados e interrompe as regras gerais de aprendizado, pode verificar a função de custo fora da amostra (a amostra de validação). Em algum ponto você observará que ela para de melhorar e começa a piorar, significando que o modelo atingiu seu limite de aprendizado.

Abra a caixa-preta

A melhor maneira de aprender como se constrói uma rede neural é fazendo uma. O Python oferece muitas implementações para redes neurais e aprendizado profundo. Ele tem bibliotecas como a Theano (`http://deeplearning.net/software/theano/`), que permite cálculos complexos a nível abstrato, e pacotes mais práticos, como o Lasagne (`https://github.com/Lasagne/Lasagne`), que permite construir redes neurais, embora exija algumas abstrações. Por isso, você precisa de invólucros (wrappers), como o Nolearn, que é compatível com Scikit-learn (`https://github.com/dnouri/nolearn`), ou o Keras (`https://github.com/fchollet/keras`), que também pode empacotar a biblioteca TensorFlow (`https://github.com/tensorflow/tensorflow`), lançada pelo Google, que tem o potencial de substituir a Theano como biblioteca de software para computação neural.

O R fornece bibliotecas menos complicadas e mais acessíveis, como o nnet (`https://cran.r-project.org/web/packages/nnet/`), AMORE (`https://cran.r-project.org/web/packages/AMORE/`) e neuralnet (`https://cran.r-project.org/web/packages/neuralnet/`). Os sites têm conteúdo em inglês. Esses breves exemplos em R mostram como treinar uma rede de classificação (no conjunto de dados Iris) e uma de regressão (no conjunto Boston). Começando com a classificação, o código a seguir carrega o conjunto de dados e o divide em conjuntos de treinamento e teste:

```
library(MASS)
library("neuralnet")
target <- model.matrix( ~ Species - 1, data=iris )
colnames(target) <- c("setosa", "versicolor", "virginica")

set.seed(101)
index <- sample(1:nrow(iris), 100)

train_predictors <- iris[index, 1:4]
test_predictors  <- iris[-index, 1:4]
```

Como as redes neurais contam com gradiente descendente, é preciso padronizar ou normalizar as entradas. Normalizar é melhor, para que o mínimo seja zero e o máximo seja 1 para cada característica. Naturalmente, você aprende a fazer a conversão numérica usando apenas o conjunto de treinamento, para evitar qualquer chance de usar informações de teste fora da amostra.

```
min_vector    <- apply(train_predictors, 2, min)
range_vector <- apply(train_predictors, 2, max) -
  apply(train_predictors, 2, min)

train_scaled <- cbind(scale(train_predictors,
                            min_vector, range_vector),
                       target[index,])
test_scaled  <- cbind(scale(test_predictors,
                            min_vector, range_vector),
                       target[-index,])

summary(train_scaled)
```

Quando o conjunto de treinamento estiver pronto, você pode treinar o modelo para supor três variáveis binárias, cada uma representando uma classe. A saída é um valor para cada classe, proporcional à probabilidade de ser a classe real. A previsão é o valor mais alto. Visualize a rede usando o gráfico interno e vendo a arquitetura da rede neural e os pesos atribuídos, como mostrado na Figura 16-5.

```
set.seed(102)
nn_iris <- neuralnet(setosa + versicolor + virginica ~
                     Sepal.Length + Sepal.Width
                     + Petal.Length + Petal.Width,
                     data=train_scaled, hidden=c(2),
                     linear.output=F)

plot(nn_iris)

predictions <- compute(nn_iris, test_scaled[,1:4])
y_predicted <- apply(predictions$net.result,1,which.max)
y_true <- apply(test_scaled[,5:7],1,which.max)
confusion_matrix <- table(y_true, y_predicted)
accuracy <- sum(diag(confusion_matrix)) /
  sum(confusion_matrix)
print (confusion_matrix)
print (paste("Precisao:",accuracy))
```

O exemplo a seguir demonstra como prever valores de casa em Boston com o conjunto de dados Boston. O procedimento é como o da classificação anterior, mas há apenas uma unidade de saída. O código traça os resultados previstos do conjunto de teste em relação aos valores reais para verificar o ajuste do modelo.

```
no_examples <- nrow(Boston)
features <- colnames(Boston)

set.seed(101)
index <- sample(1:no_examples, 400)
```

```
train <- Boston[index,]
test  <- Boston[-index,]

min_vector <- apply(train,2,min)
range_vector <- apply(train,2,max) - apply(train,2,min)
scaled_train <- scale(train,min_vector,range_vector)
scaled_test  <- scale(test, min_vector,range_vector)

formula = paste("medv ~", paste(features[1:13],
                                collapse='+'))
nn_boston <- neuralnet(formula, data=scaled_train,
                       hidden=c(5,3), linear.output=T)
predictions <- compute(nn_boston, scaled_test[,1:13])
predicted_values <- (predictions$net.result *
                     range_vector[14]) + min_vector[14]

RMSE <- sqrt(mean((test[,14] - predicted_values)^2))
print (paste("RMSE:",RMSE))
plot(test[,14],predicted_values, cex=1.5)
abline(0,1,lwd=1)
```

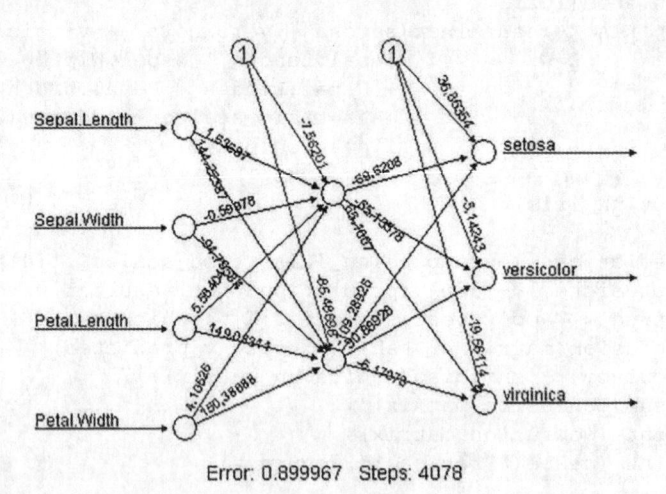

FIGURA 16-5: Você pode traçar uma rede neural treinada.

Error: 0.899967   Steps: 4078

Introdução à Aprendizado Profundo

Após a backpropagation, a melhoria seguinte nas redes neurais levou à aprendizado profundo. Apesar do inverno da IA, a pesquisa continuou, e as redes neurais começaram a tirar proveito dos desenvolvimentos de CPUs e GPUs (unidades de processamento gráfico, conhecidas por sua aplicação em jogos, mas poderosas unidades de computação para cálculos matriciais e vetoriais). Essas tecnologias tornam o treinamento de redes neurais uma tarefa possível em um tempo mais curto e acessível a mais pessoas. A pesquisa também possibilitou muitas novas aplicações. As redes neurais aprendem com volumes de dados enormes e, como são mais propensas à variância alta do que tendenciosidade, usam big data, criando modelos que funcionam continuamente melhor, dependendo do volume de dados que as alimenta. Contudo, para certas aplicações são necessárias redes grandes e complexas (para aprenderem características complexas, como as particularidades de uma série de imagens) e, assim, ocorrem problemas, como a desaparecimento do gradiente.

De fato, ao se treinar uma rede grande, o erro é redistribuído entre os neurônios, favorecendo as camadas mais próximas à de saída. As que estão mais distantes recebem erros menores, às vezes pequenos demais, tornando o treinamento lento, se não impossível. Graças a estudiosos como Geoffrey Hinton, reviravoltas evitam o problema da desaparecimento do gradiente. O resultado definitivamente ajuda uma rede maior, mas o aprendizado profundo não serve apenas para redes neurais com mais camadas e unidades.

Além disso, algo inerentemente qualitativo mudou no aprendizado profundo, quando comparada a redes neurais rasas, trocando o paradigma no aprendizado de máquina de criação de características (que facilitam o aprendizado) para aprendizado de características (características complexas criadas automaticamente com base nas reais). Pesos-pesados, como Google, Facebook, Microsoft e IBM, identificaram a nova tendência e, desde 2012, adquirem empresas e contratam especialistas (Hinton agora trabalha na Google; LeCun lidera a pesquisa de IA do Facebook) nos novos campos do aprendizado profundo. O projeto Google Brain, executado por Andrew Ng e Jeff Dean, reúne 16 mil computadores para calcular uma rede de aprendizado profundo com mais de um bilhão de pesos, permitindo aprendizado não supervisionado de vídeos do YouTube.

Há um motivo para a qualidade do aprendizado profundo ser diferente. Parte da diferença é o maior uso de GPUs. Junto com o paralelismo (mais computadores colocados em grupos e operando em paralelo), as GPUs permitem aplicar pré-treinamento, novas funções de ativação, redes convolucionais e *drop-out*, um tipo especial de regularização, diferente de L1 e L2. De fato, foi estimado que uma GPU executa certas operações 70 vezes mais rápido que qualquer CPU, permitindo reduzir o tempo de treinamento para redes neurais de semanas para dias ou mesmo horas (para referência, veja http://www.machinelearning. org/archive/icml2009/papers/218.pdf [conteúdo em inglês]).

O pré-treinamento e as novas funções de ativação resolvem o problema da desaparecimento do gradiente. Novas funções de ativação oferecem funções derivadas melhores, e o pré-treinamento inicia uma rede neural com pesos iniciais melhores, que exigem apenas alguns ajustes nas últimas partes da rede. Técnicas avançadas de pré-treinamento, como Restricted Boltzanman Machines (https://en.wikipedia.org/wiki/Restricted_Boltzmann_machine

[conteúdo em inglês]), Autoencoders (`https://en.wikipedia.org/wiki/Autoencoder` [conteúdo em inglês]) e Deep Belief Networks (`https://en.wikipedia.org/wiki/Deep_belief_network` [conteúdo em inglês]), elaboram dados de modo não supervisionado, estabelecendo pesos iniciais que não mudam muito durante a fase de treinamento de uma rede de aprendizado profundo. Além disso, produzem características melhores representando os dados e, assim, obtém previsões melhores.

Dada a alta confiança em redes neurais para tarefas de reconhecimento de imagens, o aprendizado profundo teve um grande impulso graças às redes neurais convolucionais. Descobertas nos anos 1980, agora produzem resultados impressionantes por causa dos muitos acréscimos de aprendizado profundo (para referência, veja `http://rodrigob.github.io/are_we_there_yet/build/classification_datasets_results.html` [conteúdo em inglês]).

Para entender a ideia por trás das redes neurais convolucionais, considere as convoluções como filtros que, quando aplicados a uma matriz, transformam certas partes e fazem outras desaparecer ou se destacar. Os filtros de convolução são usados para bordas ou formas específicas, e também são úteis para localizar detalhes em imagens que determinam o que a imagem mostra. Os seres humanos sabem que um carro é um carro porque tem certa forma e características, não porque viram anteriormente cada tipo de carro possível. Uma rede neural padrão é vinculada à sua entrada e, se a entrada é uma matriz de pixels, reconhece as formas e as características com base em suas posições na matriz. As redes neurais convolucionais elaboram imagens melhor que uma rede neural padrão porque:

> » A rede especializa neurônios específicos para reconhecer certas formas (graças às convoluções), de modo que a mesma capacidade de reconhecer uma forma não precisa aparecer em partes diferentes da rede.

> » Amostrando partes de uma imagem em um único valor (uma tarefa chamada *pooling*), não é preciso vincular rigorosamente as formas a certa posição (o que tornaria impossível girá-las). A rede neural reconhece a forma em cada rotação ou distorção, garantindo uma alta capacidade de generalização da rede convolucional.

Por fim, *drop-out* é um novo tipo de regularização, particularmente eficiente para redes convolucionais profundas, mas também funciona com todas as arquiteturas de aprendizado profundo, que atuam removendo temporária e aleatoriamente as conexões entre os neurônios. Essa estratégia remove conexões que coletam apenas ruído dos dados durante o treinamento. Além disso, ajuda a rede a aprender a contar com informações críticas provenientes de unidades diferentes, aumentando a força dos sinais corretos passados pelas camadas.

Capítulo 17

Um Passo Além com Máquinas de Vetores de Suporte

À s vezes as ideias brotam do acaso, e às vezes da necessidade urgente de resolver problemas relevantes. Ainda não é possível saber a tendência futura em aprendizado de máquina, pois a tecnologia continua a evoluir. Contudo, você pode conhecer as ferramentas disponíveis que ajudarão a aumentar os recursos do aprendizado de máquina, permitindo resolver mais problemas e alimentar novos aplicativos inteligentes.

Máquinas de vetores de suporte (SVMs) foram novidade há duas décadas e, quando apareceram, inicialmente deixaram muitos estudiosos se perguntando se realmente funcionariam. Muitos questionaram se a representação feita pelas SVMs executaria tarefas úteis. A representação é a capacidade do aprendizado de máquina de aproximar certas funções-alvo esperadas nos fundamentos de um problema de dados. Ter uma boa representação de um problema significa ser capaz de produzir previsões confiáveis com quaisquer dados novos.

As SVMs não demonstram apenas uma capacidade de representação incrível, mas também útil, permitindo que o algoritmo encontre seu nicho no grande (e crescente) mundo de aplicações de aprendizado de máquina. As SVMs são usadas para impulsionar o algoritmo, não o contrário. Este capítulo o ajuda a descobrir esse fato matematicamente, usando um algoritmo espetacular que, por meio de cálculos complexos, resolve importantes problemas de reconhecimento de imagem, diagnóstico médico e classificação textual.

Revisão do Problema da Separação: Uma Nova Abordagem

Como discutido no Capítulo 12 quando falamos sobre o perceptron, a inseparabilidade de classes pode ser um problema ao se tentar classificar exemplos de duas classes de maneira exata: não há uma linha reta que trace um limite preciso entre exemplos diferentes. Nesses casos, o conjunto de algoritmos de aprendizado de máquina escolhido oferece algumas opções:

>> **K-Vizinhos mais próximos:** Adapta-se aos limites não lineares entre classes ao usar um k pequeno.

>> **Regressão logística:** Resolve o problema estimando a probabilidade de estar em uma classe em particular, permitindo estimar mesmo que não seja possível distinguir as classes devido a uma sobreposição parcial.

>> **Transformação das características:** Resolve o problema empregando criação de características (adicionando criatividade e conhecimento humanos ao processo de aprendizado) e expansão polinomial automática (criando transformações de potência e interações) para descobrir um novo conjunto de características usadas para distinguir classes por meio de uma linha reta.

Árvores de decisão (discutidas no Capítulo 18) não sofrem naturalmente qualquer não linearidade, porque o algoritmo constrói seus limites de classificação usando várias regras que aproximam curvas complexas facilmente. O mesmo vale para redes neurais, que criam transformações de características e aproximações não lineares naturalmente, fazendo diferentes estratos de neurônios conectados (ao preço de alta variabilidade na estimativa, quando o processo de treinamento não é tratado com cuidado). Dada uma já grande variedade de opções possíveis, você pode se perguntar por que foi necessário criar outro tipo de algoritmo de aprendizado de máquina como a SVM para resolver o problema da inseparabilidade.

O insucesso que as pessoas tiveram na busca de um algoritmo-mestre que aprendesse a maioria dos problemas significa que você precisa acreditar no teorema no-free-lunch e reconhecer que não pode considerar um algoritmo melhor que outro. As características com que você lida e o problema que precisa resolver determinam os algoritmos que funcionam melhor. Ter acesso a uma técnica de aprendizado mais eficiente é como ter uma arma extra para atacar problemas de dados difíceis.

Além disso, as SVMs apresentam diversas qualidades que podem torná-las atraentes para muitos problemas de dados:

» Uma família de técnicas abrangentes para classificação binária e de várias classes, regressão e detecção de dados anômalos ou novos.

» Tratamento robusto de sobreajuste, dados ruidosos e valores discrepantes.

» Capacidade de tratar de soluções com muitas variáveis (e as SVMs ainda são efetivas quando existem mais variáveis que exemplos).

» Tratamento fácil e oportuno de até cerca de 10 mil exemplos de treinamento.

» Detecção automática de não linearidade nos dados, não sendo necessário aplicar transformações diretamente em variáveis nem criar características.

Em particular, a última qualidade é eficaz graças à disponibilidade de funções especiais, as funções de núcleo. Sua capacidade especial é mapear o espaço de características original em um novo, reconstruído para obter uma melhor classificação de resultados de regressão. É semelhante ao princípio da expansão polinomial (uma função de núcleo disponível fornece suporte para ela), mas a matemática por trás exige menos cálculos, permitindo que o algoritmo mapeie funções de resposta complexas em menos tempo e com mais precisão.

Explicação do Algoritmo

As SVMs, um tipo de algoritmo usado com RFlorestas Aleatórias (Random Forests) e máquinas baseadas em algoritmo de aumento de gradiente (Gradient Boosting Machines), foram criadas pelo matemático Vladimir Vapnik e alguns de seus colegas dos laboratórios da AT&T, nos anos 1990 (como Boser, Guyon e Cortes). Apesar do ceticismo inicial de muitos especialistas em aprendizado de máquina em relação ao algoritmo, pois não se assemelhava a nenhuma estratégia existente na época, rapidamente as SVMs ganharam impulso e sucesso, graças a seu desempenho em muitos problemas de reconhecimento de imagens, como entrada manuscrita, que desafiavam a comunidade da aprendizado de máquina.

Hoje as SVMs têm uso difundido entre os cientistas de dados, que as aplicam em uma incrível variedade de problemas, desde diagnóstico médico até reconhecimento de imagens e classificação textual. A técnica é um tanto limitada para aplicação em big data, devido à falta de escalabilidade quando exemplos e características são numerosos demais.

A matemática é um pouco complexa, mas a ideia que começou tudo é muito simples. Com isso em mente, o capítulo usa exemplos e demonstrações fáceis para mostrar as intuições e o conhecimento matemático básicos.

Começamos examinando o problema de separar dois grupos com uma linha. Raramente você vê uma situação dessa em dados reais, mas é o problema de classificação básico no aprendizado de máquina, e muitos algoritmos, como o perceptron, são construídos a partir dele. Sem transformar o espaço de características de uma matriz de dados hipotética (constituída de duas características, x1 e x2), a Figura 17-1 mostra como resolver o problema usando (no sentido horário, a partir da esquerda em cima) um perceptron, uma regressão logística e uma SVM.

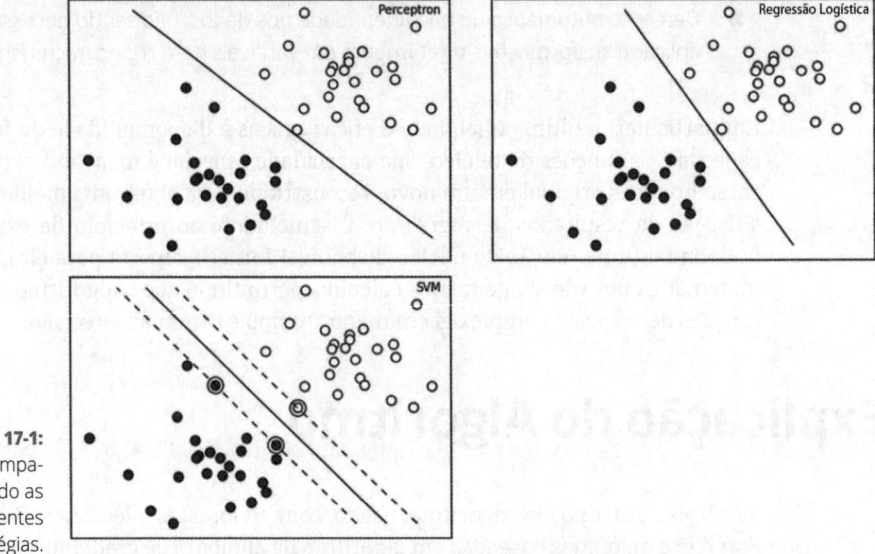

FIGURA 17-1: Comparando as diferentes estratégias.

Curiosamente, embora o perceptron pretenda apenas separar as classes e os pontos que claramente influenciem a regressão logística, a linha divisória desenhada por uma SVM tem atributos claros e definidos. Observando as diferenças, você pode ver que a melhor linha que separa classes é a que tem o maior espaço entre ela e os exemplos nas extremidades das classes, a solução da SVM. Usando terminologia de SVM, a linha divisória é a que tem a maior *margem* (o espaço vazio entre os limites das classes). A SVM coloca a linha divisória no meio da margem (descrita nos textos como *hiperplano de margem máxima* ou *ótima*) e os exemplos próximos à linha (assim, fazendo parte dos limites) são *vetores de suporte*.

Vetores de suporte são exemplos representados como pontos no espaço de características. De fato, para definir a posição de um ponto em um espaço, é preciso expressar suas coordenadas em cada dimensão como uma série de números, o que é um vetor. Além disso, você pode vê-los como vetores de suporte, porque o hiperplano de maior margem depende deles — e alterar qualquer um muda a margem e o hiperplano que a define.

Margem, hiperplano de separação e vetores de suporte são termos importantes, usados para definir o funcionamento de uma SVM. Os vetores de suporte decidem a melhor margem possível, tanto no caso de classes separáveis linearmente como no de não separáveis.

A estratégia de uma SVM é muito simples: examinando a maior margem de separação, ela leva em conta que o algoritmo extrai uma função de classificação de uma amostra de observações, mas que não depende dessas observações. Os valores amostrados mudam, às vezes muito, de uma amostra para outra. Consequentemente, você não pode contar com uma estratégia de *ajuste exato*, baseada em uma única amostra, para entender todas as variações de dados possíveis (como faz um perceptron, por exemplo). Como não dá para saber se uma amostra sucessiva será semelhante à usada para aprendizado, manter a maior margem permite à SVM flexibilidade no espaço de características ao trabalhar com amostras sucessivas. Além disso, examinando os limites da classe, a SVM não é influenciada por pontos distantes (ao contrário de uma regressão linear). O algoritmo determina a margem usando apenas os exemplos colocados nos limites.

Conheça a matemática de uma SVM

Em termos de formulação matemática, pode-se definir uma SVM partindo de uma formulação de perceptron e impondo certas restrições, ou seja, tentando obter uma linha divisória de acordo com certas regras que vamos descrever. Como o algoritmo divide as classes em um espaço de características usando uma linha divisória (ou hiperplano, quando há mais de duas características de dimensão), em condições ideais, estendendo a fórmula do perceptron, a expressão a seguir seria verdadeira para todo exemplo i:

$$y(x^T w + b) \geq M$$

Nessa expressão, a multiplicação vetor por vetor da transposição do vetor de características x por um vetor de coeficientes w é somada a uma tendência constante (b). Isso fornece um único valor, cujo sinal indica a classe. Como y só pode ser −1 ou +1, é possível ter um valor igual ou maior que zero quando as operações entre parênteses tiverem suposto o mesmo sinal de y. Na expressão anterior, M é uma restrição representando a margem: ela é positiva e o maior valor possível para garantir a melhor separação de classes previstas.

VÁ MAIS FUNDO NA MATEMÁTICA

Entender a matemática básica da SVM é um ponto crítico na formulação. Está um pouco fora dos objetivos deste livro detalhar as passagens matemáticas para transformar a função de custo de um perceptron em uma distância. O artigo "Support Vector Machines" (de Hearst et al.) está disponível em `http://www.svms.org/tutorials/` [conteúdo em inglês] e fornece muito mais detalhes. No mesmo endereço você também encontra outros interessantes tutoriais intermediários e avançados.

As propriedades da álgebra linear garantem que a expressão anterior representa, para cada exemplo i, a distância do hiperplano de separação, e que essa distância é igual ou maior a M, a margem. No fim, a SVM é baseada em um cálculo de distância ideal entre os exemplos e o hiperplano.

Quando se entende a fórmula anterior como uma formulação de distância, M se torna naturalmente a margem. Então o objetivo da otimização se torna encontrar os parâmetros (os pesos w) que preveem corretamente cada exemplo usando o maior valor de M possível.

Resolver o conjunto de formulações exigidas por uma SVM, dadas tais restrições (isto é, ter o maior M possível e prever corretamente os exemplos de treinamento), obriga a usar uma otimização quadrática. O problema da programação quadrática é resolvido de forma diferente da estratégia do gradiente descendente discutida até aqui no livro. Além da diferença matemática, a solução também é mais complexa, exigindo que o algoritmo resolva mais cálculos. A complexidade em uma SVM depende do número de características e do número de exemplos. Em particular, o algoritmo escala mal com o número de casos, porque o número de cálculos é proporcional ao de exemplos, elevado à segunda ou terceira potência (dependendo do tipo de problema). Por isso, as SVMs escalam bem até 10 mil exemplos, mas além desse limite o tempo de computador exigido para uma solução se torna muito grande.

LEMBRE-SE

Mesmo sendo criadas para classificação, as SVMs também resolvem problemas de regressão. Você usa o erro da previsão como distância e os valores de superfície do hiperplano de separação para determinar o valor de previsão correto em cada combinação de valor de características.

Evite as armadilhas da inseparabilidade

É preciso considerar uma última questão a respeito do processo de otimização da SVM descrito anteriormente. Como você sabe que as classes raramente são separáveis linearmente, pode não ser possível todos os exemplos de treinamento forçarem a distância a ser igual ou maior a M. Nesse caso, é necessário considerar a expressão a seguir:

$$y(x^T w + b) \geq M(1 + \epsilon_i)$$

Cada exemplo tem um valor épsilon que é sempre maior ou igual a zero, de modo que épsilon se torna um valor que corrige a classificação errada de vetores específicos. Se um exemplo é classificado corretamente, o épsilon é 0. Valores de épsilon entre 0 e 1 indicam que o exemplo está no lado direito da linha divisória, apesar de ter entrado na margem. Por fim, quando épsilon está acima de 1, o caso é mal classificado e está localizado no outro lado do hiperplano de separação ideal.

Épsilon permite que o algoritmo corrija casos descasados, de modo que o processo de otimização os aceitará. Você pode definir a extensão dessa correção especificando que a soma de todos os épsilons deve ser menor que um valor, C, o qual atua como um modo de criar uma solução mais afetada pela tendenciosidade (se o valor de C for pequeno) ou pela variância (se o valor de C for grande). O valor de C indica aproximadamente o número de descasamentos que a SVM pode ignorar no aprendizado.

O parâmetro C é muito importante, se não o principal de todos, em uma SVM. Épsilon cria exceções na classificação e permite um ajuste mais realista da formulação da SVM quando os dados são imprecisos e ruidosos. Contudo, se você introduzir correção demais (se C for grande demais), a busca da margem ideal aceitará exceções demais, criando sobreajuste nos dados. Por outro lado, se C for pequeno demais, a SVM procurará uma separação completa dos pontos, o que resultará em um hiperplano malsucedido, abaixo do ideal, cuja margem é pequena demais.

Não confunda o valor de C na formulação anterior com o parâmetro C exigido pelas implementações de software de SVM. As implementações de R e Python de SVMs aceitam um parâmetro C como custo de um descasamento. Como parâmetro de software, um valor de C alto leva a uma margem menor, pois os custos são mais altos quando uma SVM classifica incorretamente. Por outro lado, um C baixo implica em uma margem maior, abre a aceitação de exemplos previstos erroneamente e, assim, uma variância maior nas estimativas.

Aplicação de Não Linearidade

As SVMs exigem muitos cálculos matemáticos. Até agora você viu algumas formulações que ajudam a entender que as SVMs são um problema de otimização que se esforça para classificar todos os exemplos de duas classes. Ao resolver a otimização em SVMs, você usa um hiperplano de particionamento que tem a maior distância dos limites da classe. Se as classes não forem linearmente separáveis, a busca pelo hiperplano de separação ideal admite erros (quantificados pelo valor de C) para lidar com ruído.

Apesar de permitir um pequeno custo para erros, o hiperplano linear da SVM não recupera relações não lineares entre classes, a não ser que você transforme as características adequadamente. Por exemplo, você pode classificar corretamente apenas uma parte dos exemplos, como os representados na Figura 17-2, se não transformar as duas dimensões existentes em outras, usando multiplicação ou potências.

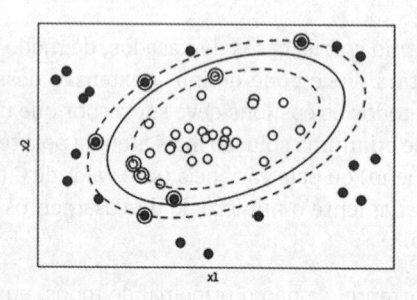 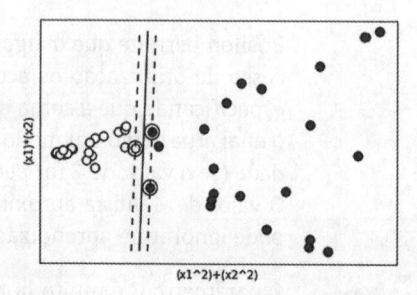

Em outras palavras, você mapeia as características existentes em um espaço de características de dimensionalidade maior, esperando encontrar um modo de separar as classes linearmente. Esse é o mesmo processo mostrado no Capítulo 15, ao fazer a expansão polinomial (em que você descobriu como um modelo linear captura relações não lineares entre variáveis automaticamente). A criação automática de características usando polinomial, que também é possível para SVMs, tem alguns limites importantes:

» O número de características aumenta exponencialmente, tornando os cálculos trabalhosos e saturando o conjunto de dados na memória. (Alguns conjuntos não podem ser expandidos além de uma potência de 2 ou 3.)

» A expansão cria muitas características redundantes, causando sobreajuste.

» É difícil determinar o grau de expansão em que as classes se tornarão linearmente separáveis, exigindo muitas iterações de expansão e teste.

Como consequência dessas limitações, a SVM adotou um modo diferente, as *funções de núcleo (kernel functions)*, para redefinir o espaço de características sem ocupar mais memória ou aumentar o número de cálculos demasiadamente. As funções de núcleo não são mágicas, contam com cálculos algébricos, mas exigem ainda mais cálculos matemáticos que a SVM. Como um modo de entender como funcionam, pode-se dizer que as funções de núcleo projetam as características originais em um espaço dimensional maior, combinando-as de modo não linear. Elas fazem isso implicitamente, pois não fornecem à SVM um novo espaço de características para usar no aprendizado (como uma expansão polinomial faria). Em vez disso, elas contam com um vetor de valores que a SVM usa diretamente para ajustar um hiperplano de separação não linear.

Portanto, as funções de núcleo fornecem o resultado de uma combinação de características (precisamente um produto escalar, uma multiplicação entre vetores) sem calcular todas as combinações envolvidas no resultado. Isso se chama *truque de núcleo (kernel trick)* e é possível para SVMs porque seus processos de otimização são reformulados de uma maneira chamada *formulação dual* (em contraste com a fórmula anterior, chamada *formulação primal*). A formulação dual opera diretamente nos resultados das funções de núcleo, e não nas características originais.

LEMBRE-SE

Os núcleos não servem apenas para SVMs. Você pode aplicá-los a qualquer algoritmo de aprendizado de máquina usando uma formulação que opere no produto escalar entre exemplos, como faz a formulação dual da SVM.

DICA

Se quiser saber mais sobre a formulação dual e como difere da primal, você encontra mais detalhes no Quora, em `https://www.quora.com/Support-Vector-Machines/Why-is-solving-in-the-dual-easier-than-solving-in-the-primal` [conteúdo em inglês] ou, mais formalmente, no tutorial da Microsoft Research, em `http://research.microsoft.com/en-us/um/people/manik/projects/trade-off/svm.html` [conteúdo em inglês].

Demonstração do truque de núcleo por meio de exemplo

Nesta seção, como exemplo da operação de uma função de núcleo, você vê como fazer uma transformação explícita e implícita com Python. A função de custo é dual e opera em produtos escalares de exemplos. O conjunto de dados é mínimo: dois exemplos com três características. O objetivo é mapear as características existentes em uma dimensionalidade maior usando todas as combinações possíveis entre elas. Assim, se um exemplo é constituído do vetor de característica de valores (1,2,3), projetá-lo desse modo resulta em um novo vetor de valores (1, 2, 3, 2, 4, 6, 3, 6, 9). A projeção aumenta a dimensionalidade de três para nove características, ocupando três vezes mais memória do computador.

```
import numpy as np
X = np.array([[1,2,3],[3,2,1]])
def poly_expansion(A):
    return np.array([[x*y for x in
        row for y in row] for row in A])

poly_X = poly_expansion(X)
print ('Dimensoes apos expandir: %s'
    % str(poly_X.shape))
print (poly_X)
```

```
Dimensoes apos expandir: (2, 9)
[[1 2 3 2 4 6 3 6 9]
 [9 6 3 6 4 2 3 2 1]]
```

O código, usando a função `poly_expansion`, itera a matriz X (o conjunto de dados de dois exemplos e três características), expandindo o número de características para nove. Nesse ponto, você pode calcular o produto escalar.

```
np.dot(poly_X[0],poly_X[1])
100
```

Usando uma função de núcleo, você pode simplesmente chamar a função após fornecer os dois vetores de características dos exemplos. O resultado é obtido sem a necessidade de criar um conjunto de dados.

```
def poly_kernel(a, b):
    return np.sum(a*b)**2

poly_kernel(X[0], X[1])

100
```

As funções de núcleo são funções de mapeamento convenientes que permitem às SVMs obter um conjunto de dados transformado de tamanho limitado, o que é equivalente a uma transformação não linear mais complicada e que usa muitos dados. Acessíveis para a maioria dos computadores em termos de processamento e memória, as funções de núcleo permitem a você tentar resolver um problema de dados automaticamente, usando um hiperplano de separação não linear sem envolver intervenção humana na criação de características.

Conheça os diferentes núcleos

Em suas implementações em R e Python, a SVM oferece uma grande variedade de núcleos não lineares. Aqui está uma lista dos núcleos e seus parâmetros:

> » **Linear:** Nenhum parâmetro extra

> » **Função de Base Radial:** Parâmetro de forma — `gamma`

> » **Polinomial:** Parâmetros de forma — `gamma`, `degree` e `coef0`

> » **Sigmoide:** Parâmetros de forma — `gamma` e `coef0`

> » **Núcleos personalizados:** Depende do núcleo

Mesmo a escolha sendo grande e possivelmente maior se você começar a projetar o próprio núcleo personalizado, na prática é comum usar apenas um deles, a Função de Base Radial (RBF), pois é mais rápido que os outros núcleos. Além disso, você pode mapear e aproximar quase qualquer função não linear, se ajustar seu parâmetro de forma, `gamma`.

O RBF funciona de modo simples, mas inteligente. Ele cria uma margem em torno de cada vetor de suporte — desenhando bolhas no espaço de características, como mostrado na Figura 17-3. Então, de acordo com o valor do hiperparâmetro `gamma`, expande ou restringe o volume das bolhas, para que se fundam umas com as outras e formem áreas de classificação. O valor de `gamma` é o raio de todas as bolhas criadas pelo RBF. A margem resultante e o hiperplano que passa por ela mostrarão limites muito curvos, demonstrando que ele pode ser bastante flexível, como nos exemplos fornecidos pela Figura 17-3.

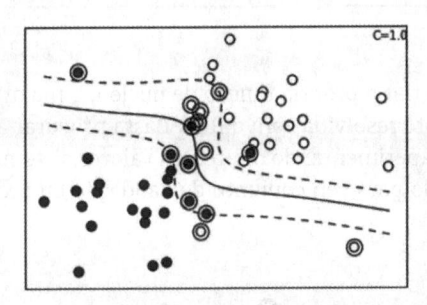
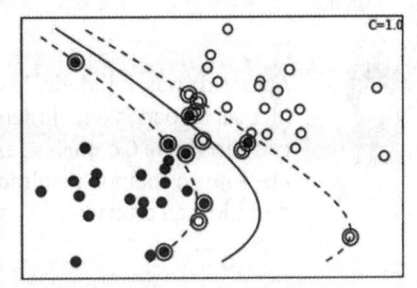

O núcleo RBF pode se adaptar a diferentes estratégias de aprendizado, resultando em um hiperplano inclinado quando C, o custo do erro, é alto, e criando uma linha curva mais suave quando C é baixo. Ele também se ajusta a formas complexas, como o alvo, quando uma classe é colocada dentro de outra. Toda essa flexibilidade vem à custa de uma maior variância de estimativa, mas ele também detecta regras de classificação complexas que outros algoritmos não encontram.

Quando ajustar um núcleo RBF, primeiro ajuste C, o custo do erro, para definir um hiperplano de separação obrado, então ajuste `gamma` para tornar a forma da margem grosseira e quebrada, quando o hiperparâmetro `gamma` for baixo ou regular, e unida nas áreas em forma de bolha maiores, quando for alto.

LEMBRE-SE

Os núcleos polinomial e sigmoide não são tão adaptáveis quanto o RBF, mostrando mais tendenciosidade, apesar de serem transformações não lineares do hiperplano de separação. Se o sigmoide apresentar uma única inclinação, a função polinomial terá tantos hiperplanos inclinados ou separados quanto seu grau de ajuste. Quanto maior o grau, mais tempo demorará para calcular.

Você pode ter muitos valores de forma para ajustar ao usar os núcleos sigmoide e polinomial: `gamma` e `coef0` para ambos e `degree` para polinomial. Como é difícil determinar os efeitos de diferentes valores sobre esses parâmetros, você

LEMBRE-SE

precisa testar diferentes combinações de valor usando uma busca em grade, por exemplo, e avaliar os resultados na prática. A Figura 17-4 fornece representações visuais do que pode ser feito com os núcleos polinomial e sigmoide.

FIGURA 17-4: Um núcleo sigmoide (à esquerda) e um polonomial (à direita) aplicados aos mesmos dados.

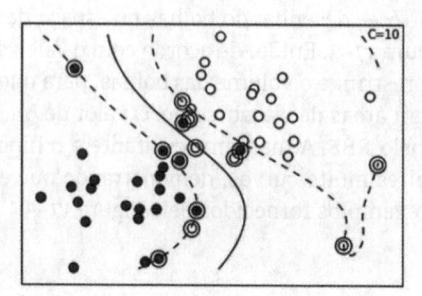 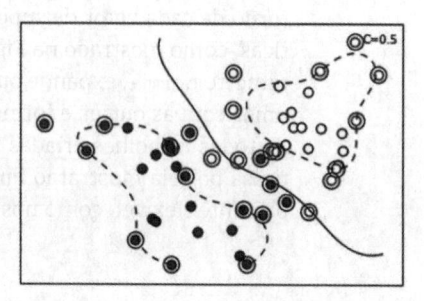

DICA

Apesar da possibilidade de criar a própria função de núcleo, a maioria dos problemas de dados é facilmente resolvida com o RBF. Basta procurar a combinação correta de C e gamma, experimentando diferentes valores sistematicamente até obter o melhor resultado para seu conjunto de validação ou procedimento de validação cruzada.

Ilustração de Hiperparâmetros

Embora as SVMs sejam algoritmos de aprendizado complexos, são versáteis e fáceis de usar quando implementados por uma classe do Python ou uma função do R. Curiosamente, as bibliotecas Scikit-learn e R e1071 (desenvolvidas pelo grupo E1071, sobre teoria da probabilidade, da Universidade Técnica de Viena) contam com a mesma biblioteca C++ externa (com uma API em C para fazer interface com outras linguagens), desenvolvida na Universidade Nacional de Taiwan. Mais informações sobre a LIBSVM compartilhada para classificação e regressão de SVM são encontradas em `http://www.csie.ntu.edu.tw/~cjlin/libsvm/` [conteúdo em inglês]. A implementação em Python também usa a biblioteca C LIBLINEAR dos mesmos autores da Universidade de Taiwan, que é especializada em problemas de classificação usando métodos lineares em conjuntos de dados grandes e esparsos (veja mais em `http://www.csie.ntu.edu.tw/~cjlin/liblinear/` [conteúdo em inglês]).

Como tanto Python como R empacotam a mesma biblioteca C, oferecem a mesma funcionalidade com os mesmos hiperparâmetros. As Tabelas 17-1 e 17-2 mostram uma visão geral completa de SVM de classificação e regressão nas duas linguagens.

TABELA 17-1   Implementações de Software para Classificação

Implementação em Python/R	Finalidade	Hiperparâmetros
Python: sklearn.svm.SVC R: svm(type= "C-classification")	Implementação de LIBSVM para classificação binária e de várias classes, linear e de núcleo	C (custo em R), kernel, degree, gamma, coef0
Python: sklearn.svm.NuSVC R: svm(type="nu-classification")	Igual à anterior	nu, kernel, degree, gamma. coef0
Python: sklearn.svm.OneClassSVM R: svm(type="one-classification")	Detecção não supervisionada de valores discrepantes	nu, kernel, degree, gamma, coef0
Python: sklearn.svm.LinearSVC	Baseado em LIBLINEAR, é um classificador linear binário e de várias classes	Penalty, loss, C (custo em R)

TABELA 17-2   Implementações de Regressão

Classe	Finalidade	Hiperparâmetros
Python: sklearn.svm.SVR R: svm(type="eps-regression")	Implementação de LIBSVM para regressão	C (custo em R), kernel, degree, gamma, epsilon, coef0
Python: sklearn.svm.NuSVR R: svm(type="nu-regression")	Igual ao item anterior	nu, C (custo em R), kernel, degree, gamma, coef0

Em seções anteriores, este capítulo discute a maioria dos hiperparâmetros, como C, kernel, gamma e degree, ao descrever como um algoritmo SVM funciona em sua formulação básica e com núcleos. Você pode ficar surpreso por saber que existem duas novas versões de SVM para algoritmos de classificação e regressão; uma delas é baseada no hiperparâmetro Nu. As únicas diferenças da versão Nu são os parâmetros que recebe e usa de um algoritmo um pouco diferente. Usar qualquer das versões de SVM produz os mesmos resultados, portanto, você normalmente escolhe a versão sem Nu.

O Python também oferece uma versão linear de SVM, LinearSVC, que é mais um modelo de regressão linear que uma SVC. Ele também permite regularização e fornece uma classificação SVM rápida que funciona bem com matrizes textuais esparsas. Essa implementação aparece também na Parte 5, ao lidarmos com classificação de texto.

Classificação e estimativa com SVM

Como exemplo de uso de uma SVM para resolver um problema complexo, esta seção demonstra uma tarefa de reconhecimento de manuscritos e a resolve usando um núcleo não linear, o RBF. O algoritmo SVM aprende do conjunto de dados digits, disponível nos conjuntos de dados module do pacote Scikit-learn. O conjunto de dados digits contém uma série de imagens de 8x8 pixels em escala de cinza, com números manuscritos de 0 a 9. O problema é muito simples quando comparado a muitos que os mecanismos de reconhecimento de imagem resolvem hoje, mas ajuda a ver o potencial da estratégia de aprendizado. O exemplo usa Python, mas você pode criar um exemplo com R, pois as duas linguagens contam com a mesma biblioteca LIBSVM funcionando nos bastidores. A saída do exemplo aparece na Figura 17-5.

```
import matplotlib.pyplot as plt
import matplotlib as mpl
from sklearn.datasets import load_digits
import numpy as np
import random

digits = load_digits()
X,y = digits.data, digits.target

%matplotlib inline
random_examples = [random.randint(0,len(digits.images))
                   for i in range(10)]
for n,number in enumerate(random_examples):
    plt.subplot(2, 5, n+1)
    plt.imshow(digits.images[number],cmap='binary',
               interpolation='none', extent=[0,8,0,8])
    plt.grid()
plt.show()
```

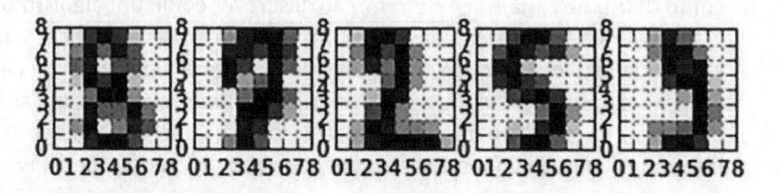

FIGURA 17-5: Uma amostra do conjunto de dados digit para manuscritos MNIST fornecido por Scikit-learn.

O código imprime aleatoriamente algumas amostras para que você veja um exemplo dos diferentes estilos de manuscrito encontrados no conjunto de dados. Seus exemplos impressos são diferentes dos encontrados no livro. O código renderiza a informação gráfica de uma série de números colocados em um vetor, cada um apontando para um pixel na imagem. O algoritmo aprende que, se certos pixels são ativados juntos, a imagem representada corresponde a um número em particular.

Esse exemplo demonstra a ideia sustentada pela tribo dos analogistas: certos padrões correspondem às respostas com base em uma analogia. As SVMs tendem a ocultar esse fato, porque parecem fornecer uma combinação linear de características ponderadas, exatamente como a regressão linear faz. Mas lembre-se de que, ao aplicar funções de núcleo, a otimização é baseada nos produtos escalares dos exemplos. Os produtos escalares são um modo de estimar a distância entre pontos para dividir o espaço de características em partições homogêneas com a mesma classe dentro. Distância é um modo de estabelecer semelhanças em um espaço constituído de características. Então as SVMs trabalham com semelhança, associando pontos e padrões baseados na distância.

Para verificar os resultados do modelo corretamente, primeiro você extrai 30% dos exemplos para usar como conjunto de teste (fora da amostra). Você também quer preparar as características, mudando sua escala no intervalo de −1 a +1, para facilitar os cálculos da SVM. Primeiro o algoritmo aprende os parâmetros da transformação do conjunto de treinamento sozinho, e somente depois eles são aplicados ao conjunto de teste, para evitar qualquer tipo de vazamento de informações fora da amostra.

LEMBRE-SE

Uma ação importante, antes de alimentar os dados em uma SVM, é escalar. A *escalação* transforma todos os valores para o intervalo entre −1 a 1 (ou de 0 a 1, se preferir). A transformação de escalação evita o problema de ter algumas variáveis influenciando o algoritmo e torna os cálculos exatos, simples e rápidos.

O código começa adotando uma SVM com núcleo não linear. Para verificar a utilização da representação pelo algoritmo de aprendizado de máquina, o exemplo usa o escore de precisão (a porcentagem de suposições corretas) como medida da eficiência do modelo.

```
from sklearn.cross_validation import train_test_split
from sklearn.cross_validation import cross_val_score
from sklearn.preprocessing import MinMaxScaler
# Mantem 30% aleatorios dos exemplos para teste
X_train, X_test, y_train, y_test = train_test_split(X,
                    y, test_size=0.3, random_state=101)
# Escalonamos os dados no intervalo [-1,1]
scaling = MinMaxScaler(feature_range=(-1, 1)).fit(X_train)
X_train = scaling.transform(X_train)
X_test  = scaling.transform(X_test)

from sklearn.svm import SVC
```

```
svm = SVC()
cv_perfomance = cross_val_score(svm, X_train, y_train,
                                cv=10)
test_perfomance = svm.fit(X_train, y_train).score(X_test,
                                                   y_test)
print ('Escore da precisao da validaçao cruzada: %0.3f,'
       ' escore da precisao do teste: %0.3f'
       % (np.mean(cv_perfomance),test_perfomance))

Escore da precisao da validação cruzada: 0.981,
 escore da precisao do teste: 0.985
```

Após ter verificado o escore da validação cruzada com os hiperparâmetros padrão, o código faz uma busca sistemática para procurar configurações melhores que fornecem um número maior de respostas exatas. Durante a busca, o código testa diferentes combinações de núcleos linear e RBF, junto com parâmetros C e gamma. (Este exemplo pode demorar para ser executado.)

```
from sklearn.grid_search import GridSearchCV
import numpy as np
learning_algo = SVC(kernel='linear', random_state=101)
search_space = [{'kernel': ['linear'],
                 'C': np.logspace(-3, 3, 7)},
                {'kernel': ['rbf'],
                 'C':np.logspace(-3, 3, 7),
                 'gamma': np.logspace(-3, 2, 6)}]
gridsearch = GridSearchCV(learning_algo,
                          param_grid=search_space,
                          refit=True, cv=10)
gridsearch.fit(X_train,y_train)
print ('Melhor parametro: %s'
       % str(gridsearch.best_params_))
cv_perfomance = gridsearch.best_score_
test_perfomance = gridsearch.score(X_test, y_test)
print ('Escore da precisao da validaçao cruzada: %0.3f,'
       ' escore da precisao do teste: %0.3f'
       % (cv_perfomance,test_perfomance))

Melhor parametro: {'kernel': 'rbf', 'C': 1.0,
                   'gamma': 0.10000000000000001}
Escore da precisao da validaçao cruzada: 0.988,
  escore da precisao do teste: 0.987
```

Os cálculos levam alguns minutos, após os quais o computador informa os melhores parâmetros kernel, C e gamma, junto com um escore de validação cruzada melhorado, atingindo quase 99% de precisão. A precisão é alta, indicando que o computador distingue quase todas as diferentes maneiras de escrever números de 0 a 9. Como saída final, o código imprime os números que a

SVM previu erroneamente no conjunto de teste (veja a Figura 17-6). Como seres humanos, poderíamos nos perguntar se seríamos capazes de ter um desempenho melhor que o do algoritmo de aprendizado de máquina.

```
prediction = gridsearch.predict(X_test)
wrong_prediction = (prediction!=y_test)
test_digits = scaling.inverse_transform(X_test)
for n,(number,yp,yt) in enumerate(zip(
    scaling.inverse_transform(X_test)[wrong_prediction],
    prediction[wrong_prediction],
        y_test[wrong_prediction])):
    plt.subplot(2, 5, n+1)
    plt.imshow(number.reshape((8,8)),cmap='binary',
               interpolation='none',
               extent=[0,8,0,8])
    plt.title('pred:'+str(yp)+"!="+str(yt))
    plt.grid()
plt.show()
```

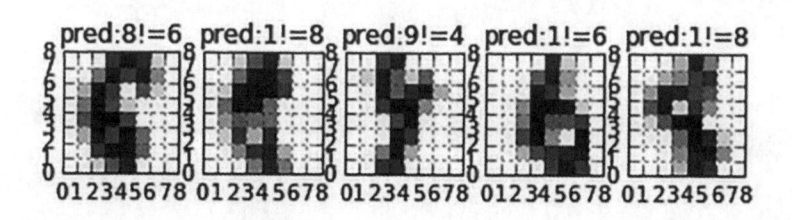

FIGURA 17-6: Os números manuscritos que a SVM com núcleo RBF não supõe corretamente.

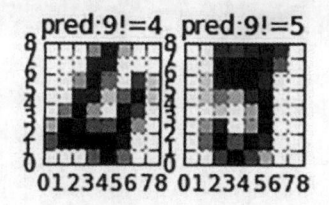

Os números que o algoritmo supõe errado são particularmente difíceis de adivinhar, e não surpreende que ele não os tenha adivinhado direito. Lembre-se também de que o conjunto de dados fornecido por Scikit-learn é apenas uma parte do conjunto MNIST real, que está disponível no site http://yann.lecun.com/exdb/mnist/ [conteúdo em inglês]. O conjunto de dados completo consiste de 60 mil exemplos de treinamento e 10 mil de teste. Usando o mesmo algoritmo SVC e as mesmas configurações, o SVC aprende o conjunto de dados original, permitindo que o computador leia qualquer número manuscrito apresentado.

» Descubra por que muitas suposições são melhores que uma

» Faça árvores não correlacionadas funcionarem bem juntas em Florestas Aleatórias

» Aprenda a mapear funções-alvo complexas por partes usando aceleração (boosting)

» Obtenha previsões melhores pela média de modelos

Capítulo **18**

Recorra a Ensembles de Aprendizes

D
epois de conhecer tantos algoritmos complexos e poderosos, você pode ficar surpreso por saber que um somatório de algoritmos de aprendizado de máquina mais simples frequentemente supera o desempenho de soluções mais sofisticadas. Esse é o poder dos *ensembles*, conjuntos de modelos feitos para trabalhar unidos a fim de produzir previsões melhores. O que espanta nos ensembles é que são constituídos de algoritmos que não dão o retorno esperado.

O funcionamento dos ensembles não é muito diferente da inteligência coletiva, por meio da qual um conjunto de respostas erradas, se tirada a média, fornece a resposta certa. Sir Francis Galton, o estatístico da era vitoriana inglesa conhecido por ter formulado a noção de correlação, contou a anedota de um povo em um país honesto que adivinhava o peso de um boi depois de tirada a média das respostas de todas as pessoas. Você encontra exemplos semelhantes por toda parte e recria o experimento facilmente pedindo a amigos para adivinharem o número de balas em uma jarra e tirando a média das respostas. Quanto mais amigos participarem da brincadeira, mais precisa será a resposta média.

Não é sorte o que está por trás do resultado — é apenas a *lei dos grandes números* em ação (veja mais em https://pt.wikipedia.org/wiki/

`Lei_dos_grandes_n%C3%BAmeros`). Mesmo que alguém tenha uma pequena chance de obter a resposta certa, a suposição é melhor que um valor aleatório. Pelo acúmulo de suposições, as respostas erradas tendem a se distribuir em torno da correta. Respostas erradas opostas se cancelam ao se tirar a média, deixando o valor central em torno do qual todas as respostas são distribuídas, que é a resposta correta. Esse fato pode ser empregado de muitas maneiras práticas (previsões de consenso em economia e ciência política são exemplos) e no aprendizado de máquina.

Alavancagem de Árvores de Decisão

Ensembles são baseados em uma ideia recente (formulada por volta de 1990), mas utilizam ferramentas mais antigas, como as árvores de decisão, que fazem parte do aprendizado de máquina desde 1950. Conforme abordado no Capítulo 12, inicialmente as árvores de decisão pareciam muito promissoras e atraentes para os praticantes, por causa da facilidade de uso e entendimento. Afinal, uma árvore de decisão facilmente faz o seguinte:

» Manipular tipos misturados de variáveis-alvo e preditores, com muito pouco ou nenhum pré-processamento de características (valores ausentes são manipulados quase automaticamente).

» Ignorar variáveis redundantes e selecionar apenas as características relevantes.

» Funcionar imediatamente, sem hiperparâmetros complexos para corrigir e ajustar.

» Visualizar o processo de previsão como um conjunto de regras recursivas organizadas em uma árvore com ramos e folhas, oferecendo facilidade de interpretação.

Dada a variedade de características positivas, você pode se perguntar por que os praticantes começaram lentamente a desconfiar desse algoritmo após alguns anos. O principal motivo foi que os modelos resultantes muitas vezes têm alta variância nas estimativas.

Para entender melhor o problema crítico das árvores de decisão, você pode considerá-lo visualmente. Pense na situação complicada do problema do alvo, que exige que um algoritmo de aprendizado de máquina aproxime funções não lineares (como as redes neurais fazem) ou transforme o espaço de características (como ao se usar modelo linear com expansão polinomial ou funções de núcleo em máquinas de vetores de suporte). A Figura 18-1 mostra o limite de decisão quadrado de uma árvore de decisão (à esquerda) comparado a um grupo de árvores de decisão (à direita).

FIGURA 18-1:
Comparan-
do a saída
de uma
árvore de
decisão (à
esquerda)
com um
grupo de
árvores de
decisão (à
direita).

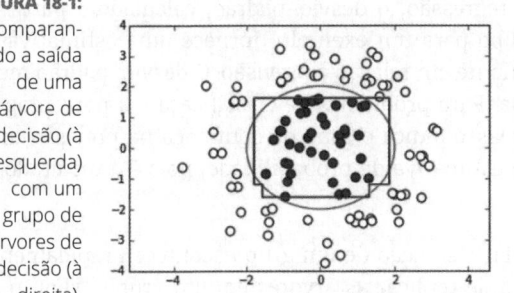 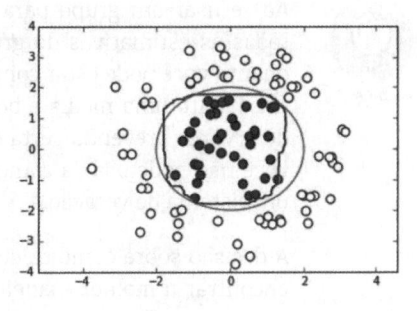

As árvores de decisão particionam o espaço de características em caixas e, então, usam-nas para classificação ou regressão. Quando o limite de decisão que separa as classes em um problema de alvo é uma elipse, as árvores de decisão a aproximam usando um número determinado de caixas.

O exemplo visual é elucidativo e faz com que você tenha confiança ao ver situações longe do limite de decisão. Contudo, na proximidade do limite, as coisas são muito diferentes. O limite de decisão da árvore de decisão é muito impreciso, e sua forma é extremamente grosseira e quadrada. Isso fica visível em problemas bidimensionais. E piora significativamente quando as dimensões da característica aumentam e na presença de observações ruidosas (observações que de algum modo são espalhadas aleatoriamente no espaço de características). As árvores de decisão são melhoradas com algumas heurísticas interessantes que estabilizam os resultados:

» Manter somente os casos previstos corretamente para retreinar o algoritmo

» Construir árvores separadas para exemplos mal classificados

» Simplificar as árvores cortando as regras menos decisivas

Além dessas heurísticas, o melhor truque é construir várias árvores usando diferentes amostras e, então, comparar e tirar a média dos resultados. O exemplo da Figura 18-1, mostrada anteriormente, indica que a vantagem é imediatamente visível. À medida que você constrói mais árvores, o limite de decisão fica mais tênue, lembrando lentamente a forma-alvo hipotética.

Crescimento de uma floresta de árvores

Melhorar uma árvore de decisão replicando-a muitas vezes e tirando a média dos resultados para obter uma solução mais geral parecia uma ideia tão boa, que se espalhou, e os praticantes criaram várias soluções. Quando o problema é uma regressão, a técnica tira a média dos resultados do grupo. No entanto, quando as árvores lidam com uma tarefa de classificação, a técnica pode usar o grupo como um sistema de votação, escolhendo a classe de resposta mais frequente como saída para todas as replicações.

DICA

Ao se usar um grupo para regressão, o desvio-padrão, calculado a partir de todas as estimativas do grupo para um exemplo, fornece uma estimativa do quanto você pode estar confiante em relação à previsão. O desvio-padrão mostra quanto uma média é boa. Para problemas de classificação, a porcentagem de árvores prevendo certa classe indica o grau de confiança na previsão, mas você não pode usá-la como estimativa de probabilidade, pois é o resultado de um sistema de votação.

A decisão sobre como calcular a solução de um grupo aconteceu rapidamente; encontrar a melhor maneira de replicar as árvores em um grupo exigiu mais pequisa e reflexão. A primeira solução é o *pasting*, isto é, amostrar uma parte do conjunto de treinamento. Inicialmente proposta por Leo Breiman, o pasting reduz o número de exemplos de treinamento, o que se torna um problema para o aprendizado de dados complexos. Ele mostra sua utilidade na redução do ruído na amostra de aprendizado (amostrar menos exemplos reduz o número de valores discrepantes e casos anômalos). Após o pasting, o professor Breiman testou também os efeitos da amostragem bootstrap (amostragem com substituição), que não apenas exclui algum ruído (com bootstrap são deixados de fora, em média, 37% de seu conjunto de exemplo inicial), mas, graças à repetição da amostragem, também cria mais variação nos ensembles, melhorando os resultados. Essa técnica é chamada *bagging* (também conhecida como *agregação de bootstrap*).

LEMBRE-SE

Bootstrap aparece no Capítulo 11 como parte das alternativas de validação. No bootstrap você amostra os exemplos de um conjunto para criar um novo, permitindo que o código amostre os exemplos várias vezes. Portanto, em uma amostra com bootstrap é possível encontrar o mesmo exemplo repetido muitas vezes.

Breiman notou que os resultados de um grupo de árvores melhorava quando as árvores diferiam significativamente (estatisticamente, são *não correlacionadas*), o que leva à última transformação técnica — a criação de ensembles de árvores predominantemente não correlacionadas. Essa estratégia faz previsões melhores que o bagging. A transformação ajusta amostras de características e exemplos. Breiman, em colaboração com Adele Cutler, chamou o novo grupo de Florestas Aleatórias (Random Forests — RF).

LEMBRE-SE

Random Forests é marca registrada de Leo Breiman e Adele Cutler. Por isso, as implementações de código aberto frequentemente têm nomes diferentes, como randomForest em R ou RandomForestClassifier em Scikit-learn, do Python.

RF é um algoritmo de classificação (naturalmente de várias classes) e regressão que usa um grande número de modelos de árvore de decisão construídos em diferentes conjuntos de exemplos com bootstrap e características subamostradas. Seu criador se esforçou para tornar o algoritmo fácil de usar (pouco pré-processamento e alguns hiperparâmetros para experimentar) e entender (a base da árvore de decisão), o que democratiza o acesso ao aprendizado de máquina para não especialistas. Em outras palavras, por causa de sua simplicidade e uso imediato, o RF permite que o aprendizado de máquina seja aplicada com sucesso. O algoritmo funciona com alguns passos repetidos:

1. **Bootstrap no conjunto de treinamento várias vezes. O algoritmo obtém um novo conjunto para construir uma árvore no grupo durante cada bootstrap.**

2. **Escolhe aleatoriamente uma seleção de características parcial no conjunto de treinamento, usada para encontrar a melhor variável de divisão sempre que a amostra é dividida em uma árvore.**

3. **Cria uma árvore completa usando os exemplos do bootstrap. Avalia as novas características subamostradas a cada divisão. Não limita a expansão completa da árvore para permitir que o algoritmo funcione melhor.**

4. **Calcula o desempenho de cada árvore usando exemplos não escolhidos na fase de bootstrap (estimativas OOB — out-of-bag). Exemplos de OOB fornecem métricas de desempenho sem validação cruzada ou usando um conjunto de teste (equivalente a fora da amostra).**

5. **Produz estatística da importância da característica e calcula como os exemplos se associam nos nós terminais da árvore.**

6. **Calcula uma média ou um voto em novos exemplos, quando você completa todas as árvores no grupo. Para cada uma delas, declara como previsão a estimativa média ou a classe vencedora.**

Todos esses passos se reduzem à tendenciosidade e à variância da solução final, pois a solução limita a tendenciosidade. A solução constrói cada árvore em sua máxima extensão possível, permitindo um ajuste fino até de funções-alvo complexas, o que significa que cada árvore é diferente das outras. Não é apenas umas questão de construir diferentes conjuntos de exemplos com bootstrap: cada divisão recebida por uma árvore é fortemente aleatória — a solução considera somente uma seleção de características randômica. Consequentemente, mesmo que uma característica importante domine as outras em termos de poder preditivo, as vezes que uma árvore não contém a seleção permitem que se encontrem diferentes modos de desenvolver seus galhos e folhas terminais.

A principal diferença do bagging é essa oportunidade de limitar o número de características a considerar ao dividir os ramos da árvore. Se o número de características selecionadas for pequeno, a árvore completa será diferente das outras, adicionando árvores não correlacionadas ao grupo. Por outro lado, se a seleção for pequena, a tendenciosidade aumenta, porque o poder de ajuste da árvore é limitado. Como sempre, determinar o número correto de características a considerar para a divisão exige usar validação cruzada ou resultados de estimativa OOB.

Nenhum problema surge no crescimento de um alto número de árvores no grupo. Você precisa considerar o custo do trabalho computacional (completar um grupo grande exige bastante tempo). Uma demonstração simples mostra como um algoritmo Random Forests resolve um problema com um número crescente de árvores. Tanto o R como o Python oferecem boas implementações do algoritmo. A implementação do R tem mais parâmetros; o da Python é mais fácil de paralelizar.

Como o teste usa muito poder de computação, o exemplo começa com a implementação em Python. Esse exemplo emprega o conjunto de dados digits utilizado ao desafiar um classificador de vetor de suporte no capítulo anterior.

```python
import numpy as np
from sklearn import datasets
from sklearn.learning_curve import validation_curve
from sklearn.ensemble import RandomForestClassifier

digits = datasets.load_digits()
X,y = digits.data, digits.target
série = [10, 25, 50, 100, 150, 200, 250, 300]
RF = RandomForestClassifier(random_state=101)
train_scores, test_scores = validation_curve(RF,
        X, y, 'n_estimators', param_range=series,
            cv=10, scoring='accuracy',n_jobs=-1)
```

O exemplo começa importando funções e classes de Scikit-learn: numpy, módulo datasets, função validation_curve e RandomForestClassifier. O último item é a implementação de Random Forests de Scikit-learn para problemas de classificação. A função validation_curve é particularmente útil para os testes, pois retorna os resultados com validação cruzada de vários testes feitos em ensembles constituídos de diferentes números de árvores (semelhantes às curvas de aprendizagem).

DICA

O exemplo construirá quase 11 mil árvores de decisão. Para fazê-lo ser executado mais rápido, o código define o parâmetro n_jobs como -1, permitindo que o algoritmo use todos os recursos disponíveis na CPU. Essa configuração pode não funcionar em alguns computadores, o que significa definir n_jobs como 1. Tudo funcionará, mas demorará mais.

Após concluir os cálculos, o código gera um gráfico que revela como o algoritmo Random Forests converge para uma boa precisão depois de construir algumas árvores, como mostrado na Figura 18-2. Ela também mostra que adicionar árvores não prejudica os resultados, embora você veja algumas oscilações na precisão devidas às variâncias de estimativa que mesmo o grupo não consegue controlar completamente.

```python
import matplotlib.pyplot as plt
%matplotlib inline
plt.figure()
plt.plot(series, np.mean(test_scores,axis=1), '-o')
plt.xlabel('numero of arvores')
plt.ylabel('precisao')
plt.grid()
plt.show()
```

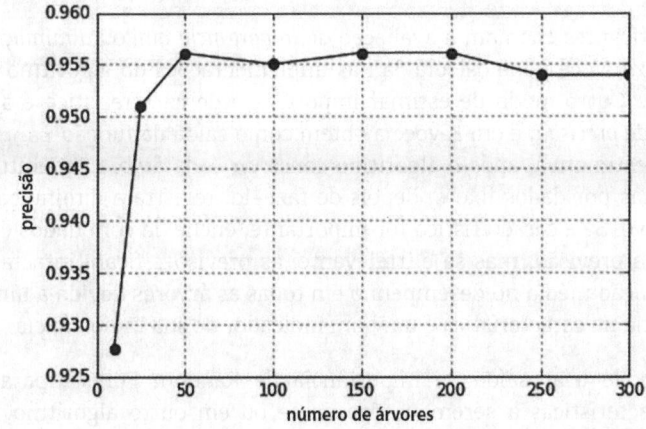

FIGURA 18-2: Vendo a precisão de ensembles de diferentes tamanhos.

Entenda as medidas de importância

Random Forests tem três vantagens:

» Ajusta funções-alvo complexas, mas tem pouco risco de sobreajuste.

» Seleciona as características necessárias automaticamente (embora a subamostragem aleatória de características na divisão de ramos influencie o processo).

>> É fácil de ajustar porque tem apenas um hiperparâmetro, o número de características subamostradas.

>> Oferece estimativa de erro OOB, evitando a necessidade de configurar verificação por validação cruzada ou conjunto de teste.

Note que cada árvore do grupo é independente das outras (afinal, são não correlacionadas), o que significa que é possível construir cada árvore em paralelo às outras. Dado que todos os computadores modernos têm vários processadores e funcionalidade multitarefa, eles efetuam cálculos de muitas árvores ao mesmo tempo, o que é uma vantagem real da RF em relação aos outros algoritmos de aprendizado de máquina.

Um ensemble Florestas Aleatórias também fornece saída adicional útil no aprendizado com dados. Por exemplo, ela indica quais características são mais importantes que outras. Você pode construir árvores otimizando uma medida de pureza (entropia ou índice gini), para que cada divisão escolha a característica que melhora a medida ao máximo. Quando a árvore está completa, você verifica quais características o algoritmo usa em cada divisão e soma a melhoria quando ele usa uma característica mais de uma vez. Ao trabalhar com um grupo de árvores, basta tirar a média das melhorias fornecidas por cada característica em todas as árvores. O resultado mostra a classificação das características preditivas mais importantes.

Os praticantes chamam a avaliação de *importância gini* ou *diminuição média da impureza*. Você pode calculá-la nas implementações do algoritmo em R e em Python. Outro modo de estimar importância de característica é a *diminuição média da precisão*, e em R você a obtém como saída da função `randomForest`. Nessa estimativa, após o algoritmo construir cada árvore, substitui as características por dados lixo e, depois de fazê-lo, registra a diminuição no poder preditivo. Se a característica for importante, enchê-la com dados casuais prejudica a previsão, mas se é irrelevante, as previsões ficam intactas. Relatar a diminuição média no desempenho em todas as árvores devida a uma mudança aleatória na característica é um bom indicador de sua importância.

DICA

Você pode usar saída de importância de Random Forests para selecionar as características a serem usadas nesse ou em outro algoritmo, como uma regressão linear. A versão do algoritmo de Scikit-learn oferece uma *seleção de características baseada em árvore*, a qual fornece um modo de selecionar características relevantes usando os resultados de uma árvore de decisão ou de um grupo de árvores. Você pode usar esse tipo de seleção de característica empregando a função `SelectFromModel`, encontrada no módulo `feature_selection` (veja `http://scikit-learn.org/stable/modules/generated/sklearn.feature_selection.SelectFromModel.html` [conteúdo em inglês]).

Para fornecer uma interpretação das medidas de importância derivadas de Random Forests, este exemplo testa a implementação de R no conjunto de dados air quality, que informa o nível de ozônio no ar de Nova York de maio a setembro de 1973. Para fazer o exemplo funcionar, você precisa instalar a biblioteca `randomForest`. O exemplo em R a seguir também usa a biblioteca caret, portanto, se ainda não a tiver instalado, este é o momento certo para isso.

```
install.packages("randomForest")
install.packages("caret")
```

Como primeiro passo, o exemplo carrega o conjunto de dados e filtra os exemplos cujos dados de nível de ozônio não estão ausentes.

```
library(caret)
library(randomForest)

# Preparaçao dos dados
data(airquality, package="datasets")
datasets <- airquality[!(is.na(airquality$Ozone)),]
datasets[is.na(datasets)] <- -1
```

Após a filtragem, o exemplo encontra todos os valores ausentes do conjunto de dados e os define como -1. Como todos os previsores (radiação solar, vento, temperatura, mês e dia) são positivos, usar um valor substituto negativo diz às árvores de decisão de Random Forests para que se dividam quando a informação de que um valor está ausente é preditiva de algum modo.

```
# Otimizando a arvore
rf_grid <- expand.grid(.mtry=c(2,3,5))
rf_model<-train(Ozone ~ ., data=dataset, method="rf",
          trControl=trainControl(method="cv",num-
ber=10),
          metric = "RMSE",
          ntree=500,
          importance = TRUE)
print (rf_model)
```

O pacote caret fornece uma verificação com validação cruzada no hiperparâmetro `mtry`, o qual representa o número de características que cada árvore do grupo considera como possíveis candidatas em cada divisão. Tendo RMSE (erro médio de raiz quadrática) como função de custo, a saída de caret especifica que a escolha ideal é `mtry=2`. A função `train` de caret também fornece o melhor modelo, cujas classificações de importância você questiona com a função `importance`.

```
# Avalia a importancia de previsores
print (importance(rf_model$finalModel))

        %IncMSE IncNodePurity
Solar.R 10.624739      13946.509
Wind    20.944030      40084.320
```

```
Temp      39.697999      49512.349
Month      7.660438       4777.895
Day        3.911277       9845.365
```

A saída de `importance` é lida conforme duas medidas: o aumento da porcentagem da função de custo, baseado no teste de dados lixo usando o desempenho final do modelo, e a maior pureza de nó, baseada na melhoria interna das divisões de ramo das árvores.

DICA

Às vezes as duas classificações concordam, às vezes não. O aumento da porcentagem da função de custo é uma análise sensitiva e representa a importância geral da característica. Assim, você pode usá-lo em outros modelos ou para comunicar percepções. A maior impureza do nó se concentra principalmente no que o algoritmo julga importante, portanto, é excelente para seleção de características para melhorar o grupo.

Trabalho com Suposições Quase Aleatórias

Graças ao bootstrap, o bagging produz redução de variância por induzir algumas variações em previsores semelhantes. O bagging é mais eficiente quando os modelos criados são diferentes entre si e, embora trabalhe com diferentes tipos de modelos, funciona principalmente com árvores de decisão.

O bagging e sua evolução, Florestas Aleatórias, não são as únicas maneiras de usar um grupo. Em vez de se esforçar pela independência de seus elementos, uma estratégia totalmente diversa é criar ensembles inter-relacionados de algoritmos de aprendizado de máquina simples para resolver funções-alvo complexas. Essa estratégia é chamada de *aceleração (boosting)*, a qual funciona construindo modelos sequencialmente e treinando cada um deles com informações do anterior.

Ao contrário do bagging, que prefere trabalhar com árvores totalmente crescidas, o boosting usa modelos com tendenciosidade, que preveem bem funções-alvo simples. Modelos mais simples incluem árvores de decisão com um ramo de divisão (chamados troncos), modelos lineares, perceptrons e algoritmos Naïve Bayes. Esses modelos não têm bom desempenho quando a função-alvo a supor é complexa (são aprendizes fracos), mas podem ser treinados rapidamente e ter um desempenho pelo menos um pouco melhor que uma suposição correta aleatória (significando que modelam uma parte da função-alvo).

Cada algoritmo do grupo adivinha bem uma parte da função, de modo que, quando somados, adivinham a função inteira. Essa situação não é muito diferente da história dos cegos e do elefante (https://en.wikipedia.org/wiki/Blind_men_and_an_elephant [conteúdo em inglês]). Na história, um grupo de cegos precisa descobrir a forma de um elefante, mas cada um só pode sentir uma parte do animal. Um homem toca na presa, um, nas orelhas, um, na tromba, um, no corpo, e um, no rabo, que são partes diferentes do elefante. Somente quando reúnem o que cada um aprendeu separadamente é que descobrem a forma do elefante. A informação para a função-alvo adivinhar é transmitida de um modelo para outro pela modificação do conjunto de dados original, de modo que o grupo se concentra nas partes do conjunto de dados que ainda não aprendeu.

Preditores de bagging com Adaboost

O primeiro algoritmo de boosting, formulado em 1995, é o Adaboost (abreviação de Adaptive Boosting), de Yoav Freund e Robert Schapire. Aqui está a formulação do Adaboost:

$$H(X) = sign\left(\sum_{m=1}^{M} \alpha_m H_m(X)\right)$$

Inicialmente você pode achar a formulação do Adaboost muito complicada, mas é possível simplificá-la examinando-a por partes. H(X) representa a função de previsão, a qual transforma as características, a matriz X, em previsões. Como um grupo de modelos, a função de previsão é uma soma ponderada de modelos, semelhante aos modelos lineares examinados no Capítulo 15.

A função H(X) fornece os resultados como um vetor de sinais (positivos ou negativos) que aponta para classes em uma previsão binária. (Adaboost é um algoritmo de previsão binária.) Os sinais derivam do somatório de M modelos, cada um distinguido por um índice m diferente (o modelo genérico é $H_m(X)$). M é um número inteiro determinado no treinamento com os dados. (É melhor decidir por teste em um conjunto de validação ou usar validação cruzada.) Em princípio, cada modelo ajusta uma parte dos dados, e ter modelos demais significa ajustar bem muitos dados, um tipo de memorização que acarreta sobreajuste, alta variância de estimativas e, consequentemente, previsões ruins. Portanto, o número de modelos adicionados é um hiperparâmetro fundamental.

Note que o algoritmo multiplica cada modelo $H_m(X)$ por um valor alfa, o qual difere para cada modelo. Esse é o peso do modelo no grupo e alfa é concebido de modo inteligente, pois seu valor está relacionado à capacidade do modelo de produzir os menores erros de previsão possíveis. Alfa é calculado como segue:

$$\alpha_m = \frac{1}{2} * \log((1 - err_m) / err_m)$$

De acordo com essa formulação, alfa recebe um valor maior à medida que o erro do modelo $H_m(X)$, indicado pela notação err_m, fica menor. O algoritmo multiplica modelos com menos erros por valores de alfa maiores, e, assim, tais modelos desempenham um papel mais importante no somatório no centro do algoritmo Adaboost. Modelos que produzem mais erros de previsão pesam menos.

A função do coeficiente alfa não termina no peso do modelo. Os erros gerados por um modelo no grupo não impõem simplesmente a importância do modelo no grupo em si, mas também modificam a relevância dos exemplos de treinamento usados para aprendizado. O Adaboost aprende a estrutura de dados um pouco por vez usando um algoritmo simples; o único modo de focalizar o grupo em diferentes partes dos dados é atribuir pesos. A atribuição diz ao algoritmo para contar um exemplo de acordo com seu peso, portanto, um exemplo pode ser contado como dois, três ou até mais exemplos. Também é possível fazer um exemplo desaparecer do processo de aprendizado, fazendo-o contar cada vez menos. Ao considerar pesos, torna-se mais fácil reduzir a função de custo da função de aprendizado trabalhando nos exemplos que pesam mais (mais peso = mais redução da função de custo). O uso de pesos guia efetivamente o processo de aprendizado.

Como em todos os outros algoritmos de aprendizado vistos até aqui, inicialmente os exemplos têm a mesma contribuição na construção do modelo. A otimização acontece como sempre. Após criar o primeiro modelo e estimar um erro total, o algoritmo verifica cada exemplo para determinar se a previsão está correta. Se for prevista corretamente, nada acontece, o peso de cada exemplo permanece o mesmo. Se for mal classificada, cada exemplo tem seu peso aumentado, e na próxima iteração, os exemplos com peso maior influenciam o modelo, dando mais ênfase à descoberta de uma solução para o exemplo maior.

A cada iteração, o algoritmo Adaboost é guiado pelos pesos para trabalhar na parte dos dados menos previsíveis. De fato, você não precisa trabalhar em dados que o algoritmo prevê bem. Atribuir pesos é uma solução inteligente para condicionar o aprendizagem, e Gradient Boosting Machines refina e melhora o processo. Observe que a estratégia aqui é diferente do RF. No RF, o objetivo é criar previsões independentes. Aqui os previsores são encadeados, porque previsores anteriores determinam como os posteriores funcionam. Como os algoritmos de boosting contam com uma cadeia de cálculos, não é possível paralelizá-los facilmente, de modo que são mais lentos. A formulação da atualização de peso é expressa deste modo:

$$w_i = w_i * exp\left(\alpha_m * I\left(y_i \neq H_m(x_i)\right)\right)$$

A função $I(y_i \neq H_m(x_i))$ produz 0 se a desigualdade for falsa e 1 se for verdadeira. Quando é verdadeira, o peso do exemplo anterior é multiplicado pelo exponencial de alfa. O algoritmo modifica o vetor resultante w, dando mais peso aos casos mal classificados pelo algoritmo de aprendizado mais recente no grupo. Figurativamente, aprender de tal maneira é como dar um pequeno passo de aprimoramento de cada vez, visando ter um grupo preditivo funcional, e fazer isso sem olhar para trás, porque depois que os algoritmos de aprendizado são somados, não é possível alterá-los.

Lembre-se dos tipos de algoritmos de aprendizado que funcionam bem com Adaboost. Normalmente são aprendizes fracos, o que significa que não têm muito poder preditivo. Como o Adaboost aproxima funções complexas usando um ensemble de suas partes, faz sentido usar algoritmos de aprendizado de máquina que treinam rapidamente e têm certa tendenciosidade, de modo que as partes são simples. É como desenhar um círculo usando uma série de linhas: mesmo a linha sendo reta, basta desenhar um polígono com tantos lados quanto for possível para aproximar o círculo. Comumente, tocos de decisão são os aprendizes fracos favoritos para um grupo de Adaboost, mas também é possível usar com sucesso modelos lineares ou algoritmos Naïve Bayes. O exemplo a seguir usa a função de bagging fornecida por Scikit-learn para determinar se árvores de decisão, perceptron ou o algoritmo K-vizinho mais próximo [Nearest Neighbour] é melhor para reconhecimento de algarismos manuscritos.

```
import numpy as np
from sklearn.ensemble import AdaBoostClassifier
from sklearn.tree import DecisionTreeClassifier
from sklearn.linear_model import Perceptron
from sklearn.naive_bayes import BernoulliNB
from sklearn.cross_validation import cross_val_score
from sklearn import datasets
digits = datasets.load_digits()
X,y = digits.data, digits.target

DT = cross_val_score(AdaBoostClassifier(
        DecisionTreeClassifier(),
        random_state=101) ,X, y,
        scoring='accuracy',cv=10)
P = cross_val_score(AdaBoostClassifier(
        Perceptron(), random_state=101,
        algorithm='SAMME') ,X, y,
        scoring='accuracy',cv=10)
NB = cross_val_score(AdaBoostClassifier(
        BernoulliNB(), random_state=101)
        ,X,y,scoring='accuracy',cv=10)

print ("Arvores de decisao: %0.3f\nPerceptron: %0.3f\n"
        "Naive Bayes: %0.3f" %
        (np.mean(DT),np.mean(P), np.mean(NB)))
```

DICA

Você melhora o desempenho de Adaboost aumentando o número de elementos no grupo até que a validação cruzada não informe resultados piores. O parâmetro que pode ser aumentado é n_estimators, e atualmente está definido como 50. Quanto mais fraco o previsor, maior deve ser o grupo para fazer bem a previsão.

Impulso para Preditores Inteligentes

O Adaboost, já discutido neste capítulo, explica como o procedimento de aprendizado cria uma função após se mover passo a passo em direção a um alvo, uma analogia semelhante ao gradiente descendente descrito no Capítulo 10. Esta seção descreve o algoritmo GBM (Gradient Boosting Machines), que usa otimização por gradiente descendente para determinar os pesos corretos para aprendizado no grupo. Os desempenhos resultantes são realmente impressionantes, tornando o GBM uma das ferramentas preditivas mais poderosas a ser usadas no aprendizado de máquina. Aqui está a formulação do GBM:

$$f(x) = \sum_{m=1}^{M} v * h_m(x; w_m)$$

Como no Adaboost, você começa na formulação. A formulação do GBM exige que o algoritmo faça uma soma ponderada de vários modelos. De fato, o que mais muda não é o princípio de como o boosting funciona, mas o processo de otimização para obter o peso e o poder das funções somadas, o que aprendizes fracos não determinam.

Na fórmula anterior, M representa o número total de modelos, e h, a função final, que é a soma de uma série de modelos M. Cada modelo é diferente, daí a notação h_m, que se transforma em h1, h2, e assim por diante. A diferença entre as funções de aprendizado da série ocorre porque os modelos dependem das características X e dos exemplos ponderados pelos valores do vetor w, o qual muda para cada modelo.

Reencontro com o gradiente descendente

Até agora as coisas não são muito diferentes do Adaboost. Contudo, note que o algoritmo pondera cada modelo por um fator constante, v, o fator de redução. É aí que você começa a notar a primeira diferença entre Adaboost e GBM. O fato é que v é exatamente como alfa. Contudo, aqui ele é corrigido e força o algoritmo a aprender em qualquer caso, independente do desempenho da função de aprendizado adicionada anteriormente. Considerando essa diferença, o algoritmo constrói o encadeamento reiterando a seguinte sequência de operações:

$$f_m(x) = f_{m-1}(x) + v * h_m(x; w_m)$$

Examine a fórmula à medida que se desenvolve durante o treinamento. Após cada iteração m, o algoritmo soma o resultado dos modelos anteriores com um novo modelo construído nas mesmas características, mas em uma série de exemplos diferentemente ponderada. Isso é representado na forma da função h(X,w). A função mostra a outra diferença com relação ao Adaboost: o vetor w não é determinado pelos erros mal classificados do modelo anterior, mas deriva de uma otimização por gradiente descendente, a qual atribui pesos com relação a uma função de custo, opcionalmente de tipos diferentes.

O GBM enfrenta diferentes problemas: regressão, classificação e ordenação (para ordenar exemplos), cada problema usando uma função de custo específica. O gradiente descendente ajuda a descobrir o conjunto de valores do vetor w que reduzem a função de custo. Esse cálculo é equivalente a selecionar os melhores exemplos a serem usados para obter uma previsão melhor. O algoritmo calcula o vetor w várias vezes, à medida que a função h o utiliza, e a cada vez o algoritmo adiciona a função resultante às anteriores. O segredo do desempenho do GBM está nos pesos otimizados pelo gradiente descendente e nestes três truques inteligentes:

» **Redução:** Atua como uma taxa de aprendizagem no grupo. Como no gradiente descendente, você deve ajustar uma taxa de aprendizagem adequada para não pular longe demais da solução, que é a mesma do GBM. Valores de redução pequenos levam a previsões melhores.

» **Subamostragem:** Imita a estratégia do pasting. Se cada árvore subsequente complementa uma subamostra dos dados de treinamento, o resultado é um gradiente descendente estocástico. Para muitos problemas, a estratégia do pasting ajuda a reduzir o ruído e a influência de valores discrepantes, melhorando os resultados.

» **Árvores de tamanho fixo:** Fixar a profundidade da árvore no boosting é como fixar um limite de complexidade para funções de aprendizado colocadas no grupo, contando ainda com árvores mais sofisticadas que os tocos usados no Adaboost. A profundidade atua como potência em uma expansão polinomial: quanto mais profunda a árvore, maior a expansão, aumentando a capacidade de interceptar funções-alvo complexas e o risco de sobreajuste.

R e Python implementam GBM usando todas as qualidades descritas no capítulo até aqui. Você aprende mais a respeito da implementação de R lendo sobre o pacote GBM em `https://cran.r-project.org/web/packages/gbm/gbm.pdf`. O Python conta com uma implementação em Scikit-learn, discutida em `http://scikit-learn.org/stable/modules/ensemble.html#gradient-boosting` [sites com conteúdo em inglês]. O exemplo a seguir continua o teste anterior. Nesse caso você cria um classificador GBM para o conjunto de dados digits e testa o desempenho (este exemplo pode ser executado por um longo tempo):

```python
import numpy as np
from sklearn.ensemble import GradientBoostingClassifier
from sklearn.cross_validation import cross_val_score
from sklearn import datasets
digits = datasets.load_digits()
X,y = digits.data, digits.target

GBM = cross_val_score(
    GradientBoostingClassifier(n_estimators=300,
        subsample=0.8, max_depth=2, learning_rate=0.1,
        random_state=101), X, y, scoring='accuracy',cv=10)

print ("GBM: %0.3f" % (np.mean(GBM)))
```

Média de Diferentes Preditores

Até esta seção, o capítulo discute ensembles feitos do mesmo tipo de algoritmos de aprendizado de máquina, mas os sistemas de média e de votação também funcionam bem quando é usada uma mistura de diferentes desses algoritmos. Essa é a estratégia da *média*, amplamente usada quando não é possível reduzir a variância da estimativa.

Ao tentar aprender com os dados, você precisa experimentar diferentes soluções, modelando os dados com diferentes soluções de aprendizado de máquina. É uma boa prática verificar se é possível colocar alguns deles em ensembles usando médias de previsão ou contando as classes previstas. O princípio é o mesmo das previsões de bagging não correlacionadas, quando modelos misturados produzem menos previsões afetadas por variância. Para obter uma média eficaz, você precisa:

1. Dividir os dados em conjuntos de treinamento e teste.

2. Usar os dados de treinamento em diferentes algoritmos de aprendizado de máquina.

3. Registrar as previsões de cada algoritmo e avaliar a viabilidade do resultado usando o conjunto de teste.

4. Correlacionar todas as previsões disponíveis.

5. Escolher as previsões que menos se correlacionam e tirar a média de seus resultados. Ou, se estiver classificando, escolher um grupo de previsões menos correlacionadas e, para cada exemplo, escolher como nova previsão de classe a prevista pela maioria.

6. Testar a previsão média ou votada pela maioria com os dados de teste. Se tiver sucesso, crie seu modelo final tirando a média dos resultados da parte dos modelos do grupo bem-sucedido.

DICA

Para saber quais modelos se correlacionam menos, pegue as previsões uma a uma, correlacione umas com as outras e tire a média para obter uma correlação média. Use-a para classificar as previsões selecionadas mais convenientes para a média.

5

Aplicação de Aprendizado em Problemas Reais

NESTA PARTE . . .

Trabalho com imagens.

Leitura e processamento de texto.

Escore e classificação de texto.

Uso de dados para fazer recomendações.

Capítulo **19**

Classificação de Imagens

D entre os cinco sentidos, a visão é certamente o mais poderoso na transmissão de conhecimento e informações do mundo exterior. Muitas pessoas acham que o dom da visão ajuda as crianças a conhecer as diferentes coisas e pessoas em torno delas. Além disso, os seres humanos recebem e transmitem conhecimento através do tempo por meio de imagens, artes visuais e documentos textuais. Este capítulo o ajuda a entender como o Python faz seu computador interagir com imagens.

Como a visão é importante e preciosa, é valiosa para um algoritmo de aprendizado de máquina, pois abre novas possibilidades. Atualmente a maioria das informações está disponível em forma digital (texto, música, fotos e vídeos). Apesar disso, a capacidade de ler informações visuais em formato binário não o ajuda a entender e usá-las corretamente. Nos últimos anos, um dos usos mais importantes da visão no aprendizado de máquina é a classificação de imagens. Este capítulo o ajuda a conhecer técnicas para obter suas características para usar em tarefas de aprendizado de máquina.

Por exemplo, robôs precisam saber quais objetos devem evitar e com quais precisam trabalhar, mas sem classificação de imagens a tarefa é impossível. Os seres humanos também contam com ela para executar tarefas como reconhecimento de manuscritos e localização de indivíduos em uma multidão. Aqui estão outras tarefas de classificação de imagens vitais: fazer tomografias, detectar pedestres (uma característica importante para aplicar em carros e que pode salvar milhares de vidas) e ajudar fazendeiros a saber onde os campos precisam de mais água. Confira o estágio atual da classificação de imagens em: `http:// rodrigob.github.io/are_we_there_yet/build/` [conteúdo em inglês]. As duas últimas seções deste capítulo demonstram técnicas para obter informações de imagens e, então, usá-las para executar tarefas de classificação.

Trabalhe com um Conjunto de Imagens

À primeira vista, os arquivos de imagem parecem dados não estruturados, constituídos de uma série de bits. O arquivo não separa os bits uns dos outros. Você não pode simplesmente olhá-lo e ver uma estrutura de imagem, porque não há nenhuma. Assim como outros formatos de arquivo, os de imagem dependem do usuário saber interpretar os dados. Por exemplo, cada pixel de um arquivo de imagem consistiria de três campos de 32 bits. Saber que cada campo tem 32 bits fica por sua conta. Um cabeçalho no início do arquivo dá pistas sobre a interpretação do arquivo, mas mesmo assim fica por sua conta saber interagir com ele usando o pacote ou a biblioteca correta.

Os exemplos apresentados neste capítulo usam Scikit-image. É um pacote do Python dedicado a processar imagens, selecioná-las de arquivos e manipulá-las usando arrays NumPy. Com Scikit-image, você obtém todas as habilidades necessárias para carregar e transformar imagens em qualquer algoritmo de aprendizado de máquina. Esse pacote também ajuda a carregar, redimensionar ou cortar e achatá-las em um vetor de características a fim de transformá-las para propósitos de aprendizado.

Scikit-image não é o único pacote que o ajuda a lidar com imagens no Python. Também existe outros, como os seguintes [conteúdo dos sites em inglês]:

» **scipy.ndimage** (`http://docs.scipy.org/doc/scipy/reference/ ndimage.html`): permite operar em imagens multidimensionais.

» **Mahotas** (`:http://mahotas.readthedocs.org/en/latest/`): biblioteca de processamento rápida, baseada em C++.

» **OpenCV** (`https://opencv-python-tutroals.readthedocs. org/`): poderoso pacote especializado em visão de computador.

» **ITK** (`http://www.itk.org/`): projetado para trabalhar em imagens 3D para propósitos médicos.

O exemplo desta seção mostra como trabalhar com uma imagem como um arquivo não estruturado. O exemplo de imagem é uma oferta de domínio público de `http://commons.wikimedia.org/wiki/Main_Page` [conteúdo em inglês]. Para trabalhar com imagens você precisa acessar a biblioteca Scikit-image (`http://scikit-image.org/` [conteúdo em inglês]), que é uma coleção de algoritmos usados para processamento de imagens. Um tutorial para essa biblioteca é encontrado em `http://scipy-lectures.github.io/ packages/scikit-image/` [conteúdo em inglês]. A primeira tarefa é exibir a imagem na tela com o código a seguir. (Seja paciente: a imagem estará pronta quando o indicador de ocupado desaparecer da guia IPython Notebook.)

```
from skimage.io import imread
from skimage.transform import resize
from matplotlib import pyplot as plt
import matplotlib.cm as cm

%matplotlib inline

example_file = ("http://upload.wikimedia.org/" +
    "wikipedia/commons/7/7d/Dog_face.png")
image = imread(example_file, as_grey=True)
plt.imshow(image, cmap=cm.gray)
plt.show()
```

O código começa importando várias bibliotecas, então cria uma string que aponta para o arquivo de exemplo online e o coloca em `example_file`. Essa string faz parte da chamada de método `imread()`, junto com `as_grey`, que é definido como `True`. O argumento `as_grey` diz ao Python para transformar imagens coloridas em tons de cinza. As que já estiverem em tons de cinza permanecem.

Depois de carregar uma imagem, você a renderiza (a torna pronta para exibição na tela). A função `imshow()` faz a renderização e usa um mapa de cores em tons de cinza. A função `show()` exibe `image`, como mostrado na Figura 19-1.

Às vezes as imagens não são perfeitas, apresentam ruído ou outra granularidade. Você deve suavizar os sinais errados e inúteis. Filtros o ajudam a obter essa suavização sem ocultar ou modificar características importantes da imagem, como as bordas. Se estiver procurando um filtro de imagem, pode limpar suas imagens usando o seguinte:

>> **Filtro de mediana:** Baseado na noção de que o verdadeiro sinal vem de uma mediana da vizinhança de pixels. Um disco de função fornece a área usada para aplicar a mediana, o qual cria uma janela circular em uma vizinhança.

>> **Remoção de ruído de variação total:** Baseada na noção de que ruído é variância e esse filtro reduz a variância.

>> **Filtro gaussiano:** Usa uma função gaussiana para definir os pixels a suavizar.

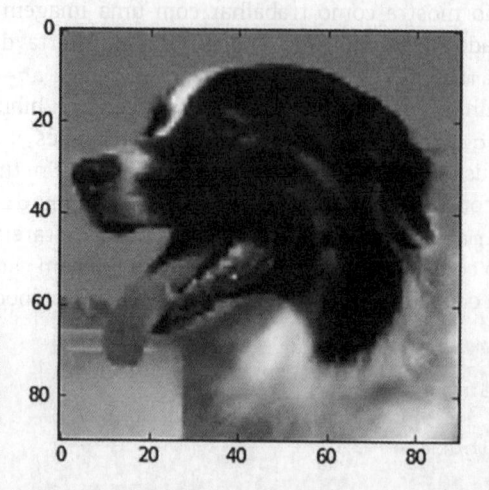

O código a seguir dá uma ideia do efeito de cada filtro na imagem final, com os efeitos mostrados na Figura 19-2:

```
import warnings
warnings.filterwarnings("ignore")
from skimage import filters, restoration
from skimage.morphology import disk
median_filter = filters.rank.median(image, disk(1))
tv_filter = restoration.denoise_tv_chambolle(image,
                                         weight=0.1)
gaussian_filter = filters.gaussian_filter(image,
                                         sigma=0.7)
```

Não se preocupe se aparecer um aviso quando estiver executando o código. Isso acontece porque ele converte alguns números durante o processo de filtragem e a nova forma numérica não é tão rica como antes.

```
fig = plt.figure()
for k,(t,F) in enumerate((('Filtro de mediana',median_
filter),
               ('Filtro de TV',tv_filter),
               ('Filtro gaussiano', gaussian_filter))):
    f=fig.add_subplot(1,3,k+1)
    plt.axis('off')
    f.set_title(t)
    plt.imshow(F, cmap=cm.gray)
plt.show()
```

Filtro de mediana **Filtro de TV** **Filtro de gaussiano**

FIGURA 19-2: Diferentes filtros para diferentes limpezas de ruído.

Se não estiver trabalhando em IPython (ou não estiver usando o comando mágico `%matplotlib inline`), basta fechar a imagem quando acabar de vê-la depois de filtrar o ruído. (O asterisco na entrada In [*]: informa que o código ainda está executando e que você não pode passar para a próxima etapa.) O ato de fechar a imagem finaliza o segmento de código. Agora você tem uma imagem na memória e talvez queira saber mais sobre ela. Quando o código a seguir é executado, você descobre o tipo e o tamanho da imagem:

```
print("data type: %s, shape: %s" %
      (type(image), image.shape))
```

A saída dessa chamada diz que o tipo da imagem é `numpy.ndarray` e que o tamanho é de 90 por 90 pixels. Na verdade, a imagem é um array de pixels que pode ser manipulado de várias maneiras. Por exemplo, se quiser cortar a imagem, use o código a seguir para manipular o array de imagem:

```
image2 = image[5:70,0:70]
plt.imshow(image2, cmap=cm.gray)
```

plt.show() `numpy.ndarray` em `image2` é menor que em `image`, de modo que a saída também é menor. A Figura 19-3 mostra resultados típicos. O objetivo de cortar a imagem é torná-la de um tamanho específico. As duas imagens devem ter o mesmo tamanho para analisá-las. Cortar é um modo de garantir que as imagens tenham o tamanho correto para análise.

Outro método usado para mudar o tamanho da imagem é redimensioná-la. O código a seguir a redimensiona para um tamanho específico para análise:

```
image3 = resize(image2, (30, 30), mode='nearest')
plt.imshow(image3, cmap=cm.gray)
print("data type: %s, shape: %s" %
      (type(image3), image3.shape))
```

A saída da função `print()` informa que a imagem agora tem 30 por 30 pixels de tamanho. Você pode compará-la a qualquer imagem de mesmas dimensões.

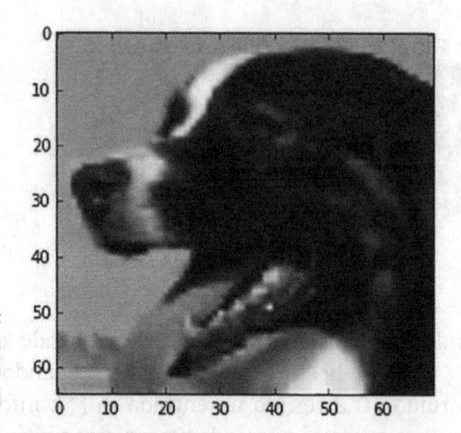

Depois de limpar todas as imagens e dimensioná-las, você precisa achatá-las. Uma linha de conjunto de dados é sempre uma única dimensão, não duas ou mais. Atualmente a imagem é um array de 30 por 30 pixels, portanto, você não pode torná-la parte de um conjunto de dados. O código a seguir achata `image3` para que se torne um array de 900 elementos armazenados em `image_row`.

```
image_row = image3.flatten()
print("data type: %s, shape: %s" %
      (type(image_row), image_row.shape))
```

Observe que o tipo ainda é `numpy.ndarray`. Esse array pode ser adicionado a um conjunto de dados, que pode ser usado para análise. O tamanho é de 900 elementos, como antecipado.

Extração de Características Visuais

Aprendizado de máquina em imagens funciona porque conta com características para compará-las e associar uma imagem a outra (por causa da semelhança) ou a um rótulo específico (adivinhando, por exemplo, os objetos representados). Os seres humanos identificam facilmente um carro ou uma árvore ao verem-nos em uma imagem. Mesmo sendo a primeira vez que vemos certo tipo de árvore ou carro, podemos associar corretamente ao objeto certo (*rotulagem*) ou comparar com semelhantes na memória (*recordação de imagens*).

No caso de um carro, rodas, portas, volante etc. são elementos que categorizam um novo exemplo de carro dentre outros. Isso acontece porque você vê formas e elementos além da imagem em si, assim, independente do quanto uma árvore ou um carro seja incomum, se tiver certas características, você saberá o que é.

Um algoritmo só infere elementos (formas, cores, particularidades, elementos relevantes etc.) diretamente dos pixels quando você prepara os dados para ele. Fora os tipos especiais de redes neurais, chamadas redes convolucionais (discutidas no Capítulo 16 como parte do aprendizado profundo), que se enquadram como o estado da arte em reconhecimento de imagem porque extraem características úteis de imagens brutas, é sempre necessário preparar as características certas ao trabalhar com imagens.

Preparar características de imagens é como um quebra-cabeça — você precisa encontrar qualquer particularidade relevante, textura ou cantos representados na imagem para recriá-la a partir dos detalhes. Todas essas informações servem como características da imagem e são um elemento precioso para qualquer algoritmo de aprendizado de máquina completar seu trabalho.

As redes neurais convolucionais filtram informações em várias camadas, treinando os parâmetros de suas convoluções (tipos de filtros de imagem). Assim, filtram apenas as características relevantes das imagens e para as tarefas que estão treinadas para executar. Outras camadas especiais, chamadas de *camadas de pooling*, ajudam a rede neural a capturar essas características em caso de translação (aparecem em partes incomuns da imagem) ou rotação.

Aplicar aprendizado profundo exige técnicas especiais e máquinas capazes de sustentar a pesada carga de trabalho computacional. A biblioteca Caffe, desenvolvida por Yangqing Jia, do Berkeley Vision and Learning Center, permite construir tais redes neurais, mas também aproveita as previamente treinadas existentes (`http://caffe.berkeleyvision.org/model_zoo.html` [conteúdo em inglês]). Uma rede neural previamente treinada é uma rede convolucional treinada em um grande número de imagens variadas, aprendendo, assim, a filtrar uma grande variedade de características para propósitos de classificação. A rede previamente treinada permite que você insira suas imagens e obtenha como saída um grande número de valores correspondentes a um escore para certo tipo de característica aprendida anteriormente pela rede. As características correspondem a certa forma ou textura. O que importa para seus objetivos de aprendizado de máquina é que as características mais reveladoras estão entre as produzidas pela rede previamente treinada, portanto, você deve escolher as características corretas fazendo uma seleção com outra rede neural, uma SVM ou um simples modelo de regressão.

Quando não é possível usar uma rede neural convolucional ou biblioteca previamente treinada (por causa de restrições de memória ou CPU), OpenCV (`http://opencv -python-tutroals.readthedocs.org/en/latest/py_tutorials/ py_feature2d/py_table_of_contents_feature2d/py_table_of_ contents_feature2d.html` [conteúdo em inglês]) ou algumas funções do Scikit-image ainda ajudam. Por exemplo, para enfatizar as bordas de uma imagem, você pode aplicar um processo simples usando Scikit-image, como mostrado aqui:

```
from skimage import measure
contours = measure.find_contours(image, 0.55)
plt.imshow(image, cmap=cm.gray)
for n, contour in enumerate(contours):
    plt.plot(contour[:, 1], contour[:, 0], linewidth=2)
plt.axis('image')
plt.show()
```

Você lê mais sobre como encontrar contornos e outros algoritmos para extração de características (histogramas; detecção de cantos e blob) nos tutoriais em `http://scikit-image.org/docs/dev/auto_examples/` [conteúdo em inglês].

Reconhecimento Facial Com Eigenfaces

A capacidade de reconhecer um rosto na multidão se tornou uma ferramenta essencial para muitas profissões. Por exemplo, as forças militares e policiais contam muito com isso. É claro que o reconhecimento facial tem usos na segurança e em outras necessidades. Este exemplo examina o reconhecimento facial de modo mais geral. Você pode ter se perguntado como as redes sociais conseguem marcar imagens com o rótulo ou nome apropriado. O exemplo a seguir demonstra como fazer isso, criando as características certas com eigenfaces.

Eigenfaces é uma estratégia de reconhecimento facial baseada na aparência global de um rosto, não em seus detalhes particulares. Por meio de uma técnica que intercepta e molda a variância presente na imagem, a informação formatada é tratada como o DNA de um rosto, permitindo a recuperação de rostos semelhantes (com variâncias similares) em muitas imagens de rosto. É uma técnica menos eficaz do que extrair características dos detalhes de uma imagem, embora funcione e você possa implementá-la rapidamente em seu computador. Essa estratégia demonstra como o aprendizado de máquina trabalha com pixels brutos, mas é mais eficiente quando você altera dados de imagem para outro tipo de dado. Você aprende mais sobre eigenfaces em `https://en.wikipedia.org/wiki/Eigenface` [conteúdo em inglês] ou com o tutorial que explora decomposições de variância no Scikit-learn, em `http://scikit-learn.org/stable/auto_examples/decomposition/plot_faces_decomposition.html` [conteúdo em inglês].

Neste exemplo você usa eigenfaces para associar imagens presentes em um conjunto de treinamento às de um conjunto de teste, inicialmente usando algumas medidas estatísticas simples.

```
import numpy as np
from sklearn.datasets import fetch_olivetti_faces
dataset = fetch_olivetti_faces(shuffle=True,
                               random_state=101)
train_faces = dataset.data[:350,:]
test_faces  = dataset.data[350:,:]
train_answers = dataset.target[:350]
test_answers = dataset.target[350:]
```

O exemplo começa com o conjunto de dados Olivetti faces, um conjunto de imagens de domínio público prontamente disponível em Scikit-learn. Para este experimento, o código divide o conjunto de imagens rotuladas em treinamento e teste. Você precisa imaginar que conhece os rótulos do conjunto de treinamento, mas não sabe nada do conjunto de teste. Como resultado, você quer associar imagens do conjunto de teste às mais semelhantes do de treinamento.

```
print (dataset.DESCR)
```

O conjunto de dados Olivetti consiste em 400 fotos feitas de 40 pessoas (assim, há 10 fotos de cada). Mesmo que as fotos representem a mesma pessoa, cada uma foi feita em momentos diferentes do dia, com luz e expressões faciais ou detalhes distintos (por exemplo, com e sem óculos). As imagens têm 64x64 pixels, de modo que desdobrar todos os pixels em características cria um conjunto de dados com 400 casos e 4.096 variáveis. Parece ser um número alto de características, e realmente é. Usando RandomizedPCA você as reduz a um número menor e mais gerenciável.

```
from sklearn.decomposition import RandomizedPCA
n_components = 25
Rpca = RandomizedPCA(n_components=n_components,
            whiten=True,
            random_state=101).fit(train_faces)
print ('Variancia explicada por %i componentes: %0.3f' %
        (n_components,
         np.sum(Rpca.explained_variance_ratio_)))
compressed_train_faces = Rpca.transform(train_faces)
compressed_test_faces  = Rpca.transform(test_faces)

Variancia explicada por 25 componentes: 0.794
```

A classe RandomizedPCA é uma versão de PCA aproximada que funciona melhor quando o conjunto de dados é grande (tem muitas linhas e variáveis). A decomposição cria 25 variáveis (parâmetro n_components) e branqueamento (whiten=True), removendo algum ruído constante (criado por granularidade textual e de foto) e informações irrelevantes das imagens de um modo diferente dos filtros que acabamos de discutir. A decomposição resultante usa 25 componentes, cerca de 80% das informações contidas em 4.096 características.

```
import matplotlib.pyplot as plt
photo = 17 # Esta eh a foto no conjunto de teste
print ('Estamos procurando o rosto id=%i'
       % test_answers[photo])
plt.subplot(1, 2, 1)
plt.axis('off')
plt.title('Rosto desconhecido '+str(photo)+' no conjunto
de teste')
plt.imshow(test_faces[photo].reshape(64,64),
          cmap=plt.cm.gray, interpolation='nearest')
plt.show()
```

A Figura 19-4 mostra a foto escolhida, pessoa número 34, do conjunto de teste.

**Rosto desconhecido 17
no conjunto de teste**

FIGURA 19-4:
O exemplo de aplicação gostaria de encontrar fotos semelhantes.

Após a decomposição do conjunto de teste, o exemplo pega apenas os dados relativos à foto 17 e os subtrai da decomposição do conjunto de treinamento. Agora o conjunto de treinamento é constituído de diferenças com relação ao exemplo de foto. O código as eleva ao quadrado (para remover valores negativos) e soma por linha, o que resulta em uma série de erros somados. As fotos mais semelhantes são aquelas com os menores erros ao quadrado, isto é, cujas diferenças são as menores.

```
#Apenas o vetor de componentes de valor de nossa foto
mask = compressed_test_faces[photo,]
squared_errors = np.sum((compressed_train_faces -
                        mask)**2,axis=1)
minimum_error_face = np.argmin(squared_errors)
most_resembling = list(np.where(squared_errors < 20)[0])
print ('Melhor rosto parecido no teste de treinamento: %i'
%
       train_answers[minimum_error_face])

Melhor rosto parecido no teste de treinamento: 34
```

Como antes, o código agora pode exibir a foto 17, a que mais se assemelha às imagens do conjunto de treino. A Figura 19-5 mostra a saída desse exemplo.

```
import matplotlib.pyplot as plt
plt.subplot(2, 2, 1)
plt.axis('off')
plt.title('Rosto desconhecido '+str(photo)+' no conjunto
de teste')
plt.imshow(test_faces[photo].reshape(64,64),
           cmap=plt.cm.gray, interpolation='nearest')
for k,m in enumerate(most_resembling[:3]):
   plt.subplot(2, 2, 2+k)
   plt.title('Corresponde no conjunto de treino no.
'+str(m))
   plt.axis('off')
   plt.imshow(train_faces[m].reshape(64,64),
              cmap=plt.cm.gray, interpolation='nearest')
plt.show()
```

Rosto desconhecido 17 no conjunto de teste

Melhor rosto parecido no teste de treinamento: 170

Melhor rosto parecido no teste de treinamento: 191

Melhor rosto parecido no teste de treinamento: 216

FIGURA 19-5: A saída mostra os resultados que se assemelham à imagem de teste.

Embora a foto mais semelhante seja parecida (apenas a escala é um pouco diferente), as outras duas são muito diferentes. Contudo, mesmo essas fotos não correspondendo à imagem de teste, mostram a mesma pessoa da foto 17.

Classificação de Imagens

Esta seção aumenta seu conhecimento de reconhecimento facial, desta vez aplicando um algoritmo de aprendizado a um conjunto complexo de imagens,

chamado Labeled Faces in the Wild, que contém imagens de pessoas famo-
sas coletadas na internet: `http://scikit-learn.org/stable/data`
`sets/labeled_faces.html` [conteúdo em inglês]. Baixe o conjunto de dados
usando o pacote Scikit-learn em Python. O pacote contém fotos de políticos do
mundo todo.

```
import warnings
warnings.filterwarnings("ignore")
from sklearn.datasets import fetch_lfw_people
lfw_people = fetch_lfw_people(min_faces_per_person=60,
                              resize=0.4)
X = lfw_people.data
y = lfw_people.target
target_names = [lfw_people.target_names[a] for a in y]
n_samples, h, w = lfw_people.images.shape
from collections import Counter
for name, count in Counter(target_names).itens():
    print ("%20s %i" % (name, count))


        Ariel Sharon 77
   Junichiro Koizumi 60
        Colin Powell 236
   Gerhard Schroeder 109
          Tony Blair 144
         Hugo Chavez 71
       George W Bush 530
     Donald Rumsfeld 121
```

Como exemplo de variedade de conjuntos de dados, após dividir os exemplos
em conjuntos de treinamento e teste, você pode exibir uma amostra das imagens dos dois conjuntos representando Junichiro Koizumi, primeiro-ministro
do Japão de 2001 a 2006. A Figura 19-6 mostra a saída do código a seguir.

```
from sklearn.cross_validation import
    StratifiedShuffleSplit
train, test = list(StratifiedShuffleSplit(target_names,
            n_iter=1, test_size=0.1, random_state=101))[0]

plt.subplot(1, 4, 1)
plt.axis('off')
for k,m in enumerate(X[train][y[train]==6][:4]):
    plt.subplot(1, 4, 1+k)
    if k==0:
        plt.title('Conjunto de treino')
    plt.axis('off')
    plt.imshow(m.reshape(50,37),
             cmap=plt.cm.gray, interpolation='nearest')
plt.show()
```

```
for k,m in enumerate(X[test][y[test]==6][:4]):
    plt.subplot(1, 4, 1+k)
    if k==0:
        plt.title('Conjunto de teste')
    plt.axis('off')
    plt.imshow(m.reshape(50,37),
               cmap=plt.cm.gray, interpolation='nearest')
plt.show()
```

Conjunto de treino

FIGURA 19-6: Exemplos dos conjuntos de treinamento e teste diferem em pose e expressão.

Conjunto de testes

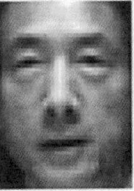

Como você pode ver, as imagens têm muitas variações, mesmo entre fotos da mesma pessoa, o que torna a tarefa desafiadora: expressão, pose, luz diferente e qualidade da foto. Por isso, o exemplo a seguir aplica o método eigenfaces, descrito na seção anterior, usando diferentes tipos de decomposições e reduzindo o grande vetor de características de pixel (1850) inicial para um conjunto mais simples de 150 características. O exemplo usa PCA, a técnica de decomposição de variância; Non-Negative Matrix Factorization (NMF), uma técnica para decompor imagens apenas em características positivas; e FastIca, um algoritmo para análise de componentes independentes, uma análise que extrai sinais de ruído e outros sinais separados (o algoritmo é bem-sucedido ao tratar de problemas como o do coquetel, descrito em `https://en.wikipedia.org/wiki/Cocktail_party_effect` [conteúdo em inglês]).

```
from sklearn import decomposition
n_components = 50
pca = decomposition.RandomizedPCA(
        n_components=n_components,
        whiten=True).fit(X[train,:])
```

```
nmf = decomposition.NMF(n_components=n_components,
                         init='nndsvda',
                         tol=5e-3).fit(X[train, :])
fastica = decomposition.FastICA(n_components=n_components,
                                 whiten=True).fit(X[train, :])
eigenfaces = pca.components_.reshape((n_components, h, w))
X_dec = np.column_stack((pca.transform(X[train, :]),
        nmf.transform(X[train, :]),
        fastica.transform(X[train, :])))
Xt_dec = np.column_stack((pca.transform(X[test, :]),
        nmf.transform(X[test, :]),
        fastica.transform(X[test, :])))
y_dec = y[train]
yt_dec = y[test]
```

Após extrair e concatenar as decomposições de imagem em um novo conjunto de treinamento e teste de exemplos de dados, o código aplica uma busca em grade para obter as melhores combinações de parâmetros para uma máquina de vetores de suporte de classificação (o assunto do Capítulo 17), para realizar uma classificação correta para o problema.

```
from sklearn.grid_search import GridSearchCV
from sklearn.svm import SVC
param_grid = {'C': [0.1, 1.0, 10.0, 100.0, 1000.0],
              'gamma': [0.0001, 0.001, 0.01, 0.1], }
clf = GridSearchCV(SVC(kernel='rbf'), param_grid)
clf = clf.fit(X_dec, y_dec)
print ("Melhores parametros: %s" % clf.best_params_)

Melhores parametros: {'gamma': 0.01, 'C': 100.0}
```

Depois de encontrar os melhores parâmetros, o código verifica a precisão — a porcentagem de respostas corretas no conjunto de teste — e obtém uma estimativa de cerca de 0,82 (a medida pode mudar ao executar o código em seu computador).

```
from sklearn.metrics import accuracy_score
solution = clf.predict(Xt_dec)
print("Precisao obtida: %0.3f"
      % accuracy_score(yt_dec, solution))

Precisao obtida: 0.815
```

O mais interessante é que você pode solicitar uma matriz de confusão mostrando as classes corretas nas linhas e as previsões nas colunas. Quando uma personalidade em uma linha tem contagens em colunas diferentes de seu número de linha, o código atribuiu erroneamente uma das fotos a outra pessoa. No caso do antigo primeiro-ministro do Japão, o exemplo obtém um escore perfeito (observe que a saída mostra um 6 na linha 6, coluna 6, e zeros nas entradas restantes dessa linha).

```
from sklearn.metrics import confusion_matrix
confusion = str(confusion_matrix(yt_dec, solution))
print (' '*26+ '  '.join(map(str,range(8))))
print (' '*26+ '-'*22)
for n, (label, row) in enumerate(
                zip(lfw_people.target_names,
                confusion.split('\n'))):
    print ('%s %18s > %s' % (n, label, row))


                          0  1  2  3  4  5  6  7
                          ----------------------
0          Ariel Sharon > [[ 6  0  1  0  1  0  0  0]
1          Colin Powell > [ 0 22  0  2  0  0  0  0]
2      Donald Rumsfeld > [ 0  0  8  2  1  0  0  1]
3        George W Bush > [ 1  1  2 46  1  0  0  2]
4     Gerhard Schroeder > [ 0  0  2  1  6  1  0  1]
5          Hugo Chavez > [ 0  0  0  0  1  5  0  1]
6    Junichiro Koizumi > [ 0  0  0  0  0  0  6  0]
7           Tony Blair > [ 0  0  0  1  2  0  0 11]]
```

Capítulo **20**

Pontuação para Opiniões e Sentimentos

M uitas pessoas acham que, de algum modo, os computadores entendem texto. O fato é que os computadores nem mesmo têm um modo de representar texto — para eles tudo é número. Este capítulo o ajuda a entender três fases do trabalho com texto para classificar opiniões e sentimentos: uso de Processamento de Linguagem Natural (PLN) para analisar o texto, execução da tarefa de entendê-lo e execução de tarefas de pontuação e classificação para interagir com o texto de forma significativa.

Introdução ao Processamento de Linguagem Natural

Como seres humanos, entender o idioma é uma de nossas primeiras realizações, e associar palavras a seu significado parece natural. Também é automático lidar com discursos ambíguos, confusos ou que simplesmente têm uma forte referência ao contexto de onde vivemos ou trabalhamos (como dialetos, jargões ou termos que família ou associados entendem). Além disso, os seres humanos captam referências sutis a emoções e sentimentos no texto, permitindo que as pessoas entendam uma fala educada que oculta emoções negativas e ironia. Os computadores não têm essa capacidade, mas contam com PLN, um campo da ciência da computação ligado ao entendimento e à geração de linguagens entre uma máquina e um ser humano. Desde que Alan Turing concebeu o teste de Turing, em 1950, que procurava identificar inteligência artificial com base na comunicação com seres humanos (`https://pt.wikipedia.org/wiki/Teste_de_Turing`). Os especialistas em PLN desenvolveram uma série de técnicas que definem o nível tecnológico na interação homem-máquina por meio de texto.

Um computador equipado com PLN identifica spam em e-mail, indica a parte de uma conversa que contém um verbo ou um substantivo e reconhece uma entidade, como o nome de uma pessoa ou empresa (chamado de *reconhecimento de identidade mencionada*; veja `https://pt.wikipedia.org/wiki/Reconhecimento_de_entidade_mencionada`). Tudo isso tem encontrado aplicação em tarefas como filtragem de spam, previsão do mercado de ações usando novos artigos e deduplicação de informações redundantes em armazenamento de dados.

As coisas ficam mais difíceis para PLN ao traduzir um texto de outro idioma e entender quem é o sujeito em uma frase ambígua. Por exemplo, considere a sentença: "John disse a Luca que ele não deve fazer isso de novo". Nesse caso, não dá para saber se "ele" se refere a John ou a Luca. Pode ser difícil esclarecer palavras com muitos significados, como considerar se a palavra *manga* em uma frase se refere a uma fruta ou parte de uma camisa. Obviamente, a dificuldade nesses problemas surge por causa do contexto.

Nós, seres humanos, resolvemos uma ambiguidade facilmente examinando o texto em busca de pistas sobre elementos, como lugar e hora, que expressem detalhes de uma conversa (como entender o que aconteceu entre John e Luca, ou se a conversa é sobre uma fruta ao mencionar a manga). Contar com informações adicionais para o entendimento faz parte da experiência humana. Esse tipo de análise é um tanto difícil para computadores. Além disso, se a tarefa exige conhecimento contextual importante ou que o ouvinte conte com senso comum e conhecimento geral, a tarefa se torna penosa. Em suma, PLN ainda tem muito chão para descobrir como extrair com eficiência resumos significativos ou completar informação ausentes em um texto.

Entenda Como as Máquinas Leem

Antes que um computador faça algo com um texto, precisa lê-lo de algum modo. O Capítulo 13 mostra como você prepara dados para lidar com variáveis categóricas, como uma característica representando uma cor (por exemplo, representar se um exemplo se relaciona às cores vermelha, verde ou azul). Um dado categórico é um tipo de texto curto que você representa usando variáveis binárias, isto é, variáveis codificadas com valores um ou zero, dependendo de certo valor estar presente na variável categórica. Evidentemente, é possível representar texto complexo com a mesma lógica.

Portanto, assim como você transforma uma variável de cor categórica, tendo valores como vermelho, verde e azul, em três variáveis binárias, cada uma representando uma das três cores, pode transformar uma frase como "The quick brown fox jumps over the lazy dog" ("A rápida raposa marrom salta sobre o cachorro preguiçoso", em tradução livre) usando nove variáveis binárias, uma para cada palavra que aparece no texto ("The" é considerado diferente de "the" por causa da letra inicial maiúscula). Essa é a forma BoW (*Bag of Words*) de representação. Em sua forma mais simples, BoW mostra se certa palavra está presente no texto sinalizando uma característica específica no conjunto de dados. Dê uma olhada em um exemplo usando Python e seu pacote Scikit-learn.

Os dados de entrada são três frases, `text_1`, `text_2` e `text_3`, colocadas em uma lista, `corpus`. *Corpus* é um conjunto de documentos homogêneos reunidos para análise PLN:

```
text_1 = 'The quick brown fox jumps over the lazy dog.'
text_2 = 'My dog is quick and can jump over fences.'
text_3 = 'Your dog is so lazy that it sleeps all the day.'
corpus = [text_1, text_2, text_3]
```

DICA

Quando precisa analisar texto usando um computador, você carrega os documentos de um disco ou os pega da web e coloca cada um deles em uma variável de string. Se tiver vários documentos, armazena todos em uma lista, o corpus. Quando tem apenas um documento, pode dividi-lo usando capítulos, parágrafos ou simplesmente o fim de cada linha. Após dividir o documento, coloca todas as partes em uma lista e faz a análise como se fosse um corpus de documentos.

Agora que você tem um corpus, use uma classe do módulo `feature_extraction` de Scikit-learn, `CountVectorizer`, que transforma facilmente textos em BoW, como segue:

```
from sklearn.feature_extraction import text
vectorizer = text.CountVectorizer(binary=True).fit(corpus)
vectorized_text = vectorizer.transform(corpus)
print(vectorized_text.todense())

[[0 0 1 0 0 1 0 1 0 0 0 1 1 0 1 1 0 0 0 1 0]
 [0 1 0 1 0 1 1 0 1 0 1 0 0 1 1 1 0 0 0 0 0]
 [1 0 0 0 1 1 0 0 1 1 0 0 1 0 0 0 1 1 1 1 1]]
```

A classe `CountVectorizer` aprende o conteúdo do corpus usando o método `fit` e, então, o transforma (com o método `transform`) em uma lista de listas. Como discutido no Capítulo 9, uma lista de listas nada mais é que uma matriz disfarçada, de modo que a classe retorna uma matriz de três linhas (os três documentos, na mesma ordem do corpus) e 21 colunas representando o conteúdo.

A representação BoW transforma palavras nas características de coluna de uma matriz de documento, e essas características têm valor diferente de zero quando presentes no texto processado. Por exemplo, considere a palavra *dog*. O código a seguir mostra sua representação no BoW:

```
print(vectorizer.vocabulary_)

{'day': 4, 'jumps': 11, 'that': 18, 'the': 19, 'is': 8,
 'fences': 6, 'lazy': 12, 'and': 1, 'quick': 15, 'my': 13,
 'can': 3, 'it': 9, 'so': 17, 'all': 0, 'brown': 2,
 'dog': 5, 'jump': 10, 'over': 14, 'sleeps': 16,
 'your': 20, 'fox': 7}
```

Pedir a `CountVectorizer` para imprimir o vocabulário aprendido do texto informa que ele associa *dog* ao número cinco, o que significa que *dog* é o sexto elemento (a contagem inicia em 0) nas representações BoW. De fato, no BoW obtido, o quinto elemento de cada lista de documentos sempre tem o valor 1, pois *dog* é a única palavra presente em todos os documentos da árvore.

LEMBRE-SE

Armazenar documentos em forma de matriz usa muita memória, pois é preciso representar cada documento como um vetor do mesmo tamanho do dicionário que o criou. Nesse exemplo, o dicionário é bastante limitado, mas quando você usa um corpus maior, descobre que um dicionário de língua inglesa contém bem mais que um milhão de termos. A solução é usar matrizes esparsas, um modo de armazenar uma matriz na memória do computador sem ter valores zero ocupando espaço. Você lê mais sobre matrizes esparsas aqui: `https:// en.wikipedia.org/wiki/Sparse_matrix` [conteúdo em inglês].

Processamento e melhoramento de texto

Marcar a presença ou não de uma palavra em um texto é um bom começo, mas às vezes não é suficiente. O modelo BoW tem seus limites. Como se você colocasse coisas aleatoriamente em uma bolsa, em um BoW as palavras perdem a relação de ordem entre si. Por exemplo, na frase *My dog is quick and can jump over fences* ("Meu cachorro é rápido e consegue saltar sobre cercas", em tradução livre), você sabe que *quick* se refere a *dog* porque estão ligadas pela forma *is* do verbo *to be*. No entanto, em um BoW tudo é misturado, e algumas referências internas são perdidas. Mais processamento ajuda a evitar isso. As seções a seguir discutem como processar e melhorar texto.

Considere as tarefas básicas de processamento

Em vez de marcar presença ou ausência de um elemento da frase (tecnicamente chamado de *token*), você pode contar quantas vezes ele ocorre, como mostrado no código a seguir:

```
text_4 = 'A black dog just passed by but my dog is brown.'
corpus.append(text_4)
vectorizer = text.CountVectorizer().fit(corpus)
vectorized_text = vectorizer.transform(corpus)
print(vectorized_text.todense()[-1])

[[0 0 1 1 1 1 0 0 2 0 0 1 0 0 0 1 0 1 0 1 0 0 0 0 0 0]]
```

Esse código modifica o exemplo anterior, adicionando uma nova frase com a palavra *dog* repetida duas vezes. O código anexa a nova frase ao `corpus` e retreina `vectorizer`, mas desta vez omite a configuração `binary=True`. O vetor resultante para o último documento inserido mostra claramente o valor 2 na nona posição, assim, `vectorizer` conta a palavra *dog* duas vezes.

Contar tokens faz com que palavras importantes se destaquem. Ainda assim, é fácil repetir elementos da frase que não são importantes para o significado da expressão, como os artigos. Na próxima seção você aprende a excluir elementos menos importantes, mas por enquanto o exemplo diminui seu peso usando a transformação TF-IDF (term frequency-inverse document frequency).

A transformação TF-IDF é uma técnica que, após contar quantas vezes um token aparece em uma frase, divide o valor pelo número de documentos nos quais surge. Usando essa técnica, o vetorizador (vectorizer) julga uma palavra menos importante, mesmo que apareça muitas vezes em um texto, quando também a encontra em outros. No exemplo de corpus, a palavra *dog* aparece em todos os textos. Em um problema de classificação, você não pode usar a palavra para distinguir entre textos, pois ela aparece por toda parte no corpus. A palavra *fox* aparece em apenas uma frase, tornando-a um importante termo de classificação.

Ao aplicar TF-IDF, você comumente emprega várias transformações, com a transformação mais importante normalizando o comprimento do texto.

Claramente, um texto mais longo tem mais chances de ter mais palavras distintivas, quando comparado a um mais curto. Por exemplo, quando a palavra *fox* aparece em um texto curto, pode ser relevante para o significado da expressão, pois *fox* se destaca entre poucas outras palavras. Contudo, quando *fox* aparece uma vez em um texto longo, sua presença pode não importar muito, pois é uma única palavra entre muitas outras. Por isso, a transformação divide os tokens totais pela contagem de cada token para cada frase. Tratar uma frase assim transforma a contagem de tokens em uma porcentagem, de modo que TF-IDF não considera mais quantas vezes a palavra *fox* aparece, mas a porcentagem de vezes que aparece entre todos os tokens. O exemplo a seguir demonstra como completar o anterior com uma combinação de normalização e TF-IDF.

```
TfidF = text.TfidfTransformer(norm='l1')
tfidf = TfidF.fit_transform(vectorized_text)

phrase = 3 # escolha um numero de 0 a 3
total = 0
for word in vectorizer.vocabulary_:
    pos = vectorizer.vocabulary_[word]
    value = list(tfidf.toarray()[phrase])[pos]
    if value !=0:
        print ("%10s: %0.3f" % (word, value))
        total += value
print ('\nValores somados de uma frase: %0.1f' % total)

       is: 0.077
       by: 0.121
    brown: 0.095
      dog: 0.126
     just: 0.121
       my: 0.095
    black: 0.121
   passed: 0.121
      but: 0.121

Valores somados de uma frase: 1.0
```

Usar esse novo modelo TF-IDF põe em escala os valores de palavras importantes e as torna comparáveis entre cada texto no corpus. Para recuperar parte da ordem do texto após a transformação BoW, também é útil adicionar n-gramas (https://en.wikipedia.org/wiki/N-gram [conteúdo em inglês]). Um *n-grama* é uma sequência contínua de tokens no texto, usada como um único token na representação BoW. Por exemplo, na frase *The quick brown fox jumps over the lazy dog*, um *bigrama* — isto é, uma sequência de dois tokens — transforma *brown fox* e *lazy dog* em tokens únicos. Um *trigrama* cria um único token de *quick brown fox*. N-grama é uma ferramenta poderosa, mas tem um inconveniente, porque não sabe quais combinações são importantes para o significado de uma frase. N-gramas criam todas as sequências adjacentes de tamanho N. O modelo TF-IDF dá menos peso a n-gramas menos úteis, mas somente projetos como o NGram Viewer do Google (saiba mais sobre esse visualizador adiante no capítulo) indicam quais n-gramas certamente são úteis em PLN. O exemplo a seguir usa `CountVectorizer` para modelar n-gramas no intervalo (2, 2), isto é, bigramas.

```
bigrams = text.CountVectorizer(ngram_range=(2,2))
print (bigrams.fit(corpus).vocabulary_)

{'can jump': 6, 'by but': 5, 'over the': 21,
 'it sleeps': 13, 'your dog': 31, 'the quick': 30,
 'and can': 1, 'so lazy': 26, 'is so': 12, 'dog is': 7,
 'quick brown': 24, 'lazy dog': 17, 'fox jumps': 9,
 'is brown': 10, 'my dog': 19, 'passed by': 22,
 'lazy that': 18, 'black dog': 2, 'brown fox': 3,
 'that it': 27, 'quick and': 23, 'the day': 28,
 'just passed': 16, 'dog just': 8, 'jump over': 14,
 'sleeps all': 25, 'over fences': 20, 'jumps over': 15,
 'the lazy': 29, 'but my': 4, 'all the': 0,
 'is quick': 11}
```

DICA

Definir diferentes intervalos permite que você use *unigramas* (tokens simples) e n-gramas em sua análise PLN. Por exemplo, a configuração `ngram_range=(1,3)` cria todos os tokens, bigramas e trigramas. Normalmente você nunca precisa mais do que trigramas em uma análise PLN. Aumentar o número de n-gramas tem pouca vantagem após os trigramas e, às vezes, até após os bigramas, dependendo do tamanho do corpus e do problema de PLN.

Stemming e remoção de stop words

Stemming é o processo de reduzir palavras a seus radicais (ou raízes). Isso não é o mesmo que entender que algumas palavras vêm do latim ou de outras raízes, mas é fazer com que palavras semelhantes se tornem iguais para comparação ou compartilhamento. Por exemplo, as palavras *cats*, *catty* e *catlike* têm o mesmo radical *cat*. O stemming ajuda a analisar sentenças ao transformá-las em tokens, pois palavras com o mesmo radical devem ter o mesmo significado (representado por uma única característica).

Criar palavras derivadas removendo sufixos para facilitar a tokenização de sentenças não é o único modo de tornar a matriz de documentos mais simples. Os idiomas têm muitas palavras de ligação que não significam muito para um computador, mas sim para os seres humanos, como *a*, *as*, *the*, *that*, em inglês. Elas fazem o texto fluir e concatenar de modo significativo. Apesar disso, a estratégia BoW não se preocupa muito com o modo de organizar as palavras em um texto. Assim, é legítimo removê-las. Essas palavras curtas, menos úteis, são denominadas *stop words* (palavras de parada).

O stemming e a remoção de stop words simplificam o texto e reduzem o número de elementos textuais para que apenas os essenciais permaneçam. Além disso, são mantidos apenas os termos mais próximos ao verdadeiro sentido da frase. Com a redução do número de tokens, um algoritmo computacional funciona mais rapidamente e processa o texto com mais eficiência quando o corpus é grande.

NA INTERNET

Esse exemplo exige usar Natural Language Toolkit (NLTK), que o Anaconda não instala por padrão. Você precisa baixar e instalar o NLTK usando as instruções encontradas em `http://www.nltk.org/install.html` para sua plataforma. Quando tiver várias versões de Python instaladas em seu sistema, certifique-se de instalar o NLTK para a versão de Python que usar para este livro. Depois de instalar o NLTK, você também precisa instalar os pacotes associados. As instruções em `http://www.nltk.org/data.html` dizem como fazê-lo. (Instale todos os pacotes para não faltar nada, os sites têm conteúdo em inglês)

O exemplo a seguir demonstra como fazer stemming e remover stop words de uma sentença. Ele começa treinando um algoritmo para fazer a análise exigida usando uma sentença de teste. Então o exemplo verifica uma segunda sentença em busca de palavras que aparecem na primeira.

```python
from sklearn.feature_extraction import text

import nltk
from nltk import word_tokenize
from nltk.stem.porter import PorterStemmer
nltk.download('punkt')

stemmer = PorterStemmer()

def stem_tokens(tokens, stemmer):
    stemmed = []
    for item in tokens:
        stemmed.append(stemmer.stem(item))
    return stemmed

def tokenize(text):
    tokens = word_tokenize(text)
    stems = stem_tokens(tokens, stemmer)
    return stems

vocab = ['Sam loves swimming so he swims all the time']
vect = text.CountVectorizer(tokenizer=tokenize,
                            stop_words='english')
vec = vect.fit(vocab)

sentence1 = vec.transform(['George loves swimming too!'])

print (vec.get_feature_names())
print (sentence1.toarray())
```

No início, o exemplo cria um vocabulário usando uma sentença de teste e o coloca na variável `vocab`. Então cria um `CountVectorizer`, `vect`, para conter uma lista de palavras derivadas, mas exclui as stop words. O parâmetro `tokenizer` define a função usada para derivar as palavras. O parâmetro `stop_words` se refere a um arquivo pickle que contém stop words para um idioma específico, o qual, nesse caso, é o inglês. Há também arquivos para outros idiomas, como francês e alemão. (Há outros parâmetros para `CountVectorizer()` em `http://scikit-learn.org/stable/modules/ generated/sklearn.feature_extraction.text.CountVectorizer. html` [conteúdo em inglês].) O vocabulário é ajustado em outro `CountVecto- rizer`, `vec`, usado para fazer a transformação em uma sentença de teste com a função `transform()`. Aqui está a saída desse exemplo.

```
[nltk_data] Downloading package punkt to
[nltk_data]     C:\Users\Luca\AppData\Roaming\nltk_data...
[nltk_data]   Unzipping tokenizers\punkt.zip.
['love', 'sam', 'swim', 'time']
[[1 0 1 0]]
```

A primeira saída mostra as palavras derivadas. Observe que a lista contém apenas *swim*, não *swimming* nem *swims*. As stop words também estão ausentes. Por exemplo, você não vê as palavras *so*, *he*, *all* ou *the*.

A segunda saída mostra quantas vezes cada palavra derivada aparece na sentença de teste. Nesse caso, uma variante de *love* aparece uma vez, e uma de *swim*, também uma vez. As palavras *sam* e *time* não aparecem na segunda sentença, de modo que esses valores são definidos como 0.

Scrapping de conjuntos de dados textuais da web

Dados os recursos do PLN, construir modelos de linguagem completos é apenas uma questão de reunir grandes conjuntos de texto. Vasculhar grandes volumes de texto permite aos algoritmos de aprendizado de máquina que usam PLN descobrir conexões entre palavras e extrair conceitos úteis relativos a contextos específicos. Por exemplo, ao tratar o termo manga na forma de uma fruta ou de uma parte de roupa, um algoritmo de aprendizado de máquina equipado com processamento de texto PLN deduz o tópico preciso a partir de outras pistas na frase. As pessoas as decifram por terem vivido, visto ou lido sobre o tópico da conversa.

Os computadores também têm a oportunidade de ver e ler muito. A web dá acesso a milhões de documentos, a maioria livremente acessível, sem restrições. O Web Scraping permite que os algoritmos de aprendizado de máquina alimentem seus processos de PLN automaticamente e aprendam novas capacidades de reconhecimento e classificação de texto. Os desenvolvedores já fizeram muito no sentido de criar sistemas PLN capazes de entender informações textuais melhor, usando a riqueza da web.

Por exemplo, usando texto gratuito adquirido da web e de outras fontes de texto abertas, como dicionários, os cientistas da Microsoft Research desenvolveram várias versões de MindNet, uma rede semântica, que é uma rede de palavras conectadas pelo significado. A MindNet encontra palavras relacionadas por meio de sinônimos, partes, causas, locais e fontes. Por exemplo, quando você solicita a palavra *car* (carro), a MindNet dá respostas como *vehicle* (veículo, um sinônimo) e depois conecta *vehicle* a *wheel* (roda), pois é uma parte específica de um carro, fornecendo conhecimento extraído diretamente do texto sem que ninguém tenha instruído a MindNet especificamente sobre carros ou como são feitos. Leia mais sobre a MindNet em `https://research.microsoft.com/en-us/projects/mindnet/default.aspx` [conteúdo em inglês].

A Google desenvolveu algo semelhante, baseada em seu projeto Google Books, ajudando a construir modelos de linguagem melhores para todos os seus aplicativos. Uma API pública, baseada no trabalho da Google, é Ngram Viewer, que explora com que frequência certas combinações de tokens até pentagramas apareceram no decorrer do tempo: `https://books.google.com/ngrams` [conteúdo em inglês].

A capacidade de recuperar informações da web permite realizações ainda maiores. Por exemplo, você poderia construir um dicionário de palavras positivas ou negativas, de acordo com emoticons ou emojis associados (`https://en.wikipedia.org/wiki/Emoji` [conteúdo em inglês]).

NA INTERNET

Web Scraping é um tema complexo, que exige um livro inteiro para ser explicado. Este capítulo dá um exemplo de Web Scraping e um panorama do que esperar. Para fazê-lo, é preciso instalar o pacote Beautiful Soup ao usar Python (`http://www.crummy.com/software/BeautifulSoup/`). Esse pacote já deve fazer parte de sua instalação de Anaconda, mas, se não fizer, você pode instalá-lo facilmente em seu sistema, abrindo um shell de comando e executando-o (veja as postagens de blog em `http://blog.johnmuellerbooks.com/2016/03/23/installing-python-packages-part-1/` e `http://blog.johnmuellerbooks.com/2016/03/30/installing-python-packages-part-2/` [conteúdo em inglês] para mais detalhes sobre técnicas de instalação de Python):

```
pip install beautifulsoup4
```

Beautiful Soup é um pacote criado por Leonard Richardson e é uma excelente ferramenta para scraping de dados de arquivos HTML ou XML recuperados da web, mesmo malformados ou escritos de modo não padronizado. O nome do pacote se refere ao fato de que os documentos HTML são constituídos de tags, e quando são caóticos, muitos desenvolvedores chamam o documento de *tag soup* (sopa de tags). Graças ao Beautiful Soup, você pode navegar facilmente em uma página para localizar os objetos relevantes e extraí-los como texto, tabelas ou links.

Esse exemplo demonstra como baixar uma tabela de uma página da Wikipédia contendo todas as principais cidades dos EUA. A Wikipédia (`https://www.wikipedia.org/`) é uma enciclopédia de acesso e conteúdo livre da internet, utilizada diariamente por milhões de usuários de todo o mundo. Como seu conhecimento é gratuito, aberto e, o mais importante, bem estruturado, é um recurso precioso para aprendizado a partir da web.

CUIDADO

A maioria dos editores e muitos professores universitários veem a Wikipédia como uma fonte de informação duvidosa. Qualquer um pode editar as entradas que contém, e às vezes as pessoas o fazem de forma política ou socialmente tendenciosa, ou simplesmente sem o conhecimento específico (veja `http://www.foxbusiness.com/features/2015/09/02/just-how--accurate-is-wikipedia.html` e `http://isites.harvard.edu/icb/icb.do?keyword=k70847&pageid=icb.page346376`). Isso significa que as informações recebidas podem não refletir a realidade. Contudo, muitos estudos mostram que o esforço da comunidade por trás da criação da Wikipédia (veja `http://www.livescience.com/32950-how-accurate-is-wikipedia.html`, `http://www.cnet.com/news/study-wikipedia-as-accurate-as-britannica/` e `http://www.zmescience.com/science/study-wikipedia-25092014/` [conteúdo dos sites em inglês]) tende a diminuir parcialmente esse problema. Mesmo assim, você precisa ter certo cuidado ao levar as entradas da Wikipédia ao pé da letra, exatamente como faria com qualquer conteúdo da internet. Apenas porque alguém diz alguma coisa não a torna verdadeira (independente da forma que a fonte de informação assuma). É preciso cruzar referências das informações e verificar os fatos antes de aceitar qualquer fonte da internet como real, mesmo a Wikipédia. Por isso, os autores verificaram cada fonte da Wikipédia usada no livro o máximo possível, para garantir que você tenha informações precisas.

LEMBRE-SE

A Wikipédia tem as próprias regras e termos de serviço, que podem ser lidos em `https://meta.wikimedia.org/wiki/Bot_policy#Unacceptable_usage`. Os termos de serviço proíbem o uso de robôs para tarefas automatizadas, como modificar o site (correções e postagens automáticas), e downloads em massa (baixar enormes volumes de dados). Ainda assim, a Wikipédia é uma fonte excelente para análise PLN, pois você pode baixar todos os artigos em inglês em `https://dumps.wikimedia.org/enwiki/`. Outros idiomas também estão disponíveis para download. Basta consultar `https://dumps.wikimedia.org/` [conteúdo dos sites em inglês] para obter mais informações.

```
from bs4 import BeautifulSoup
import pandas as pd
try:
    import urllib2 # Python 2.7.x
except:
```

```
      import urllib.request as urllib2 # Python 3.x

wiki = "https://en.wikipedia.org/wiki/\
List_of_United_States_cities_by_population"
header = {'User-Agent': 'Mozilla/5.0'}
query = urllib2.Request(wiki, headers=header)
page = urllib2.urlopen(query)
soup = BeautifulSoup(page, "lxml")
```

Após carregar o pacote Beautiful Soup, o código define um cabeçalho (dizendo que você é um usuário humano usando um navegador) e uma página de destino, um documento com uma lista das principais cidades dos EUA: https://en.wikipedia.org/wiki/List_of_United_States_cities_by_population [conteúdo em inglês]. A lista também contém informações sobre população e superfície da cidade.

```
table = soup.find("table",
    { "class" : "wikitable sortable" })
final_table = list()
for row in table.findAll('tr'):
    cells = row.findAll("td")
    if len(cells) >=6:
        v1 = cells[1].find(text=True)
        v2 = cells[2].find(text=True)
        v3 = cells[3].find(text=True)
        v4 = cells[4].find(text=True)
        v5 = cells[6].findAll(text=True)
        v5 = v5[2].split()[0]
        final_table.append([v1, v2, v3, v4, v5])
cols = ['City','State','Population_2014','Census_2010'
    ,'Land_Area_km2']
df = pd.DataFrame(final_table, columns=cols)
```

Depois de baixar a página na variável `soup`, usando os métodos `find()` e `findAll()`, você pode procurar uma tabela (as tags `<tr>` e `<td>`). A variável `cells` contém várias entradas de célula, cada uma podendo conter texto. O código procura informações textuais (`v1` a `v5`) dentro de cada célula, as quais armazena em uma lista (`final_table`). Então ele a transforma em um `Data-Frame` pandas para processamento posterior. Por exemplo, você pode usar o `DataFrame`, `df`, para transformar strings em números. Imprimir simplesmente `df` gera na saída a tabela resultante.

Trate de problemas com texto bruto

Mesmo que texto bruto pareça não ser um problema em análise, porque não contém nenhuma formatação especial, você precisa considerar como o texto é armazenado e se contém palavras especiais. As várias formas de codificação presentes em páginas da web podem apresentar problemas de interpretação que você precisa considerar ao trabalhar no texto.

Por exemplo, o modo como o texto é codificado difere por causa de diferentes sistemas operacionais, idiomas e áreas geográficas. Esteja preparado para encontrar muitas codificações distintas ao recuperar dados da web. A linguagem humana é complexa, e a codificação ASCII original, composta apenas pelas letras não acentuadas do inglês, não representa todos os diferentes alfabetos. É por isso que apareceram tantas codificações com caracteres especiais. Por exemplo, um caractere usa sete ou oito bits para propósitos de codificação. O uso de caracteres especiais também difere. Em resumo, a interpretação dos bits usados para criar caracteres difere de uma codificação para outra. Você vê muitas codificações em `http://www.i18nguy.com/unicode/codepages.html` [conteúdo em inglês].

Às vezes é preciso trabalhar com codificações distintas do conjunto padrão do ambiente Python. Ao trabalhar com Python 3.*x*, você precisa contar com UTF-8 (Universal Transformation Format de 8 bits) como a codificação usada para ler e gravar arquivos. Esse ambiente é sempre configurado para UTF-8, e tentar alterar isso causa uma mensagem de erro. Contudo, ao trabalhar com Python 2.*x*, você pode escolher outras codificações. Nesse caso, a codificação padrão é ASCII (American Standard Code for Information Interchange), mas você pode mudar para alguma outra.

Essa técnica é usada em qualquer script Python. Ela salva o dia quando seu código não funciona por causa de erros, quando o Python não consegue codificar um caractere. No entanto, nesse caso é mais fácil trabalhar no prompt IPython. Os passos a seguir o ajudam a lidar com caracteres Unicode, mas somente ao trabalhar com Python 2.*x*. (Esses passos são desnecessários e causam erros no ambiente Python 3.*x*.)

1. **Abra uma cópia do prompt de comando IPython.**

```
Você vê a janela IPython.
```

2. **Digite o código a seguir, pressionando Enter após cada linha.**

```
import sys
sys.getdefaultencoding()
```

Você vê a codificação padrão para Python, que é ascii no Python 2.*x* (no Python 3.*x* é utf-8). Se quiser trabalhar com Jupyter Notebook, crie uma célula após este passo.

3. **Digite** reload(sys) **e pressione Enter.**

O Python recarrega o módulo sys e disponibiliza uma função especial.

4. **Digite** sys.setdefaultencoding('utf-8') **e pressione Enter.**

O Python não muda a codificação, mas você não saberá disso até o próximo passo. Se quiser trabalhar com Jupyter Notebook, crie uma nova célula após este passo.

5. **Digite** sys.getdefaultencoding() **e pressione Enter.**

Você vê que a codificação padrão agora mudou para utf-8.

CUIDADO

Mudar a codificação padrão no momento errado e de modo incorreto impede a execução de tarefas como a importação de módulos. Teste seu código cuidadosa e completamente para garantir que qualquer alteração na codificação padrão não afete sua capacidade de executar o aplicativo. Bons artigos adicionais para ler sobre o assunto aparecem em `http://blog.notdot.net/2010/07/Getting-unicode-right-in-Python` e `http://web.archive.org/web/20120722170929/http://boodebr.org/main/python/all-about-python-and-unicode` [conteúdo em inglês].

Uso de Pontuação e Classificação

As discussões sobre PLN anteriores deste capítulo mostram como um algoritmo de aprendizado de máquina lê texto (após o scraping da web) usando a representação BoW, e como PLN melhora o entendimento que tem do texto usando normalização do comprimento, o modelo TF-IDF e n-gramas. As seções a seguir demonstram como fazer o aprendizado usar processamento de texto para resolver dois problemas comuns de análise textual: classificação e análise de sentimentos.

Execução de tarefas de classificação

Quando classifica textos, você atribui um documento a uma classe por causa dos tópicos que discute. Esses tópicos são descobertos de diferentes modos. A estratégia mais simples é estimulada pela ideia de que, se um grupo de pessoas fala ou escreve sobre um assunto, as pessoas tendem a usar palavras de um vocabulário limitado, pois se referem ou se relacionam com o mesmo assunto. Quando você compartilha algum significado ou faz parte do mesmo grupo, tende a usar a mesma linguagem. Consequentemente, se tem uma coleção de textos e não sabe a quais assuntos o texto faz referência, pode inverter o raciocínio anterior — você pode simplesmente procurar grupos de palavras que tendem a se associar, de modo que o grupo recém-formado pela redução de dimensionalidade tenha uma pista dos assuntos que você gostaria de saber. Essa é uma tarefa típica de aprendizado não supervisionado.

Essa tarefa de aprendizado é uma aplicação perfeita para a família de algoritmos de decomposição em valores singulares (SVD) discutida no Capítulo 13, pois, pela redução do número de colunas, as características (as palavras em um documento) serão reunidas em dimensões, e você pode descobrir os tópicos verificando palavras de alta pontuação. A SVD e a análise de componentes principais (PCA) fornecem características para se relacionar positiva e negativamente com as dimensões recém-criadas. Assim, um tópico resultante é expresso pela presença de uma palavra (alto valor positivo) ou por sua ausência (alto valor negativo), tornando a interpretação complicada e nada lógica para seres humanos. O pacote Scikit-learn inclui a classe de decomposição NMF (Non-Negative Matrix Factorization), encontrada no Capítulo 19, que permite que uma característica original se relacione apenas positivamente com as dimensões resultantes.

Este exemplo começa com um novo experimento, após carregar o conjunto de dados `20newsgroups`, um conjunto que coleta postagens de grupos de discussão obtidos na web, selecionando apenas aquelas a respeito de objetos à venda e removendo automaticamente cabeçalhos, rodapés e aspas. Quando trabalhar com esse código, você pode receber a mensagem de aviso `WARNING:sklearn.datasets.twenty_newsgroups:Downloading dataset from` …, com o URL do site usado para o download.

```
import warnings
warnings.filterwarnings("ignore")
from sklearn.datasets import fetch_20newsgroups
dataset = fetch_20newsgroups(shuffle=True,
    categories = ['misc.forsale'],
     remove=('headers', 'footers', 'quotes'), random_
state=101)
print ('Posts: %i' % len(dataset.data))

Posts: 585
```

A classe `TfidVectorizer` é importada e configurada para remover stop words (palavras comuns como *the* ou *and*) e manter apenas palavras distintivas, produzindo uma matriz cujas colunas apontam para palavras diferentes.

```
from sklearn.feature_extraction.text import TfidfVectorizer
vectorizer = TfidfVectorizer(max_df=0.95,
         min_df=2, stop_words='english')
tfidf = vectorizer.fit_transform(dataset.data)
from sklearn.decomposition import NMF
n_topics = 5
nmf = NMF(n_components=n_topics, random_state=101).
fit(tfidf)
```

LEMBRE-SE

Como já mencionado no capítulo, TF-IDF (term frequency-inverse document frequency) é um cálculo simples baseado na frequência de uma palavra no documento. Ele é ponderado pela raridade da palavra entre todos os documentos disponíveis. Ponderar palavras é um modo eficaz de excluir palavras que não o ajudam a classificar ou identificar o documento ao processar texto. Por exemplo, você pode eliminar partes comuns da fala ou outras palavras comuns.

Como nos outros algoritmos do módulo `sklearn.decomposition`, o parâmetro `n_components` indica o número de componentes desejados. Se quiser procurar mais tópicos, use um número maior. À medida que o número de tópicos exigidos aumenta, o método `reconstruction_err_` relata taxas de erro menores. Fica por sua conta decidir quando parar, dado o compromisso entre mais tempo gasto em cálculos e mais tópicos.

A última parte do script gera na saída os cinco tópicos resultantes. Lendo as palavras impressas, você entende o significado dos tópicos extraídos graças às características do produto (por exemplo, as palavras *drive*, *hard*, *card* e *floppy* se referem a computadores) ou ao produto exato (por exemplo, *comics*, *car*, *stereo*, *games*).

```
feature_names = vectorizer.get_feature_names()
n_top_words = 15
for topic_idx, topic in enumerate(nmf.components_):
    print ("Topico #%d:" % (topic_idx+1),)
    print (" ".join([feature_names[i] for i in
                     topic.argsort()[:-n_top_words - 1:-
1]]))


Topico #1:
drive hard card floppy monitor meg ram disk motherboard vga
scsi brand
  color internal modem
Topico #2:
00 50 dos 20 10 15 cover 1st new 25 price man 40 shipping
comics
Topico #3:
condition excellent offer asking best car old sale good new
miles 10 000
  tape cd
Topico #4:
email looking games game mail interested send like thanks
price package
  list sale want know
Topico #5:
shipping vcr stereo works obo included amp plus great vol-
ume vhs unc mathes
  gibbs radley
```

Você explora o modelo resultante examinando o atributo `components_` do modelo NMF treinado. Ele consiste em um `ndarray` NumPy contendo valores positivos para palavras conectadas ao tópico. Usando o método `argsort`, você obtém os índices das principais associações, cujos valores altos indicam que são as palavras mais representativas.

```
print (nmf.components_[0,:].argsort()[:-n_top_words-1:-1])
# Obtem as principais palavras do topico 0

[1337 1749  889 1572 2342 2263 2803 1290 2353 3615 3017
 806 1022 1938
 2334]
```

A decodificação dos índices das palavras cria strings legíveis, chamando-as do array derivado do método `get_feature_names` aplicado a `TfidfVectorizer` ajustado anteriormente.

```
print (vectorizer.get_feature_names()[1337])
# Transforma index 1337 em texto de novo

drive
```

Análise de resenhas de e-commerce

É difícil captar sentimentos, pois os seres humanos usam as mesmas palavras para expressar emoções opostas. A expressão que você transmite é uma questão de como constrói seus pensamentos em uma frase, não simplesmente das palavras usadas. Apesar de existirem dicionários de palavras positivas e negativas, e serem úteis, não são determinantes, pois o contexto da palavra importa. Você pode usar esses dicionários como um modo de enriquecer características textuais, mas se quiser obter bons resultados, precisa contar mais com o aprendizado de máquina.

DICA

É uma boa ideia ver como os dicionários de palavras positivas e negativas funcionam. O dicionário AFINN-111 contém 2.477 palavras e frases positivas e negativas (`http://www2.imm.dtu.dk/pubdb/views/publication_details.php?id=6010`). Outra boa opção é o grande léxico de opiniões, de Hu e Liu, que aparece em `https://www.cs.uic.edu/~liub/FBS/sentiment-analysis.html#lexicon` [conteúdo dos sites em inglês]. Os dois dicionários contêm palavras em inglês.

O uso de exemplos rotulados que associam frases a sentimentos cria previsores mais eficazes. Nesse exemplo você cria um modelo de aprendizado de máquina baseado em um conjunto de dados contendo resenhas da Amazon, Yelp e IMDB, que pode encontrar no UCI, o repositório de aprendizado de máquina, `https://archive.ics.uci.edu/ml/datasets/Sentiment+Labelled+Sentences` [conteúdo em inglês].

Esse conjunto de dados foi criado para o artigo "From Group to Individual Labels Using Deep Features", de Kotzias et al., para a KDD 2015. O conjunto de dados contém 3 mil resenhas rotuladas das três fontes, igualmente divididas, e os dados têm uma estrutura simples. O texto é separado por uma tabulação de um rótulo de sentimento binário, onde 1 é um sentimento positivo, e 0, um negativo. Você pode baixar o conjunto de dados e colocá-lo em seu diretório de trabalho Python com os seguintes comandos:

```
try:
    import urllib2 # Python 2.7.x
except:
    import urllib.request as urllib2 # Python 3.x
import requests, io, os, zipfile

UCI_url = 'https://archive.ics.uci.edu/ml/\
machine-learning-databases/00331/sentiment%20\
labelled%20sentences.zip'

response = requests.get(UCI_url)
compressed_file = io.BytesIO(response.content)
z = zipfile.ZipFile(compressed_file)
print ('Extracting in %s' %  os.getcwd())
for name in z.namelist():
    filename = name.split('/')[-1]
    nameOK = ('MACOSX' not in name and '.DS' not in name)
    if filename and nameOK:
        newfile = os.path.join(os.getcwd(),
                        os.path.basename(filename))
        with open(newfile, 'wb') as f:
            f.write(z.read(name))
        print ('\tunzipping %s' % newfile)
```

DICA

No caso de o script anterior não funcionar, baixe os dados (em formato zip) diretamente de `https://archive.ics.uci.edu/ml/machine-learning-databases/00331/` [conteúdo em inglês] e expanda-os usando seu descompactador favorito. Você encontra o arquivo `imdb_labelled.txt` dentro do diretório `sentiment labelled sentences` recém-criado. Após baixar os arquivos, você pode carregar o arquivo IMDB em um `DataFrame` pandas, usando a função `read_csv`.

```
import numpy as np
import pandas as pd
dataset = 'imdb_labelled.txt'
data = pd.read_csv(dataset, header=None, sep=r"\t",
                engine='python')
data.columns = ['review','sentiment']
```

É muito interessante explorar os dados textuais. Você encontra todas as frases curtas, como "Wasted two hours" ou "It was so cool". Algumas são claramente ambíguas para um computador, como "Waste your money on this game". Mesmo waste (desperdiçar) tendo um significado negativo, o imperativo faz a frase soar positiva. Um algoritmo de aprendizado de máquina só aprende a decifrar frases ambíguas como essas depois de ver muitas variantes. O próximo passo é construir o modelo, dividindo os dados em conjuntos de treinamento e teste.

```
from sklearn.cross_validation import train_test_split
corpus, test_corpus, y, yt = train_test_split(
    data.ix[:,0], data.ix[:,1],
    test_size=0.25, random_state=101)
```

Depois de dividir os dados, o código transforma o texto usando a maioria das técnicas de PLN descritas neste capítulo: contagens de token, unigramas e bigramas, remoção de stop words, normalização de comprimento de texto e transformação TF-IDF.

```
from sklearn.feature_extraction import text
vectorizer = text.CountVectorizer(ngram_range=(1,2),
                       stop_words='english').fit(corpus)
TfidF = text.TfidfTransformer()
X = TfidF.fit_transform(vectorizer.transform(corpus))
Xt = TfidF.transform(vectorizer.transform(test_corpus))
```

Depois que o texto para os conjuntos de treinamento e teste estiver pronto, o algoritmo aprende sentimentos usando uma máquina de vetores de suporte linear. Esse tipo de máquina de vetores de suporte aceita regularização L2, de modo que o código procura o melhor parâmetro C com a estratégia da busca em grade.

```
from sklearn.svm import LinearSVC
from sklearn.grid_search import GridSearchCV
param_grid = {'C': [0.01, 0.1, 1.0, 10.0, 100.0]}
clf = GridSearchCV(LinearSVC(loss='hinge',
                       random_state=101), param_grid)
clf = clf.fit(X, y)
print ("Melhores parametros: %s" % clf.best_params_)

Melhores parametros: {'C': 1.0}
```

Agora que o código determinou o melhor hiperparâmetro para o problema, você verifica o desempenho no conjunto de teste usando a *medida de precisão*, a porcentagem de vezes que o código consegue adivinhar o sentimento correto.

```
from sklearn.metrics import accuracy_score
solution = clf.predict(Xt)
print("Precisao obtida: %0.3f" %
      accuracy_score(yt, solution))


Precisao obtida: 0.816
```

Os resultados indicam uma precisão maior que 80%, mas é interessante determinar quais frases levaram o algoritmo a fazer uma previsão errada. Você pode imprimir os textos mal classificados e considerar o que o algoritmo de aprendizado está perdendo em termos de aprender com o texto.

```
print(test_corpus[yt!=solution])
601     There is simply no excuse for something this p...
32      This is the kind of money that is wasted prope...
887     At any rate this film stinks, its not funny, a...
668     Speaking of the music, it is unbearably predic...
408            It really created a unique feeling though.
413            The camera really likes her in this movie.
138     I saw "Mirrormask" last night and it was an un...
132     This was a poor remake of "My Best Friends Wed...
291                         Rating: 1 out of 10.
904     I'm so sorry but I really can't recommend it t...
410     A world better than 95% of the garbage in the ...
55      But I recommend waiting for their future effor...
826     The film deserves strong kudos for taking this...
100            I don't think you will be disappointed.
352                              It is shameful.
171     This movie now joins Revenge of the Boogeyman ...
814     You share General Loewenhielm's exquisite joy ...
218     It's this pandering to the audience that sabot...
168     Still, I do like this movie for it's empowerme...
479            Of course, the acting is blah.
31             Waste your money on this game.
805     The only place good for this film is in the ga...
127     My only problem is I thought the actor playing...
613                            Go watch it!
764            This movie is also revealing.
107     I love Lane, but I've never seen her in a movi...
674     Tom Wilkinson broke my heart at the end... and...
30      There are massive levels, massive unlockable c...
667                            It is not good.
823     I struggle to find anything bad to say about i...
739     What on earth is Irons doing in this film?
185                    Highly unrecommended.
621     A mature, subtle script that suggests and occa...
462     Considering the relations off screen between T...
595     Easily, none other cartoon made me laugh in a ...
8                             A bit predictable.
446     I like Armand Assante & my cable company's sum...
449     I won't say any more - I don't like spoilers, ...
715     Im big fan of RPG games too, but this movie, i...
241     This would not even be good as a made for TV f...
471     At no point in the proceedings does it look re...
481     And, FINALLY, after all that, we get to an end...
104                    Too politically correct.
522     Rating: 0/10 (Grade: Z) Note: The Show Is So B...
174            This film has no redeeming features.
491     This movie creates its own universe, and is fa...
Name: review, dtype: object
```

Capítulo **21**

Recomendação de Produtos e Filmes

Uma das técnicas de vendas mais antiga e comum é recomendar algo a um comprador com base no que você sabe sobre suas necessidades e desejos. Se as pessoas compram um produto, podem comprar um item associado, se houver um bom motivo. Talvez elas nem tenham pensado na necessidade do segundo produto até que o vendedor o recomende, embora precisem tê-lo para usar o primeiro. Por isso, a maioria das pessoas gosta de receber recomendações. Dado que as páginas web agora servem como um vendedor em muitos casos, os sistemas de recomendação são uma parte necessária de qualquer esforço de venda sério na web. Este capítulo o ajuda a entender melhor a importância da revolução da recomendação em todas as áreas.

Os sistemas de recomendação atendem a todos os tipos de necessidades. Por exemplo, você pode ver um título de filme interessante, ler a sinopse e ainda não saber se vai achá-lo bom. Assistir ao trailer também pode ser inútil. Somente depois de ver as críticas de outras pessoas é que você acha que tem informações suficientes para tomar uma boa decisão. Neste capítulo você também encontra métodos para obter e usar dados de avaliação.

Contudo, é difícil reunir, organizar e classificar tais informações, e o excesso de informação é a maldição da internet. Um sistema de recomendação faz todo o trabalho em segundo plano, tornando muito mais fácil para você tomar uma decisão. Você pode nem mesmo perceber que mecanismos de busca são enormes sistemas de recomendação. O mecanismo do Google, por exemplo, fornece resultados personalizados com base em seu histórico de busca.

Os sistemas de recomendação fazem mais do que apenas dar recomendações. Depois de ler imagens e textos, os algoritmos de aprendizado de máquina também leem personalidade, preferências e necessidades de uma pessoa e agem de acordo. Este capítulo o ajuda a entender como essas atividades ocorrem, explorando técnicas como a decomposição em valores singulares (SVD).

Entenda a Revolução

Um sistema de recomendação sugere itens ou ações de interesse para o usuário depois de ter aprendido suas preferências no decorrer do tempo. A tecnologia, baseada em técnicas de dados e aprendizado de máquina (supervisionado e não supervisionado) apareceu na internet há cerca de duas décadas. Hoje é possível encontrar sistemas de recomendação em quase todos os lugares, e provavelmente desempenharão um papel ainda maior no futuro, sob o pretexto de assistentes pessoais, como a Siri ou algum outro assistente digital baseado em inteligência artificial.

Os estímulos para usuários e empresas adotarem sistemas de recomendação são diferentes, mas complementares. Os usuários têm uma forte motivação para reduzir a complexidade do mundo moderno (independente do problema ser encontrar o produto ideal ou um lugar para comer) e evitar a sobrecarga de informações. As empresas, por outro lado, acham que os sistemas de recomendação oferecem uma maneira prática de se comunicar de um modo personalizado com seus clientes e impulsionar as vendas.

Os sistemas de recomendação começaram como um modo de tratar da sobrecarga de informações. O Xerox Palo Alto Research Center construiu o primeiro deles em 1992. Chamado Tapestry, manipulava o número crescente de e-mails recebidos pelos pesquisadores do centro. A ideia de filtragem colaborativa nasceu (aprendida de usuários usando semelhanças em preferências), e logo o projeto GroupLens a ampliou para seleção de notícias e recomendação de filmes (o projeto MovieLens, cujos dados você usa neste capítulo).

Quando pesos-pesados no setor do comércio eletrônico, como a Amazon, adotaram sistemas de recomendação, a ideia se tornou uma tendência e se espalhou. A Netflix fez o resto, promovendo a recomendação como uma ferramenta comercial e patrocinando uma competição para melhorar seu sistema (https://en.wikipedia.org/wiki/Netflix_Prize [conteúdo em inglês]), o que envolveu várias equipes por um longo tempo. O resultado é uma tecnologia de recomendação inovadora, que usa SVD e Restricted

Boltzmann Machines (um tipo de rede neural não supervisionada, discutida no Capítulo 16).

Contudo, os sistemas de recomendação não estão limitados a promover produtos. Desde 2002, apareceu um novo tipo de serviço na internet: redes sociais, como Friendster, Myspace, Facebook e LinkedIn. Esses serviços promovem conexões entre usuários e compartilhamento de informações, como postagens, fotos e vídeos. Além disso, mecanismos de busca como o Google acumularam informações de respostas de usuários para oferecer serviços mais personalizados e saber como atender aos desejos dos usuários ao responder melhor suas consultas (`https://en.wikipedia.org/wiki/RankBrain` [conteúdo em inglês]).

As recomendações se tornaram tão difundidas na vida diária das pessoas, que agora especialistas se preocupam com o impacto em nossa capacidade de tomar decisões independentes e perceber o mundo com liberdade. Você lê sobre essa preocupação no artigo em `https://en.wikipedia.org/wiki/Filter_bubble` [conteúdo em inglês]. A história dos sistemas de recomendação é a de máquinas se esforçando para conhecer nossa mente e nosso coração, a fim de facilitar nossa vida e promover o negócio de seus criadores.

Baixe Dados de Avaliação

Obter bons dados de avaliação é difícil. Mais adiante neste capítulo você usa o conjunto de dados MovieLens para ver como SVD o ajuda a criar recomendações de filmes. Contudo, existem outros bancos de dados à disposição. As seções a seguir descrevem o conjunto de dados MovieLens e os registros de dados contidos em MSWeb — ambos funcionam muito bem com sistemas de recomendação.

O conjunto de dados MovieLens

O site MovieLens (`https://movielens.org/` [conteúdo em inglês]) tem o objetivo de ajudá-lo a encontrar um filme. Afinal, com milhões de filmes por aí, encontrar algo novo e interessante exige um tempo que você não quer gastar. O ambiente funciona pedindo para que se insiram avaliações para filmes que já conhecidos. Então o site MovieLens faz recomendações com base em suas avaliações. Em resumo, suas avaliações ensinam a um algoritmo o que procurar, e, então, o site aplica esse algoritmo ao conjunto de dados inteiro.

Você obtém o conjunto de dados MovieLens em `http://grouplens.org/datasets/movielens/` [conteúdo em inglês]. O interessante sobre esse site é que é possível baixar todo o conjunto de dados ou parte dele com base no que você quer interagir. Você encontra downloads dos seguintes tamanhos:

» 100 mil avaliações de mil usuários sobre 1.700 filmes.

» 1 milhão de avaliações de 6 mil usuários sobre 4 mil filmes.

» 10 milhões de avaliações e 100 mil etiquetagens aplicadas a 10 mil filmes por 72 mil usuários.

» 20 milhões de avaliações e 465 mil etiquetagens aplicadas a 27 mil filmes por 138 mil usuários.

» O conjunto de dados mais recente do MovieLens nos tamanhos pequeno e completo. (Quando este livro estava sendo produzido, o tamanho completo continha 21 milhões de avaliações e 470 mil etiquetagens aplicadas a 27 mil filmes por 230 mil usuários; e o tamanho só aumenta.)

Esse conjunto de dados é uma oportunidade de trabalhar com dados gerados por usuários empregando técnicas supervisionadas e não supervisionadas. Os conjuntos de dados grandes apresentam desafios especiais que somente big data oferece. Você encontra algumas informações iniciais para trabalhar com técnicas supervisionadas e não supervisionadas nos Capítulos 12 e 14.

O exemplo a seguir usa uma versão chamada conjunto de dados MovieLense ratings, encontrado na biblioteca recommenderlab do R. Após chamar a biblioteca no R (e instalá-la, se ainda não estiver disponível em seu sistema), o código a carrega na memória e começa a explorar os dados.

```
if (!"recommenderlab" %in% rownames(installed.packages()))
{install.packages("recommenderlab")}
library("recommenderlab")
data(MovieLense)
print(MovieLense)

943 x 1664 rating matrix of class 'realRatingMatrix' with
  99392 ratings.
```

Imprimir o conjunto de dados não imprime quaisquer dados, mas o informa que o conjunto de dados é uma matriz de 943 linhas (os usuários) e 1.664 colunas (os filmes), contendo 99.392 avaliações. MovieLense é uma *matriz esparsa*, uma matriz que compacta os dados removendo a maioria dos valores zero. Você opera normalmente em uma matriz esparsa, como faria ao usar uma matriz padrão. Quando necessário, pode convertê-la em uma matriz densa padrão para estatística específica usando código como o seguinte:

```
print(table(as.vector(as(MovieLense, "matrix"))))

    1     2     3     4     5
 6059 11307 27002 33947 21077
```

A saída mostra a distribuição das avaliações. As avaliações variam de 1 a 5, e há mais positivas do que negativas. Isso acontece frequentemente em dados de avaliação: eles têm algum desequilíbrio a favor de dados positivos porque os usuários tendem a comprar ou a assistir ao que acreditam que gostarão. O desapontamento motiva as avaliações negativas, porque as expectativas não são satisfeitas. Você também pode informar quantos filmes cada usuário avaliou em média e quantos usuários avaliaram cada filme:

```
summary(colCounts(MovieLense))
   Min. 1st Qu.  Median    Mean 3rd Qu.    Max.
   1.00    7.00   27.00   59.73   80.00  583.00
summary(rowCounts(MovieLense))
   Min. 1st Qu.  Median    Mean 3rd Qu.    Max.
   19.0    32.0    64.0   105.4   147.5   735.0
```

Também é muito fácil entrar em mais detalhes e descobrir como os usuários avaliam um filme em particular.

```
average_ratings <- colMeans(MovieLense)

print(average_ratings[50])
Star Wars (1977)
        4.358491

print (colCounts(MovieLense[,50]))
Star Wars (1977)
            583
```

Nesse exemplo, 583 usuários avaliaram o quinquagésimo filme, *Guerra nas Estrelas* original, de 1977, que teve uma avaliação média de 4,36.

Navegação por dados anônimos na web

Outro conjunto de dados interessante usado para aprender com preferências é o MSWeb. Ele consiste de dados semanais registrados de forma anônima no site da Microsoft. Nesse caso, as informações registradas são sobre comportamento, não um julgamento, assim, os valores são expressos em forma binária. Como o conjunto de dados MovieLens, você baixa o conjunto de dados MSWeb da biblioteca recommenderlab do R, obtém informações sobre sua estrutura e explora como seus valores são distribuídos.

```
data(MSWeb)
print(MSWeb)
32710 x 285 rating matrix of class 'binaryRatingMatrix'
 with 98653 ratings.
print(table(as.vector(as(MSWeb, "matrix"))))

  FALSE     TRUE
9223697   98653
```

O conjunto de dados, armazenado como uma matriz esparsa, consiste de 32.710 usuários do site da Microsoft selecionados aleatoriamente, e as colunas representam 285 Vroots. Um Vroot é uma série de páginas de site agrupadas. Juntas, constituem uma área do site. Os valores binários mostram se alguém visitou certa área. (Você vê apenas um flag, não quantas vezes o usuário visitou a área do site.)

A ideia é que a visita de um usuário a certa área indica um interesse específico. Por exemplo, quando um usuário visita páginas para aprender sobre software de produtividade, junto com visitas a uma página contendo prazos e preços, esse comportamento indica interesse em adquirir o software em breve. Recomendações úteis são baseadas nas inferências sobre o desejo do usuário de comprar certas versões do software ou pacotes de software e outros serviços.

DICA

O restante do capítulo usa exclusivamente o conjunto de dados MovieLens. Contudo, você deve usar o conhecimento obtido neste capítulo para explorar o conjunto de dados MSWeb usando as mesmas metodologias, pois elas se aplicam igualmente a dados de avaliação e a dados binários.

Os limites dos dados de avaliação

Para que os sistemas de recomendação funcionem bem, precisam saber sobre você e sobre outras pessoas semelhantes e diferentes de você. A aquisição de dados de avaliação permite a um sistema de recomendação aprender com as experiências de vários consumidores. Dados de avaliação derivam de um julgamento (como a avaliação de um produto por meio de estrelas ou números) ou de um fato (1/0 binário, dizendo simplesmente que você comprou o produto, viu um filme ou parou de navegar em determinada página da web).

LEMBRE-SE

Independente da fonte ou do tipo, dados de avaliação tratam sempre de comportamentos. Para avaliar um filme você precisa decidir ir ver, assistir e avaliar o filme com base em sua experiência. Os sistemas de recomendação aprendem com dados de avaliação de diferentes modos:

» **Filtragem colaborativa:** Combina os avaliadores com base em semelhanças de filmes ou produtos usados no passado. Você obtém recomendações baseadas em itens apreciados por pessoas semelhantes a você ou em itens semelhantes àqueles de que você gosta.

» **Filtragem baseada em conteúdo:** Vai além do fato de você ter assistido a um filme. Examina as características relativas a você e ao filme para determinar se há uma correspondência baseada nas categorias maiores que as características representam. Por exemplo, se você é mulher e gosta de filmes de ação, o sistema de recomendação procurará sugestões que incluam a interseção dessas duas categorias.

> » **Recomendações baseadas em conhecimento:** Baseadas em metadados, como as preferências expressas por usuários e descrições de produto. Conta com aprendizado de máquina e é eficaz quando não há dados comportamentais suficientes para determinar características do usuário ou produto. Isso se chama *partida a frio* e representa uma das tarefas de recomendação mais difíceis, pois você não tem acesso à filtragem colaborativa nem à filtragem baseada em conteúdo.

Ao usar filtragem colaborativa, é preciso calcular semelhança (o Capítulo 14 discute o uso de medidas de semelhança). Além das distâncias euclideana, Manhattan e Chebyshev, o restante desta seção discute a *similaridade dos cossenos*. Ela mede a distância do cosseno angular entre dois vetores, o que parece um conceito difícil de entender, mas é apenas um modo de medir ângulos em espaços de dados.

Imagine um espaço feito de características, tendo dois pontos. Usando as formulações encontradas no Capítulo 14, você mede a distância entre os pontos. Por exemplo, você poderia usar a distância euclidiana, uma escolha perfeita quando há poucas dimensões, mas que falha lamentavelmente quando existem várias, por causa da maldição da dimensionalidade (https://en.wikipedia.org/wiki/Curse_of_dimensionality [conteúdo em inglês]).

A ideia por trás da distância do cosseno é usar o ângulo criado pelos dois pontos conectados à origem do espaço (em que todas as dimensões são zero). Se os pontos estiverem próximos, o ângulo é estreito, independente de quantas dimensões haja. Se estiverem bem distantes, o ângulo é muito grande. A similaridade dos cossenos implementa a distância do cosseno como uma porcentagem e é muito eficaz para dizer se um usuário é semelhante a outro ou se um filme pode ser associado a outro porque os mesmos usuários o preferem. O exemplo a seguir localiza os filmes mais parecidos com o filme 50, *Star Wars.*

```
print (colnames(MovieLense[,50]))
[1] "Star Wars (1977)"

similar_movies <- similarity(MovieLense[,50],
                             MovieLense[,-50],
                             method ="cosine",
                             which = "itens")
colnames(similar_movies)[which(similar_movies>0.70)]
[1] "Toy Story (1995)"
    "Empire Strikes Back, The (1980)"
[3] "Raiders of the Lost Ark (1981)"
    "Return of the Jedi (1983)"
```

Alavancagem de SVD

Uma propriedade da SVD é compactar os dados originais em tal grau e de tal modo inteligente, que, em certas soluções, a técnica crie características significativas e úteis, não apenas variáveis compactadas. As seções a seguir ajudam a entender a função que a SVD desempenha em sistemas de recomendação.

As origens da SVD

SVD é um método da álgebra linear que decompõe uma matriz inicial na multiplicação de três matrizes derivadas. As três derivadas contêm a mesma informação da matriz inicial, mas de um modo que expressa qualquer informação redundante (expressa pela variância estatística) apenas uma vez. A vantagem do novo conjunto é que as variáveis têm um arranjo ordenado de acordo com a parte da variância inicial contida na matriz original.

A SVD constrói as novas características usando uma soma ponderada das características iniciais. Ela coloca as características com mais variância à esquerda na nova matriz, enquanto as características com menos ou nenhuma variância aparecem do lado direito. Como resultado, não há nenhuma correlação entre as características. (Correlação entre características indica redundância de informação, como explicado no parágrafo anterior.) Aqui está a formulação da SVD:

$$A = U * D * V^T$$

Para propósitos de compactação, você somente precisa conhecer as matrizes U e D, mas ajuda examinar a função de cada matriz resultante, começando com a origem. A é uma matriz n*p, onde n é o número de exemplos, e p, o de variáveis. Como exemplo, considere uma matriz contendo o histórico de compras de n consumidores que compraram algo no intervalo p de produtos disponíveis. Os valores da matriz são preenchidos com quantidades que os clientes compraram. Ou imagine uma matriz na qual as linhas são indivíduos, as colunas são filmes e o conteúdo da matriz é uma avaliação de filme (exatamente o que o conjunto de dados MovieLens contém).

Quando o cálculo da SVD termina, você obtém as matrizes U, S e V. Em que U é uma matriz de dimensões n por k, onde k é p, exatamente as mesmas dimensões da matriz original. Ela contém as informações sobre as linhas originais em um conjunto de colunas reconstruído. Portanto, se a primeira linha da matriz original é um vetor de itens que Smith comprou, a primeira linha reconstruída U ainda representará Smith, mas o vetor terá valores diferentes. Os valores da nova matriz U são uma combinação ponderada dos valores nas colunas originais.

Você pode se perguntar como o algoritmo cria essas combinações. Elas são concebidas de modo a concentrar a máxima variância possível na primeira coluna.

Então o algoritmo concentra a maior parte da variância residual na segunda coluna, com a restrição de que a segunda coluna não é correlacionada com a primeira, distribuindo a variância residual decrescente para cada coluna sucessivamente. Concentrando-se a variância em colunas específicas, as características originais correlacionadas são somadas nas mesmas da nova matriz U, cancelando qualquer redundância presente antes. Como resultado, as novas colunas em U não têm nenhuma relação entre si, e a SVD distribui todas as informações originais em características únicas, não redundantes. Além disso, dado que as correlações indicam casualidade (mas a correlação não é causa; simplesmente a indica — uma condição necessária, mas não suficiente), o acúmulo da mesma variância cria uma estimativa aproximada da causa-raiz da variância.

V é igual à matriz U, exceto que sua forma é p*k e expressa as características originais com novos casos como uma combinação dos exemplos originais. Isso significa que você encontrará novos exemplos compostos de compradores com os mesmos hábitos de compra. Por exemplo, a SVD compacta pessoas que compram certos produtos em um único caso, que você pode interpretar como um grupo homogêneo ou um consumidor arquetípico.

Nessa reconstrução, D, uma matriz diagonal (apenas a diagonal tem valores), contém informações sobre a quantidade de variância calculada e armazenada em cada nova característica em U e V. Acumulando os valores ao longo da matriz e fazendo uma razão com a soma de todos os valores da diagonal, a variância se concentra nas primeiras características à esquerda, enquanto as à direita são quase zero ou um valor insignificante. Portanto, uma matriz original com 100 características pode ser decomposta e ter uma matriz S cujas primeiras 10 novas características reconstruídas representam mais de 90% da variância original.

A SVD tem muitas variantes de otimização, com objetivos um pouco diferentes. As principais funções desses algoritmos são semelhantes à SVD. A análise de componentes principais (PCA) se concentra na variância comum. Esse é o algoritmo mais popular e é usado em aplicações de pré-processamento de aprendizado de máquina. (Você pode saber mais sobre PCA no Capítulo 13.)

Uma propriedade interessante da SVD é que, em certas soluções, a técnica cria características significativas e úteis, não apenas variáveis compactadas, como subproduto da compactação. Nesse sentido, você pode considerar a SVD uma técnica de criação de características.

Entenda a conexão da SVD

Se seus dados contêm pistas e indícios sobre uma causa ou motivo oculto, uma SVD pode reuni-los e oferecer respostas e percepções apropriadas. Isso é particularmente verdade quando os dados são constituídos de informações como as da lista a seguir:

> » **Texto em documentos dá pistas de ideias e categorias significativas:**
> Assim como você pode chegar a uma conclusão sobre tópicos de discussão
> lendo blogs e grupos de notícias, a SVD o ajuda a deduzir classificação
> significativa de grupos de documentos ou dos tópicos específicos escritos
> sobre cada um deles.
>
> » **Críticas sobre filmes ou livros indicam suas preferências pessoais
> e categorias de produto maiores:** Se você diz em um site de avaliação
> que gostou da série *Jornada nas Estrelas* original, o algoritmo facilmente
> determina o que você gosta em termos de outros filmes, produtos para o
> consumidor ou mesmo tipos de personalidade.

Um exemplo de método baseado em SVD é a indexação semântica latente (LSI),
usada com sucesso para associar documentos e palavras com base na noção de
que palavras, apesar de diferentes, tendem a ter o mesmo significado quando
colocadas em contextos semelhantes. Esse tipo de análise sugere não apenas
sinônimos, mas também conceitos de agrupamento maiores. Por exemplo, uma
análise LSI de alguma amostra de notícias sobre esportes pode agrupar times da
Major League apenas com base na ocorrência de seus nomes em artigos semelhantes, sem nenhum conhecimento anterior do que é um time de beisebol ou
a Major League.

Outras aplicações interessantes para redução de dados são sistemas para gerar
recomendações sobre coisas que você gosta de comprar ou saber mais. Você provavelmente tem muitas ocasiões de ver sistemas de recomendação em ação. Na
maioria dos sites de comércio eletrônico, após fazer login, visitar algumas páginas de produto e avaliar ou colocar um produto na cesta eletrônica, você vê outras
oportunidades de compra baseadas nas experiências anteriores de outros clientes. (Como já mencionado, esse método é chamado de filtragem colaborativa.) A
SVD implementa filtragem colaborativa de um modo mais robusto, contando não
apenas com as informações de produtos, mas também com informações mais
amplas de um produto em um conjunto. Por exemplo, a filtragem colaborativa
determina não apenas que você gostou do filme *Os Caçadores da Arca Perdida*, mas
também que geralmente gosta de todos os filmes de ação e aventura.

Usando SVD, você implementa recomendações colaborativas baseadas em
médias simples ou em frequências calculadas no conjunto de itens comprados
por outros clientes ou em avaliações. Essa estratégia ajuda a gerar recomendações confiáveis, mesmo no caso de produtos que o vendedor raramente comer-
cializa ou que são muito novos para os usuários.

Veja a SVD em ação

O exemplo desta seção usa o conjunto de dados MovieLense descrito na seção
"O conjunto de dados MovieLens", anteriormente neste capítulo. Após carregá-lo, você escolhe configurações para trabalhar com usuários e filmes com o
número mínimo de avaliações disponíveis:

```
ratings_movies <- MovieLense[rowCounts(MovieLense) > 10,
                             colCounts(MovieLense) > 50]
```

Depois de filtrar os perfis úteis, as avaliações de cada usuário são centralizadas. Para centralizá-las, você subtrai a média dos valores de avaliação de cada usuário. Essa operação reduz o efeito de avaliações extremas (dar apenas as avaliações mais altas ou mais baixas). Isso também facilita a atribuição de valores ausentes, pois cada usuário só pode avaliar alguns filmes. As avaliações ausentes, exigidas pela SVD para completar seus cálculos, são determinadas por uma média, o que significa valores zero após centralizar a média.

```
ratings_movies_norm <- normalize(ratings_movies, row=TRUE)
densematrix <- as(ratings_movies_norm, "matrix")
densematrix[is.na(densematrix)] <- 0
```

Após normalizar, configurar as avaliações ausentes como zero e tornar a matriz densa (você não está mais usando uma matriz esparsa), o código carrega a biblioteca irlba (`https://cran.r-project.org/web/packages/irlba/index.html`). Se não estiver presente em seu sistema, instale-a com este trecho de código:

```
if (!"irlba" %in% rownames(installed.packages()))
  {install.packages("irlba")}
library("irlba")
SVD <- irlba(densematrix, nv = 50, nu = 50)
```

O algoritmo principal da biblioteca é o IRLBA (implicitly restarted lanczos bi-diagonalization algorithm) aumentado, que calcula uma SVD aproximada, limitada a certo número de dimensões reconstruídas. Calculando apenas as dimensões exigidas, ele economiza tempo e permite que você aplique SVD em matrizes imensas. O Netflix Prize usou o algoritmo com sucesso, e ele funciona melhor ao calcular algumas dimensões SVD (`https://www.youtube.com/watch?feature=player_embedded&v=ipkuRqYT8_I` [conteúdo em inglês]).

O código a seguir explora as matrizes extraídas pela função `irlba` e as utiliza como um conjunto de dados menor, com conteúdo informativo semelhante à matriz esparsa original. Observe como a matriz u tem o mesmo número de linhas da matriz de filmes inicial, enquanto a matriz v tem o número de linhas igual ao de colunas da original. As colunas são sempre 50, o número de dimensões solicitadas como parte da chamada de `irlba`.

```
print(attributes(SVD))
$names
[1] "d"       "u"       "v"       "iter"    "mprod"

print(dim(densematrix))
[1] 943 591
```

```
print(dim(SVD$u))
[1] 943  50

print(dim(SVD$v))
[1] 591  50

print(length(SVD$d))
[1] 50
```

O exemplo não para no aprendizado de dados usando uma estratégia não supervisionada. Ele também aprende a partir dos dados a probabilidade de um usuário ter visto certo filme, isto é, você determina se uma pessoa viu um filme ou não com base nos interesses do filme, graças à reconstrução da SVD. Para tornar essa análise possível, o código seleciona um filme, o extrai do conjunto de dados e recalcula a decomposição SVD. Assim, a saída não tem quaisquer pistas sobre o filme específico dentro das matrizes reconstruídas.

```
chosen_movie <- 45
print (paste("Filme escolhido:",
             colnames(densematrix)[chosen_movie]))
answer <- as.factor(as.numeric(
  densematrix[,chosen_movie]!=0))
SVD <- irlba(densematrix[,-chosen_movie], nv=50, nu=50)
rotation <- data.frame(movies=colnames(
  densematrix[,-chosen_movie]),SVD$v)

[1] "Filme escolhido: Pulp Fiction (1994)"
```

Antes de aprender com os dados, o exemplo tira proveito da matriz v produzida com a SVD. A matriz v, de itens, contém informações sobre os filmes e diz como a SVD calcula as características da matriz u (matriz de usuários). Para tarefas de aprendizado, o exemplo usa a matriz u e seus 50 componentes reconstruídos. Como ferramenta de aprendizado de máquina, o exemplo conta com um ensemble Florestas Aleatórias (random forest) de modelos de árvore de decisão.

```
if (!"randomForest" %in% rownames(installed.packages()))
  {install.packages("randomForest")}
library("randomForest")
train <- sample(1:length(answer),500)
user_matrix <- as.data.frame(SVD$u[train,])
target_matrix <- as.data.frame(SVD$u[-train,])
model <- randomForest(answer[train] ~., data=user_matrix,
                      importance=TRUE)
```

Para testar o modelo aprendido de forma eficaz, o exemplo usa 500 usuários como conjunto de treinamento. Os usuários restantes são usados para testar a precisão da previsão.

```
response <- predict(model, newdata=target_matrix,
                    n.trees=model$n.trees)
confusion_matrix <- table(answer[-train],response)
precision <- confusion_matrix[2,2] /
  sum(confusion_matrix[,2])
recall    <- confusion_matrix[2,2] /
  sum(confusion_matrix[2,])
print (confusion_matrix)
print(paste("Precisao:",round(precision,3),
            "Lembranca:",round(recall,3)))

   response
      0   1
  0 214  50
  1  36 143

[1] "Precisao: 0.741 Lembranca: 0.799"
```

Organizando as previsões do conjunto de teste em uma matriz de confusão, você observa que a precisão é muito alta, assim como a Revoção. Precisão é a porcentagem de previsões corretas. A Árvore Aleatória prevê que 210 usuários viram o filme no conjunto de teste e uma afirmação verdadeira para 158 deles, o que significa uma precisão de 75,2%. Verificar o total real de usuários que viram o filme (o valor anterior foi previsto) mostra que 188 o assistiram. Como 158 usuários previstos são iguais a 84% dos 188 usuários, o modelo tem uma Revoção de 84%, a capacidade de prever todos os usuários positivos.

O modelo que você preparou também dá uma ideia das características reconstruídas que ajudam a determinar quais usuários viram certo filme. Você inspeciona a informação imprimindo a importância derivada do modelo Árvore Aleatória, como mostrado na Figura 21-1.

```
varImpPlot(model,n.var=10)
```

De acordo com a importância representada, o primeiro componente da matriz u derivada da SVD é o mais preditivo para determinar se um usuário viu o filme. Para definir o que esse componente significa, você imprime seus elementos ordenados, do que mais contribuiu positivamente para o que o fez negativamente.

```
rotation[order(rotation[,2]),1:2]
```

A saída resultante é uma longa enumeração de filmes. No início do vetor, no intervalo negativo, você encontra filmes como *Star Wars*, *O Poderoso Chefão*, *Os Caçadores da Arca Perdida* e *O Silêncio dos Inocentes.* No final do vetor, no setor positivo, você vê filmes como *O Mentiroso*, *Marte Ataca!* e *Flechas de Fogo*. Como os valores negativos são mais fortes em valor absoluto que os positivos, parecem transmitir mais significado para o componente SVD. Assim, os usuários que assistem a sucessos como *Star Wars*, *O Poderoso Chefão* ou *Os Caçadores da Arca Perdida* provavelmente também assistem a um filme como *Pulp Fiction*. Você testa a teoria vendo diretamente como eles são semelhantes ao filme-alvo com a distância do cosseno.

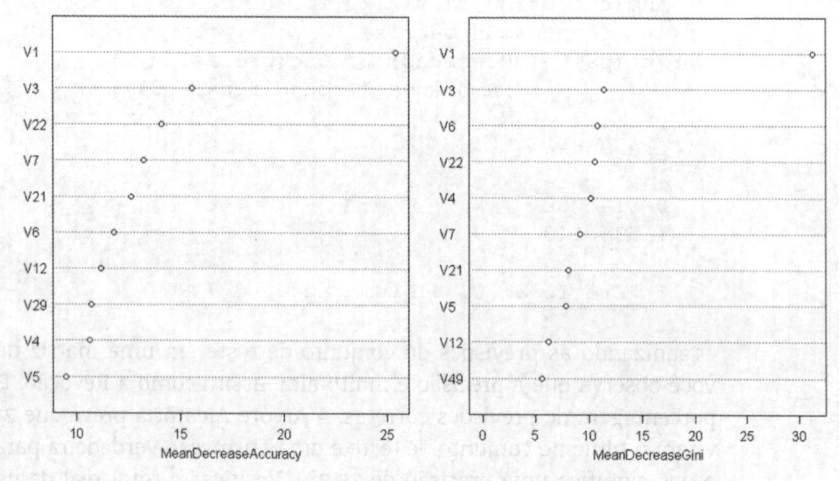

FIGURA 21-1: Medidas de importância derivadas de Árvore Aleatória.

```
similarity(ratings_movies[,45], ratings_movies[,145],
           method ="cosine", which = "itens")

Raiders of the Lost Ark (1981)
Pulp Fiction (1994)                            0.7374849


similarity(ratings_movies[,45], ratings_movies[,82],
           method ="cosine", which = "itens")

Silence of the Lambs, The (1991)
Pulp Fiction (1994)                            0.7492093
```

Como mostrado na saída, os usuários que veem filmes como *Os Caçadores da Arca Perdida* ou *O Silêncio dos Inocentes* provavelmente também veem *Pulp Fiction*.

DICA

Interpretar os resultados de uma SVD é uma arte e exige muito conhecimento na área (nesse caso, significa ter especialistas em cinema). A SVD coloca conjuntos de usuários e itens juntos nas matrizes u e v. Fica por sua conta usá-los para construir recomendações e, se necessário, fornecer uma explicação sobre suas características reconstruídas com base em seu conhecimento e intuição.

LEMBRE-SE

A SVD sempre encontra o melhor modo de relacionar uma linha ou coluna em seus dados, descobrindo interações ou relações complexas não imaginadas. Você não precisa imaginar nada antecipadamente; essa é uma estratégia totalmente voltada a dados.

A Parte
dos Dez

Pacotes e bibliotecas que você precisa adicionar em sua caixa de ferramentas.

Estruturas que facilitam as coisas.

Dicas para aprender melhor com dados.

Melhoramentos no uso de modelos.

» **Analise dados de transmissão ao vivo usando Cloudera Oryx**

» **Adicione reconhecimento de imagens em aplicativos web usando ConvNetJS**

» **Obtenha uma implementação de SVM em R usando e1071**

» **Execute tarefas de interface em linguagem natural usando Gensim**

» **Faça uma floresta de árvores de decisão em R usando randomForest**

» **Obtenha suporte para GBDT, GBRT e GBM para uma variedade de linguagens com XGBoost e mais**

Capítulo **22**

Dez Pacotes para Dominar

O livro fornece muitas informações sobre pacotes de aprendizado de máquina específicos, como caret (R) e NumPy (Python). Eles são bons e versáteis e são usados para iniciar sua jornada no aprendizado de máquina. É importante ter mais materiais em sua caixa de ferramentas, o tema das sugestões encontradas neste capítulo. Esses pacotes oferecem ideias e recursos adicionais de aprendizado de máquina. Apesar de existirem muitos outros pacotes no mercado, estes darão alguma noção de aonde ir a seguir e também tornam mais fácil explorar outros pacotes. Os sites informados têm conteúdo em inglês.

Cloudera Oryx

http://www.cloudera.com/

Cloudera Oryx é um projeto de aprendizado de máquina do Apache Hadoop (http://hadoop.apache.org/) que fornece uma base para executar tarefas de aprendizado de máquina. Ele enfatiza o uso de dados de transmissão ao vivo. Esse produto adiciona funcionalidade de segurança, controle e gerenciamento ausentes no Hadoop, de modo que você pode criar aplicativos empresarias com grande facilidade.

A funcionalidade fornecida pelo Oryx tira proveito do Apache Kafka (http://kafka.apache.org/) e do Apache Spark (http://spark.apache.org/) (veja a discussão sobre Spark no Capítulo 8). Tarefas comuns para esse produto são filtros de spam em tempo real e mecanismos de recomendação. O Oryx pode ser baixado em https://github.com/cloudera/oryx.

CUDA-Convnet

https://github.com/dnouri/cuda-convnet

Conforme descrito nos Capítulos 1 e 3, as GPUs permitem executar tarefas de aprendizado de máquina significativamente mais rápido. O Capítulo 6 informa como adicionar Accelerate no Anaconda para fornecer suporte básico para GPU nesse ambiente, e o Capítulo 8 fala sobre Caffe, um produto separado que você pode usar para processar imagens com Python ou MATLAB. Você também encontra menção das GPUs no Capítulo 12, a respeito de redes neurais, e no Capítulo 19, na discussão sobre aplicações de aprendizado profundo em reconhecimento de imagens. Mesmo o livro não discutindo como usar uma GPU e apenas tocando a superfície da alquimia complexa de uma rede convolucional, se precisar realizar processamento de imagem sério, obviamente precisa de uma GPU. As bibliotecas discutidas nos capítulos anteriores não oferecem a velocidade que poderiam, pois contam com rotinas generalizadas. A biblioteca CUDA-Convnet oferece suporte específico para o processador de GPU CUDA da NVidia (http://www.nvidia.com/object/cuda_home_new.html), o que significa que pode fornecer processamento mais rápido, à custa de flexibilidade de plataforma (você precisa ter um processador CUDA em seu sistema). De modo geral, essa biblioteca usa aplicações de rede neural.

ConvNetJS

```
https://github.com/karpathy/convnetjs
```

Conforme descrito para CUDA-Convnet, a capacidade de reconhecer objetos em imagens é uma tarefa de aprendizado de máquina importante, mas fazer o trabalho sem uma boa biblioteca é difícil ou até impossível. Enquanto CUDA-Convnet fornece suporte para aplicações de desktop pesadas, ConvNetJS oferece suporte para processamento de imagens de aplicativos JavaScript. A característica importante dessa biblioteca é que funciona de modo assíncrono. Quando você faz uma chamada, o aplicativo continua a funcionar. Uma resposta assíncrona permite que o aplicativo saiba quando tarefas, como o treinamento, terminam, para que o usuário não pense que o navegador congelou (deixe de responder de algum modo). Dado que essas tarefas demoram bastante para terminar, o suporte para chamada assíncrona é essencial.

e1071

```
https://cran.r-project.org/web/packages/e1071/index.html
```

Você viu a e1071 em funcionamento nos Capítulos 12 e 17. Essa biblioteca R, desenvolvida pelo ensemble E1071 sobre teoria da probabilidade da TU Wien, dá suporte para máquinas de vetores de suporte (SVMs). Por trás de sua interface de comandos R funciona uma biblioteca C++ externa (com uma API em C para fazer interface com outras linguagens), desenvolvida na Universidade Nacional de Taiwan. Você descobre mais sobre LIBSVM para classificação e regressão SVM em `http://www.csie.ntu.edu.tw/~cjlin/libsvm/`, junto com muitos conjuntos de dados, tutoriais e até um guia prático para obter mais SVMs.

Além disso, você obtém funções de suporte para análise de classe latente, transformada de Fourier de tempo curto, agrupamento difuso, cálculo do caminho mais curto, agrupamento com bagging e classificadores Naïve Bayes. Nenhum desses usos de e1071 é demonstrado diretamente no livro, mas você encontra informações sobre os fundamentos de muitos deles, como Naïve Bayes (Capítulos 9 e 12).

gbm

```
https://cran.r-project.org/web/packages/gbm/index.html
```

Conforme descrito no Capítulo 18, o algoritmo GBM (Gradient Boosting Machines) usa otimização por gradiente descendente para determinar os pesos certos para aprendizado no grupo. O aumento de desempenho resultante é impressionante, tornando o GBM uma das ferramentas preditivas mais poderosas que você usa em aprendizado de máquina. O pacote gbm adiciona suporte para GBM ao R. Inclui também métodos de regressão para quadrados mínimos, perda absoluta, perda de distribuição t, regressão quantílica, logística, logística multinomial, Poisson, probabilidade parcial Cox Proportional Hazards, perda exponencial AdaBoost, Huberized Hinge Loss e medidas Learning to Rank (LambdaMart).

O pacote também fornece funções convenientes para validação cruzada a fim de saber como ajustar o número de árvores sem sobreajuste, um hiperparâmetro crucial do algoritmo. O livro toca apenas ligeiramente no potencial incrível dessa adição à sua caixa de ferramentas.

Gensim

```
https://radimrehurek.com/gensim/
```

Gensim é uma biblioteca Python para processamento de linguagem natural (PLN) e aprendizado não supervisionado em dados textuais. Ela oferece uma ampla variedade de algoritmos: TF-IDF, projeções aleatórias, alocação de Dirichlet latente, análise semântica latente e dois algoritmos semânticos: word2vec e document2vec (`https://code.google.com/archive/p/word2vec/`).

Word2vec é baseado em redes neurais (redes rasas, não de aprendizado profundo) e permite transformações significativas de palavras em vetores de coordenadas que você opera de modo semântico. Por exemplo, operar no vetor `Paris`, subtrair o vetor `France` e, então, adicionar o vetor `Italy` resulta no vetor `Rome`, demonstrando como se usam matemática e o modelo Word2vec correto para efetuar operações semânticas em texto.

glmnet

```
https://web.stanford.edu/~hastie/glmnet/glmnet_alpha.html
```

A seção "Estime as Características Corretas", do Capítulo 15, discute regularização como uma solução eficaz, rápida e fácil de usar quando existem muitas características e se quer reduzir a variância das estimativas devida à multicolinearidade entre seus previsores. Uma forma de regularização discutida nesse capítulo é Lasso, um dos modos de suporte obtidos com glmnet (o outro é elastic-net). Esse pacote ajusta modelos de regressão linear, logística e multinomial, Poisson e Cox. Esse pacote também é usado para fazer previsões, traçar gráficos e para validação cruzada K-fold. O professor Rob Tibshirani, criador da regularização L1 (também conhecida como Lasso) também ajudou a desenvolver esse pacote. O modo mais fácil de obtê-lo é baixando-o de `https://cran.r-project.org/web/packages/glmnet/index.html`. Além disso, Gensim oferece multiprocessamento e recursos fora da memória principal, permitindo acelerar o processamento de algoritmos e manipular dados textuais maiores que a memória RAM disponível.

randomForest

```
https://cran.r-project.org/web/packages/randomForest/index.html
```

Conforme descrito no Capítulo 18, é possível melhorar uma árvore de decisão replicando-a muitas vezes e tirando a média dos resultados para obter uma solução mais geral. O pacote de fonte aberta em R para executar essa tarefa é randomForest. Você pode usá-lo para executar tarefas de classificação e regressão baseadas em uma floresta de árvores com entradas aleatórias. A versão em Python desse pacote aparece como RandomForestClassifier e RandomForest Regressor, ambos encontrados no Scikit-learn, um pacote usado na maioria dos exemplos em Python do livro.

SciPy

```
http://www.scipy.org/
```

A biblioteca SciPy contém muitas outras bibliotecas que também podem ser baixadas separadamente. Elas dão suporte para matemática, ciências e engenharia. Quando você obtém SciPy, recebe um conjunto de bibliotecas projetadas para funcionar em conjunto para criar aplicações de vários tipos. As bibliotecas são:

- » NumPy
- » SciPy
- » matplotlib
- » IPython

>> Sympy

>> pandas

A biblioteca SciPy em si se concentra em rotinas numéricas, como para integração e otimização numéricas. SciPy é uma biblioteca de propósito geral que oferece funcionalidade de várias áreas. Também dá suporte a bibliotecas de áreas específicas, como Scikit-learn, Scikit-image e statsmodels. Para tornar sua experiência com SciPy ainda melhor, use os recursos de `http://www.scipy-lectures.org/`. O site contém muitas aulas e tutoriais sobre as funções da SciPy.

XGBoost

`https://github.com/dmlc/xgboost`

Apesar de o livro abordar GBM especificamente no Capítulo 18, existem outros tipos de Gradient Boosting Machines baseados em um conjunto um pouco diferente de estratégias de otimização e funções de custo. O pacote XGBoost permite aplicar GBM a qualquer problema, graças à sua ampla variedade de funções objetivas e métricas de avaliação. Ele funciona com diversas linguagens, incluindo Python, R, Java e C++.

Apesar de GBM ser um algoritmo sequencial (e, assim, mais lento que outros que tiram proveito dos modernos computadores multinúcleo), XGBoost aproveita o processamento multitarefa para procurar em paralelo as melhores divisões entre as características. O uso de multitarefa ajuda o XGBoost a ter desempenho imbatível, quando comparado a outras implementações de GBM, tanto em R como em Python. Por causa de tudo que contém, o nome completo do pacote é eXtreme Gradient Boosting (ou, abreviadamente, XGBoost). Você encontra a documentação completa para esse pacote em `https://xgboost.readthedocs.org/en/latest/`.

» As melhores maneiras de melhorar
seu modelo

» As melhores maneiras de otimizar
seu problema

» Explore soluções, das mais simples
às mais complexas

» Use uma solução para prever outra

» Crie e projete características

» Dê aos algoritmos mais chances de
aprender e mais

Capítulo **23**

Dez Modos de Melhorar Seus Modelos

Agora que seu algoritmo concluiu o aprendizado com os dados obtidos com Python ou R, você está ponderando os resultados de seu conjunto de teste e se perguntando se pode melhorá-los ou não. Este capítulo apresenta várias verificações e ações que indicam métodos que você pode usar para melhorar o desempenho do aprendizado de máquina e obter um preditor mais geral, capaz de funcionar igualmente bem com seu conjunto de teste ou com dados novos. Esta lista de dez técnicas oferece a você oportunidades de melhorar o resultado obtido usando algoritmos de aprendizado de máquina.

LEMBRE-SE

Monitorar o desempenho do aprendizado usando um conjunto de treinamento o ajuda a ver como o algoritmo se comporta. Os resultados do treinamento são sempre otimistas demais, porque, à medida que o aprendizado ocorre, também acontece alguma memorização de dados. Os conselhos a seguir o ajudam a obter um resultado melhor ao usar um conjunto de teste. Apenas uma estimativa de validação cruzada de k-conjuntos ou resultados fora da amostra são preditivos do funcionamento de sua solução ao usar novos dados.

Estudo de Curvas de Aprendizagem

Como um primeiro passo para melhorar seus resultados, você precisa determinar os problemas com seu modelo. Curvas de aprendizagem exigem verificação em um conjunto de teste, enquanto você varia o número de instâncias de treinamento. (Quando não tiver um conjunto fora da amostra disponível, bastará uma estimativa de validação cruzada.) Você notará imediatamente se encontrou muita diferença entre erros na amostra e fora dela. Uma grande diferença inicial (erro na amostra baixo e fora da amostra alto) é sinal de variância na estimativa. Inversamente, ter erros altos e semelhantes é sinal de que se trabalha com um modelo viciado.

Você também precisa saber como o modelo se comporta quando o tamanho da amostra aumenta. Quando a variância é o problema, o erro na amostra deve aumentar à medida que o número de exemplos de treinamento cresce, pois o modelo achará mais difícil memorizar todas as novas instâncias com que você o alimenta. Por outro lado, o erro fora da amostra deve diminuir à medida que o modelo aprende mais regras, devido à maior evidência oferecida por uma amostra maior.

Quando o problema for vício, você deve observar um padrão semelhante ao descrito anteriormente, mas em escala menor. Mais dados só beneficiam um modelo viciado até certo número de exemplos de treinamento. Em certo ponto, independentemente de quantos dados adicionais forneça, o desempenho fora da amostra do modelo não melhorará. Quanto antes a falta de melhoria ocorre, mais viciado é seu modelo. Quando você nota vícios, mais dados trazem poucos benefícios aos resultados, e você deve mudar os modelos ou tentar tornar o modelo presente mais complexo. Por exemplo, em um modelo linear, você conta com interações ou expansão polinomial completa para reduzir o vício.

Problemas de variância reagem bem quando você fornece mais dados. Para corrigir esse problema, determine o tamanho do conjunto de treinamento em que as curvas de erro fora e na amostra convergem e verifique se você pode obter dados suficientes. Quando não for viável obtê-los (porque, por exemplo, as curvas estão distantes demais), é preciso introduzir correções no modelo baseadas em seleção de variável ou em ajustes de hiperparâmetro.

DICA

O Python ajuda a desenhar curvas de aprendizagem facilmente, usando a função `Scikit-learn()`. Você também obtém o mesmo resultado usando R com funções personalizadas, conforme descrito pelo blog Revolution analytics em `http://blog.revolutionanalytics.com/2015/09/why-big-data-learning-curves.html` [conteúdo em inglês].

Uso Correto de Validação Cruzada

Ver uma grande diferença entre estimativas de validação cruzada (VC) e o resultado é um problema comum que aparece com um conjunto de teste ou dados novos. Esse problema significa que algo deu errado na validação cruzada. Além do fato de VC não ser boa preditora de desempenho, esse problema também significa que um indicador enganoso o induziu a modelar o problema incorretamente e a obter resultados insatisfatórios.

LEMBRE-SE

A validação cruzada dá pistas quando os passos executados (preparação de dados, seleção de dados e características, correção de hiperparâmetros ou escolha do modelo) estão corretos. É importante, mas não fundamental, que as estimativas com VC repliquem precisamente medidas de erro fora da amostra. Contudo, *é* crucial que as estimativas com VC reflitam corretamente a melhora ou piora na fase de teste devida às decisões de modelagem. Geralmente existem dois motivos para as estimativas com validação cruzada variarem em relação aos resultados de erro reais:

>> **Snooping:** Vazamento de informações da resposta para o modelo. O problema também afetará seu conjunto de teste quando o vazamento for generalizado, mas não afetará novos dados usados fora da amostra. Esse problema frequentemente acontece quando você aplica pré-processamento em dados de treinamento e teste combinados. (Ao combinar, você empilha verticalmente as matrizes de treinamento e teste para poder trabalhar em apenas uma matriz, sem replicar duas vezes as operações nos dados.)

Você pode combinar conjuntos de treinamento e teste para preprocessá-los facilmente. Contudo, precisa ter em mente que não deve usar os dados de teste para computar entradas de dados ausentes, normalização de parâmetros ou redução de dimensionalidade. Ao usar dados combinados para qualquer um desses três propósitos, as informações do conjunto de teste vazam facilmente e de modo imperceptível para seu processo de treinamento, tornando o trabalho não confiável.

>> **Amostragem incorreta:** Quando você converte classes em dados, uma amostragem aleatória simples pode ser inadequada. É preciso testar a amostragem estratificada, um método de amostragem estatística (`https://en.wikipedia.org/wiki/Stratified_sampling`

DICA

[conteúdo em inglês]) que garante a extração das classes de resposta da amostra na mesma proporção do conjunto de treinamento.

O Python oferece um amostrador de VC de k-conjuntos estratificados sobre o qual você pode ler em `http://scikit-learn.org/stable/modules/cross_validation.html#stratified-k-fold`. O R estratifica amostras usando o método createFolds da biblioteca caret, descrita em `http://www.inside-r.org/packages/cran/caret/docs/createDataPartition`, quando você fornece o parâmetro y como fator. (A biblioteca caret usa níveis como estratos para amostragem [conteúdo dos sites em inglês].)

Escolha da Métrica de Erro ou Escore Correta

Tentar otimizar uma métrica de erro com base no erro da mediana, usando um algoritmo de aprendizado baseado no erro médio, não fornecerá os melhores resultados, a não ser que você gerencie o processo de otimização de modo que trabalhe a favor da métrica escolhida. Ao resolver um problema usando dados e aprendizado de máquina, você precisa analisá-lo e determinar a métrica ideal a otimizar. Exemplos ajudam muito. Você pode obter muitos deles em artigos acadêmicos e em competições públicas de aprendizado de máquina, que definem cuidadosamente problemas específicos em termos de dados e métrica de erro/escore. Procure uma competição cujos objetivos e dados sejam semelhantes aos seus e verifique a métrica solicitada.

DICA

Competições são muito inspiradoras em mais do que métricas de erro. Você aprende facilmente a gerenciar aplicações de dados, usar truques de aprendizado de máquina e exercitar criação de características inteligente. Por exemplo, examine a base de conhecimento oferecida por sites como Kaggle (`https://www.kaggle.com/competitions` [conteúdo em inglês]), que oferece centenas de competições, todas com dados, melhores métricas e muitas dicas de especialistas para ajudá-lo a aprender com dados da melhor maneira.

Verifique se o algoritmo de aprendizado de máquina que deseja usar suporta a métrica escolhida. Se o algoritmo usa outra métrica, tente influenciá-lo, procurando a melhor combinação de hiperparâmetros que maximizem sua métrica. Você consegue isso fazendo uma busca em grade pelo melhor resultado com validação cruzada, usando a própria métrica como alvo.

Busca dos Melhores Hiperparâmetros

Diversos algoritmos funcionam muito bem imediatamente com as configurações de parâmetro padrão. Contudo, sempre é possível obter resultados melhores testando diferentes hiperparâmetros. Basta criar uma busca em grade entre os possíveis valores que seus parâmetros podem ter e avaliar os resultados usando a métrica de erro ou escore correta. A busca leva tempo, mas melhora seus resultados (não drástica, mas significativamente).

DICA

Quando uma busca demora demais para terminar, muitas vezes você pode obter os mesmos resultados trabalhando em uma amostra dos dados originais. Poucos exemplos escolhidos aleatoriamente exigem menos cálculos, mas normalmente indicam a mesma solução. Outro truque que economiza tempo e esforço é fazer uma busca aleatória (veja o Capítulo 11, na seção "Explore o espaço dos hiperparâmetros", que também compara busca em grade com a aleatória), limitando o número de combinações de hiperparâmetro a testar.

Teste de Vários Modelos

O teorema "não há almoço grátis" sempre deve ser uma inspiração para você, lhe lembrando a não se apaixonar por certas estratégias de aprendizado apenas porque apresentaram resultados interessantes no passado. Como uma boa prática, teste vários modelos, começando com os básicos — os que têm mais vício que variância. Você sempre deve privilegiar soluções simples, não as complexas. Você pode descobrir que uma solução simples funciona melhor. Por exemplo, talvez queira manter as coisas simples e usar um modelo linear, em vez de um grupo de modelos baseados em árvore mais sofisticados.

DICA

É útil representar o desempenho de diferentes modelos com o mesmo gráfico antes de escolher o melhor para resolver seu problema. Você pode colocar modelos usados para prever comportamentos de consumidor, como uma resposta a uma oferta comercial, em gráficos especiais de ganho e elevação. Esses gráficos mostram como o modelo se comporta, particionando os resultados em decis ou em partes menores. Como você pode estar interessado apenas nos consumidores que mais provavelmente responderão à oferta, ordenar as previsões da maior para a menor deverá enfatizar a qualidade de seus modelos na previsão dos consumidores mais promissores. Essas respostas do Quora o ajudam a ver como os gráficos de ganho e elevação funcionam: `https://www.quora.com/Whats-Lift-curve` e `https://www.quora.com/ROC-Curve-and-AUC/Whats-ROC-curve` [conteúdo dos sites em inglês].

Testar vários modelos e fazer sua *introspecção* (saber quais características funcionam melhor com eles) também fornece sugestões quanto a quais características transformam para a criação de características, ou quais omitir ao fazer seleções.

Tire a Média dos Modelos

Aprendizado de máquina envolve construir muitos modelos e criar muitas previsões distintas, todas com diferentes desempenhos de erro esperados. Pode surpreendê-lo saber que é possível obter resultados ainda melhores tirando a média dos modelos. O princípio é muito simples: a variância da estimativa é aleatória, portanto, tirando a média de muitos modelos diferentes, você melhora o *sinal* (a previsão correta) e exclui o ruído, que frequentemente se cancelará (a soma de erros opostos é zero).

Às vezes os resultados de um algoritmo que funciona bem, misturados aos de um mais simples, que não funciona tão bem, criam previsões melhores do que usando um único algoritmo. Não subestime as contribuições apresentadas por modelos mais simples, como os modelos lineares, ao tirar a média de seus resultados com a saída de algoritmos mais sofisticados, como gradient boosting.

É o mesmo princípio que você busca ao aplicar grupos de aprendizes, como bagging de árvore e grupos de boosting. Contudo, dessa vez você usa a técnica em modelos completos e heterogêneos que prepara para avaliação. Nesse caso, se o resultado precisa adivinhar uma função-alvo complexa, diferentes modelos capturam partes específicas da função. Somente tirando a média dos resultados gerados por diferentes modelos simples e complexos é que você pode aproximar um modelo que, de outra forma, não seria possível construir.

Empilhamento de Modelos

Pelos mesmos motivos que a média funciona, o empilhamento também oferece desempenho melhor. No empilhamento você constrói seus modelos de aprendizado de máquina em dois estágios (às vezes até mais). Inicialmente essa técnica prevê vários resultados usando diferentes algoritmos, todos aprendendo com as características presentes em seus dados. Durante a segunda fase, em vez de fornecer características que um novo modelo aprenderá, você oferece a esse modelo as previsões dos outros anteriormente treinados.

Usar uma estratégia de dois estágios é justificado na suposição de funções-alvo complexas. Você pode aproximá-las apenas usando vários modelos juntos e combinando o resultado da multiplicação de modo inteligente. Como modelo do segundo estágio você usa uma regressão logística simples ou um grupo em árvore complexo.

DICA

A competição da Netflix dá evidência e uma ilustração detalhada sobre como modelos heterogêneos são empilhados para formar modelos mais poderosos. Contudo, implementar essa solução como uma aplicação que funcione é muito complexo, conforme descrito em `https://www.techdirt.com/articles/20120409/03412518422/why-netflix-never-implemented-algorithm-that-won-netflix-1-million-challenge.shtml` [conteúdo em inglês].

Aplicação de Engenharia de Características

Se você acredita que vício ainda afeta seu modelo, tem poucas escolhas a não ser criar características que melhorem o desempenho do modelo. Toda característica nova pode facilitar a adivinhação da resposta-alvo. Por exemplo, se classes não são separáveis linearmente, a criação de características é o único modo de mudar uma situação com que seu algoritmo de aprendizado de máquina não consegue lidar corretamente.

A criação automática de características é possível com classe de algoritmos de aprendizado de máquina de expansão polinomial ou máquinas de vetores de suporte. As máquinas de vetores de suporte procuram características melhores automaticamente em espaços de características de dimensão mais alta, de forma computacionalmente rápida e com excelente uso de memória.

Contudo, nada substitui sua experiência e o entendimento do método necessário para resolver o problema de dados que o algoritmo tenta aprender. Você pode criar características com base em seu conhecimento e ideias de como as coisas funcionam no mundo. Os seres humanos ainda são imbatíveis nisso, e as máquinas não podem substituí-los facilmente. A criação de características é mais arte que ciência, e indubitavelmente uma arte humana.

LEMBRE-SE

A criação de características é sempre o melhor modo de melhorar o desempenho de um algoritmo — não somente quando vício é o problema, mas também quando o modelo é complexo e tem alta variância.

Seleção de Características e Exemplos

Se a variância da estimativa é alta e seu algoritmo conta com muitas características (os algoritmos baseados em árvore escolhem as características com as quais aprendem), você precisa cortar algumas delas para obter resultados melhores. Nesse contexto é aconselhável reduzir o número de características em sua matriz de dados, escolhendo aquelas com valor preditivo mais alto.

Ao se trabalhar com modelos lineares, máquinas de vetores de suporte lineares ou redes neurais, a regularização é sempre uma opção. L1 e L2 reduzem a influência de variáveis redundantes ou até as remove do modelo (veja a seção "Resolva sobreajuste usando seleção", do Capítulo 15). A escolha da estabilidade usa a capacidade da L1 de excluir variáveis menos úteis. A técnica faz a reamostragem dos dados de treinamento para confirmar a exclusão.

DICA

Você conhece mais sobre seleção de estabilidade vendo o exemplo no site do Scikit-learn: `http://scikit-learn.org/stable/auto_examples/linear_model/plot_sparse_recovery.html`. Além disso, pode praticar o uso das funções `RandomizedLogisticRegression` e `RandomizedLasso` do Scikit-learn no módulo `linear_model` [conteúdo dos sites em inglês].

Além da seleção de estabilidade, o R e o Python oferecem alguns algoritmos gulosos recursivos (veja `http://ieeexplore.ieee.org/xpl/login.jsp?arnumber=1530718`, por exemplo [conteúdo em inglês]) que testam se vale a pena manter uma característica em um modelo, experimentando-o quando ela está presente e quando está ausente. Somente características que diminuem erros do modelo são mantidas no processo de aprendizado. Em Python você pode verificar o módulo `feature_selection` e seu seletor recursivo: `http://scikit-learn.org/stable/modules/feature_selection.html#recursive-feature-elimination` [conteúdo em inglês].

O R fornece a mesma funcionalidade na função `rfe` da biblioteca caret (`http://www.inside-r.org/packages/cran/caret/docs/rfe`), que implementa uma seleção de característica recursiva para trás. Essa técnica remove características do modelo uma por uma, usando a matriz de dados completa até que o desempenho comece a cair (significando que o algoritmo começou a remover características importantes).

Busca por Mais Dados

Depois de tentar todas as sugestões anteriores, ainda pode haver alta variância de previsões com que lidar. Nesse caso, a única opção é aumentar o tamanho do conjunto de treinamento. Tente aumentar sua amostra fornecendo novos dados, os quais podem se transformar em novos casos ou características.

Se quiser adicionar mais casos, basta verificar se você tem dados semelhantes à mão. Muitas vezes você encontra mais dados, mas eles não têm rotulagem, ou seja, a variável de resposta. Despender tempo com a rotulagem de novos dados ou pedir para que outras pessoas os rotulem para você é um ótimo investimento.

Modelos complexos melhoram muito com exemplos de treinamento adicionais, pois adicionar dados torna a estimativa de parâmetros muito mais confiável e esclarece casos para os quais o algoritmo de aprendizado de máquina não consegue determinar a regra a extrair.

Se quiser adicionar novas características, localize uma fonte de dados de código aberto, se possível, para combiná-los com suas entradas. Outro excelente modo de obter novos casos e características é fazendo scraping de dados na web. Frequentemente dados estão disponíveis em diferentes fontes ou por meio de uma API (interface de programação de aplicativos). Por exemplo, as APIs do Google (`https://developers.google.com/apis-explorer/#p/` [conteúdo em inglês]) oferecem muitas fontes de informação geográficas e comerciais. Com script de sessão de scraping é possível obter novos dados que estabelecem uma perspectiva diferente para seu problema de aprendizado. Novas características ajudam, oferecendo modos alternativos de separar suas classes, o que você faz estabelecendo a relação entre a resposta e os previsores mais lineares e menos ambíguos.

Índice

A

ações determinísticas, 210
Adaboost, 327
adaptação, 39
agendamento de recursos, 17
agregação de bootstrap
ou bagging, 320
agrupamento, 245
ajuste exato, 303
Alan Turing, 12, 352
algoritmo, 13, 23, 168, 174, 175, 211, 248
    algoritmo KNN, 201
    aprendiz, 33
    de agrupamento, 242
    de aumento de gradiente, 301
    de automação de marketing, 169
    evolucionário, 31
    função, 30
    GBM (Gradient Boosting Machines), 390
    guloso, 206
    K-médias, 257
    mestre, 29
    técnicas de uso, 24, 31
algoritmo KNN
    ou K-Vizinhos Mais Próximos), 201
algoritmos complexos, 141
algoritmos de lote, 177
Allan Wilks, 50
alor de ponto flutuante, 112
Amazon, 9, 27, 32, 41, 367, 372
ambientes industriais, 38
AMORE, 294
amostra, 164
amostragem aleatória, 178, 182, 279
amostragem estatística, 177
amostragem estratificada, 164, 178
amostragem incorreta, 395
análise, 39
análise complexa, 17
análise de componentes principais (PCA),
   233, 257
análise de sentimento, 215

análise exploratória de dados (EDA), 236
análise preditiva, 13
analogia, 32
analogistas, 29
Androides, 11
Antikythera, 12
Apache Hadoop, 388
Apache Singa, 139
Apache Spark MLlib, 139
API (interface de programação de
   aplicativos), 401
Apple Lisa, 36
aprendizado em minilote, 179
aprendizado fora da memória principal, 279
aprendizado não supervisionada, 169, 241
aprendizado não supervisionado, 390
aprendizado online, 179, 206, 279
aprendizado por reforço, 169
aprendizado profundo, 44, 296, 341
aprendizado supervisionada, 168, 241
aprendizes fracos, 201
aproximadores universais, 290
argumento, 70
    byrow, 70
    data, 70
    dimnames, 70
    ncol, 70
    nomeado, 72
    nrow, 70
    posicional, 72
argumentos, 122
    posicionais, 123
armadilhas da tecnologia, 44
armas autônomas, 11
arrays, 73
árvores de decisão, 201, 206, 318
    folha terminal, 209
assistência médica, 37
Atari, 169
atendimento ao cliente, 17
automação, 17
avaliação, 34

B

backpropagation, 29, 31, 290
bagging, 320, 326
bagging de árvore, 398
bancos de dados online, 24
bayesianos, 29
Beautiful Soup, 360
biblioteca caret, 396
big data, 20, 23
    anonimato, 25
    complexidade e profundidade, 24
    fonte, 25
    privacidade, 25
biologia evolutiva, 29
biônica, 16
Blade Runner, 11
blocos de código, 122
bootstrap, 194, 326
busca aleatória, 197
busca em grade, 196

C

C++, 21
C-3PO, 11
Caffe, 140
camada de entrada, 286
camada de saída, 286
camadas de pooling, 341
camadas ocultas, 287
câncer, 33
capacidade de representação, 290
caractere de escape, 130
característica, 149, 170, 263
    qualitativa, 149, 170
    quantitativa, 149, 170
características qualitativas, 224
características quantitativas, 224
características visuais, 340
caret (R), 387
carros autônomos, 148
cartão de crédito, 17
casas de repouso, 37
chamador, 121
classificação, 255, 310, 319, 330, 364
classificação de dados, 148
classificação de imagens, 335, 345
classificação de texto, 215
classificação multiclasse, 142

classificação textual, 300
classificador, 170, 181
cláusula, 126
Cloudera Oryx, 388
codificação one-hot, 149, 268
coeficiente de regressão, 264
compactação de dados, 232
complexidade, 187
componente de ruído aleatório, 233
comportamento criminoso, 148
ComputerWorld, 12
condição, 125
Conexionismo, 203
conexionistas, 29
conjunto de dados íris, 250
conjunto de teste, 192, 394
conjunto de validação, 192
conjuntos, 129
conjuntos de treinamento, 192
Continuum Analytics Anaconda, 93
controle, 39
controle de acesso, 18
ConvNetJS, 389
convoluções, 341
corpus, 353
correção de Laplace, 213, 216
CUDA-Convnet, 388
curvas de aprendizagem, 189

D

dados
    características, 34
    de teste, 28
    fontes privadas, 27
    fontes públicas, 26
    lógicos, 113
    numéricos, 113
dados ausentes, 223, 395
dados da amostra, 183
dados de avaliação, 371
    limites, 376
dados fora da amostra, 183
dados significativos, 221
Data, 11
data frames, 76
de aumento de gradiente, 175, 301
decisões aninhadas, 126

decomposição em valores singulares (SVD), 233, 372

dedução reversa, 29, 31

Deep Learning, 44

DeepMind, 169

degrau binário, 285

desvio-padrão, 164

detecção de criminosos, 148

detecção de fraude, 17

detecção de spam, 215

de teste, 28

diagnóstico, 148

diagnóstico médico, 300

dicionário AFINN-111, 367

dicionários, 134

dimensionalidade, 178

diminuição média da impureza, 324

diminuição média da precisão, 324

distância, 304

distância Chebyshev, 244

distância euclidiana, 243

distância Manhattan, 244

distâncias

    desigualdade triangular, 243

    não negatividade, 243

    simetria, 243

distribuição, 164

distribuição normal, 228

drop-out, 297

E

e1071, 389

eficiência de máquinas, 17

Eigenfaces, 342

empilhamento, 398

engenharia de características, 399

enriquecimento, 39

ensemble

    Florestas Aleatórias, 324

ensembles, 317

Enthought Canopy Express, 94

entropia, 207, 324

entropia da informação, 207

escalação, 313

espaço de hipótese, 171

espaço reservado, 130

especificações, 20

estatística, 24, 29, 138, 163

população, 164

estimativa de erro, 217

estimativas OOB — out-of-bag, 321

estratégia de substituição, 224

eventos independentes, 159

eventos mutuamente exclusivos, 159

evolucionários, 29

expansão polinomial, 270, 318

expansão polinomial automática, 300

expressão, 83

extrair com repetição, 194

F

Facebook, 33, 373

falsos positivos, 162

fatoração de matrizes, 143

feed-forward, 285

ferramentas, 137

filtragem, 148

filtragem baseada em conteúdo, 376

filtragem colaborativa, 376

filtro de mediana, 337

filtro de spam, 32

filtro gaussiano, 337

floresta de árvores, 319

Florestas Aleatórias, 320

Fluxo de dados

    ou streaming, 279

formulação dual, 307

formulação primal, 307

Frank Rosenblatt, 202

Friendster, 373

função-alvo, 170

função de ativação, 284, 297

Função de Base Radial (RBF), 309

função de custo, 173

função de erro, 174

função de escore, 174

função de ligação, 273

função de perda, 174

funções de núcleo, 306

funções reutilizáveis, 121

G

ganho de informação, 207

gbm, 390

generalização, 33

Generalização, 183

Gensim, 390
glmnet, 390
Golem, 12
Google, 27, 372
Google Brain, 297
Google TensorFlow, 140
gradient boosting, 398
Gradient Boosting Machines, 328
    ou GBM, 331
gradiente descendente, 174, 278, 304
gradiente descendente estocástico, 179
gráficos, 88
grupos de boosting, 398

H

Hadoop, 144
hashing de característica, 142
hiperparâmetros, 171, 190, 196, 257, 311, 397
hiperplano, 263
hiperplano de margem máxima, 302
hipótese, 161, 171
Hitachi, 41
Hugh Herr, 16

I

IA, 10
    assistência médica, 10
    e aprendizado de máquina, 13, 19
    e entendimento de linguagem natural, 19
    e planejamento, 19
    e processamento de linguagem natural, 19
    e representação do conhecimento, 19
    e robótica, 20
    usos reais, 16
IMDB, 367
importância gini, 324
impureza de gini, 207
indexação semântica latente (LSI), 380
índice gini, 324
índices, 150
inferência bayesiana, 32
inferência probabilística, 29
inseparabilidade, 304
instrução if, 125
instrução while, 128
instruções condicionais, 125
instruções de loop, 125
inteiro, 112

inteligência artificial, 202, 352
Inteligência Artificial (IA), 9
InterQuartile Range (IQR), 236
inverno da IA, 45
inversão de matriz, 155
IRLBA, 381
iteração, 278

J

Java, 21
John Chambers, 50
Julia, 21
Jupyter Notebook, 102

K

Kaggle, 18
K-médias, 242
Knime, 143
K-Vizinhos mais próximos, 274, 300

L

Lasagne, 294
lei dos grandes números em ação, 317
LIBSVM, 141, 389
limpeza de dados, 21, 222
linguagens declarativas, 42
LinkedIn, 373
Linux, 57
listas, 68, 129
lógica, 112
logística, 285
loops, 84

M

Macintosh, 36
maldição da dimensionalidade, 256, 377
mapeamento, 171, 182, 308
máquinas de vetores de suporte, 318, 400
máquinas de vetores de suporte (SVMs), 299
máquinas núcleo, 29
margem, 302
Matlab, 21
matriz, 150, 354
matriz de confusão, 216
matriz degenerada, 155
matrizes, 69
matriz esparsa, 374
matriz singular, 155

média, 87, 164, 332
média dos modelos, 398
mediana, 87, 164
medida de precisão, 369
memória principal, 177
métrica de erro, 396
métrica de escore, 396
Microsoft, 375
minilote, 249
mínimos quadrados ordinários (OLS), 265
modelo linear, 397
modelos lineares, 202
modelo viciado, 394
modo lote, 292
modo minilote, 293
modo online, 292
MovieLens, 373
Myspace, 373

N

Naïve Bayes, 161
não linearidade, 300, 305
NASA, 43
navalha de Occam, 189
navegação por dados anônimos, 375
Nervana Neon, 140
Netflix, 399
neuralnet, 294
neurônio, 284
neurônio artificial, 31
n-grama, 356
nível de ozônio, 325
normalização de parâmetros, 395
normalizar, 294
número complexo, 112
NumPy (Python), 387

O

objetos R, 69
One Versus One (OvO), 274
One Versus Rest (OvR), 274
OpenCV, 341
OpenSUSE, 58
operações aritméticas, 115
operações básicas, 23, 152
operadores, 113
    aritméticos, 115
    bit a bit, 116

de associação, 119
de atribuição, 113
de comparação, 118
de identidade, 119
de igualdade, 118
lógicos, 117
precedência, 118
relacionais, 117
unários, 115
operadores de atribuição, 113
oportunidades de trabalho, 40
ordenação, 330
otimização, 34, 39, 171, 195
otimização por gradiente descendente, 265
ovelhas elétricas, 11
Oxdata H2O, 140

P

pacote NumPy, 225
padrões, 20
padronização estatística, 229
parada antecipada, 293
paralelismo de rede, 178
parâmetro k, 256
partida a frio, 377
pasting, 320
pensamento mecanizado, 12
perceptron, 201, 284
pesos, 31
pontuação, 364
pooling, 298
preditores inteligentes, 329
pré-treinamento, 297
previsão de tempos de espera, 18
probabilidade, 213, 228
probabilidade a posteriori, 160
probabilidade a priori, 160
probabilidade condicional, 160, 211
probabilidades, 158, 271
    operações, 159
processadores de aprendizado, 40
processamento de linguagem natural (PLN), 390
Processamento de Linguagem Natural
  (PLN), 351
processamento de texto, 215
propagação regressiva de erros, 31
propósitos médicos, 336
proteção animal, 18

protótipo, 246
ou centroide, 246
Python, 18, 49, 91, 111, 155, 225, 265, 294, 305, 310, 336
pythonxy, 95

R

R, 18, 66, 305
raciocínio probabilístico bayesiano, 201
rafos de fluxo de dados, 140
randomForest, 391
Random Forests
ou florestas aleatórias, 320
vantagens, 323
RapidMiner, 143
R e1071, 310
reamostragem, 198
recohecimento facial, 342
recomendação de produto, 148
recomendações baseadas em conhecimento, 377
reconhecimento de identidade mencionada, 352
reconhecimento de imagem, 300
reconhecimento de voz, 41
recordação de imagens, 340
rede neural, 341
redes convolucionais, 297
redes neurais, 283, 400
redes sociais, 373
redução de dimensionalidade, 395
redução de variância, 207
regras de parada, 208
regressão, 310, 319, 330
regressão linear, 262, 293
regressão linear múltipla, 263
regressão logística, 262, 273, 293, 300
regressão múltipla, 267
regularização, 293
regularização L1
ou de Lasso, 276
regularização L2
ou Ridge, 276
remoção de ruído de variação total, 337
reparo autônomo, 42
reparo de máquinas, 42
repositório, 104
repositório do UCI, 216
representação, 33
resenhas de e-commerce, 367

Restricted Boltzanman Machines, 297
resultado da regressão, 273
resultados personalizados, 372
revoção, 383
RFlorestas Aleatórias, 301
Rick Becker, 50
robô, 21
robôs, 11, 37, 38
Amelia, 12
assassinos, 11
Canadarm, 42
Dextre, 42
em Marte, 43
Roomba, 37
robótica, 37
Rocket Fuel, 176
rotulagem, 340
rotular, 182
RStudio, 51
ruído, 172, 398

S

Scikit-image, 336, 341
Scikit-learn, 294, 310
SciPy, 391
scraping de dados, 401
scrapping, 359
seleção, 276
seleção de características baseada em árvore, 324
seleção tendenciosa, 183
sensores, 28
sequências, 130
Shogun, 140
simbolistas, 29
similaridade dos cossenos, 377
sinal, 398
Siri, 9, 283
Sistemas de Informação Geográfica (GIS), 26
sistemas de recomendação, 9, 32, 371
sistemas de segurança, 17
sistemas inteligentes, 38
smartphone, 9, 21
snooping, 192, 199, 267, 395
sobreajuste, 188, 199, 276, 293, 301, 305
soma dos quadrados dentro do agrupamento ou WSS, 248
soma dos quadrados entre agrupamentos ou BSS, 248

Spark, 144
SQL (Structured Query Language), 42
stemming, 358
stop words, 358
    remoção, 357
streaming, 179
subamostragem, 178, 198
subestimação, 192
superestimação, 192
SVD, 378
SVM, 341

T

Talos, 12
tangente hiperbólica, 285
tarefas repetitivas, 27, 127
taxa de aprendizagem, 204, 292
tendência, 187
tendências, 31
tendenciosidade, 198, 222
TensorFlow, 294
Teorema de Bayes, 213
teste, 191
texto bruto, 362
TF-IDF (term frequency-inverse document frequency), 355
Theano, 294
token, 355
tomada de decisão, 82
tradução automática, 45
transformação das características, 300
transformação mín-máx, 229
transposição, 155
treinamento, 24, 33, 191, 206
    one-versus-all, 203
truque de núcleo, 307
tuplas, 129

U

Unidades de Processamento Gráfico, 15
usos do aprendizado de máquina, 38

V

validação, 191
validação cruzada, 190, 192, 257, 394
validação cruzada LOOCV, 194
validação cruzada (VC), 395
valor de ponto flutuante, 112
valores booleanos, 113
valores discrepantes, 235, 269, 292, 301
variância, 164, 198, 210, 222, 234, 246, 276, 394
variância compartilhada, 233
variância única, 233
variáveis, 113, 262
    combinar, 262
    globais, 124
    locais, 124
variáveis qualitativas, 215
variável, 149
vazamento de dados, 267
verdadeiros positivos, 162
verificação de erros, 182
Verizon, 18
vetor de coeficientes, 151, 203, 263
vetor de resposta, 151
vetores de suporte, 302
vetorização, 155
viés de sobrevivência, 184
Vowpal Wabbit, 142

W

Weka, 141
WinPython, 96
Word2vec, 390

Impressão e Acabamento:
GRÁFICA STAMPPA LTDA.
Rua João Santana, 44 - Ramos - RJ